Informe Final
de la Trigésima Novena
Reunión Consultiva
del Tratado Antártico

REUNIÓN CONSULTIVA
DEL TRATADO ANTÁRTICO

Informe Final
de la Trigésima Novena
Reunión Consultiva
del Tratado Antártico

Santiago, Chile
23 de mayo - 1 de junio de 2016

Volumen II

Secretaría del Tratado Antártico
Buenos Aires
2016

Publicado por:

Secretariat of the Antarctic Treaty
Secrétariat du Traité sur l' Antarctique
Секретариат Договора об Антарктике
Secretaría del Tratado Antártico

Maipú 757, Piso 4
C1006ACI Ciudad Autónoma
Buenos Aires - Argentina
Tel: +54 11 4320 4260
Fax: +54 11 4320 4253

Este libro también está disponible en: *www.ats.aq* (versión digital)
y para compras en línea.

ISSN 2346-9889
ISBN (vol. II): 978-987-4024-29-9
ISBN (obra completa): 978-987-4024-20-6

Índice

VOLUMEN I

Siglas y abreviaciones

PARTE I. INFORME FINAL

1. Informe Final de la XXXIX RCTA

2. Informe de la XIX Reunión del CPA

3. Apéndices

Apéndice 1: Declaración de Santiago con motivo del 25.° Aniversario de la firma del Protocolo al Tratado Antártico sobre Protección del Medio Ambiente.

Apéndice 2: Programa Preliminar de la XL RCTA, Grupos de Trabajo y Asignación de Temas

Apéndice 3: Comunicado del País Anfitrión

Apéndice 4: Conclusiones de la RCTA sobre Intercambio de Información

PARTE II. MEDIDAS, DECISIONES Y RESOLUCIONES

1. Medidas

Medida 1 (2016): Zona Antártica Especialmente Protegida n.° 116 (valle de New College, playa Caughley, cabo Bird, isla Ross) - Plan de Gestión revisado

Medida 2 (2016): Zona Antártica Especialmente Protegida n.° 120 (archipiélago de punta Géologie, Tierra Adelia) - Plan de Gestión revisado

Medida 3 (2016): Zona Antártica Especialmente Protegida n.° 122 (alturas de Arrival, península Hut Point, isla Ross) - Plan de Gestión revisado

Medida 4 (2016): Zona Antártica Especialmente Protegida n.° 126 (península Byers, isla Livingston, islas Shetland del Sur) - Plan de Gestión revisado

Medida 5 (2016): Zona Antártica Especialmente Protegida n.° 127 (isla Haswell) - Plan de Gestión revisado

Medida 6 (2016): Zona Antártica Especialmente Protegida n.° 131 (glaciar Canadá, lago Fryxell, valle Taylor, Tierra Victoria) - Plan de Gestión revisado

Medida 7 (2016): Zona Antártica Especialmente Protegida n.° 149 (cabo Shirreff e isla San Telmo, isla Livingston, islas Shetland del Sur) - Plan de Gestión revisado

Medida 8 (2016): Zona Antártica Especialmente Protegida n.° 167 (isla Hawker, Tierra de la Princesa Isabel) - Plan de Gestión revisado

Medida 9 (2016): Lista revisada de Sitios y Monumentos Históricos Antárticos: Incorporación de un poste de madera histórico al Sitio y Monumento Histórico n.° 60 (mojón Corbeta Uruguay), en la isla Marambio (Seymour), península

Antártica

Anexo: Lista revisada de Sitios y Monumentos Históricos Antárticos

2. Decisiones

Decisión 1 (2016): Observadores del Comité para la Protección del Medio Ambiente

Decisión 2 (2016): Reglas de Procedimiento Revisadas para la Reunión Consultiva del Tratado Antártico

Anexo: Reglas de Procedimiento Revisadas para la Reunión Consultiva del Tratado Antártico (2016)

Decisión 3 (2016): Informe, programa y presupuesto de la Secretaría

Anexo 1: Informe Financiero Auditado correspondiente a 2014/2015

Anexo 2: Informe Financiero Provisional correspondiente a 2015/2016

Anexo 3: Programa de la Secretaría para 2016/2017

Decisión 4 (2016): Procedimiento para la selección y el nombramiento del Secretario Ejecutivo de la Secretaría del Tratado Antártico

Anexo 1: Proyecto de anuncio

Anexo 2: Formulario de postulación normalizado

Decisión 5 (2016): Intercambio de información

Anexo: Requisitos de intercambio de información

Decisión 6 (2016): Plan de trabajo estratégico plurianual para la Reunión Consultiva del Tratado Antártico

Anexo: Plan de trabajo estratégico plurianual de la RCTA

3. Resoluciones

Resolución 1 (2016): Lineamientos revisados para la Evaluación de Impacto Ambiental en la Antártida

Anexo: Lineamientos revisados para la Evaluación de Impacto Ambiental en la Antártida

Resolución 2 (2016): Directrices para sitios que reciben visitas

Anexo: Lista de sitios sujetos a las Directrices para sitios:

Resolución 3 (2016): Código de conducta para la realización de actividades en los medioambientes geotérmicos terrestres en la Antártida

Anexo: Código de conducta del SCAR para la realización de actividades en los medioambientes geotérmicos terrestres en la Antártida

Resolución 4 (2016): Manual sobre Especies No Autóctonas

Anexo: Manual sobre Especies No Autóctonas

Resolución 5 (2016): Guía revisada para la presentación de Documentos de

Trabajo que contengan propuestas relativas a Zonas Antárticas Especialmente Protegidas, a Zonas Antárticas Especialmente Administradas o a Sitios y Monumentos Históricos

Anexo: Guía para la presentación de Documentos de Trabajo que contengan propuestas relativas a Zonas Antárticas Especialmente Protegidas, a Zonas Antárticas Especialmente Administradas o a Sitios y Monumentos Históricos

Resolución 6 (2016): Reiteración del continuo compromiso con la prohibición de actividades relativas a los recursos minerales antárticos con fines distintos a la investigación científica; respaldo a la prohibición de la actividad minera en la Antártida

Fotografía de los Jefes de Delegación

VOLUMEN II

Siglas y abreviaciones

ACAP	Acuerdo sobre la Conservación de Albatros y Petreles
AMP	Área Marina Protegida
ANC	Autoridad Nacional Competente
ASOC	Coalición Antártica y del Océano Austral
BP	Documento de Antecedentes
CCFA	Convención para la Conservación de las Focas Antárticas
CCRVMA	Convenio para la Conservación de los Recursos Vivos Marinos Antárticos y/o Comisión para la Conservación de los Recursos Vivos Marinos Antárticos
CCRWP	Programa de trabajo de respuesta para el cambio climático
CEE	Evaluación Medioambiental Global
CMNUCC	Convención Marco de las Naciones Unidas sobre Cambio Climático
COI	Comisión Oceanográfica Intergubernamental
COMNAP	Consejo de Administradores de Programas Antárticos Nacionales
CPA	Comité para la Protección del Medio Ambiente
EIA	Evaluación del Impacto Ambiental
Fondos del FIDAC	Fondos internacionales de indemnización de daños debidos a la contaminación por hidrocarburos
GCI	Grupo de Contacto Intersesional
GSPG	Grupo Subsidiario sobre Planes de Gestión
IAATO	Asociación Internacional de Operadores Turísticos en la Antártida
IEE	Evaluación Ambiental Inicial
IP	Documento de Información
IPCC	Grupo Intergubernamental de Expertos sobre Cambio Climático
OACI	Organización de Aviación Civil Internacional
OHI	Organización Hidrográfica Internacional
OMI	Organización Marítima Internacional
OMM	Organización Meteorológica Mundial
OMT	Organización Mundial del Turismo
PNUMA	Programa de las Naciones Unidas para el Medio Ambiente
RCC	Centros de Coordinación de Rescates
RCTA	Reunión Consultiva del Tratado Antártico

RETA	Reunión de Expertos del Tratado Antártico
SAR	Búsqueda y salvamento
SCAR	Comité Científico de Investigación Antártica
SC-CAMLR	Comité Científico de la CCRVMA
SEII	Sistema electrónico de intercambio de información
SMH	Sitio y Monumento Histórico
SOLAS	Convenio Internacional para la Seguridad de la Vida Humana en el Mar
SOOS	Sistema de Observación del Océano Austral
SP	Documento de Secretaría
STA	Sistema del Tratado Antártico o Secretaría del Tratado Antártico
UAV	Vehículo aéreo no tripulado
UICN	Unión Internacional para la Conservación de la Naturaleza
WP	Documento de Trabajo
ZAEA	Zona Antártica Especialmente Administrada
ZAEP	Zona Antártica Especialmente Protegida

PARTE II

Medidas, Decisiones y Resoluciones (Cont.)

4. Planes de Gestión

Plan de Gestión para la
Zona Antártica Especialmente Protegida n.° 116
VALLE DE NEW COLLEGE, PLAYA CAUGHLEY, CABO BIRD, ISLA DE ROSS

1. Descripción de los valores que requieren protección

Una zona del cabo Bird, isla Ross fue designada originalmente como Sitio de Especial Interés Científico (SEIC) n.° 10, Playa Caughley en virtud de la Recomendación XIII-8 (1985), y como Zona Especialmente Protegida (ZPE) n.° 20, valle de New College, en virtud de la Recomendación XIII-12 (1985) tras las propuestas de Nueva Zelandia basadas en que la zona contiene algunos de los más ricos rodales de musgo, y su microflora y fauna asociadas, en la región del Mar de Ross de la Antártida. Esta es la única zona de la isla Ross donde se otorga protección específicamente a conjuntos de plantas y sus ecosistemas asociados.

La ZPE n.° 20 se encontraba originalmente dentro de los límites del SEIC n.° 10 con el fin de hacer más estrictas las condiciones de acceso a este sector de la Zona. El SEIC n.° 10 se incorporó a la ZPE n.° 20 en virtud de la Medida 1 (2000), al tiempo que la anterior zona de la ZPE n.° 20 pasó a ser en una zona restringida dentro de la ZPE. Los límites de la Zona se revisaron a partir de los límites señalados en las recomendaciones originales, considerando la mejora de la cartografía y con el fin de definir con exactitud las crestas que rodean la cuenca del valle de New College. La misma playa Caughley era contigua a la Zona original, si bien nunca formó parte de ella, y por este motivo toda la Zona se volvió a nombrar como Valle de New College, por el valle que se encontraba dentro de ambos sitios originales. La Zona se volvió a designar en virtud de la Decisión 1 (2002) como Zona Antártica Especialmente Protegida (ZAEP) n.° 116 y se aprobó un Plan de Gestión revisado a través de la Medida 1 (2006) y la Medida 1 (2011).

Los límites de la Zona están definidos por las crestas que rodean la cuenca del valle de New College, y cubren cerca de 0,33 km². El musgo en la Zona se limita a las superficies localizadas de terreno inundado, con almohadillas y tapetes que cubren una superficie de hasta 20 m². Los arroyos de la Zona albergan además un diverso abanico de especies de algas, así como colémbolos, acáridos y nematodos, que abundan en la superficie del agua y bajo las rocas. La ausencia de líquenes hace que el conjunto de especies de esta Zona sea algo único en la isla Ross.

La sensibilidad de los musgos a la perturbación por las pisadas, el muestreo, la contaminación o la introducción de especies no autóctonas es tal que la Zona requiere protección especial de largo plazo. La designación de esta Zona tiene el propósito de garantizar que los ejemplos de este tipo de hábitat se protejan adecuadamente de los visitantes y del abuso por las investigaciones científicas. El ecosistema en este sitio continúa teniendo un valor científico excepcional para las investigaciones ecológicas, y la Zona Restringida es valiosa como sitio de referencia para futuros estudios comparativos.

2. Finalidades y objetivos

La gestión del Valle de New College, playa Caughley, cabo Bird, isla Ross tiene como objetivo:

- evitar la degradación de los valores de la Zona y los riesgos importantes para los mismos, previniendo las perturbaciones innecesarias causadas por el ser humano;
- preservar una parte del ecosistema natural de la Zona como zona de referencia con objeto de realizar estudios comparativos en el futuro;
- permitir investigaciones científicas del ecosistema, en especial sobre los musgos, algas e invertebrados de la Zona, garantizando al mismo tiempo su protección contra el muestreo excesivo;
- permitir otras investigaciones científicas en la Zona siempre que se hagan por razones urgentes que no puedan resolverse en otro lugar;
- evitar o reducir a un mínimo la introducción de plantas, animales y microbios no autóctonos en la Zona;
- permitir visitas para fines de gestión que sean concordantes con los objetivos del Plan de Gestión.

3. Actividades de gestión

Para proteger los valores de la Zona deben ser realizadas las siguientes actividades de gestión:

- Se dispondrá de copias de este Plan de gestión, junto con mapas de la Zona, en las estaciones de investigación científicas y operacionales contiguas.
- En lugares adecuados en los límites de la Zona, y en la zona restringida, se instalarán montículos de piedras o carteles señalizadores que ilustren el lugar y sus límites, con indicaciones claras respecto a las restricciones del ingreso, a fin de evitar ingresos accidentales.
- Los señalizadores, letreros o estructuras que se instalen en la Zona con fines científicos o de gestión deberán estar bien sujetos y mantenerse en buen estado, y deberán retirarse cuando no sean necesarios;
- Se realizarán las visitas necesarias a la Zona (de preferencia una vez cada cinco años) para determinar si la Zona continúa sirviendo a los fines para los que fue designada y para garantizar que las medidas de gestión y mantenimiento sean las adecuadas.
- Los Programas Antárticos Nacionales que operen en la Zona deben consultarse entre sí para garantizar que se implementan las actividades de gestión mencionadas.

4. Periodo de designación

La designación abarca un período indeterminado.

5. Mapas

Mapa A: Valle de New College, playa Caughley, cabo Bird, isla Ross, mapa topográfico regional. Especificaciones cartográficas: Proyección: cónica conforme de Lambert. Paralelos de referencia: primero: 76° 40' 00" S; segundo: 79° 20'00"S Meridiano central: 166° 30'00"E; latitud de origen: 78° 01'16" 211" S. Esferoide: WGS84.

Mapa B: Valle de New College, playa Caughley, cabo Bird, isla Ross, Mapa de la cubierta vegetal. Especificaciones cartográficas: Proyección: cónica conforme de Lambert. Paralelos de referencia: primero: 76,6° S; segundo: 79,3° S. Esferoide: WGS84. El mapa incluye la cubierta de vegetación y los arroyos.

6. Descripción de la Zona

6(i) Coordenadas geográficas, indicadores de límites y características naturales
El cabo Bird se encuentra en el extremo noroeste del monte Bird (1800 m), un cono volcánico inactivo que probablemente es el más antiguo de la isla Ross. El valle de New College se encuentra al sur del cabo Bird en los taludes libres de hielo sobre la playa Caughley, y entre dos colonias de pingüinos de Adelia conocidas como las Pingüineras del norte y del centro del cabo Bird (Mapa A). La Zona, compuesta de morrenas glaciales cubiertas al pie del casquete glaciar del cabo Bird, consta de basaltos de olivino y augita que descienden hacia el océano, y tapones escoriáceos erupcionados del cono principal del monte Bird.

La esquina noroeste del límite norte de la Zona se encuentra a aproximadamente 100 m al sur de la cabaña del cabo Bird (Nueva Zelandia) y está marcada por un poste indicador de la ZAEP (77° 13,128'S, 166° 26,147'E) (Mapa B). El límite norte de la Zona se extiende pendiente arriba y hacia el este en dirección de una prominente cresta terminal de la morrena, aproximadamente a 20 m del casquete glaciar del cabo Bird, y está señalizado con un montículo de piedras (77° 13,158'S, 166° 26,702'E).

El límite este sigue la cresta terminal de la morrena desde el montículo de piedras (77° 13,158'S, 166° 26,702'E) hacia el sureste hasta que la cresta desaparece en su punto de unión con el casquete glaciar del cabo Bird. El límite continúa al sureste, siguiendo el borde del glaciar hasta el límite sur.

El límite sur es una línea recta que cruza el amplio flanco sur del valle de New College, y está señalizado con montículos de piedras en la esquina suroeste (77° 13,471'S, 166° 25,832'E) y en la esquina sureste de la Zona en la cima de la colina, a 100 m del borde del glaciar del casquete glaciar del cabo Bird (77° 13,571'S, 166° 27,122'E).

El límite oeste de la Zona sigue la cima de los acantilados de la playa Caughley desde el montículo de piedra que está al suroeste (77° 13,471'S, 166° 25,832'E) por una distancia de 650 m hasta la esquina noroeste de la Zona (77° 13,128'S, 166° 26,147'E), donde se encuentra el poste indicador de la ZAEP.

El valle de New College, playa Caughley, está situado en el Dominio S, McMurdo, geológico de Tierra de Victoria Meridional de acuerdo a su clasificación en el Análisis de Dominios Ambientales para la Antártida (Resolución 3 [2008]) y en la Región 9, Tierra de Victoria Meridional, conforme a su clasificación en las Regiones Biogeográficas de Conservación Antártica (Resolución 6 [2012]).

Durante el verano, el valle de New College, que mira hacia el noroeste, drena el agua de deshielo del casquete glaciar del cabo Bird. Los arroyos de la Zona se alimentan del deshielo estival constante de los ventisqueros, y han erosionado sus propios cauces y canales poco profundos. El terreno está cubierto principalmente por piedras y bloques de origen volcánico que han sido modificados por acción de los glaciares.

La Zona contiene las distribuciones más extensas en lechos de arroyos efímeros del musgo *Hennediella heimii* en la isla Ross. Los relevamientos han demostrado que este musgo y las apariciones mucho menos comunes de otras dos especies (*Bryum subrotundifolium* y *Bryum pseudotriquetrum*), se limitan casi completamente a los lechos de arroyos que cruzan los empinados taludes cubiertos de depósitos de barro y escoria (Mapa B). Los musgos se asocian por lo general con crecimientos de algas, en concreto, tapetes oscilatoriáceos de color marrón rojizo y crecimientos ocasionales de *Nostoc commune*, de color negro rojizo. La Zona incluye el lecho completo de tres sistemas de arroyos, que contienen crecimientos importantes de algas, además de los musgos.

La Zona alberga una comunidad de invertebrados terrestres, que incluye poblaciones de colémbolos *Gomphiocephalus hodgsonii* (Collembola: Hypogastruridae), acáridos *Nanorchestes antarcticus* y *Stereotydeus mollis* (Acari: Prostigmata) y nematodos (*Panagrolaimus davidi, Plectus antarcticus, Plectus frigophilus, Scottnema lindsayae y Eudorylaimus antarcticus*) y donde además se observó la presencia de rotíferos, tardígrados y protozoos ciliados y flagelados. La distribución de invertebrados terrestres en este sitio se relaciona con el medioambiente abiótico, estando la mayoría de las especies de artrópodos asociada a la vegetación macroscópica o al nivel de biomasa de las algas del suelo, aunque esta relación no describe la distribución de todos los grupos taxonómicos.

Las skúas (*Catharacta maccormicki*) descansan frecuentemente en la playa Caughley y sobrevuelan, aterrizan y anidan dentro de la Zona. Los pingüinos de Adelia (*Pygoscelis adeliae*) de las pingüineras cercanas no anidan en la Zona, pero se ha observado que ocasionalmente atraviesan el valle de New College.

6 (ii) Áreas especiales en la Zona
Se ha designado un sector del valle de New College como zona restringida con el fin de conservar parte de la Zona como sitio de referencia para futuros estudios comparativos, mientras el resto de la Zona (que es similar en su biología, características y carácter) suele prestarse mejor a programas de investigación y de recolección de muestras. La zona restringida abarca los taludes libres de hielo dentro del valle de New College sobre la playa Caughley, algunos de los cuales miran hacia el norte y tienen ventisqueros que proporcionan un suministro de agua de deshielo que favorece el crecimiento de musgo y algas.

La esquina noroeste (77° 13,164'S, 166° 26,073'E) de la zona restringida se encuentra a 60 m al sur y al otro lado de una pequeña hondonada desde la esquina noroeste de la Zona. El límite norte de la zona restringida se extiende 500 m pendiente arriba desde la esquina noroeste hasta un montículo (77° 13,261'S, 166° 26,619'E), luego una cresta ligera pero cada vez más prominente al sureste hasta un punto en la cuenca superior del valle de New College, marcado por un montículo a aproximadamente 60 m desde el frente de hielo del casquete glaciar del cabo Bird (77° 13,368'S, 166° 26,976'E). El límite de la zona restringida se extiende 110 m al suroeste a través del valle hasta un montículo que marca la esquina sureste de la zona restringida (77° 13,435'S, 166° 26,865'E). El límite sur de la zona restringida se extiende en línea recta desde este montículo (77° 13,435'S, 166° 26,865'E) 440 m en dirección noroeste, descendiendo un talud amplio y casi sin características hasta la esquina sureste de la Zona (77° 13,328'S, 166° 26,006'E). Se levantó un montículo en el límite suroeste de la zona restringida para marcar la posición más baja del límite sur (77° 13,226'S, 166° 25,983'E).

Se permite el ingreso a la zona restringida solo razones científicas y de gestión apremiantes que los visitantes no puedan realizar en otros lugares de la Zona.

6(iii) Ubicación de estructuras dentro de la Zona y en sus proximidades
Entre las estructuras conocidas dentro de la Zona se encuentra un señalizador Astrofix de la Armada de Estados Unidos, montículos que señalan los límites de la Zona y la zona restringida, un poste indicador situado en la esquina noroeste de la Zona y un marco de madera de aproximadamente un metro que marca el sitio de un derrame de petróleo experimental desde 1982.

Hay una cabaña de campaña (Nueva Zelandia), depósitos y una letrina al norte de la esquina noroeste de la Zona (Mapa B).

6(iv) Ubicación de las zonas protegidas en las cercanías
Las zonas protegidas más cercanas son:
- Bahía Lewis, monte Erebus, isla Ross (ZAEP n.° 156), aproximadamente 25 km al SE;
- Cresta Tramway, monte Erebus, isla Ross (ZAEP n.° 175), 30 km al SSE;
- Cabo Crozier, isla Ross (ZAEP n.° 124), 75 km al SE;
- cabo Royds, isla Ross (ZAEP n.° 121 y n.° 157) y cabo Evans, isla Ross (ZAEP n.° 155), 35 y 45 km al sur en la isla Ross, respectivamente; e
- Isla Beaufort, ensenada McMurdo, mar de Ross (ZAEP n.° 105), 40 km al norte.

7. Términos y condiciones para los permisos de entrada

Se prohíbe el acceso a la Zona excepto en conformidad con un permiso expedido por una autoridad nacional competente. Las condiciones para la expedición de un permiso de ingreso a la Zona son las siguientes:

- fuera de la zona restringida, solo se expide para su uso en estudios científicos del ecosistema o por motivos científicos apremiantes que no pueden realizarse en otro lugar, o con fines de gestión esenciales concordantes con los objetivos del Plan de Gestión, como inspección o revisión.
- se permite el ingreso a la zona restringida solo por razones científicas o de gestión apremiantes que no puedan realizarse en otros lugares de la Zona.
- las acciones permitidas no pondrán en peligro los valores ecológicos o científicos de la Zona u otras actividades permitidas.
- toda actividad de gestión deberá respaldar los objetivos del Plan de Gestión;
- las acciones permitidas deben ser compatibles con el presente Plan de gestión;
- se deberá llevar el permiso, o una copia de este, dentro de la Zona;
- se deberá presentar un informe de la visita a la autoridad que figure en el permiso;
- el permiso será expedido por un período determinado.

7(i) Acceso a la Zona y desplazamientos en su interior y sobre ella
Se prohíbe el aterrizaje de helicópteros al interior de la Zona. Hay dos sitios de aterrizaje al exterior de la Zona. Entre octubre y febrero, el sitio de aterrizaje preferido se encuentra bajo los acantilados en la playa Caughley, a 100 m al oeste del límite oeste de la Zona, a 77° 13,221'S, 166° 25,812'E

(Mapas A y B). Entre marzo y septiembre, hay un sitio de aterrizaje alternativo junto a la cabaña de campaña del cabo Bird (Nueva Zelandia), sobre la playa Caughley, a 77° 13,093S, 166° 26,168' E (Mapa B).

Entre octubre y febrero la ruta de aproximación preferida es desde el sur, por encima de la pingüinera del centro (Mapa A). Bajo ciertas condiciones puede ser necesario realizar vuelos al norte de la plataforma del helipuerto, pero deberían seguir las rutas de aproximación y de salida de aeronaves, y en el mayor grado posible, se deben seguir las "Directrices para la operación de aeronaves en las cercanías de concentraciones de aves en la Antártida" (Resolución 2, 2004). Véase el Mapa A para conocer las rutas de aproximación recomendadas hacia y desde el cabo Bird.

Se prohíbe sobrevolar la Zona por debajo de 50 m (~150 pies) sobre el nivel del suelo. No se permite sobrevolar la Zona por debajo de 100 m (~300 ft) sobre el nivel del suelo. Se prohíbe el uso de granadas de humo de helicópteros dentro de la Zona.

Se prohíben los vehículos en la Zona, y todo desplazamiento en su interior deberá hacerse a pie. El acceso a la Zona debe seguir preferentemente el sendero desde la cabaña del cabo Bird (Nueva Zelandia). Los visitantes deben evitar las superficies con vegetación visible, y deben tener cuidado al transitar por áreas de suelo húmedo, en especial en lechos de arroyos, donde el tránsito a pie puede dañar suelos sensibles o comunidades de plantas y algas, y degradar la calidad del agua. Se deben evitar las caminatas en dichas zonas, las que se realizarán sobre suelo rocoso o sobre el hielo. La circulación a pie debe limitarse al mínimo necesario para alcanzar los objetivos de las actividades autorizadas y se deben hacer todos los esfuerzos posibles para reducir al mínimo los efectos.

El acceso a las regiones al sur de la Zona de la cabaña del cabo Bird debe realizarse a través de una ruta bajo los acantilados que se encuentran junto a la playa Caughley.

7(ii) Actividades que pueden llevarse a cabo dentro de la Zona
* Investigaciones científicas indispensables que no puedan emprenderse en otro lugar, que no pongan en peligro el ecosistema o los valores de la Zona, y que no interfieran con los estudios científicos en curso;
* Actividades de gestión esenciales, que incluyen observación e inspección.

7(iii) Instalación, modificación o desmantelamiento de estructuras
No podrá montarse ninguna estructura dentro de la Zona ni instalarse ningún equipo científico, salvo que sea por razones científicas o de gestión convincentes, las que deberán especificarse en un permiso. Todos los indicadores, estructuras o equipos científicos que se instalen en la Zona deberán estar autorizados por un permiso y llevar claramente el nombre del país, el nombre del investigador u organismo principal, el año de instalación y la fecha en que esté previsto su desmantelamiento. Todos estos artículos deberán estar libres de organismos, propágulos (semillas, huevos) y suelo no estéril, y deberán estar confeccionados de materiales que presenten un riesgo mínimo de contaminación de la Zona. El desmantelamiento de estructuras o equipos específicos para los cuales el permiso haya expirado debe ser una condición para el otorgamiento del permiso.

7(iv) Ubicación de los campamentos
Se prohíbe acampar en la Zona. Hay una cabaña de campaña (Nueva Zelandia), depósitos y una letrina al norte de la esquina noroeste de la Zona (Mapa B).

7(v) Restricciones relativas a los materiales y organismos que pueden introducirse en la Zona

No se deben introducir deliberadamente animales, material vegetal o microorganismos en la Zona, y deberán tomarse las precauciones indicadas en la sección 7(ix) para evitar las introducciones accidentales. No se podrán llevar productos derivados de aves a la Zona. No se deben introducir a la Zona herbicidas ni pesticidas. Cualquier otro producto químico, incluidos radionúclidos o isótopos estables, que se introduzca con los fines científicos o de gestión especificados en el permiso, deberá ser retirado de la Zona cuando concluya la actividad para la cual se haya expedido el permiso, o con anterioridad; No se podrán almacenar combustibles ni otras sustancias químicas en la Zona, salvo que sea indispensable para la actividad para la cual se haya expedido el permiso y deberán estar contenidos dentro de una caja de suministros para situaciones de emergencia aprobada por las autoridades pertinentes. Todos los materiales introducidos podrán permanecer en la Zona durante un determinado solamente, deberán ser retirados a más tardar cuando concluya dicho período y deberán ser almacenados y manipulados con métodos que reduzcan al mínimo el riesgo de su introducción en el medio ambiente.

7(vi) Recolección de flora y fauna autóctonas o daños que puedan sufrir estas
Están prohibidas la recolección de flora y fauna autóctonas o su intervención perjudicial, salvo en conformidad con un permiso expedido en forma separada de conformidad con el Anexo II del Protocolo al Tratado Antártico sobre Protección del Medio Ambiente. En caso de toma de animales o intromisión perjudicial de los mismos, como norma mínima, se hará de acuerdo con el Código de conducta del SCAR para el uso de animales con fines científicos en la Antártida.

7(vii) Recolección o retiro de materiales que no haya sido llevado a la Zona por el titular del permiso
Se podrá recolectar o retirar material de la Zona únicamente de conformidad con un permiso, y dicho material deberá limitarse al mínimo necesario para fines de índole científica o de gestión. Del mismo modo, el muestreo deberá llevarse a cabo mediante técnicas que reduzcan al mínimo la perturbación de la Zona así como su repetición. Podrá ser retirado de cualquier parte de la Zona, incluida la zona restringida, todo material de origen humano que probablemente comprometa los valores de la Zona y que no haya sido llevado a la Zona por el titular del permiso o que no esté comprendido en otro tipo de autorización y no sea un artefacto histórico o reliquia abandonada, salvo que el impacto medioambiental de su extracción probablemente sea mayor que el efecto de dejar el material *in situ*. Si es el caso, se debe notificar a la autoridad nacional correspondiente y se debe obtener aprobación.

7(viii) Eliminación de desechos
Deberán retirarse de la Zona todos los residuos, incluidos todos los residuos de origen humano.

7(ix) Medidas que puedan requerirse para garantizar el continuo cumplimiento de los objetivos y las finalidades del Plan de gestión
Se pueden otorgar permisos de ingreso a la Zona con el fin de:
- llevar a cabo actividades de monitoreo biológico e inspección de la Zona, que pueden incluir la obtención de una pequeña cantidad de muestras o datos para análisis o revisión;
- erigir o mantener postes señalizadores, estructuras o equipo científico; o
- actividades de gestión.

Todos los sitios donde se lleven a cabo actividades de seguimiento de largo plazo deberán estar debidamente demarcados.

A fin de mantener los valores ecológicos y científicos resultantes del aislamiento y el impacto relativamente bajo de los seres humanos en la Zona, los visitantes deberán tomar precauciones especiales para evitar la introducción de especies no autóctonas. Causa especial preocupación la introducción de microbios o plantas provenientes de suelos de otros sitios antárticos, incluidas las estaciones, o de regiones fuera de la Antártica. Para reducir a un mínimo el riesgo de introducciones, antes de entrar en la Zona los visitantes deberán limpiar meticulosamente el calzado y todo el equipo que vayan a utilizar en la Zona, en particular el equipo de muestro y los señalizadores.

7(x) Requisitos relativos a los informes

El titular principal de un permiso para cada visita a la Zona debe presentar un informe a la autoridad nacional correspondiente tan pronto como sea posible, y no más allá de los seis meses luego de concluida la visita. Estos informes de visita deberían incluir, según convenga, la información identificada en el Formulario de informes de visita recomendado (contenido en el Apéndice 4 de la Guía para la Preparación de Planes de Gestión para las Zonas Antárticas Especialmente Protegidas anexo a la Resolución 2 [1998])(disponible en el sitio Web de la Secretaría del Tratado Antártico www.ats.aq).

Si corresponde, la autoridad nacional también debe remitir una copia del informe de la visita a la Parte proponente del Plan de gestión, como una ayuda en la gestión de la Zona y en la revisión del Plan de Gestión. Las Partes deberían llevar un registro de dichas actividades e informarlas durante el intercambio anual de información. Las Partes deberían, de ser posible, depositar los originales o copias de los mencionados informes de visita en un archivo de acceso público a fin de mantener un registro del uso, para fines de revisión del Plan de Gestión y también para fines de la organización del uso científico de la Zona.

8. Bibliografía

Ainley, D.G., Ballard, G., Barton, K.J., Karl, B.J., Rau, G.H., Ribic, C.A. and Wilson, P.R. 2003. Spatial and temporal variation of diet within a presumed metapopulation of Adelie penguins. Condor 105: 95-106.

Ainley, D.G., Ribic, C.A., Ballard, G., Heath, S., Gaffney, I., Karl, B.J., Barton, K.J., Wilson, P.R. and Webb, S. 2004. Geographic structure of Adelie penguin populations: overlap in colony-specific foraging areas. Ecological monographs 74(1): 159-178.

Block, W. 1985. Ecological and physiological studies of terrestrial arthropods in the Ross Dependency 1984-85. British Antarctic Survey Bulletin 68: 115-122.

Broady, P.A. 1981. Non-marine algae of Cape Bird, Ross Island and Taylor Valley, Victoria Land, Antarctica. Report of the Melbourne University Programme in Antarctic Studies No. 37.

Broady, P.A. 1983. Botanical studies at Ross Island, Antarctica, in 1982-83; preliminary report. Report of the Melbourne University Programme in Antarctic Studies.

Broady, P.A. 1985. The vegetation of Cape Bird, Ross Island, Antarctica. Melbourne University Programme in Antarctic Studies, No. 62.

Broady, P.A. 1985. A preliminary report of phycological studies in northern Victoria Land and on Ross Island during 1984-85. Report of the Melbourne University Programme in Antarctic Studies, Report No. 66.

Broady, P.A. 1989. Broadscale patterns in the distribution of aquatic and terrestrial vegetation at three ice-free regions on Ross Island, Antarctica. Hydrobiologia 172: 77-95.

Butler, E.R.T. 2001. Beaches in McMurdo Sound, Antarctica. Unpublished PhD, Victoria University of Wellington, New Zealand. (pg 219)

Cole, J.W. and Ewart, A. 1968. Contributions to the volcanic geology of the Black Island, Brown Peninsula, and Cape Bird areas, McMurdo Sound, Antarctica. New Zealand Journal of Geology and Geophysics 11(4): 793-823.

Dochat, T.M., Marchant, D.R. and Denton, G.H. 2000. Glacial geology of Cape Bird, Ross Island, Antarctica. Geografiska Annaler 82A (2-3): 237-247.

Duncan, K.W. 1979. A note on the distribution and abundance of the endemic collembolan *Gomphiocephalus hodgsonii* Carpenter 1908 at Cape Bird, Antarctica. Mauri Ora 7: 19-24.

Hall, B.L., Denton, G.H. and Hendy, C.H. 2000. Evidence from Taylor Valley for a Grounded Ice Sheet in the Ross Sea, Antarctica. Geografiska annaler 82A(2-3): 275-304.

Konlechner, J.C. 1985. An investigation of the fate and effects of a paraffin-based crude oil in an Antarctic terrestrial ecosystem. New Zealand Antarctic Record 6(3): 40-46.

Lambert, D.M., Ritchie, P.A., Millar, C.D., Holland, B., Drummond, A.J. and Baroni, C. 2002. Rates of evolution in ancient DNA from Adélie penguins. Science 295: 2270-2273.

McGaughran, A., Convey, P, Redding, G.P. and Stevens, M.I. 2010. Temporal and spatial metabolic rate variation in the Antarctic springtail Gomphiocephalus hodgsoni. Journal of Insect Physiology 56: 57-64.

McGaughran, A., Convey, P. and Hogg, I.D. 2011. Extended ecophysiological analysis of Gomphiocephalus hodgsoni (Collembola): flexibility in life history strategy and population response. Polar Biology 34: 1713-1725.

McGaughran, A., Hogg, I.D. and Stevens, M.I. 2008. Patterns of population genetic structure for springtails and mites in southern Victoria Land, Antarctica. Molecular phylogenetics and evolution 46: 606-618.

McGaughran, A., Redding, G.P., Stevens, M.I. and Convey, P. 2009. Temporal metabolic rate variation in a continental Antarctica springtail. Journal of Insect Physiology 55: 130-135.

Nakagawa, S., Möstl, E. and Waas, J.R. 2003. Validation of an enzyme immunoassay to measure faecal glucocorticoid metabolites from Adelie penguins (*Pygoscelis adeliae*): a non-invasive tool for estimating stress? Polar biology 26: 491-493.

Peterson, A.J. 1971. Population studies on the Antarctic Collembolan *Gomphiocephalus hodgsonii* Carpenter. Pacific Insects Monograph 25: 75-98.

Ritchie, P.A., Millar, C.D., Gibb, G.C., Baroni, C., Lambert, D.M. 2004. Ancient DNA enables timing of the Pleistocene origin and Holocene expansion of two Adelie penguin lineages in Antarctica. Molecular biology and evolution 21(2): 240-248.

Roeder, A.D., Marshall, R.K., Mitchelson, A.J., Visagathilagar, T., Ritchie, P.A., Love, D.R., Pakai, T.J., McPartlan, H.C., Murray, N.D., Robinson, N.A., Kerry, K.R. and Lambert, D.M. 2001. Gene flow on the ice: genetic differentiation among Adélie penguin colonies around Antarctica. Molecular Ecology 10: 1645-1656.

Seppelt, R.D. and Green, T.G.A. 1998. A bryophyte flora for Southern Victoria Land, Antarctica. New Zealand Journal of Botany 36: 617-635.

Sinclair, B.J. 2000. The ecology and physiology of New Zealand Alpine and Antarctic arthropods. Unpublished PhD, University of Otago, New Zealand. (pg 231)

Sinclair, B. J. 2001. On the distribution of terrestrial invertebrates at Cape Bird, Ross Island, Antarctica. Polar Biology 24(6): 394-400.

Sinclair, B. J. and Sjursen, H. 2001. Cold tolerance of the Antarctic springtail *Gomphiocephalus hodgsonii* (Collembola, Hypogastruridae). Antarctic Science 13(3): 271-279.

Sinclair, B.J. and Sjursen, H. 2001. Terrestrial invertebrate abundance across a habitat transect in Keble Valley, Ross Island, Antarctica. Pedobiologia 45: 134-145.

Smith, D.J. 1970. The ecology of *Gomphiocephalus hodgsonii* Carpenter (Collembola, Hypogastuidae) at Cape Bird, Antarctica. Unpublished MSc Thesis, University of Canterbury, Christchurch, New Zealand.

Stevens, M.I. and Hogg, I.D. 2003. Long-term isolation and recent expansion from glacial refugia revealed for the endemic springtail *Gomphiocephalus hodgsonii* from Victoria Land, Antarctica. Molecular ecology 12: 2357-2369.

Wilson, P.R., Ainley, D.G., Nur, N., Jacobs, S.S., Barton, K.J., Ballard, G. and Comisco, J.C. 2001. Adélie penguin population change in the Pacific sector of Antarctica: relation to sea-ice extent and the Antarctic Circumpolar Current. Marine ecology progress series 213: 301-309.

Wharton, D.A. and Brown, I.M. 1989. A survey of terrestrial nematodes from the McMurdo Sound region, Antarctica. New Zealand Journal of Zoology 16: 467-470.

Map A - New College Valley, Caughley Beach, Cape Bird, Ross Island
Antarctic Specially Protected Area 116: Regional Topographic Map

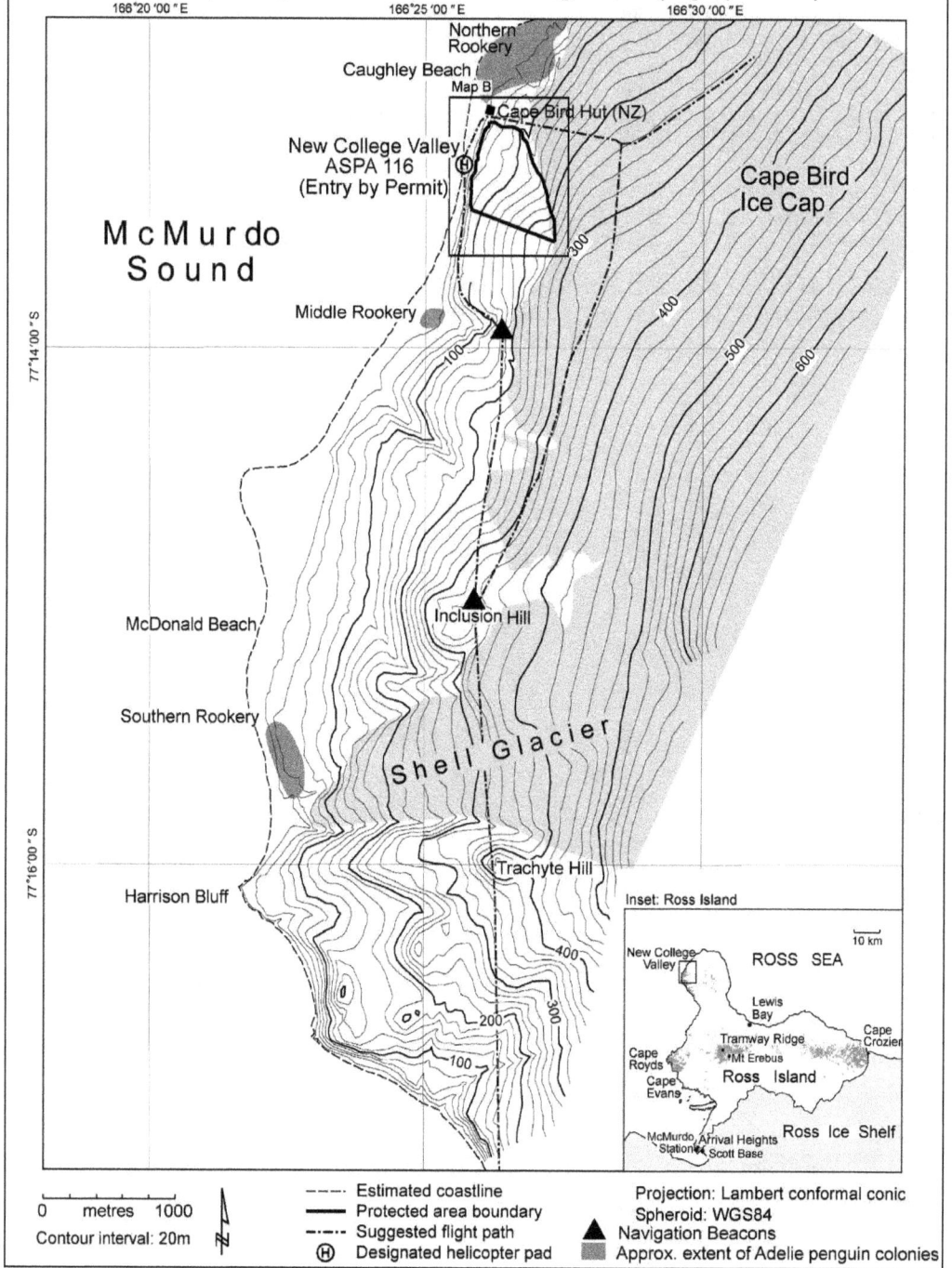

Map B - New College Valley, Caughley Beach, Cape Bird, Ross Island
Antarctic Specially Protected Area 116: Vegetation Coverage Map

166°25'30"E   166°26'0"E   166°26'30"E   166°27'0"E   166°27'30"E

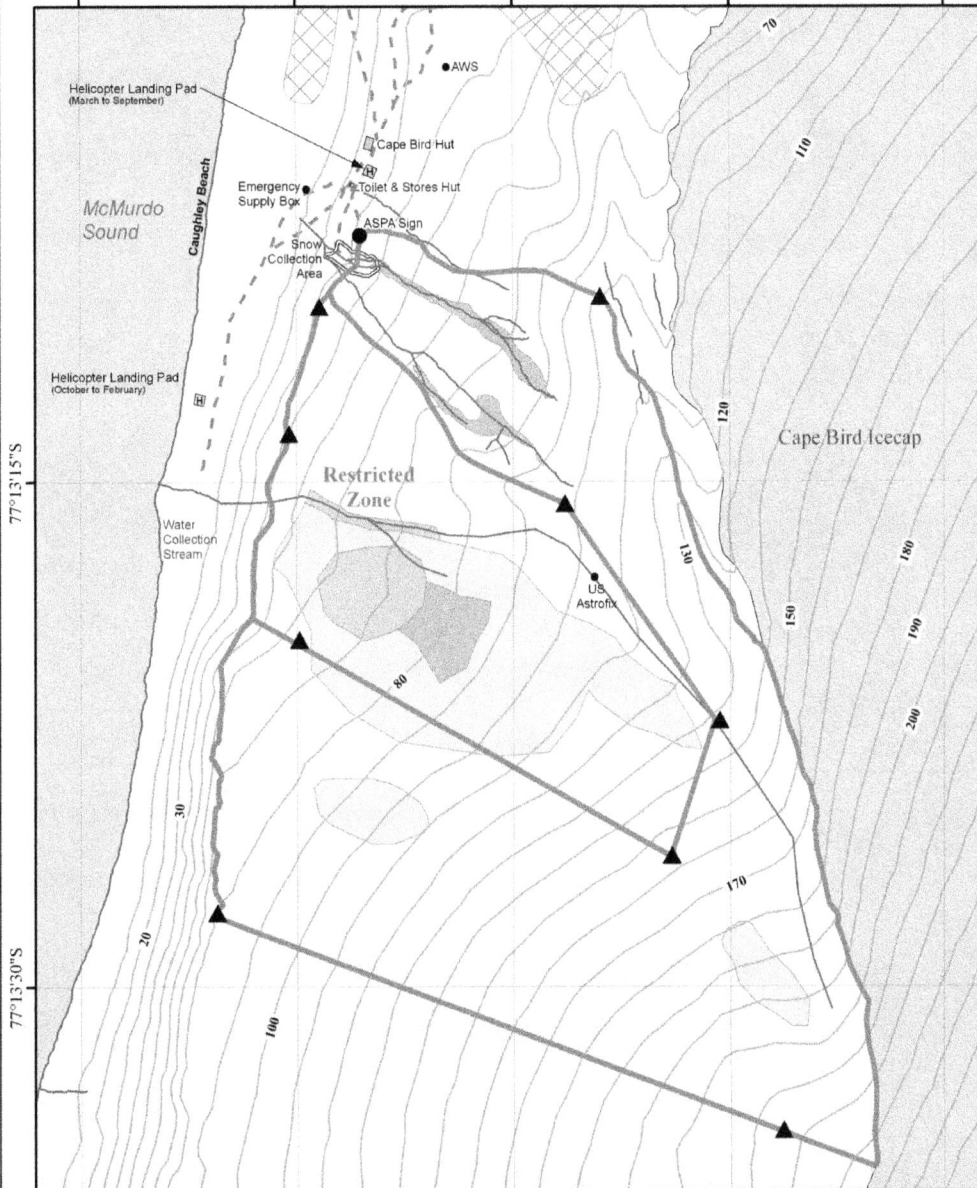

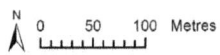

77°13'15"S

77°13'30"S

AWS

Helicopter Landing Pad
(March to September)

Cape Bird Hut

Emergency
Supply Box

Toilet & Stores Hut

ASPA Sign

McMurdo
Sound

Caughley Beach

Snow
Collection
Area

Helicopter Landing Pad
(October to February)

Restricted
Zone

Water
Collection
Stream

US
Astrofix

Cape Bird Icecap

70
110
120
130
180
150
190
200
170
80
30
20
100

Key:

0 50 100 Metres	Protected Area Boundary
	Vegetation Coverage (5%-22%, 22%-38%, 38%-55%)
Datum / Projection: WGS 1984 / Lambert Conformal Conic	▲ Boundary Cairns
	- - Tracks
Data: K500D (05/06) & K518 (07/08)	Buildings
Cartography - Gateway Antarctica	Approx. extent of Adelie Penguin Colony
Map Version - 24th of March 2011	Contour (10m interval)

Informe final de la XXXIX RCTA

Plan de Gestión para la Zona Antártica Especialmente Protegida n.° 120,

PUNTA GEOLOGY, TIERRA DE ADELIA

Islas Jean Rostand, Le Mauguen (anteriormente Alexis Carrel), Lamarck y Claude Bernard Islands, nunatak Bon Docteur, lugar de reproducción de pingüinos emperador

Introducción

El archipiélago de punta Géologie, en la Tierra de Adelia, está compuesto por 8 islas principales agrupadas en un área de menos de 2,4 km², a unos 5 km de distancia del continente antártico. En la isla Petrel, la mayor de estas islas, está situada la estación científica francesa Dumont d'Urville, (a 66°39′46″S 140°0′07″E). En los años 1980 se realizó un importante trabajo destinado a conectar las islas Buffon, Cuvier y Lion con el propósito de construir una pista de aterrizaje para aeronaves de gran tamaño. Este proyecto no llegó a completarse básicamente debido a la destrucción de la plataforma que se había creado por la acción del mar.

Este archipiélago se distingue en que alberga lugares de reproducción para ocho de las nueve especies de aves que se reproducen en las costas de la Antártida. Entre estas ocho especies de aves, cuatro pertenecen a la familia *Procellariidae*, dos a la familia *Spheniscidae*, una a la familia *Stercorariidae*, y por último, una a la familia *Hydrobatidae*. Resulta notoria la presencia de dos especies que son emblemáticas de la Antártida: los petreles gigantes y los pingüinos emperador. De estos últimos, la colonia de invierno se encuentra a unos centenares de metros de distancia de la base Dumont d'Urville.

En 1995, cuatro islas, un nunatak y el lugar de reproducción de pingüinos emperador fueron clasificados como Zona Antártica Especialmente Protegida (Medida 3 [1995], XIX RCTA) debido a que constituyen un ejemplo representativo de los ecosistemas antárticos terrestres desde la perspectiva biológica, geológica y estética.

La Resolución 3 (2008) recomendaba que la clasificación dentro del "Análisis de Dominios Ambientales para el Continente Antártico" debía servir como un modelo dinámico para la identificación de Zonas Antárticas Especialmente Protegidas (véase también Morgan *et al.*, 2007). Según este modelo, la ZAEP n.° 120 forma parte del dominio ambiental L (Plataforma de hielo continental costera).

Por otro lado, la Resolución 6 (2012) recomendaba que, en conjunto con el Análisis de Dominios Ambientales, se usara la clasificación dentro de "Regiones Biogeográficas de Conservación Antártica "... en la identificación de zonas que podrían designarse como ZAEP", y con ello responder al concepto de criterios ambientales y geográficos sistemáticos mencionado en el Artículo 3, párrafo 2, del Anexo V del Protocolo al Tratado Antártico sobre Protección del Medio Ambiente. Por consiguiente, punta Géologie forma parte de la Región Biogeográfica de Conservación n.° 13, "Tierra de Adelia" (véase Terauds *et al.* 2012), una de las más pequeñas regiones biogeográficas de conservación (178 km²).

1. Descripción de los valores que requieren protección

La Zona contiene excepcionales valores medioambientales y científicos debido a la diversidad de especies de aves y de mamíferos marinos que en ella se reproducen:
- Focas de Weddell *(Leptonychotes weddellii)*
- Pingüinos emperador *(Aptenodytes forsteri)*
- Skúas antárticas *(Catharacta maccormicki)*
- Pingüinos de Adelia *(Pygoscelis adeliae)*
- Petreles de Wilson *(Oceanites oceanicus)*
- Petreles gigantes comunes *(Macronectes giganteus)*
- Petrel de las nieves*(Pagodroma nivea)*
- Petreles dameros *(Daption capense).*

Desde hace bastante tiempo (1952 a 1964, dependiendo de la especie), se han desarrollado programas de investigación y seguimiento de largo plazo de aves y mamíferos marinos, en el presente con apoyo del *Instituto Polar francés Paul-Emile Victor (IPEV) y el Centro Nacional de Investigación Científica (CNRS)*. Esto ha permitido generar una base de datos demográficos de un valor excepcional, según la escala de tiempo de las observaciones. Esta base es mantenida y utilizada por el *Centro de Estudios Biológicos de Chizé (CEBC-Centro Nacional de Investigación Científica)*. En este contexto, la presencia humana científica en la Zona protegida se calcula actualmente en cuatro personas, durante algunas horas, tres veces por mes entre el 1 de noviembre y el 15 de febrero y, al interior de la colonia de pingüinos emperador en sí, esta presencia consta de dos personas, durante algunas horas, entre el 1 de abril y el 1 de noviembre.

Entre los aproximadamente 46 sitios de reproducción de pingüinos emperador que han sido registrados (Fretwell *et al.* 2012), el de Punta Géologie es uno de los únicos que se encuentran situados junto a una estación permanente, además del sitio que se encuentra en las cercanías de la estación Mirny. Se trata, pues, de un sitio privilegiado para el estudio de esta especie y de su medio ambiente.

2. Finalidades y objetivos

Los objetivos de la gestión de la Zona Especialmente Protegida de Punta Géologie son los siguientes:

- Evitar la perturbación de la Zona debido a la proximidad de la estación Dumont D'Urville.
- Limitar la perturbación de la Zona evitándose en ella toda intervención humana no justificada;
- Evitar cualquier alteración sustancial de la fauna y de la flora, tanto en su estructura como en su composición, y en especial las distintas especies de vertebrados marinos, aves y mamíferos que habitan en la Zona, que es una de las regiones más representativas de las costas de la Tierra de Adelia debido a la importancia de su fauna y el interés científico que representa.
- Permitir actividades científicas que no puedan emprenderse en otro lugar, en particular actividades asociadas a las ciencias biológicas (etología, ecología, fisiología y bioquímica, estudios demográficos de aves y mamíferos marinos, impacto ambiental de las actividades humanas que se producen en el entorno, entre otros) y ciencias de la Tierra (geología, geomorfología, entre otras);
- Dirigir las operaciones logísticas relativas a las actividades que se realizan en la estación vecina de Dumont d'Urville, que podrían necesitar un acceso provisorio a la ZAEP.

3. Actividades de gestión

Para proteger los valores de la Zona se realizarán las siguientes actividades de gestión:
- Revisión periódica del presente Plan de Gestión, con objeto de garantizar la protección de la totalidad de los valores de la ZAEP.
- Toda actividad que se realice en la Zona, ya sea de naturaleza científica o de gestión, debe pasar por una Evaluación de Impacto Ambiental antes de llevarse a cabo, en cumplimiento de los requisitos estipulados en el Anexo 1 del Protocolo al Tratado Antártico sobre Protección del Medio Ambiente.
- De conformidad con el Anexo 3 del Protocolo al Tratado Antártico sobre Protección del Medio Ambiente, y en la medida de lo posible, deberán retirarse los materiales abandonados, siempre y cuando su retiro no ocasione daños al medioambiente ni a los valores de la Zona.
- Todo el personal que permanezca en la estación Dumont d'Urville, o transite por ella, deberá estar debidamente informado de la existencia de la ZAEP, de sus límites geográficos, de las condiciones de acceso que se apliquen, y, en términos más generales, del presente Plan de Gestión. Con este objeto, deberá exponerse en un lugar visible de la estación Dumont d'Urville un mapa de la Zona y un cartel que indique las restricciones y medidas de gestión relevantes.

- Además, en la estación Dumont d'Urville están disponibles copias del presente Plan de Gestión, en los cuatro idiomas del Tratado.

- El jefe de estación Dumont d'Urville debe registrar la información relativa a cada ingreso a la ZAEP, especificando como mínimo: la actividad emprendida o la razón de la presencia, la cantidad de personas que participan y la duración de la estancia.

4. Período de designación

La Zona está designada como Zona Antártica Especialmente Protegida (ZAEP) por un período indeterminado.

5. Mapas

El Mapa 1 muestra la ubicación geográfica de la Tierra de Adelia en la Antártida, y la ubicación del archipiélago de Punta Géologie en la costa de la Tierra de Adelia.
El Mapa 2 del archipiélago de Punta Géologie muestra la ubicación de las principales colonias de aves y las líneas discontinuas indican los límites de la Zona Antártica Especialmente Protegida n.° 120 dentro del archipiélago.

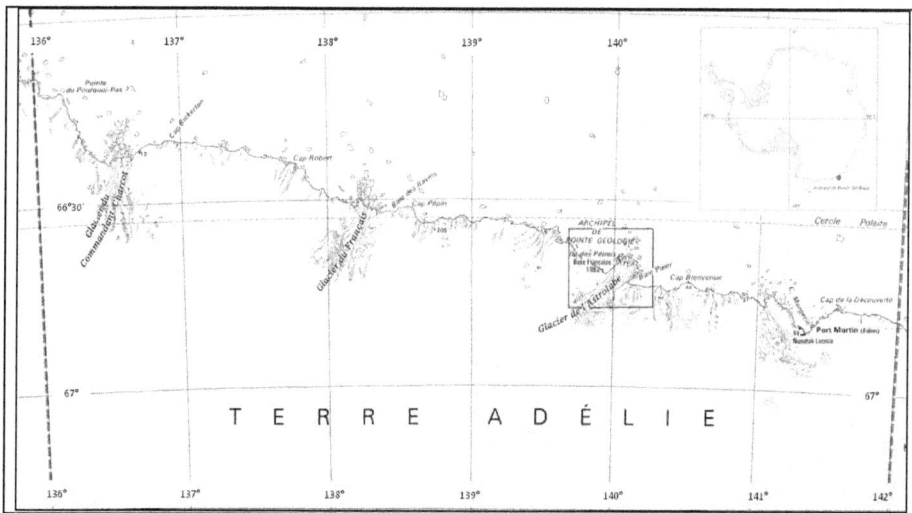

Mapa 1 – Ubicación del archipiélago de Punta Géologie, en la Tierra de Adelia (Antártida)

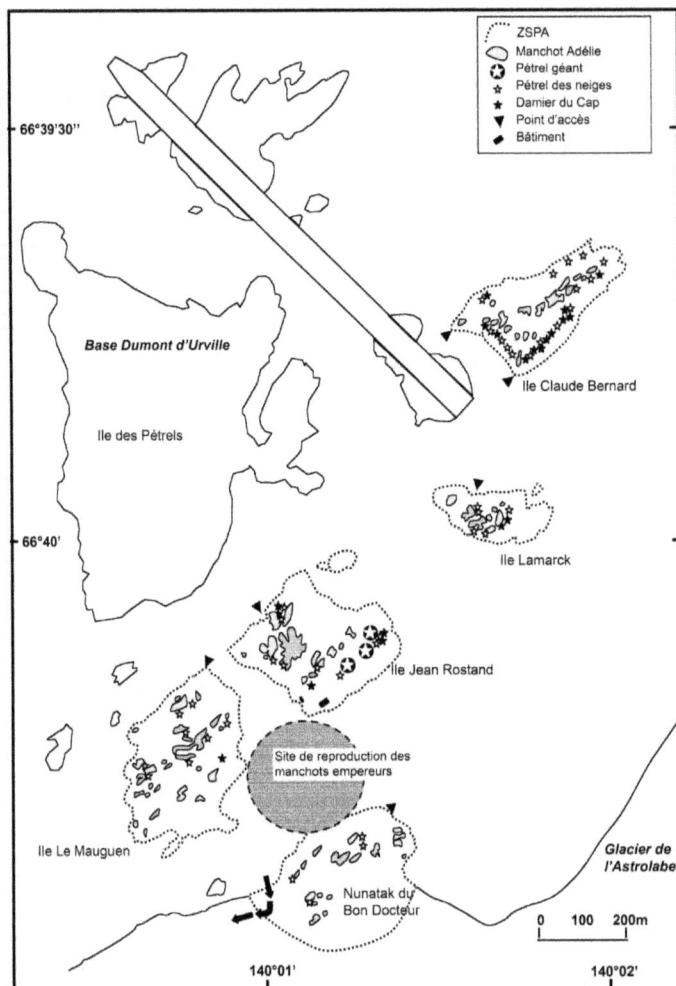

Mapa 2 – Ubicación de las colonias de aves (salvo los territorios de skúas y los nidos de petreles de Wilson) en la ZAEP del archipiélago de Punta Géologie. Las líneas discontinuas marcan los límites de la ZAEP. Los pingüinos emperador, presentes en la Zona desde marzo hasta mediados de diciembre, establecen sus colonias en el banco de hielo entre las islas, y su ubicación varía. Se indica el eventual ingreso de vehículos terrestres al continente por el nunatak "Bon Docteur" con flechas.

6. Descripción de la Zona e identificación de sectores

6 (i) Coordenadas geográficas, indicadores de límites y características naturales
Límites y coordenadas

La ZAEP n.° 120 se ubica al borde de la costa de la Tierra de Adelia, en el centro del archipiélago de Punta Géologie (140°, a 140°02'E; 66°39'30'' - 66°40'30'' S), y abarca los siguientes territorios:
- la isla Jean Rostand,
- la isla Le Mauguen (ex Alexis Carrel),
- la isla Lamarck,
- la isla Claude Bernard,
- el nunatak Bon Docteur,
- el lugar de reproducción de los pingüinos emperador, en el banco de hielo que encierra estas islas durante el invierno.

En su conjunto, la superficie de afloramientos rocosos no sobrepasa los 2 km^2. Los puntos más elevados se encuentran en una cresta que va de nordeste a sudoeste (isla C. Bernard: 47,6 m; isla J.Rostand: 36,39 m; la isla Le Mauguen (ex Alexis Carrel): 28,24 m; el nunatak Bon Docteur: 28,50 m).

En verano, el banco de hielo entre las islas desaparece, y sólo las pendientes meridionales de las islas se mantienen cubiertas de nevizas. La Zona está entonces bien delimitada por sus rasgos naturales (contorno de las islas y afloramientos rocosos).

No existen rutas ni caminos en el interior de la Zona.

DESCRIPCIÓN GENERAL DE LA ZONA

Rasgos geológicos

Los acantilados bien marcados ofrecen perfiles transversales asimétricos, en suave declive en el norte en contraste con la pendiente más pronunciada en el sur. El terreno tiene numerosas grietas y fracturas que dan forma a un terreno muy accidentado. Las rocas de basamento, compuestas principalmente de gneis ricos en silimanita, cordierita y granates, están recortadas por una densa red de filones de anatextita rosada. Los sectores de las islas que presentan mayores depresiones están cubiertos de bloques de morrenas de diversa granulometría (entre algunos centímetros y más de un metro).

Comunidades biológicas terrestres

En la Zona no hay presencia de plantas vasculares ni de macroartrópodos. Solo puede apreciarse el alga cosmopolita *Prasiola crispa*, que puede alcanzar una considerable cobertura local que depende de la cantidad de excrementos de aves.

Fauna de vertebrados

En el archipiélago de Punta Géologie habitan siete especies de aves, y un mamífero marino (la foca de Weddell). Se ha realizado el seguimiento de su población desde la década de 1950 a 1960. El Cuadro 1 proporciona información acerca de la cantidad de aves marinas observadas, el Cuadro 2 se refiere a los periodos en que están presentes las diferentes especies, y el Cuadro 3 trata la vulnerabilidad estimada para cada una de las especies.

El establecimiento de la estación Dumont d'Urville tuvo como resultado una drástica disminución de la población de petreles gigantes en el archipiélago de Punta Géologie. La colonia de reproducción ubicada en la isla Petrel desapareció totalmente a fines de los años 1950, cuando la base estaba en su proceso de asentamiento en las cercanías inmediatas de esta colonia (extensión de edificios, intensificación de los vuelos de helicópteros, instalación y sustitución de tanques de almacenamiento de combustible). Actualmente al interior de la ZAEP, en el sector sudeste de la isla Rostand, se reproduce el 100% de la población de petreles gigantes comunes.

Los trabajos emprendidos entre 1984 y 1993 para conectar a las islas Buffon, Cuvier y Lion con el propósito de construir una pista de aterrizaje tuvo como resultado la destrucción de los sitios de reproducción de aproximadamente 3000 casales de pingüinos de Adelia, 210 casales de petreles blancos, 170 casales de petreles dameros, 180 casales de petreles de Wilson y 3 casales de skúas antárticas (Micol y Jouventin 2001). Una proporción bastante importante de casales de pingüinos de Adelia se trasladó hacia la ZAEP, a diferencia de las demás especies (Micol y Jouventin, 2001, datos inéditos del Centro de Estudios Biológicos de Chizé [CEBC]).

La marcada disminución de los pingüinos emperador, a fines de los años 1970, parece deberse a una prolongada anomalía climática que se produjo entre 1976 y 1982, y que provocó una disminución considerable de la superficie del banco de hielo (Barbraud y Weimerskirch 2001, Jenouvrier *et al.* 2012). Desde hace unos quince años, la población reproductora de pingüinos emperador ha experimentado un leve aumento, lo que coincide con un aumento de la superficie del banco de hielo en el sector de Tierra de Adelia (Cuadro 3).

Entre las especies de aves presentes en el archipiélago de Punta Géologie, el pingüino emperador y el petrel gigante común se reproducen únicamente al interior de la ZAEP. Tras su creación en 1995, las poblaciones de estas dos especies se han mantenido estables o han experimentado un leve aumento (Cuadro 3). Sin embargo las proyecciones a largo plazo sugieren que debería mantenerse el nivel alto de protección mediante del actual plan de gestión.

Cuadro 1 Cantidad de parejas de aves que se reproducen en la ZAEP 120 (recuento durante el ciclo de reproducción 2014-2015). Se menciona además la proporción de la población que se reproduce al interior de esta ZAEP en comparación con la del archipiélago Punta Géologie en su conjunto (Fuente: datos inéditos del CEBC-CNRS sobre el ciclo de reproducción 2014-2015, con excepción de los petreles de Wilson, cuyos datos corresponden a 1986, y fueron proporcionados por Micol y Jouventin, 2001).

Sitio	Pingüinos emperador	Pingüinos de Adelia	Skúas antárticas	Petreles blancos	Petreles dameros	Petreles de Wilson	Petreles gigantes comunes
C. Bernard	--	3682	4	152	204	178	--
Lamarck	--	1410	1	31	26	45	--
J. Rostand	--	5441	8	54	57	35	19
Isla Le Mauguen (ex Alexis Carrel),	--	4271	18	14	1	72	
Nunatak	---	1793	1	5	--	41	--
Banco de hielo invernal entre las islas	3772	--	--	--	--	--	--
TOTAL ZAEP	3772	16 597	32	256	288	371	19
Total	3772	42 757	74	691	492	1200	19
% en ZAEP / PG	100	39	43	37	59	31	100

Cuadro 2 Presencia de aves en los lugares de reproducción

	Pingüinos emperador	Pingüinos de Adelia	Skúas antárticas	Petreles blancos	Petreles dameros	Petreles de Wilson	Petreles gigantes comunes
Inicio de la llegada	Marzo	Octubre	Octubre	Septiembre	Octubre	Noviembre	Julio
Primera puesta	Mayo	Noviembre	Noviembre	Diciembre	Diciembre	Diciembre	Octubre
Última partida	Fines de diciembre	Marzo	Marzo	Marzo	Marzo	Marzo	Abril

Cuadro 3 Vulnerabilidad ante las perturbaciones humanas y cambios en las poblaciones de aves del archipiélago de Punta Géologie (fuentes: datos inéditos de CEBC-CNRS, Thomas 1986, y Micol y Jouventin, 2001, para los datos sobre los petreles de Wilson)

	Pingüinos emperador	Pingüinos de Adelia	Skúas antárticas	Petreles blancos	Petreles dameros	Petreles de Wilson	Petreles gigantes comunes
Vulnerabilidad	Elevada	Mediana	Mediana	Mediana	Elevada	Elevada	Elevada
Tendencia 1952-1984	En disminución	Estable	Estable	?	?	?	En disminución
Tendencia 1984-2000	Estable	En aumento	En aumento	Estable	Estable	?	Estable
Tendencia 2000-2015	Leve aumento	En aumento	En aumento	En aumento	Estable	?	Leve aumento

6 (ii) Identificación de las zonas de acceso restringido o prohibido

- Las condiciones de acceso a los diferentes sitios de la ZAEP se determinan en función de la repartición de las especies de aves (Cuadro 1), de los períodos de presencia en los lugares de reproducción (Cuadro 2) y de su sensibilidad específica (cuadro 3). En el Mapa 2 se muestra la ubicación de las colonias reproductoras y sus puntos de acceso a las islas. Las aves están presentes sobre todo durante el verano austral, salvo los pingüinos emperador que se reproducen en invierno.

En el caso de la isla Rostand

Los petreles gigantes comunes se encuentran en un área limitada por la cresta que va de NE a SO, que pasa por las marcas de 33,10 m y 36,39 m al noroeste de la colonia, señalada en el suelo con estacas. Está estrictamente prohibido el acceso a esta zona de reproducción, salvo para los ornitólogos titulares de un permiso para una única visita anual en la temporada de anillamiento de los polluelos de petreles gigantes. Al resto de la isla Rostand está permitido el acceso a los titulares de un permiso durante todo el año.

En el caso de la colonia de pingüinos emperador

La colonia de pingüinos emperador no se ubica siempre en el mismo lugar y durante el invierno es itinerante sobre el banco de hielo. La zona de protección de estos animales queda determinada entonces por los sitios de presencia de aves (colonia o grupos de individuos) con una zona de amortiguación de 40 m.

Aparte de los titulares de un permiso, nadie más puede acercarse o perturbar la colonia de pingüinos emperador de ninguna manera durante la época en que están presentes en el lugar de reproducción, entre marzo y mediados de diciembre, cuando los polluelos empluman. Se recomienda una distancia mínima de 20 m entre los observadores autorizados y la colonia.

6(iii) Estructuras situadas dentro de la Zona

En la isla Rostand se encuentra la cabaña Prévost, y hay un refugio. No hay otros edificios en la Zona.

6(iv) Ubicación de otras zonas protegidas en las cercanías

La zona protegida más cercana a la ZAEP n.° 120 es la ZAEP n.° 166, Port Martin, ubicada a 60 km al este.

6(v) Zonas especiales dentro de la Zona

Ninguna.

7. Condiciones para la expedición de permisos

- El ingreso a la Zona está sujeto a la obtención de un permiso expedido por una autoridad nacional competente, designada de conformidad con el Artículo 7 del Anexo V del Protocolo al Tratado Antártico sobre Protección del Medio Ambiente. El Director de la estación Dumont d'Urville debe mantenerse informado en relación con los titulares de los permisos.

- Pueden expedirse permisos para las actividades contempladas en el párrafo 7(ii). Los permisos deberán especificar el alcance de las tareas que se realizarán, su duración y la cantidad máxima de personas autorizadas para ingresar a la Zona (titulares del permiso y eventuales acompañantes necesarios por razones profesionales o de seguridad).

7(i) Acceso a la Zona y circulación dentro de la misma

- El acceso a la Zona solamente está permitido a pie o en embarcación liviana (en verano).

- No está autorizado el uso de helicópteros dentro de la Zona, y está prohibido todo sobrevuelo no autorizado de esta (excepto en caso de procedimientos de emergencia).

- Se prohíbe el uso de drones con motivos de recreación dentro de la Zona.

- Debe solicitarse expresamente, junto con la solicitud de acceso a la ZAEP, un permiso para usar drones o para su sobrevuelo en helicópteros con motivos de investigación científica, seguimiento de la población o con fines logísticos. La autorización para el acceso, expedida por las autoridades correspondientes, debe mencionar la autorización, si fuera requerida, para el uso de drones o para el sobrevuelo de helicópteros dentro de la Zona, especificándose las condiciones de vuelo de dicha aeronave.

- La circulación de vehículos terrestres entre la estación Dumont d'Urville, en la isla Petrel, y en la estación del cabo Prudhomme, en el continente, se realizan normalmente en invierno en línea recta, sobre el banco de hielo. En contadas ocasiones, cuando el estado del hielo marino no permita realizar estos trayectos de forma segura, puede permitirse un recorrido excepcional por el borde oeste del Nunatak "Bon Docteur", como se indica en el mapa 2.

- En todo caso, los vehículos terrestres forzados a pasar cerca de las colonias de pingüinos emperador, deben permanecer fuera de la ZAEP, y respetar la distancia mínima de 40 m.

- La circulación de las personas autorizadas en el interior de la Zona, no obstante, deberá limitarse a fin de evitar la perturbación innecesaria de las aves y para garantizar que las zonas de reproducción y sus rutas de acceso no se dañen ni se expongan a riesgos.

- Si bien ZAEP no abarca la base situada en la isla Petrel, también se debe tener especial precaución cuando la colonia de pingüinos emperador se traslade hacia esta (se trata de una circunstancia excepcional, que suele involucrar únicamente a los ejemplares adultos o a ejemplares juveniles con capacidad de regular su temperatura). En este caso, se recomienda mantener una distancia mínima de 20 m, con excepción de los ornitólogos que puedan ingresar, quienes deberán tomar todas las precauciones para trasladar a los animales a fin de permitir las actividades logísticas esenciales que deban realizarse en la base.

7 (ii) Actividades que pueden realizarse dentro de la Zona, incluidas las restricciones en cuanto a tiempo y lugar

- Actividades científicas esenciales que no puedan realizarse en otro lugar.

- Actividades de conservación pertinentes a las especies presentes.

- Actividades indispensables de gestión y de logística.

- Actividades educativas y de difusión científica (registros fílmicos y fotográficos, registros de audio, etc) que no puedan realizarse en otro lugar.

7(iii) Instalación, modificación o desmantelamiento de estructuras

- No se montarán estructuras ni equipos científicos en la Zona, salvo con fines científicos indispensables, o para llevar a cabo las actividades de gestión o de conservación autorizadas por una autoridad nacional competente.

- Se prohíbe montar estructuras o instalaciones permanentes.

- La posible modificación o el desmantelamiento de las instalaciones que se encuentran actualmente en la isla Rostand podrá llevarse a cabo solo con una autorización.

7(iv) Ubicación de los campamentos

Se prohíbe acampar en la Zona. Pueden hacerse excepciones solamente por motivos de seguridad. En tal caso, deberán montarse tiendas de manera tal que se altere lo menos posible el medioambiente.

7(v) Restricciones relativas a los materiales y organismos que pueden introducirse en la Zona

- De conformidad con las disposiciones estipuladas en el Anexo II del Protocolo al Tratado Antártico sobre Protección del Medio Ambiente, está prohibido introducir en la Zona animales vivos o material vegetal.

- Se deberán tomar precauciones especiales para evitar la introducción accidental de microbios, invertebrados o vegetación provenientes de otros lugares de la Antártida, incluidas las estaciones, o de regiones al exterior de la Antártida. Deberá limpiarse o esterilizarse todo el equipo de recolección de muestras y marcadores que se introduzcan en la Zona. En el mayor grado posible, y antes de su ingreso a la Zona, deberán limpiarse rigurosamente el calzado y demás equipos utilizados o introducidos en la Zona (bolsos o mochilas incluidas). El Manual sobre Especies No Autóctonas (la actual edición se encuentra publicada en el sitio web de la Secretaría del Tratado Antártico) y las Listas de verificación para los gestores de cadenas de suministro de los Programas Antárticos Nacionales para la reducción del riesgo de transferencia de especies no autóctonas del COMNAP/SCAR proporcionan orientaciones complementarias sobre esta materia.

- No podrán introducirse en la Zona productos avícolas, incluyendo los desechos asociados a estos productos, como tampoco podrán introducirse alimentos deshidratados que contengan huevo en polvo.

- Está prohibido introducir sustancias químicas en la Zona, salvo para actividades científicas autorizadas, y conforme a las condiciones estipuladas en los permisos otorgados. Toda sustancia química deberá ser retirada de la Zona a más tardar cuando concluya la actividad para la que se haya expedido el permiso.

- Está prohibido almacenar combustibles, productos alimentarios u otro material en la Zona, a menos que se necesiten para propósitos esenciales relacionados con la actividad para la que se haya otorgado el permiso. Estos materiales deberán retirarse cuando ya no se necesiten. Está prohibido el almacenamiento permanente en la Zona.

7(vii) Recolección o intromisión perjudicial con la flora y fauna

Está prohibida la recolección de ejemplares de la flora y fauna autóctonas y la intromisión perjudicial en estas, salvo de conformidad con un permiso específico. En caso de que la recolección de animales o la interferencia con esos estén autorizados, debe usarse como norma mínima el Código de Conducta para el Uso de Animales por Motivos Científicos en la Antártida (Documento de Información IP 53 de a XXXIV RCTA, XIV Reunión del CPA).

7 (vii) Recolección o retiro de cualquier material que el titular de la autorización no haya llevado a la Zona

- Está prohibido recolectar o retirar objetos y materiales que no hayan sido llevados a la Zona por el titular de un permiso, a menos que se especifíque lo contrario en el permiso.
- Los desechos de origen humano pueden retirarse de la Zona. No pueden retirarse de esta los especímenes muertos o enfermos, a menos que esté expresamente estipulado en el permiso.

7(viii) Eliminación de desechos

Tras cada visita a la Zona deben retirarse todos los desechos, de conformidad con el Anexo II del Protocolo al Tratado Antártico sobre Protección del Medio Ambiente, que aplica como norma mínima.

7 (ix) Medidas necesarias para alcanzar las finalidades y los objetivos del plan de gestión

- Las visitas a la Zona deben limitarse a las actividades mencionadas en el párrafo 7 (ii) y deben estar debidamente autorizadas.
- Se llevarán a cabo las actividades científicas de conformidad con el Código de Conducta Ambiental del SCAR para las Investigaciones Científicas sobre el Terreno en la Antártida (Documento de Información IP 004 de la XXXII RCTA, XII Reunión del CPA) y por el Código de Conducta para el Uso de Animales por Motivos Científicos en la Antártida (Documento de Información IP 53 de la XXXIV RCTA, XIV Reunión del CPA).

7 (x) Informes sobre visitas a la Zona

Las Partes deberán cerciorarse de que el titular principal de cada permiso presente a las autoridades competentes un informe que describa las actividades realizadas en la Zona. Dichos informes, que deberán presentarse a más tardar seis meses después de la visita a la Zona, deberían incluir, según corresponda, la información identificada en el Formulario de informes sobre visitas, incluido en la Guía para la Preparación de Planes de Gestión para las Zonas Antárticas Especialmente Protegidas anexo a la Resolución 2 (2011).

Siempre que sea posible, las Partes deberán depositar el informe original, o la copia de este, en un archivo al cual el público tenga acceso, a fin de llevar un registro del uso que pueda utilizarse en las revisiones del Plan de Gestión y en la organización del uso científico de la Zona.

8. Referencias

Barbraud, C. y Weimerskirch. H. 2001. Emperor penguins and climate change [Los pingüinos emperador y el cambio climático]. *Nature*, 411: 183 -186.

Fretwell, P.T., LaRue, M.A., Morin, P., Kooyman, G.L., Wienecke, B., Ratcliffe, N., Adrian, J.F., Fleming, A.H., Porter, C. y Trathan, P.N. 2012. An Emperor Penguin Population Estimate: The First Global, Synoptic Survey of a Species from Space [Un cálculo de la población de pingüinos emperador: El primer estudio sinóptico global de una especie desde el espacio]. *PLoS ONE*, 7(4), e33751.

Jenouvier, S., Holland, M., Stroeve, J., Barbraud, C., Weimerskirch, H., Serreze, M. y Caswell, H. 2012. Effects of climate change on an emperor penguin population: analysis of coupled demographic and climate models [Efectos del cambio climático en una población de pingüinos emperador: análisis de modelos demográficos y meteorológicos acoplados]. *Global Change Biology*, 18, 2756-2770.

Micol, T. y Jouventin, P. 2001. Long-term population trends in seven Antarctic seabirds at Pointe Géologie (Terre Adélie) [Tendencias demográficas en el largo plazo para siete especies de aves marinas antárticas en la punta Géologie, Tierra de Adelia]. *Polar Biology*, 24, 175-185.

Morgan, F., Barker, G., Briggs, C., Price, R. y Keys, H. 2007. Informe Final del Análisis de Dominios Ambientales para el continente antártico versión. 2.0, Manaaki Whenua Landcare Research New Zealand Ltd, 89 páginas.

Documento de Información IP 53 de la XXXIV RCTA, XIV Reunión del CPA, 2011. Código de Conducta del SCAR para el Uso de Animales con Fines Científicos en la Antártida

Terauds, A., Chown, S.L., Morgan, F., Peat, H.J., Watts, D.J., Keys, H., Convey, P. y Bergstrom, D. 2012. Conservation biogeography of the Antarctic. *Diversity and Distributions [Biogeografía de la conservación en la Antártida: diversidad y distribución]*, 18, 726-741.

Thomas, T. 1986. Thomas T., 1986 L'effectif des oiseaux nicheurs de l'archipel de Pointe Géologie (Terre Adélie) et son évolution au cours des trente dernières années [Recuento de la población nidificadora en el Archipiélago de punta Geologie y su evolución durante los últimos treinta años]. *L'oiseau RFO,* 56, 349-368.

Plan de Gestión para la
Zona Antártica Especialmente Protegida n.° 122
ALTURAS DE ARRIVAL, PENÍNSULA HUT POINT, ISLA DE ROSS

Introducción

La Zona Antártica Especialmente Protegida (ZAEP) de las Alturas de Arrival está situada cerca del extremo sudoeste de la península Hut Point, en la isla de Ross, en las coordenadas 77° 49' 41,2" S, 166° 40' 2,8" E, y tiene una superficie de aproximadamente 0,73 km². La designación de la Zona se basó, fundamentalmente, en las ventajas que ofrece por ser un sitio electromagnético "silencioso" para el estudio de la atmósfera superior y por su proximidad a las unidades de apoyo logístico. En la Zona se llevan a cabo otros estudios científicos, como el seguimiento de gases traza, estudios geomagnéticos y de la aurora y estudios de la calidad del aire. Como ejemplo, se puede mencionar la extensión temporal y la calidad de los numerosos conjuntos de datos atmosféricos, que confirman el alto valor científico de la Zona. Desde su designación en 1975, se establecieron numerosos proyectos en la Zona o en sus inmediaciones, lo que conllevó el riesgo de degradación de las condiciones de "silencio" electromagnético en las Alturas de Arrival. La interferencia generada por estas actividades parece tener un impacto bajo, que resulta aceptable para los experimentos científicos, si bien en la actualidad se está llevando a cabo una revisión detallada del nivel de interferencia. Las características geográficas, el horizonte bajo y sin obstáculos que presenta, su proximidad a las unidades de apoyo logístico y los altos costos que implicaría el traslado a un nuevo lugar contribuyen a que continúen llevándose a cabo estudios en la Zona. La Zona fue propuesta por Estados Unidos y aprobada en virtud de la Recomendación VIII-4 (1975, (Sitio de Especial Interés Científico [SEIC] N.° 2); y su fecha de caducidad se prorrogó mediante las Recomendaciones X-6 (1979), XII-5 (1983), XIII-7 (1985) y XIV-4 (1987), y a través de la Resolución 3 (1996). y la Medida 2 (2000). La Zona cambió de nombre y número en virtud de la Decisión 1 (2002); y el Plan de Gestión revisado se aprobó en virtud de la Medida 2 (2004) y la Medida 3 (2011). La degradación de las condiciones de "silencio" electromagnético en la Zona se reconoció en la Recomendación XXIII-6 (1994) del Comité Científico de Investigaciones Antárticas (SCAR, por su sigla en inglés).

La Zona se sitúa dentro del "Dominio S, McMurdo, Tierra de Victoria Meridional" de acuerdo con su definición en el Análisis de Dominios Ambientales para el Continente Antártico (Resolución 3 [2008]). Bajo su clasificación en las Regiones Biogeográficas de Conservación Antártica (Resolución 6 [2012]), la Zona se encuentra dentro de la RBCA 9, Sur de Tierra Victoria.

1. Descripción de los valores que requieren protección

Una zona de las Alturas de Arrival fue designada originalmente en la Recomendación VIII-4 (1975, SEIC N.° 2) tras la presentación de una propuesta de Estados Unidos, debido a que era un "sitio electromagnético y natural 'silencioso', que ofrece las condiciones ideales para la instalación de instrumentos de precisión a fin de registrar señales tenues asociadas a programas de la atmósfera superior". Por ejemplo, en las Alturas de Arrival se realizó el registro de la actividad electromagnética, en el marco de estudios científicos de largo plazo, que arrojaron datos de excelente calidad. Estos datos fueron el resultado de la combinación entre las características especiales de ese punto geográfico con respecto al campo geomagnético, y los niveles relativamente bajos de interferencia electromagnética. Las condiciones de "silencio" electromagnético y el extenso período a lo largo del cual se recopilaron datos en las Alturas de Arrival hacen que la información obtenida tenga un valor científico particularmente importante.

No obstante, en los últimos años, la intensificación de las operaciones científicas y de apoyo asociadas con la base Scott y la estación McMurdo ha llevado a un aumento del nivel de ruido electromagnético de origen local en las Alturas de Arrival, y se reconoce que los valores de la Zona como sitio electromagnéticamente "silencioso" se han degradado, en cierta medida, a causa de estas actividades, tal como lo indica el SCAR en su Recomendación XXIII-6 (1994).

Las investigaciones científicas que se llevan a cabo en la Zona parecen desarrollarse con un nivel aceptablemente bajo de interferencia electromagnética (EMI, por sus siglas en inglés) proveniente de otras actividades que se realizan en áreas cercanas, y por tanto, las finalidades y objetivos establecidos en el Plan de Gestión para las Alturas de Arrival siguen resultando adecuados. No obstante, las recientes visitas al sitio y la instalación de nuevos instrumentos han demostrado que existe ruido elevado, de muy baja frecuencia, en el rango de entre 50 Hz y 12 kHz, proveniente de fuentes ubicadas al exterior de la Zona (probablemente, turbinas eólicas instaladas aproximadamente a 1 km de la Zona). También se observa un aumento del ruido de muy baja frecuencia (VLF, por sus siglas en inglés), en el rango de frecuencia de entre 12 y 50 KHz, que probablemente se origina al interior de la Zona, por ejemplo, en la configuración y la descarga a tierra de la red eléctrica, y en la proliferación de unidades tales como sistemas de alimentación ininterrumpida (SAI). En la actualidad, las comunidades científicas de EE UU. y Nueva Zelandia que desarrollan proyectos en las Alturas de Arrival están llevando a cabo un análisis detallado de las posibles causas de interferencia electromagnética con el objeto de brindar recomendaciones prácticas para mitigar los posibles efectos.

Pese a estas observaciones, debido a las características geográficas originales del sitio, como su elevación y su amplio horizonte de visión, la morfología de cráter volcánico y la gran proximidad al pleno apoyo logístico que ofrecen la cercana estación McMurdo (EE. UU.), que está a 1,5 km al sur, y la base Scott (Nueva Zelandia), que está a 2,7 km al sudeste, la Zona sigue siendo útil para estudios de la atmósfera superior y muestreos del aire de la capa límite. Por otro lado, existen restricciones de índole científica, económica y práctica asociadas a cualquier propuesta de reubicación de la Zona y de sus instalaciones conexas. Por consiguiente, la opción preferida actualmente para la gestión consiste en reducir las fuentes de interferencia electromagnética en la mayor medida posible, y en vigilar regularmente su nivel a fin de que se pueda detectar cualquier amenaza para los valores del sitio, y corregirla, según corresponda.

Después de su designación original, el sitio fue usado para muchos otros programas científicos que se benefician de las restricciones vigentes al acceso a la Zona. En particular, el amplio horizonte de visión y el aislamiento relativo respecto de las actividades (por ejemplo, circulación de vehículos, gases de escape de motores) han sido útiles para la medición de gases de efecto invernadero, gases traza tales como el ozono; investigaciones espectroscópicas y de las partículas presentes en el aire, estudios de la contaminación, estudios de la aurora y estudios geomagnéticos. Es importante proteger estos valores mediante la conservación del amplio horizonte de visión sin obstáculos, y reducir a un mínimo, evitando en la medida de lo posible, las emisiones gaseosas de origen humano (particularmente las emisiones gaseosas o de aerosoles a partir de fuentes tales como motores de combustión interna).

Además, dado que las Alturas de Arrival son un sitio protegido, se ha limitado el grado y la magnitud de las alteraciones físicas de la Zona. En consecuencia, los suelos y las características del paisaje han sufrido una alteración mucho menor que las áreas cercanas de Hut Point, donde las estaciones han realizado sus tareas. En particular, en las inmediaciones de Hut Point, los polígonos de cuña de arena son mucho más extensos que en cualquier otro lugar, y cubren una superficie de aproximadamente 0,5 km^2. En las Alturas de Arrival, el medioambiente no ha sufrido perturbaciones importantes, y por eso la Zona resulta sumamente adecuada para realizar estudios comparativos de los impactos vinculados con la tarea que desarrollan las estaciones, y constituye un valioso parámetro respecto de la cual evaluar posibles cambios. Estos valores adicionales también son importantes razones para conferir protección especial a las Alturas de Arrival.

La Zona sigue teniendo una gran utilidad científica por los diversos conjuntos de datos atmosféricos de buena calidad y a largo plazo que se han recopilado en este sitio. A pesar de que se reconoce el potencial de interferencia proveniente de las fuentes locales y circundantes, las series de datos a largo plazo, la accesibilidad del sitio para efectuar observaciones durante todo el año, sus características geográficas y el costo elevado de su traslado justifican la continuación y el refuerzo de la protección del sitio. Debido a la vulnerabilidad de estas investigaciones a las perturbaciones ocasionadas por la contaminación química y acústica, en particular la interferencia electromagnética y los posibles cambios en el horizonte de visión, así como efectos de las sombras sobre la instrumentación a causa de las instalaciones, es necesario continuar la protección especial de la Zona.

2. Finalidades y objetivos

Las finalidades de la gestión de las Alturas de Arrival son:

- evitar la degradación de la Zona y los riesgos importantes para sus valores, al evitar las perturbaciones humanas innecesarias de la Zona;
- permitir la realización de investigaciones científicas en la Zona, en particular, las investigaciones sobre la atmósfera, y protegerla al mismo tiempo de usos incompatibles y de la instalación de equipos que no estén sujetos a controles y que puedan poner en peligro dichas investigaciones;
- reducir a un mínimo la posibilidad de generar interferencia excesiva proveniente del ruido electromagnético producido en la Zona a través de la reglamentación de los tipos, la cantidad y el uso de los equipos que puedan instalarse y utilizarse en la Zona;
- evitar la degradación del horizonte de visión y los efectos de las sombras de las instalaciones sobre la instrumentación que depende de las geometrías de visualización del sol y cielo;
- evitar o mitigar, en la medida de lo posible, la emisión dentro de la Zona de gases o aerosoles de origen humano a partir de fuentes tales como motores de combustión interna hacia la atmósfera;
- alentar la consideración de los valores de la Zona en la gestión de las actividades que se realizan en sus alrededores y en el uso del terreno, y en particular, vigilar su intensidad y recomendar que se reduzcan a un mínimo las fuentes de radiación electromagnética que puedan comprometer los valores de la Zona;
- permitir el acceso para tareas de mantenimiento, actualización y gestión de los equipos científicos y de comunicaciones ubicados en la Zona;
- permitir visitas con fines de gestión en respaldo de los objetivos del Plan de Gestión; y
- permitir visitas para actividades educativas o de sensibilización del público relacionadas con los estudios científicos que se están realizando en la Zona que no puedan llevarse a cabo en otro lugar.

3. Actividades de gestión

Para proteger los valores de la Zona deben ser realizadas las siguientes actividades de gestión:

- Se colocarán carteles en los límites de la Zona, en lugares apropiados, que muestren la ubicación y los límites, con indicaciones claras respecto a las restricciones del ingreso, a fin de evitar el ingreso accidental a la Zona. Los letreros deberían incluir instrucciones relativas a no realizar transmisiones de radio y a apagar los focos de los vehículos al interior de la Zona, a menos que esto sea necesario debido a una emergencia.
- Se colocarán, en lugares destacados, en las principales cabañas de investigación de la Zona, en la estación McMurdo y en la base Scott, carteles en los cuales se indique la ubicación de la Zona (así como las restricciones especiales que se le apliquen) y se dispondrá de una copia del presente Plan de Gestión.
- Los señalizadores, carteles u otras estructuras que se erijan en la Zona con fines científicos o de gestión, deberán estar bien sujetos y ser mantenidos en buen estado, y deberán ser retirados cuando ya no se necesiten.
- Se realizarán las visitas necesarias a la Zona (por lo menos una vez cada cinco años) para determinar si esta continúa sirviendo a los fines para los cuales fue designada, y cerciorarse de que las medidas de gestión y mantenimiento sean apropiadas.
- Cada seis meses se realizarán estudios del ruido electromagnético en la Zona a fin de detectar fallas en los equipos y de vigilar el nivel de interferencia que pueda comprometer de forma inaceptable los valores de la Zona, a fin de detectar y mitigar sus fuentes.
- Las actividades que puedan resultar disruptivas, cuya ejecución esté planificada en un área cercana a la Zona, pero fuera de esta, tales como voladuras o perforaciones, o el uso de transmisores u otros equipos que puedan causar interferencia electromagnética significativa dentro de la Zona, deben notificarse con antelación al/a los representante(s) correspondiente(s) de las autoridades nacionales que operan en la región, a fin de coordinar las actividades o de tomar medidas de mitigación para no afectar los programas científicos o minimizar la incidencia.
- Los programas nacionales antárticos que operen en la región deberán designar a un coordinador de actividades para que esté a cargo de las consultas sobre todas las actividades que se lleven a cabo en la Zona entre los diferentes programas. Los coordinadores de actividades deben mantener, junto a sus

programas, un registro de las visitas a la Zona, en el que conste la cantidad de personas, el tiempo y la duración de la visita, las actividades realizadas y los medios de transporte que se usaron en su ingreso a la Zona, y deben poner a disposición esta información con objeto de crear un registro anual consolidado de todas las visitas que se realizan a la Zona.

- Los programas nacionales antárticos que operen en la región deberán consultarse entre sí a fin de garantizar que se pongan en práctica las condiciones establecidas en este Plan de Gestión, y deberán tomar las medidas pertinentes para detectar casos de incumplimiento y hacer que se implementen las condiciones estipuladas.

4. Período de designación

La designación abarca un período indeterminado.

5. Mapas

Mapa 1: Vista regional de la ZAEP n.° 122, Alturas de Arrival. Muestra la Península Hut Point, las instalaciones de las estaciones cercanas (estación McMurdo, de EE. UU., y base Scott, de Nueva Zelandia), y las instalaciones (SuperDARN, receptores satelitales y turbinas eólicas) y rutas (carreteras y senderos de recreación). Proyección conforme cónica de Lambert: Paralelos normales: Primero, 77° 40' S; Segundo, 78° 00' S; Meridiano central: 166° 45' E; Latitud de origen: 77° 50' S; Esferoide WGS84; Nivel de referencia: red de control geodésico de la ensenada McMurdo. Fuentes de datos: Topografía: curvas de nivel (intervalo 10 metros) derivados de ortofoto digital y modelos de elevación digital obtenidos a partir de imágenes aéreas (noviembre de 1993); extensión de hielo permanente digitalizado a partir de imagen satelital Quickbird ortorrectificada (15 de octubre de 2005) (Imágenes © 2005 Digital Globe, proporcionadas a través del Programa de Imágenes Comerciales de la Agencia Nacional de Inteligencia Geoespacial [NGA, por su sigla en inglés]); Infraestructura: datos computarizados sobre distribución de las estaciones: estudio de campo Programa Antártico de los Estados Unidos [USAP] (febrero 2009/marzo 2011), ERA (noviembre 2009) y USAP (enero 2011); senderos de recreación: relevamiento de campo del Centro Geoespacial Polar [PGC] (enero 2009/enero 2011).

Recuadro 1: Ubicación de la isla de Ross en el mar de Ross **Recuadro 2:** La ubicación del Mapa 1 en la Isla de Ross y principales características topográficas.

Mapa 2: Alturas de Arrival, mapa topográfico de la ZAEP n.° 122, que muestra los límites de las áreas protegidas, las instalaciones del sitio, las instalaciones cercanas (SuperDARN, receptores satelitales) y rutas (carreteras de acceso y senderos de recreación). Los detalles de la proyección y las fuentes de datos son los mismos que para el Mapa 1.

6. Descripción de la Zona

6(i) Coordenadas geográficas, indicadores de límites y características naturales

Límites y coordenadas

Las Alturas de Arrival (77° 49' 41,2" S, 166° 40' 2,8" E; Superficie: 0,73 3 km^2) son una pequeña cadena de colinas bajas cerca del extremo sudoeste de la Península Hut Point, en la isla de Ross. La Península Hut Point está formada por una línea de cráteres volcánicos que se extiende desde el monte Erebus. Dos de estos cráteres, el Primer Cráter y el Segundo Cráter, respectivamente, forman parte de los límites sur y norte de la Zona. La Zona en su mayor parte no tiene hielo, y las elevaciones van desde 150 m hasta un máximo de 280 m en el Segundo Cráter. Las Alturas de Arrival se encuentran ubicadas aproximadamente a 1,5 kilómetros al norte de la estación McMurdo y a 2,7 kilómetros al noroeste de la base Scott. La Zona tiene un amplio horizonte de visión y se encuentra relativamente aislada de las actividades que se desarrollan en la estación McMurdo y en la base Scott. La mayor parte de la estación McMurdo no se ve.

La esquina sudeste, que constituye el límite de la Zona, está definida por Trig T510 n.° 2, cuyo centro está ubicado en 77° 50' 08,4" S, 166° 40' 16,4" E, en una elevación de 157,3 metros. Trig T510 n.° 2 reemplazó el anterior marcador del estudio limítrofe (T510), que ya no existe, y se encuentra a 0,7 metros de este. El marcador de reemplazo T510 n. ° 2 es una varilla de hierro (pintada de color naranja) y colocada en el suelo a aproximadamente 7,3 metros al oeste de la carretera de acceso a las Alturas de Arrival, y está rodeada por un pequeño círculo de rocas. El límite de la Zona se extiende desde Trig T510 n.º 2, en línea recta, 656 metros al noroeste, pasando por el Primer Cráter, hasta un punto ubicado en 77° 49' 53,8" S, 166° 39' 03,9" E, con una elevación de 150 metros. Desde allí, el límite sigue la curva de nivel de 150 metros en dirección al norte, a lo largo de 1186 metros, hasta un punto (77° 49' 18,6" S, 166° 39' 56,1" E) directamente hacia el oeste del borde norte del Segundo Cráter. Desde ese punto, el límite se extiende 398 metros directamente hacia al este hasta el Segundo Cráter, y alrededor del borde del cráter hasta un marcador del Estudio Hidrográfico Estadounidense (un disco de bronce estampado) instalado cerca del nivel del suelo, a 77° 49' 23,4" S, 166° 40' 59,0" E y a 282 metros de elevación, y que constituye el límite noreste de la Zona. Desde allí, el límite se extiende a partir del marcador del Estudio Hidrográfico Estadounidense hacia el sur, a lo largo de 1423 metros, en línea recta, directamente hasta Trig T510 N.º 2.

Características geológicas, geomorfológicas y edafológicas

La península Hut Point tiene 20 kilómetros de largo y está formada por una línea de cráteres que se extiende hacia el sur desde los flancos del monte Erebus (Kyle, 1981). Las rocas basálticas de la península Hut Point forman parte del sector volcánico de Erebus, y los tipos de rocas dominantes son lavas alcalinas basaníticas y materiales piroclásticos, con pequeñas cantidades de fonolita y afloramientos ocasionales de lavas intermedias (Kyle, 1981). Los datos aeromagnéticos y los modelos magnéticos indican que es probable que las rocas volcánicas magnéticas subyacentes a la península Hut Point tengan más de 2 kilómetros de espesor (Behrendt *et al.* 1996), y los estudios de datación sugieren que la edad de la mayoría de las rocas basálticas es inferior a los 750 ka, aproximadamente (Tauxe *et al.* 2004).

Los suelos de las Alturas de Arrival están formados principalmente por depósitos de escoria volcánica provenientes de las erupciones del monte Erebus. El espesor de los depósitos de superficie va desde algunos centímetros a decenas de metros, y bajo la capa activa hay permafrost (Stefano, 1992). El material superficial de las Alturas de Arrival también incluye flujos de magma provenientes del monte Erebus, los que han sido erosionados y modificados con el transcurso del tiempo. En las Alturas de Arrival, los polígonos de cuña de arena cubren una superficie de aproximadamente 0,5 km^2. Dado que la condición protegida de la Zona ha limitado las perturbaciones físicas, en las zonas cercanas a la península Hut Point son mucho más extensos que en otros lugares (Klein *et al.* 2004).

Clima

Las Alturas de Arrival están expuestas con frecuencia a fuertes vientos y las condiciones suelen ser más frías y ventosas que en las cercanas estación McMurdo y base Scott (Mazzera *et al.* 2001). Durante el período de febrero de 1999 hasta abril de 2009, la temperatura máxima registrada en la Zona fue de 7,1 °C (30 de diciembre de 2001), y la mínima fue de -49,8 °C (21 de julio de 2004). Durante este período, diciembre fue el mes más cálido, con temperaturas atmosféricas mensuales medias de -5,1 °C, y agosto fue el mes más frío, con un promedio de –28,8 °C (datos proporcionados por el Instituto Nacional de Investigación Acuática y Atmosférica de Nueva Zelandia (NIWA), http://www.niwa.cri.nz, 21 de mayo de 2009).

La velocidad media anual del viento registrada en las Alturas de Arrival entre 1999 y 2009 fue de 6,96 ms-1. Los meses más ventosos fueron junio y septiembre (datos obtenidos de NIWA: http://www.niwa.co.nz, 21 de mayo de 2009). La mayor ráfaga registrada en las Alturas de Arrival entre 1999 y 2011 fue de 51 m/s (aproximadamente 184 km/h), el 16 de mayo de 2004. En las Alturas de Arrival, la dirección más frecuente de los vientos es de norte a este, dado que las masas de aire del sur son desviadas por la topografía circundante (Sinclair, 1988). La península Hut Point se encuentra ubicada en la confluencia de tres masas de aire distintas, lo cual predispone a la Zona a condiciones climáticas severas que se inician repentinamente (Monaghan *et al.* 2005).

Investigación científica

En las Alturas de Arrival se llevan a cabo numerosas investigaciones científicas de largo plazo. La mayor parte de estas investigaciones se centran en la atmósfera y en la magnetósfera de la Tierra. Las áreas de investigación incluyen radiofrecuencias extremadamente bajas y muy bajas, sucesos aurorales, tormentas geomagnéticas, fenómenos meteorológicos y variaciones en los niveles de gases traza, especialmente ozono, precursores del ozono, sustancias perjudiciales para la capa de ozono, productos incineradores de biomasa y gases de efecto invernadero. La Zona tiene un buen acceso y recibe apoyo logístico de la estación McMurdo y de la base Scott, que se encuentran cerca, lo cual facilita las investigaciones en la Zona.

Los datos sobre frecuencia extremadamente baja y frecuencia muy baja (ELF/VLF, por sus siglas en inglés) en las Alturas de Arrival se recopilaron sin interrupciones desde el verano austral de 1984-1985 (Fraser-Smith *et al.*, 1991). Los datos sobre ruido de frecuencias ELF/VLF son únicos para la Antártida, tanto en términos de su extensión como de su continuidad. Fueron registrados simultáneamente con datos sobre frecuencias ELF/VLF detectadas en la Universidad de Stanford, lo cual permitió comparar las series temporales de datos polares y de latitud media. La ausencia de interferencia electromagnética y la ubicación alejada de las Alturas de Arrival permiten a los investigadores medir los espectros del ruido de fondo de las frecuencias ELF/VLF, y señales débiles de frecuencia ELF, tales como las resonancias Schumann, que son cambios asociados en la magnetósfera y en la ionósfera (Füllekrug y Fraser-Smith, 1996). Los datos de frecuencias ELF/VLF, así como los datos de las resonancias Schumann recopilados dentro de la Zona se han estudiado en relación con las fluctuaciones en las manchas solares, los sucesos de precipitación de partículas solares y los fenómenos meteorológicos a escala planetaria (Anyamba *et al.*, 2000; Schlegel y Füllerkrug 1999; Fraser-Smith y Turtle 1993). Más aún, los datos sobre frecuencia ELV se han utilizado como una medida aproximada de la actividad global de rayos de nube a tierra y de la actividad de truenos (Füllekrug *et al.* 1999) y los datos sobre frecuencia muy baja brindan información a las redes globales que supervisan la actividad de rayos y las condiciones en la ionósfera (Clilverd *et al.*, 2009; Blank *et al.* 2009). La alta calidad de los datos electromagnéticos de las Alturas de Arrival ha permitido determinar un límite superior para la masa en reposo del fotón de aproximadamente $\sim 10^{-52}$ kg (Füllerkrug *et al.* 2002), y también ha establecido una relación fundamental entre los rayos en las latitudes medias y tropicales y las variaciones térmicas superficiales en climas moderados y tropicales (Füllerkrug y Fraser-Smith, 1997). Investigaciones recientes han permitido desarrollar nuevas tecnologías de medición con una sensibilidad de μV/m por encima del rango de frecuencia amplia, de aproximadamente 4 Hz a aproximadamente 400 kHz (Füllerkrug, 2010), que tienen un enorme potencial científico que requiere condiciones de quiescencia electromagnética como las que se registran en las Alturas de Arrival.

Las Alturas de Arrival se encuentran ubicadas al sur; por eso, durante el invierno austral, hay varias semanas de oscuridad total que permiten observar sucesos aurorales de baja intensidad y emisiones en la zona iluminada (Wright *et al.*, 1998). Los datos registrados en las Alturas de Arrival se han utilizado para hacer un seguimiento del movimiento de los arcos del casquete polar, una forma de aurora polar, y los resultados se vincularon con las condiciones de viento solar y de campos magnéticos interplanetarios. Las observaciones aurorales realizadas en las Alturas de Arrival por investigadores para la Universidad de Washington también se han utilizado para calcular la velocidad y la temperatura de los vientos a gran altitud, mediante el análisis del efecto Doppler de emisiones de luz aurorales. Además de la investigación de la aurora, los datos ópticos recabados en la Zona se utilizaron para monitorear la respuesta de la termósfera a las tormentas geomagnéticas (Hernández y Roble, 2003) y se utilizó el radar de frecuencia media para medir las velocidades del viento (70-100 kilómetros) de la atmósfera media (McDonald *et al.*, 2007).

En las Alturas de Arrival se miden algunas especies de gases traza, que incluyen dióxido de carbono, ozono, bromo, metano, óxidos de nitrógeno, cloruro de hidrógeno y monóxido de carbono. Existen registros a partir de 1982 (Zeng *et al.* 2012, Kolhepp *et al.* 2012). Las Alturas de Arrival representan un sitio clave en la Red para la Detección del Cambio en la Composición Atmosférica (NDACC, por sus siglas en inglés) y la Vigilancia Atmosférica Global (GAW, por sus siglas en inglés). Los datos se utilizan para el seguimiento de los cambios en la estratósfera y en la tropósfera, incluso para el seguimiento de la evolución a largo plazo de la capa de ozono, las concentraciones de gases de efecto invernadero en el Hemisferio Sur, y los cambios en la composición general de la atmósfera. Las mediciones realizadas en las Alturas de Arrival son esenciales para la comparación satelital del Hemisferio Sur y la Antártida (Vigouroux *et al.* 2007) y la validación del modelo de la química atmosférica (Risi *et al.* 2012). Las Alturas de Arrival se han utilizado también como una de las diversas estaciones de referencia de la Antártida para el estudio comparativo de las mediciones de la superficie del aire (Levin *et al.* 2012).

Desde 1988 se registran los niveles del ozono en las Alturas de Arrival, y se utilizan para observar las variaciones del ozono, tanto a largo plazo como en forma estacional (Oltmans *et al.* 2008; Nichol *et al.* 1991), y en las estimaciones de pérdida de ozono en la Antártida (Kuttippurath *et al.* 2010). Además de las tendencias a más largo plazo, en las Alturas de Arrival se han registrado sucesos repentinos y sustanciales de agotamiento de ozono durante la primavera. Estos se producen en el lapso de horas y se cree que surgen como consecuencia de la liberación de compuestos de bromo provenientes de la sal marina (Riedel *et al.*, 2006; Hay *et al.* 2007). Desde 1995 se han registrado en forma constante los niveles de bromo troposférico en la Zona, y se han estudiado en relación con el agotamiento del ozono, el calentamiento de la estratósfera y los cambios en el vórtice polar. También se han usado en la validación de mediciones satelitales (Schofield *et al.* 2006). Los datos sobre óxido de nitrógeno (NO_2) recopilados en las Alturas de Arrival también se han utilizado para investigar las variaciones en los niveles de ozono y los resultados muestran variaciones sustanciales en el NO_2 en escalas temporales diarias a interanuales, lo cual puede surgir como resultado de cambios en la circulación atmosférica, la temperatura y el forzamiento químico (Struthers *et al.* 2004, Wood *et al.*, 2004). Además, en las Alturas de Arrival se utilizó la espectroscopia transformada de Fourier desde tierra para observar los niveles de sulfuro de carbonilo atmosférico y para registrar los flujos de cloruro de hidrógeno provenientes del monte Erebus (Kremser *et al.* 2015; Keys *et al.* 1998).

Vegetación

En 1957 un estudio de los líquenes en las Alturas de Arrival fue realizado por C.W. Dodge y G.E. Baker, y entre las especies encontradas se incluyeron: *Buellia alboradians, B. frigida, B. grisea, B. pernigra, Caloplaca citrine, Candelariella flava, Lecanora expectans, L. fuscobrunnea, Lecidella siplei, Parmelia griseola, P. leucoblephara* y *Physcia caesia*. Algunas de las especies de musgo que se registraron en las Alturas de Arrival fueron *Sarconeurum glaciale* y *Syntrichia sarconeurum* (Base de datos de plantas del Instituto Británico para el Estudio de la Antártida [BAS, por sus siglas en inglés], 2009). Se documentó la presencia de *S. glaciale* en el interior de los canales de drenaje y en vías de circulación vehicular abandonadas (Skotnicki *et al.* 1999).

Actividades e impacto de los seres humanos

Las unidades instaladas en las Alturas de Arrival son utilizadas por el personal de la estación McMurdo (EE. UU.) y la base Scott (Nueva Zelandia) a lo largo de todo el año. Además de dos edificios destinados a laboratorio, se han instalado en la Zona numerosos grupos de antenas, antenas aéreas, equipo de comunicaciones e instrumentos científicos, con el cableado necesario.

Los instrumentos científicos que se utilizan para investigaciones atmosféricas en la Zona son sensibles a la interferencia y el ruido electromagnéticos. Algunas de las posibles fuentes de ruido local son las transmisiones de radio de muy baja frecuencia, los cables eléctricos, los sistemas de control de emisiones vehiculares y también algunos equipos de laboratorio. Algunas fuentes de ruido generado fuera de la Zona, que también pueden afectar las condiciones electromagnéticas en las Alturas de Arrival, son las comunicaciones radiales, los sistemas de transmisión para entretenimiento, las transmisiones radiales de buques, aeronaves o satélites, o los radares de vigilancia de aeronaves. El informe de una visita al sitio, elaborado en 2006, sugería que los niveles de interferencia en aquel momento eran aceptablemente bajos, pese a las actividades que se desarrollaban fuera de la estación McMurdo y la base Scott. A fin de proporcionar cierto nivel de protección contra las transmisiones radiales locales y el ruido de la estación, algunas de las antenas de muy baja frecuencia de las Alturas de Arrival se encuentran ubicadas en el Segundo Cráter.

Existen indicios de que el acceso no autorizado a la Zona, tanto a bordo de vehículos como a pie, ha tenido como resultado daños en el cableado y en los instrumentos científicos, aunque no se ha determinado el grado del daño ni su impacto sobre los resultados científicos. A principios de 2010, en el edificio del Programa Nacional Antártico de Estados Unidos (USAP, por sus siglas en inglés), se instaló una cámara para vigilar el tráfico que ingresaba a la Zona a través de la carretera que conduce a los laboratorios.

Algunos de los dispositivos recientemente instalados dentro de la Zona y cerca de esta son un sistema LiDAR de factor de Boltzmann para hierro en el Laboratorio de Investigación de las Alturas de Arrival de Nueva Zelandia en 2010, el grupo de antenas de la red de radares súper dual auroral (SuperDARN) (2009-2010) y dos receptores satelitales de estación terrena (Mapa 2). El grupo de antenas SuperDARN transmite a bajas frecuencias (8-20 MHz). La principal dirección de transmisión es hacia el sudoeste de la Zona, y su ubicación se seleccionó, en parte, para minimizar la interferencia con los experimentos que se realizan en las Alturas de Arrival. En las inmediaciones hay dos receptores satelitales de estación terrena (Joint Polar Satellite System

[JPSS]) y MG2). Uno de estos receptores tiene funciones de transmisión (en el rango de frecuencias de entre 2025 y 2120 Hz), y se han tomado medidas para garantizar que las irradiaciones hacia la Zona sean mínimas.

Se construyeron tres turbinas eólicas a aproximadamente 1,5 km de la Zona, cerca de la colina Cráter, durante el verano austral 2009-2010 (Mapa 1). Las emisiones de interferencia electromagnética de las turbinas deberían cumplir con los estándares aceptados para maquinarias eléctricas y servicios. No obstante, se ha detectado interferencia electromagnética proveniente de las nuevas turbinas eólicas en conjuntos de datos de muy baja frecuencia en las Alturas de Arrival. Entre las posibles fuentes de EMI se pueden mencionar los transformadores de turbinas, los generadores y los cables eléctricos. La interferencia en el rango VLF ha sido suficiente como para considerar a las Alturas de Arrival como un lugar no apto para la realización de estudios científicos de medición de pulsos de ondas de los rayos (por ejemplo, el experimento AARDVARK), por lo que se instaló una segunda antena en la base Scott, en donde el rango de VLF es bastante inferior.

Desde 1992 se han llevado a cabo observaciones periódicas de la calidad del aire en las Alturas de Arrival. Recientes estudios sugieren que la calidad del aire ha disminuido, probablemente debido a las emisiones que se originan en la estación McMurdo o en la base Scott (Mazzera *et al.*, 2001); por ejemplo, por las tareas de construcción y la circulación de vehículos. Las investigaciones determinaron que las muestras de calidad del aire contenían mayores concentraciones de especies derivadas de la contaminación (EC, SO_2, Pb, Zn) y aerosoles con material particulado respirable PM_{10} (partículas con diámetros aerodinámicos de menos de 10 μm) que otros sitios costeros y antárticos.

6 (ii) Acceso a la Zona

Se puede ingresar a la Zona por tierra, a bordo de un vehículo o a pie. La carretera de acceso a la Zona ingresa por el sudeste y llega hasta los laboratorios de investigación. Dentro de la Zona, hay varios senderos para vehículos que van desde la estación satelital terrena en el Primer Cráter hasta la base del Segundo Cráter. Los peatones puedan ingresar desde la carretera de acceso.

Está prohibido el acceso aéreo y el sobrevuelo de la Zona, salvo que se haya emitido un permiso de autorización específico, en cuyo caso, antes del ingreso, se debe notificar a la autoridad correspondiente que actúa como apoyo para los programas de investigación.

6(iii) Ubicación de estructuras dentro de la Zona y en sus proximidades

Los programas de Nueva Zelandia y Estados Unidos mantienen instalaciones para investigación y vivienda en la Zona. El 20 de enero de 2007 Nueva Zelandia abrió un nuevo laboratorio de investigación en las Alturas de Arrival en reemplazo de un antiguo edificio que se eliminó de la Zona. Estados Unidos mantiene un laboratorio dentro de la Zona. En la Zona hay una serie de grupos de antenas y antenas aéreas diseñadas para satisfacer necesidades específicas (Mapa 2), y en las Alturas de Arrival se instaló una nueva antena de muy baja frecuencia en diciembre de 2008. Hay una estación satelital terrena ubicada varios metros hacia el interior del límite de la Zona en el Primer Cráter (Mapa 2).

El grupo de antenas SuperDARN se encuentra ubicado a aproximadamente 270 metros al sudoeste de la Zona. Hay dos receptores de estación satelital terrena instalados a aproximadamente 150 metros al sudoeste de la Zona (Mapa 2).

6(iv) Ubicación de las zonas protegidas en las cercanías

Las áreas protegidas más cercanas a las Alturas de Arrival se encuentran en la isla de Ross: La cabaña Discovery, en punta Hut (ZAEP n.º 158) es la más cercana, y se encuentra a 1,3 kilómetros hacia el sudoeste; el cabo Evans se encuentra 22 km al norte; la (ZAEP n.º 157), bahía Backdoor, se encuentra a 32 kilómetros hacia el norte, el cabo Royds (ZAEP n.º 121) se encuentra a 35 kilómetros al nornoroeste; los sitios geotérmicos a gran altitud de la región del mar de Ross (ZAEP n.º 175) cerca de la cumbre del monte Erebus se encuentran a 40 kilómetros hacia el norte; la bahía Lewis (ZAEP n.º 156), el sitio donde se produjo el accidente del avión de pasajeros en 1979, se encuentra a 50 kilómetros al noreste; el valle New College (ZAEP n.º 116) se encuentra a 65 kilómetros al norte, en el cabo Bird; y el cabo Crozier (ZAEP n.º 1) se encuentra a 70 kilómetros hacia el noreste. La isla White del NO (ZAEP n.º 137) se encuentra a 35 kilómetros al sur, cruzando la plataforma de hielo de Ross. La Zona Antártica Especialmente Administrada n.º 2, Valles Secos de McMurdo, se encuentra ubicada a aproximadamente 50 kilómetros al oeste de la Zona.

6(v)   Áreas especiales al interior de la Zona

Ninguna

7. Términos y condiciones para los permisos de entrada

7(i) Condiciones generales para la expedición de permisos

Se prohíbe el acceso a la Zona excepto con un permiso expedido por una autoridad nacional competente. Las condiciones para la expedición de un permiso para entrar en la Zona son las siguientes:

- se expedirán permisos para estudios científicos de la atmósfera y magnetósfera, o para otros fines científicos que no puedan llevarse a cabo en otro lugar; o
- se expedirán permisos para la operación, gestión y mantenimiento de unidades científicas de apoyo (incluidas las operaciones seguras), con la condición de que el movimiento dentro de la Zona esté limitado al que resulte necesario para acceder a esas instalaciones; o
- se expedirán permisos para actividades educativas o de sensibilización del público que no puedan realizarse en otro lugar y que estén vinculadas con los estudios científicos llevados a cabo en la Zona, con la condición de que los visitantes estén acompañados por personal autorizado, responsable de las instalaciones visitadas; o
- se expedirán permisos para fines de gestión indispensables, que sean concordantes con los objetivos del Plan, tales como inspección o examen;
- las actividades permitidas no pondrán en peligro los valores científicos ni educativos de la Zona;
- toda actividad de gestión deberá respaldar los objetivos del Plan de Gestión;
- que las acciones permitidas sean compatibles con el presente Plan de Gestión;
- que se lleve el permiso, o una copia de este, dentro de la Zona;
- se deberá presentar un informe de la visita a la autoridad o autoridades indicadas en el permiso;
- los permisos tendrán un plazo de validez expreso.

7 (ii) Acceso a la Zona y desplazamientos en su interior o sobre ella

Se permite ingresar a la Zona a bordo de un vehículo y a pie. Se prohíben el aterrizaje y los sobrevuelos de aeronaves en la Zona, salvo que se cuente con un permiso que lo autorice específicamente. Se deberá cursar notificación previa por escrito a la autoridad o autoridades pertinentes que colaboren con las investigaciones científicas que se estén llevando a cabo en la Zona al momento en que se lleve a cabo la actividad propuesta. Deberá coordinarse, según corresponda, el momento y el lugar en que vaya a realizarse la actividad de aeronaves con el fin de reducir a un mínimo o de evitar toda perturbación posible de los programas científicos.

Los desplazamientos en vehículo y a pie deben limitarse al mínimo necesario para alcanzar los objetivos de las actividades permitidas, y se deberá hacer todo lo posible para reducir a un mínimo los efectos sobre las investigaciones científicas: por ejemplo, el personal que ingrese en la Zona en vehículo deberá coordinar los viajes a fin de reducir a un mínimo el uso de vehículos.

Los vehículos deberán circular por los senderos establecidos que se indican en el Mapa 2, salvo que en el permiso se autorice específicamente otra ruta. Los peatones también deberán circular, en la medida de lo posible, por los senderos existentes. Se debe tener la precaución de evitar los cables y otros instrumentos al desplazarse en la Zona, dado que pueden sufrir daños a causa del tránsito de peatones y vehículos. Durante las horas de oscuridad, deben apagarse los focos de los vehículos que se aproximen a las instalaciones, a fin de evitar daños a los instrumentos sensibles a la luz que se encuentran dentro de la Zona.

7 (iii) Actividades que pueden llevarse a cabo dentro de la Zona

- investigaciones científicas que no pongan en peligro los valores científicos de la Zona o que interfieran en las actividades de investigación en curso;
- actividades de gestión fundamentales, entre ellas la construcción de unidades nuevas para colaborar con las investigaciones científicas;

- actividades con fines educativos (tales como informes documentales [fotográficos, auditivos o escritos], o la producción de recursos o servicios educativos) que no puedan llevarse a cabo en otro lugar;

- los visitantes que ingresen a la Zona podrán usar radios portátiles o instaladas en vehículos, pero su uso deberá reducirse a un mínimo y limitarse a comunicaciones con fines científicos, de gestión o de seguridad.

- estudios de ruido electromagnético para ayudar a asegurar que la investigación científica no se vea significativamente afectada.

7(iv) Instalación, modificación o desmantelamiento de estructuras

- No se erigirán estructuras en la Zona excepto de conformidad con lo especificado en un permiso.

- Todas las estructuras, equipo científico o marcadores que se instalen en la Zona, fuera de las cabañas de investigación, deberá estar aprobado en el permiso y llevar claramente el nombre del país, el nombre del investigador principal y el año de su instalación. El desmantelamiento de estas estructuras, equipos o señalizares tras el vencimiento del permiso debe ser de responsabilidad de la autoridad que haya otorgado el permiso original, y esto debe ser una condición para el otorgamiento del permiso.

- La instalación (incluida la selección de sitios), el mantenimiento, la modificación o el desmantelamiento de estructuras se realizará de manera tal que la alteración del medioambiente sea la mínima posible. Las instalaciones no deben poner en riesgo los valores de la Zona, particularmente las condiciones de "silencio" electromagnético y el actual horizonte de visión. Las estructuras que se instalen deben estar construidas con materiales que impliquen un riesgo mínimo de contaminación ambiental en la Zona. Se establecerá en el permiso el plazo para el retiro de los equipos.

- Dentro de la Zona no podrá instalarse ningún nuevo transmisor de radiofrecuencia, salvo los transceptores de bajo consumo que se utilizan para las comunicaciones locales esenciales. La radiación electromagnética producida por los equipos introducidos en la Zona no deberá tener efectos adversos significativos sobre ninguna investigación que se esté llevando a cabo, salvo que se cuente con autorización específica para ello. Se deben tomar las precauciones necesarias para asegurar que los equipos eléctricos utilizados en la Zona estén adecuadamente protegidos a fin de mantener el ruido electromagnético en los niveles mínimos.

- La instalación o modificación de estructuras o equipo en la Zona estará sujeta a una determinación del posible impacto de las instalaciones o modificaciones propuestas sobre los valores de la Zona, y se hará según se requiera de conformidad con los procedimientos nacionales. Los investigadores deberán presentar propuestas pormenorizadas y adjuntar la evaluación del impacto, además de cualquier otro procedimiento requerido por las autoridades pertinentes, al coordinador de actividades de su programa nacional, quien intercambiará los documentos recibidos con otros coordinadores de actividades de la Zona. Los coordinadores de actividades examinarán las propuestas en consulta con los directores de programas nacionales y los investigadores pertinentes a fin de determinar el posible impacto en los valores científicos o ambientales naturales de la Zona. Los coordinadores de actividades consultarán entre ellos y formularán recomendaciones (proceder de la forma propuesta, proceder con cambios, realizar un ensayo para efectuar una evaluación ulterior o no proceder) a su Programa Nacional dentro del plazo de 60 días tras la recepción de una propuesta. Los programas nacionales se encargarán de avisar a los investigadores si pueden proceder o no con las propuestas y en qué condiciones.

- La planificación, instalación o modificación, fuera de la Zona, de estructuras cercanas o de equipos que emitan radiaciones electromagnéticas, obstaculicen el horizonte de visión o emitan gases a la atmósfera deben tener en cuenta sus posibilidades de afectar los valores de la Zona.

- El desmantelamiento de estructuras o equipos o marcadores para los cuales el permiso haya expirado debe ser responsabilidad de la autoridad que haya expedido el permiso original, y debe ser una condición para el otorgamiento del permiso.

7(v) Ubicación de los campamentos

Se prohíbe acampar en la Zona. Se permite pernoctar en los edificios equipados para tal fin.

7(vi) Restricciones relativas a los materiales y organismos que puedan introducirse en la Zona

- Deben reducirse a un mínimo o evitarse las emisiones gaseosas o de aerosoles de origen humano a la atmósfera a partir de fuentes tales como motores de combustión interna al interior de la Zona. Las emisiones o aerosoles origen humano que se mantienen en el largo plazo, o se vuelven permanentes, podrían poner en peligro algunos experimentos científicos que se realizan dentro de la Zona, y están prohibidos.

7(vii) Recolección de flora y fauna autóctonas o su alteración perjudicial

Se prohíbe la toma de ejemplares de la flora o fauna autóctonas y la intromisión perjudicial en estas, excepto con un permiso expedido por separado, otorgado por la autoridad nacional pertinente específicamente para tal fin, de conformidad con el Artículo 3 del Anexo II al Protocolo.

7(viii) Recolección o traslado de materiales que el titular del permiso no haya llevado a la Zona

- Se podrá recolectar o retirar material de la Zona únicamente de conformidad con un permiso, y dicho material deberá limitarse al mínimo necesario para fines de índole científica o de gestión.
- Podrá ser retirado de cualquier parte de la Zona todo material de origen humano que probablemente comprometa los valores de la Zona y que no haya sido llevado a la Zona por el titular del permiso o que no esté comprendido en otro tipo de autorización, salvo que el impacto de su extracción probablemente sea mayor que el efecto de dejar el material *in situ*. En tal caso, se deberá informar a las autoridades nacionales pertinentes.
- Se deberá notificar a la autoridad pertinente sobre cualquier cosa que se retire de la Zona que no haya sido introducida por el titular del permiso.

7(ix) Eliminación de desechos

Todos los desechos, incluso los desechos humanos, deberán ser retirados de la Zona.

7(x) Medidas que podrían requerirse para garantizar el continuo cumplimiento de los objetivos del Plan de Gestión

1) Se podrán otorgar permisos para ingresar en la Zona a fin de realizar actividades de vigilancia científica e inspecciones de sitios que pueden implicar la obtención de datos para análisis o examen, o para implementar medidas de protección.
2) Todos los sitios donde se lleven a cabo actividades de seguimiento a largo plazo deberán estar debidamente demarcados.
3) Las partes que operen en la Zona deberán señalar las bandas electromagnéticas de interés específico para la ciencia que merezcan protección especial contra la interferencia. La generación de ruido electromagnético deberá limitarse, en la medida de lo posible, a frecuencias que no estén incluidas en esas bandas.
4) Se prohíbe la generación intencional de ruido electromagnético dentro de la Zona, salvo dentro de las bandas de frecuencias y los niveles de potencia convenidos o de conformidad con un permiso.

7(xi) Requisitos relativos a los informes

- Las Partes deberán cerciorarse de que el titular principal de cada permiso expedido presente a la autoridad pertinente un informe en el cual se describan las actividades realizadas. Estos informes deben incluir, según corresponda, la información identificada en el formulario del informe de visitas contenido en la Guía para la Preparación de Planes de Gestión para las Zonas Antárticas Especialmente Protegidas.
- Las Partes deberán llevar un registro de dichas actividades y, en el intercambio anual de información, presentar descripciones resumidas de las actividades realizadas por las personas bajo su jurisdicción, suficientemente pormenorizados como para que se pueda determinar la eficacia del Plan de Gestión. Siempre que sea posible, las Partes deberán depositar el informe original o una copia de este en un archivo al cual el público tenga acceso, a fin de llevar un registro del uso que pueda utilizarse en las revisiones del Plan de Gestión y en la organización del uso científico de la Zona.

- Se deberá notificar a la autoridad pertinente sobre cualquier actividad o medida llevada a cabo que no esté incluida en la autorización expresa. En caso de derrame, deberá informarse siempre a la autoridad pertinente.

8. Documentación de apoyo

Anyamba, E., Williams, E., Susskind, J., Fraser-Smith, A. & Fullerkrug, M. 2000. The Manifestation of the Madden-Julian Oscillation in Global Deep Convection and in the Schumann Resonance Intensity. *American Meteorology Society* **57**(8): 1029-44.

Behrendt, J. C., Saltus, R., Damaske, D., McCafferty, A., Finn, C., Blankenship, D.D. & Bell, R.E. 1996. Patterns of Late Cenozoic volcanic tectonic activity in the West Antarctic rift system revealed by aeromagnetic surveys. *Tectonics* **15**: 660-76.

Clilverd, M.A., Rodger, C.J., Thomson, N.R., Brundell, J.B., Ulich, Th., Lichtenberger, J., Cobbett, N., Collier, A.B., Menk, F.W., Seppl, A., Verronen, P.T., & Turunen, E. 2009. Remote sensing space weather events: the AARDDVARK network. *Space Weather* **7** (S04001). DOI: 10.1029,2008SW000412

Connor, B.J., Bodeker, G., Johnston, P.V., Kreher, K., Liley, J.B., Matthews, W.A., McKenzie, R.L., Struthers, H. & Wood, S.W. 2005. Overview of long-term stratospheric measurements at Lauder, New Zealand, and Arrival Heights, Antarctica. *American Geophysical Union, Spring Meeting 2005*.

Deutscher, N.M., Jones, N.B., Griffith, D.W.T., Wood, S.W. and Murcray, F.J. 2006. Atmospheric carbonyl sulfide (OCS) variation from 1992-2004 by ground-based solar FTIR spectrometry. *Atmospheric Chemistry and Physics Discussions* **6**: 1619-36.

Fraser-Smith, A.C., McGill, P.R., Bernardi, A., Helliwell, R.A. & Ladd, M.E. 1991. Global Measurements of Low-Frequency Radio Noise *in* Environmental and Space Electromagnetics (Ed. H. Kikuchi). Springer-Verlad, Tokyo.

Fraser-Smith, A.C. & Turtle, J.P.1993. ELF/VLF Radio Noise Measurements at High Latitudes during Solar Particle Events. Paper presented at the 51st AGARD-EPP Specialists meeting on *ELF/VLF/LF Radio Propagation and Systems Aspects*. Brussels, Belgium; 28 Sep – 2 Oct, 1992.

M. Füllekrug, M. 2004. Probing the speed of light with radio waves at extremely low frequencies. *Physical Review Letters* **93**(4), 043901: 1-3.

1.- M, 2010. Wideband digital low-frequency radio receiver. *Measurement Science and Technology*, **21**, 015901: 1-9. doi:10.1088/-023321/1/015901

Füllekrug, M. & Fraser-Smith, A.C.1996. Further evidence for a global correlation of the Earth-ionosphere cavity resonances. *General Assembly of the International Union of Geodesy and Geophysics No. 21, Boulder, Colorado, USA*.

Füllekrug, M. & Fraser-Smith, A.C. 1997. Global lightning and climate variability inferred from ELF magnetic field variations. Geophysical Research Letters 24(19): 1104. 2411.

Füllekrug, M., Fraser-Smith, A.C., Bering, E.A. & Few, A.A. 1999. On the hourly contribution of global cloud-to-ground lightning activity to the atmospheric electric field in the Antarctic during December 1992. *Journal of Atmospheric and Solar-Terrestrial Physics* **61**: 745-50.

Füllekrug, M., Fraser-Smith, A.C. & Schlegel, K. 2002. Global ionospheric D-layer height monitoring. Biology Letters 59, 4. 626.

Hay, T., Kreher, K., Riedel, K., Johnston, P., Thomas, A. & McDonald, A. 2007. Investigation of Bromine Explosion Events in McMurdo Sound, Antarctica. *Geophysical Research Abstracts*. Vol. 7.

Hernandez, G. & Roble, R.G. 2003. Simultaneous thermospheric observations during the geomagnetic storm of April 2002 from South Pole and Arrival Heights, Antarctica. Geophysical Research Letters 30(10): 1104. 1511.

Keys, J.G., Wood, S.W., Jones, N.B. & Murcray, F.J. 1998. Spectral Measurements of HCl in the Plume of the Antarctic Volcano Mount Erebus. Geophysical Research Letters 25(13): 1104. 2421-24.

Klein, A.G., Kennicutt, M.C., Wolff, G.A., Sweet, S.T., Gielstra, D.A. & Bloxom, T. 2004. Disruption of Sand-Wedge Polygons at McMurdo Station Antarctica: An Indication of Physical Disturbance. 61st Eastern Snow Conference, Portland, Maine, USA.

Kohlhepp, R., Ruhnke, R., Chipperfield, M.P., De Mazière, M, Notholt, J., & 46 others 2012. Observed and simulated time evolution of HCl, ClONO2, and HF total column abundances, Atmospheric Chemistry & Physics 12: 3527-56.

Kremser, S., Jones, N.B., Palm, M, Lejeune, B., Wang, Y., Smale, D. & Deutscher, N.M. 2015. Positive trends in Southern Hemisphere carbonyl sulfide, Geophysical Research Letters 42: 9473-80.

Kyle, P. 1981. Mineralogy and Geochemistry of a Basanite to Phonolite Sequence at Hut Point Peninsula, Antarctica, based on Core from Dry Valley Drilling Project Drillholes 1,2 and 3. Journal of Petrology. 22 y 4. 451 – 500

Kuttippurath, J., Goutail, F., Pommereau, J.-P., Lefèvre, F., Roscoe, H.K., Pazmiño A., Feng, W., Chipperfield, M.P., & Godin-Beekmann, S. 2010. Estimation of Antarctic ozone loss from ground-based total column measurements. Atmospheric Chemistry and Physics 10: 6569-81.

Levin, C., Veidt, C., Vaughn, B.H., Brailsford, G., Bromley, T., Heinz, R., Lowe, D., Miller, J.B., Poß, C.& White, J.W.C. 2012 No inter-hemispheric δ13CH4 trend observed. Nature 486: E3–E4.

Mazzera, D. M., Lowenthal, D. H., Chow, J. C. & Watson, J. G. 2001. Sources of PM10 and sulfate aerosol at McMurdo station, Antarctica. Chemosphere 45: 347-56.

McDonald, A.J., Baumgaertner, A.J.G., Fraser, G.J., George, S.E. & Marsh, S. 2007. Empirical Mode Decomposition of the atmospheric wave field. *Annals of Geophysics* **25**: 375-84.

Monaghan, A.J. & Bromwich, D.H. 2005. The Climate of the McMurdo, Antarctica, Region as Represented by One Year Forecasts from the Antarctic Mesoscale Prediction System. *Journal of Climate*. 18, pp. 1174–89.

Nichol, S.E., Coulmann, S. & Clarkson, T.S. 1991. Relationship of springtime ozone depletion at Arrival Heights, Antarctica, to the 70 HPA temperatures. Geophysical Research Letters 18(10): 1104. 1865-68.

Oltmans, S.J., Johnson, B.J. & Helmig, D. 2008. Episodes of high surface-ozone amounts at South Pole during summer and their impact on the long-term surface-ozone variation. *Atmospheric Environment* **42**: 2804-16.

Riedel, K., Kreher, K., Nichol, S. & Oltmans, S.J. 2006. Air mass origin during tropospheric ozone depletion events at Arrival Heights, Antarctica. *Geophysical Research Abstracts* **8**.

Risi, C., Noone, D., Worden, J., Frankenberg, C., Stiller, G., & 25 others 2012. Process-evaluation of tropospheric humidity simulated by general circulation models using water vapor isotopologues: 1. Comparison between models and observations. Journal of Geophysical Research 117: D18110. D05303.

Rodger, C. J., Brundell, J.B., Holzworth, R.H. & Lay, E.H. 2009. Growing detection efficiency of the World Wide Lightning Location Network. American Institute of Physics Conference Proceedings **1118**: 15-20. SWEDARP 10.1063/1.3137706.

Schlegel, K. & Fullekrug, M. 1999. Schumann resonance parameter changes during high-energy particle precipitation. *Journal of Geophysical Research* 104, A5. 10111-18.

Schofield, R., Johnston, P.V., Thomas, A., Kreher, K., Connor, B.J., Wood, S., Shooter, D., Chipperfield, M.P., Richter, A., von Glasow, R. & Rodgers, C.D. 2006. Tropospheric and stratospheric BrO columns over Arrival Heights, Antarctica, 2002. *Journal of Geophysical Research* 111: D18110. 1-14.

Sinclair, M.R. 1988. Local topographic influence on low -level wind at Scott Base, Antarctica. *New Zealand Journal of Geology and Geophysics 10: 422-430. 31)* 237-45.

Skotnicki, M.L., Ninham, J.A. & Selkirk P.M. 1999. Genetic diversity and dispersal of the moss *Sarconeurum glaciale* on Ross Island, East Antarctica. *Molecular Ecology* 8: 753-62.

Stefano, J.E. 1992. Application of Ground-Penetrating Radar at McMurdo Station, Antarctica. Presented at the Hazardous Materials Control Research Institute federal environment restoration conference, Vienna, USA, 15-17 April 1992.

Struthers, H., Kreher, K., Austin, J., Schofield, R., Bodeker, G., Johnston, P., Shiona, H. & Thomas, A. 2004. Past and future simulations of NO_2 from a coupled chemistry-climate model in comparison w ith observations. *Atmospheric Chemistry and Physics Discussions* 4: 4545-79.

Tauxe, L., Gans, P.B. & Mankinen, E.A. 2004. Paleomagnetic and 40Ar/39Ar ages from Matuyama/Brunhes aged volcanics near McMurdo Sound, Antarctica. *Geochemical Geophysical Geosystems* 5 (10): 1029.

Vigouroux, C., De Mazière, M., Errera, Q., Chabrillat, S., Mahieu, E., Duchatelet, P., Wood, S., Smale, D., Mikuteit, S., Blumenstock, T., Hase, F., & Jones, N. 2007. Comparisons between ground-based FTIR and MIPAS N2O and HNO3 profiles before and after assimilation in BASCOE. *Atmospheric Chemistry &* Physics 7: 377-96. .

Wood, S.W., Batchelor, R.L., Goldman, A., Rinsland, C.P., Connor, B.J., Murcray, F.J., Stephan, T.M. & Heuff, D.N. 2004. Ground-based nitric acid measurements at Arrival Heights, Antarctica, using solar and lunar Fourier transform infrared observations. *Journal of Geophysical Research* 109: D18307.

Wright, I.M., Fraser, B.J., & Menk F.W. 1998. Observations of polar cap arc drift motion from Scott Base S-RAMP Proceedings of the AIP Congress, Perth, September 1998.

Zeng, G., Wood, S.W., Morgenstern, O., Jones, N.B., Robinson, J., & Smale, D. 2012. Trends and variations in CO, C2H6, and HCN in the Southern Hemisphere point to the declining anthropogenic emissions of CO and C2H6, *Atmospheric Chemistry & Physics* 12: 7543-55.

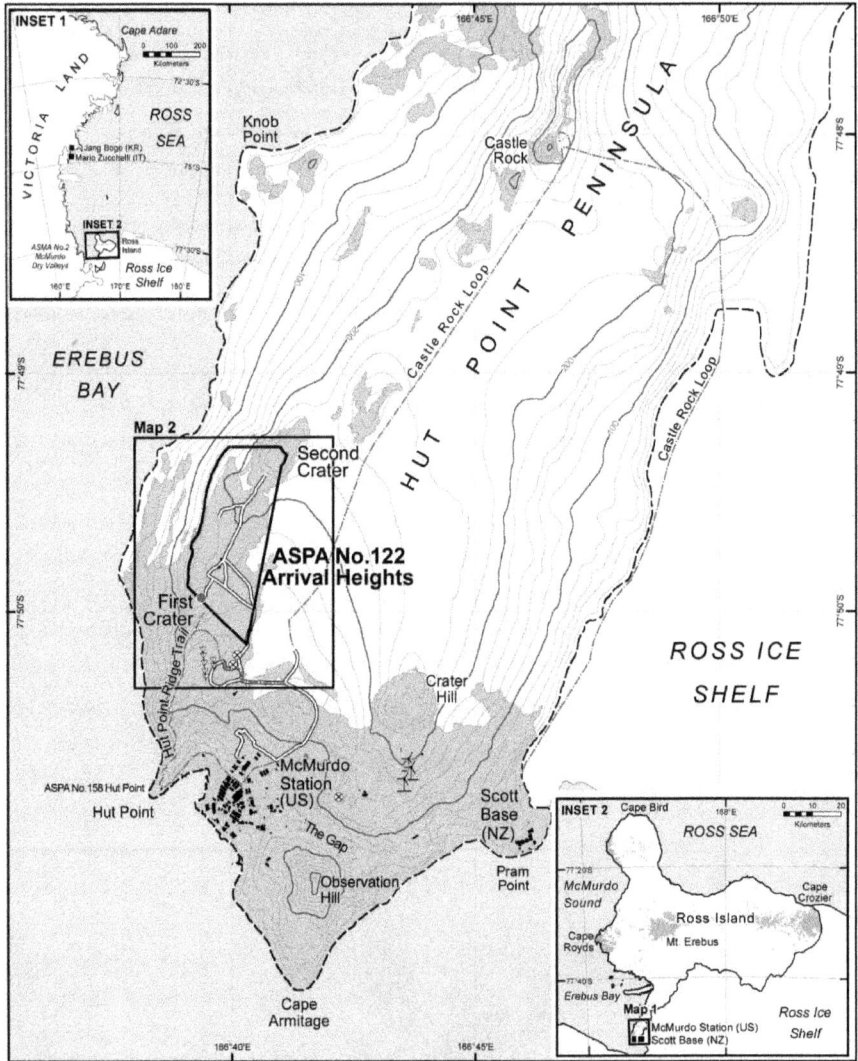

Map 1: ASPA No. 122 - Arrival Heights - Regional overview

Estimated coastline	Ocean	ϙ SuperDARN antenna array
Index contour (100m)	Protected area boundary	⊗ Satellite receiver
Contour (20m)	Road	● Satellite Earth Station
Ice free ground (2005)	Recreational trail	⊥ Wind turbine
Permanent ice (2005)	■ Buildings	

22 Mar 2016 (Map ID: 10069.001.04)
United States Antarctic Program
Environmental Research & Assessment

Projection: Lambert Conic Conformal
Spheroid and horizontal datum: WGS84
Data sources: Contours: Derived from
2m DEM, contour interval 20m; Buildings: RPSC survey (Feb 09);
Features: Derived from USAP (Feb 2009) & ERA (Nov 2009)
field surveys; Recreational trails: PGC field survey 2009;
Permanent ice extent: Digitised from Quickbird orthophoto (15 Oct 05)
(Imagery © 2005 Digital Globe, NGA Commercial Imagery Program);
ASPA boundary based on Management Plan (2016).

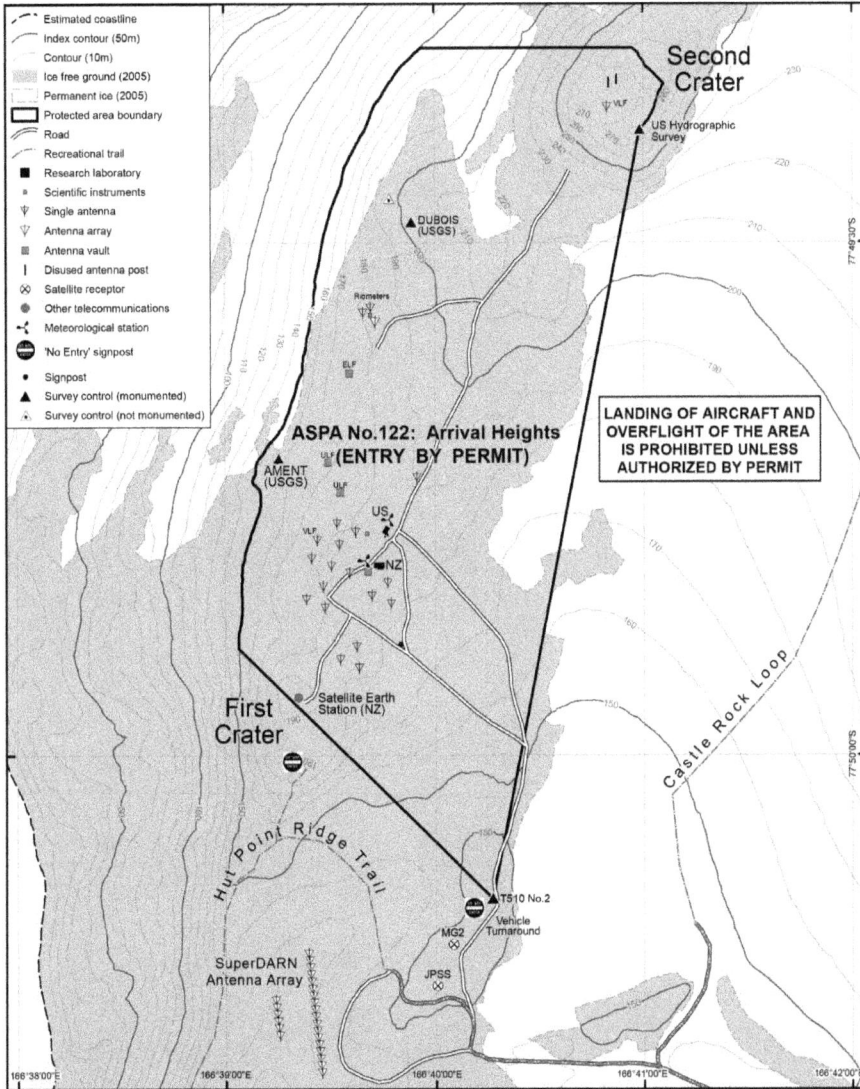

Map 2: ASPA No. 122 - Arrival Heights - Boundary & topography

Estimated coastline
Index contour (50m)
Contour (10m)
Ice free ground (2005)
Permanent ice (2005)
Protected area boundary
Road
Recreational trail
Research laboratory
Scientific instruments
Single antenna
Antenna array
Antenna vault
Disused antenna post
Satellite receptor
Other telecommunications
Meteorological station
'No Entry' signpost
Signpost
Survey control (monumented)
Survey control (not monumented)

Second Crater

US Hydrographic Survey

DUBOIS (USGS)

ASPA No.122: Arrival Heights
(ENTRY BY PERMIT)

AMENT (USGS)

LANDING OF AIRCRAFT AND OVERFLIGHT OF THE AREA IS PROHIBITED UNLESS AUTHORIZED BY PERMIT

US
NZ

Satellite Earth Station (NZ)

First Crater

Hut Point Ridge Trail

Castle Rock Loop

TS10 No.2
Vehicle Turnaround
MG2
JPSS

SuperDARN Antenna Array

11 Mar 2016 (Map ID: 10089.002.03)
United States Antarctic Program
Environmental Research & Assessment

Caution:
Overground cables are present throughout Arrival Heights and are not shown on this map. Care should be taken to avoid disturbing these cables.

N
0   100   200
Meters

Projection: Lambert Conic Conformal
Data sources: Contours: Derived from 2m DEM, contour interval 10m; Features: Derived from USAP (Feb 2009) & ERA (Nov 2009) field surveys; Recreational trails: PGC field survey 2009; Permanent ice digitised from orthorectified Quickbird image (15 Oct 05) (Imagery © Digital Globe; NGA Commercial Imagery Program); ASPA boundary based on Management Plan (2016).

Plan de Gestión para la
Zona Antártica Especialmente Protegida n.º 126
PENÍNSULA BYERS, ISLA LIVINGSTON,
ISLAS SHETLAND DEL SUR

Introducción

La principal razón para designar la península Byers (62°34'35" S, 61°13'07" O), isla Livingston, islas Shetland del Sur, como Zona Antártica Especialmente Protegida (ZAEP) es proteger los hábitats terrestres y lacustres dentro de la Zona.

La península Byers fue originalmente designada como Zona Especialmente Protegida (ZEP) n.º 10 a través de la Recomendación IV-10 en 1966. Esta Zona abarcaba el terreno libre de hielo al oeste del margen occidental de la capa de hielo permanente de la isla Livingston, debajo del domo Rotch, así como la isla Window, situada a unos 500 metros de la costa noroeste, y cinco zonas pequeñas libres de hielo en la costa sur, justo al este de la península Byers. Los valores protegidos por la designación original comprendían la diversidad de la fauna y la flora, varios invertebrados, una población considerable de elefantes marinos del sur (*Mirounga leonina*), pequeñas colonias de lobos finos antárticos (*Arctocephalus gazella*) y los valores sobresalientes asociados a una variedad tan grande de plantas y animales en una zona relativamente pequeña.

La designación como ZEP fue revocada mediante la Recomendación VIII - 2, y la Zona fue redesignada como Sitio de Especial Interés Científico (SEIC) en virtud de la Recomendación VIII - 4 (1975, SEIC n.º 6). Con la nueva designación como SEIC se procuraba específicamente proteger cuatro sitios libres de hielo más pequeños de la península, que tienen estratos sedimentarios y fosilíferos de los períodos jurásico y cretáceo, considerados de sobresaliente valor científico para el estudio de la antigua conexión entre la Antártida y otros continentes australes. Tras una propuesta presentada por Chile y el Reino Unido, el SEIC se amplió posteriormente a través de la Recomendación XVI-5 (1991) a fin de incluir límites similares a los de la ZEP original, es decir, la totalidad del terreno libre de hielo de la península Byers situado al oeste del borde de la capa de hielo permanente de la isla Livingston, incluido el litoral, pero sin abarcar la isla Window, los cinco sitios costeros meridionales incluidos originalmente y todos los islotes y las rocas situados frente a la costa. En la Recomendación XVI - 5 se señala que, además de su valor geológico especial, la Zona reviste también una gran importancia biológica y arqueológica.

Aunque la situación particular de la designación y los límites cambiaron en algunas ocasiones, en la práctica la península Byers ha gozado de protección especial durante la mayor parte de la era moderna de actividad científica en la región. Las actividades recientes realizadas al interior de la Zona, que han consistido casi exclusivamente en investigaciones científicas (Benayas *et al.* [2013] ofrecen un examen de toda la actividad científica realizada en la Zona publicada entre 1957 y 2012). La mayoría de las visitas y muestreos realizados en la Zona tras su designación original en 1966 han estado sujetos a las condiciones enunciadas en los permisos, y algunas áreas (como el promontorio Ray) han sido visitadas en raras ocasiones. Durante el Año Polar Internacional, la península Byers fue establecida como un "Sitio antártico de referencia internacional para ecosistemas terrestres, de agua dulce y costeros" (Quesada *et al.*, 2009, 2013). Durante este período se establecieron datos de línea de base relacionados con los ecosistemas terrestres, limnéticos y costeros, tales como las características del permafrost, geomorfología, extensión de la vegetación, diversidad y funcionamiento limnéticos, diversidad de los mamíferos y aves marinos, microbiología y diversidad de los invertebrados marinos costeros. (López-Bueno *et al.*, 2009; Moura *et al.*, 2012; Barbosa *et al.*, 2013; De Pablos *et al.*, 2013; Emslie *et al.*, 2013; Gil-Delgado *et al.*, 2013; Kopalova y van de Vijvier, 2013; Lyons *et al.*, 2013; Nakai *et al.*, 2013; Pla-Rabes *et al.*, 2013; Rico *et al.*, 2013; Rochera *et al.*, 2013a; Rochera *et al.*, 2013b; Toro *et al.*, 2013; Velazquez *et al.*, 2013; Velazquez *et al.* 2016; Vera *et al.*, 2013; Villaescusa *et al.*, 2013). Los valores arqueológicos de la península Byers han sido descritos como únicos en su género, ya que en la Zona se encuentra la mayor concentración de sitios históricos de la Antártida, concretamente, restos de refugios, artefactos contemporáneos y pecios de expediciones de caza de focas de principios del siglo XIX (véase el Mapa 2).

La península Byers hace una importante contribución al sistema de Zonas Antárticas Protegidas dado que (a) contiene una diversidad de especies particularmente amplia, (b) es distinto de otras áreas debido a sus numerosos lagos, arroyos y lagunas de agua dulce, (c) tiene gran importancia ecológica y representa el sitio limnológico más importante de la región, (d) es vulnerable a la interferencia humana, en particular debido a la naturaleza oligotrófica de los lagos, que son altamente sensibles a la polución y (e) tiene gran interés científico en diversas disciplinas. Si bien algunos de estos criterios de calidad están representados en otras ZAEP de la región, la península Byers es única porque posee una alta cantidad de criterios diferentes dentro de una misma zona. Si bien la península Byers está protegida principalmente debido a sus sobresalientes valores medioambientales (específicamente su diversidad biológica y sus ecosistemas terrestres y lacustres), la Zona contiene una combinación de otros valores, entre los que se cuentan su interés científico (es decir en cuanto a biología terrestre, limnología, ornitología, palaeolimnología, geomorfología y geología), histórico (artefactos y restos de refugios de antiguos cazadores de focas), naturales (por ejemplo, el promontorio Ray) y valores científicos permanentes que pueden beneficiarse de la protección a la Zona.

El terreno libre de hielo de la península Byers está rodeado por el océano en tres de sus lados, mientras que al este tiene el glaciar del domo Rotch. La Zona ha sido designada para proteger los valores encontrados dentro del terreno libre de hielo en la península Byers. Para cumplir este objetivo, se ha incluido dentro de la ZAEP una parte del domo Rotch, a fin de garantizar que el terreno libre de hielo recién expuesto (resultante de un retroceso del domo Rotch) siga estando dentro de los límites de la ZAEP. Además, la parte noroeste del domo Rotch, incluido el terreno adyacente deglaciado y el promontorio Ray, han sido designados como zonas restringidas para permitir estudios microbiológicos que requerían estándares de cuarentena más altos que los considerados necesarios dentro del resto de la Zona. La Zona (84,7 km^2) se considera de tamaño suficiente para dar una adecuada protección a los valores que se describen a continuación.

La Resolución 3 (2008) recomendaba usar el "Análisis de Dominios Ambientales para el Continente Antártico" como modelo dinámico para identificar las Zonas Antárticas Especialmente Protegidas dentro de los criterios ambientales y geográficos sistemáticos a los que hace referencia el Artículo 3(2) del Anexo V del Protocolo. Según este modelo, la península Byers es predominantemente un Dominio Ambiental G (Geológico de islas costa afuera de la Península Antártica). La escasez del Dominio G en relación con las demás áreas de dominios ambientales significa que se han invertido grandes esfuerzos en conservar los valores encontrados en otras partes dentro de este tipo de ambiente. Otras áreas protegidas que contienen el Dominio G son las ZAEP 109, 111, 112, 114, 125, 128, 140, 145, 149, 150 y 152, y las ZAEA 1 y 4. El hielo permanente del domo Rotch queda bajo el Dominio Ambiental E, y otras zonas protegidas que contienen el Dominio E son las ZAEP 113, 114, 117, 126, 128, 129, 133, 134, 139, 147, 149, 152, y las ZAEA 1 y 4. La Resolución 6 (2012) recomienda el uso de las Regiones Biogeográficas de Conservación Antártica (RBCA) en la "identificación de zonas que se podrían designar como Zona Antártica Especialmente Protegida dentro los criterios ambientales y geográficos sistemáticos a los que se refiere el Artículo 3(2) del Anexo V al Protocolo del Medio Ambiente)". La ZAEP n.° 126 se encuentra dentro de la Región Biogeográfica de Conservación Antártica (RBCA) 3, Nordeste de la Península Antártica. En la Resolución 5 (2015) la RCTA reconoció la importancia de las Áreas importantes para la conservación de las aves (IBA) en la Antártida. El límite de la ZAEP n.° 126 marca también la extensión del Área Importante para la Conservación de las Aves ANT054 en la península Byers, isla Livingston. Las IBA basan su calificación en las colonias de gaviotines antárticos (*Sterna vittata*) y de gaviotas cocineras (*Larus dominicanus*), aunque puede haber presencia de otras aves tales como el petrel gigante común (*Macronectes giganteus*).

1.   Descripción de los valores que requieren protección.

El Plan de Gestión adjunto a la Medida 1 (2002) observaba algunos valores considerados importantes como razones para conferir protección especial a la Zona. Se reafirman los valores registrados en los planes de gestión originales. Estos valores se exponen de la siguiente manera:

- Con más de 60 lagos, numerosas charcas de agua dulce y una gran variedad de arroyos a menudo extensos, es el sitio limnológico más importante en las islas Shetland del Sur, y tal vez en la región de la Península Antártica, además de ser un sitio que no ha sufrido grandes perturbaciones humanas.
- La flora y fauna terrestres descritas son de una diversidad excepcional, con una de las representaciones más amplias de las especies conocidas en la Antártida marítima. Por ejemplo, en varios lugares se observó flora rala pero diversa, conformada por plantas calcícolas y calcífugas y cianobacterias asociadas a las lavas y los basaltos, respectivamente, así como varias criptógamas poco comunes y dos plantas vasculares autóctonas (*Deschampsia antarctica* y *Colobanthus quitensis*). También es excepcional la abundancia de

vegetación, ya que en la Zona hay aproximadamente 8,1 km^2 de vegetación verde, es decir, más de la mitad de la vegetación verde que se encuentra protegida en todas las ZAEP terrestres.

- La distribución del *Parochlus steinenii* (el único insecto alado autóctono de la Antártida) es limitada en las islas Shetland del Sur. El único otro díptero nativo, la mosca enana sin alas *Belgica antarctica*, tiene una distribución difundida aunque esporádica en la Península Antártica. Ambas especies abundan en varios lagos, arroyos y charcas de la península Byers.

- Los tapetes desacostumbradamente extensos de cianobacterias dominados por las especies *Leptolyngbya*, *Phormidium* y otras, en particular en los niveles superiores de la meseta central de la península Byers, son los mejores ejemplos descritos hasta ahora en la Antártida marítima.

- La avifauna reproductora de la Zona es diversa y abarca dos especies de pingüinos (pingüino de barbijo [*Pygoscelis antarctica*] y de pico rojo [*P. papua*]), gaviotines antárticos (*Sterna vittata*), petreles de Wilson (*Oceanites oceanicus*), petreles dameros (*Daption capense*), gaviotas cocineras (*Larus dominicanus*), petreles gigantes comunes (*Macronectes giganteus*), petreles de vientre negro (*Fregetta tropica*), cormoranes antárticos (*Phalacrocorax atriceps*), skúas pardas (*Catharacta loennbergi*), y palomas antárticas (*Chionis alba*).

- Los lagos y sus sedimentos constituyen uno de los archivos más importantes para el estudio del paleoambiente del holoceno en la Península Antártica, así como para la elaboración de una tefrocronología regional del holoceno.

- En terrazas costeras hay huesos de ballena subfosilizados bien conservados, que son importantes para la datación de los depósitos de las terrazas por radiocarbono y otros isótopos pesados.

- Los sitios de la península desprovistos de hielo, con estratos sedimentarios y fosilíferos de los períodos jurásico y cretáceo, se consideran de sobresaliente valor científico para el estudio de la antigua conexión entre la Antártida y otros continentes australes

- La Zona se ha mantenido en su mayor parte inalterada por la presencia humana en comparación con otras extensas zonas libres de hielo de la vecindad, y se cree que está libre de vegetación no autóctona.

2.   Finalidades y objetivos

Las finalidades de la gestión de la península Byers son las siguientes:

- evitar la intervención humana innecesaria a fin de no degradar los valores de la Zona o crear riesgos considerables para los mismos;

- permitir la investigación científica en los ecosistemas terrestres y lacustres, mamíferos marinos, avifauna, geología y ecosistemas costeros;

- permitir la realización de otras investigaciones científicas en la Zona siempre que sea por razones convincentes, que no puedan realizarse en otro lugar;

- permitir la realización de investigaciones arqueológicas y mediciones a fin de proteger artefactos, protegiendo al mismo tiempo los artefactos históricos presentes en la Zona contra toda destrucción, perturbación o extracción innecesarias;

- evitar o reducir a un mínimo la introducción de plantas, animales y microbios no autóctonos en la Zona;

- reducir a un mínimo la posibilidad de introducción de patógenos que puedan provocar enfermedades en la fauna dentro de la Zona; y

- permitir visitas con fines de gestión que sean concordantes con los objetivos del Plan de Gestión.

3.   Actividades de gestión

Se deberán emprender las siguientes actividades de gestión en aras de proteger los valores de la Zona:

- Se colocará un mapa indicando las ubicación de la Zona (señalando las restricciones especiales vigentes) en lugares visibles en la base Juan Carlos I (España) y en la estación St. Kliment Ochridski (Bulgaria) en la península Hurd, en donde deberán estar disponibles las copias del presente Plan de Gestión.

- Los señalizadores, carteles, cercas y otras estructuras erigidas en la Zona con fines científicos o de gestión deberán estar bien sujetos y mantenidos en buen estado.

- Se realizarán las visitas que sean necesarias para determinar si la Zona continúa sirviendo a los fines para los cuales fue designada, y para cerciorarse de que las medidas de gestión y mantenimiento sean apropiadas.

La península Byers ha sido descrita como extremadamente sensible al impacto producido por el pisoteo (Tejedo *et al.*, 2009; Pertierra *et al.*, 2013a). La Zona fue designada como ZAEP para proteger la diversa gama de valores presentes en su interior. Como resultado, la Zona atrae a científicos (representantes de una diversa gama de disciplinas) y arqueólogos de varias naciones del Tratado. El alto número de personas presentes en la Zona en épocas punta (pleno verano) significa que es posible que los valores medioambientales de la Zona resulten negativamente afectados por las actividades humanas, por ejemplo al aumentar potencialmente (i) el tamaño y número de los sitios para acampar, (ii) el pisoteo de la vegetación, (iii) la perturbación de la fauna nativa (iv) la generación de desechos y (v) la necesidad de almacenar combustible. **Por consiguiente, al hacer planes para el trabajo de campo dentro de la Zona, se recomienda enfáticamente a las Partes vincularse con otras naciones que probablemente operen en la Zona durante la temporada, y coordinar sus actividades para mantener los impactos ambientales, incluidos los impactos acumulativos, en un absoluto mínimo** (por ejemplo menos de 12 personas a la vez en el Campamento Internacional).

   Se recomienda enfáticamente a todas las Partes que usen el Campamento Internacional establecido (que se encuentra en las playas South, 62°39'49,7 " S, 61°05'59,8' O), para reducir la creación de nuevos sitios para acampar que aumentarían los niveles de impacto humano dentro de la Zona. Dentro del campamento hay dos cabinas satélites (una preparada para la investigación científica y la otra para las actividades domésticas; ambas cabinas son gestionadas por España). Las cabinas satélites están disponibles para todas las Partes del Tratado, si desean usarlas. Las Partes deben vincularse con España a fin de coordinar el acceso a las cabinas satélites. Pertierra et al. (2013b) proporcionan información relativa a los problemas y al impacto medioambiental ocasionado por la operación del campamento.

4.   Período de designación
La designación abarca un período indeterminado.

5.   Mapas y fotografías
Mapa 1: La península Byers, ZAEP n.° 126 en relación con las islas Shetland del Sur. El mapa muestra la ubicación de la base Juan Carlos I (España) y de la estación St. Kliment Ochridski (Bulgaria), además de la ubicación de las zonas protegidas en un radio de 75 km. Recuadro: ubicación de la isla Livingston en la Península Antártica.

Mapa 2: Mapa topográfico de la península Byers, ZAEP n.° 126. Especificaciones del mapa: Proyección: Zona UTM 20S; Esferoide: WGS 1984; Nivel de referencia: Nivel medio del mar. Exactitud horizontal de control: ±0,05 m. Intervalo de curvas de nivel: 50 m.

6.   Descripción de la Zona
6(i) Coordenadas geográficas, indicadores de límites y características naturales

LÍMITES
La Zona abarca:

- La península Byers y todo el terreno libre de hielo y capa de hielo al oeste de la longitud 60°53'45"O, incluido el nunatak Clark y la punta Rowe;

- El ambiente marino cercano a la costa que se extiende 10 m costa afuera a partir de la línea de la marea baja; y

- La isla Demon y la isla Sprite, adyacentes a la costa sur de la punta Devils, pero excluyendo todos los demás islotes situados frente a la costa como la isla Rugged y las rocas (Mapa 2).

El límite oriental lineal sigue la longitud 60°53'45 O para garantizar que siga estando dentro de los límites de la ZAEP el terreno libre de hielo recién expuesto resultante del retroceso del domo Rotch, que puede contener oportunidades científicamente útiles y nuevos hábitats para los estudios de colonización,.

No existen indicadores de límites.

DESCRIPCIÓN GENERAL

La península Byers (entre las latitudes 62° 34' 35" S y 62° 40' 35" S y las longitudes 60° 53' 45" O y 61° 13' 07" O, de 84,7 km²) está en el extremo occidental de la isla Livingston, la segunda en extensión de las islas Shetland del Sur (Mapa 1). La Zona libre de hielo en la península, con una longitud central de oeste a este de alrededor de 9 km y una longitud noroeste-sudeste de 18,2 km, es el mayor sector libre de hielo de las islas Shetland del Sur. La península tiene un relieve mayormente bajo, suavemente ondulado, aunque hay varias colinas prominentes con una altitud que va de 80 a 265 m (Mapa 2). En el interior predomina una serie de plataformas extensas con una altitud de hasta 105 m, interrumpidas por enclaves volcánicos aislados tales como el cono Chester (188 m) y el Cerro Negro (143 m) (Thomson y López Martínez, 1996). Abundan las formas fisiográficas planas y redondeadas resultantes de la erosión marina, glacial y periglacial El terreno más accidentado se observa en el promontorio Ray, una cresta que forma el eje hacia el noroeste de la península en forma de "Y". En el extremo septentrional del promontorio Ray, la costa presenta acantilados cortados a pico. La colina Start (265 m), en el extremo noroeste, es el punto más alto de la península.

La costa de la península Byers tiene una longitud de 71 km en total (Mapa 2). Aunque el relieve en general es bajo, la costa es irregular y en muchos lugares accidentada, con numerosos promontorios, acantilados e islotes, rocas y bancos de arena situados frente a la costa. La península Byers también se destaca por sus anchas playas en las tres costas (playas Robbery en el norte, playas President en el oeste y playas South). Las playas South son las más extensas, con 12 km de largo en el borde costero y hasta 0,9 km de ancho. Son las más grandes de las islas Shetland del Sur (Thomson y López Martínez, 1996). El Anexo 1 contiene una descripción pormenorizada de las características geológicas y biológicas de la Zona.

6(ii) Acceso a la Zona

- El acceso se hará mediante helicóptero o lancha.
- No existen restricciones especiales para los desembarcos en lancha o aplicables a las rutas marítimas utilizadas para ingresar a la Zona o salir de ella. Debido a la gran extensión de playa accesible alrededor de la Zona, es posible aterrizar en muchos lugares. No obstante, de ser posible, el desembarco de carga y equipos científicos debe hacerse cerca del Campamento Internacional que se encuentra en las playas South (62°39'49,7" S, 61°05'59,8' O (para obtener más información, véase 6[*iii*]). El personal que opera buques para la entrega de carga o de personal en la ZAEP no debe alejarse de la zona de desembarco salvo de conformidad con un permiso expedido por una autoridad nacional competente.
- En 62°39'36,4" S, 61°05'48,5' O, al este del Campamento Internacional, hay un sitio designado para aterrizaje de helicópteros.
- En circunstancias excepcionales podrán aterrizar helicópteros en otros lugares de la Zona, si se necesita para fines concordantes con los objetivos del Plan, pero en la medida de lo posible los aterrizajes deberán efectuarse en crestas y terrazas costeras.
- Dentro de las zonas restringidas no deberán aterrizar helicópteros [véase la sección 6(*v*)]
- Los helicópteros deben evitar aquellos sitios donde hay concentraciones de aves (por ejemplo punta Devils, punta Lair y playas Robbery) o la vegetación bien desarrollada (por ejemplo los grandes rodales de musgos cerca de las playas President y South).
- Para evitar la perturbación de la fauna, la aeronave debe evitar el descenso dentro de una zona de restricción de sobrevuelo que se extiende ¼ de milla náutica (cerca de 460 m) al interior desde la costa durante el período entre el 1 de octubre y el 30 de abril inclusive (véase el Mapa 2). La única excepción a lo anterior es el sitio designado para aterrizaje de helicópteros en 62°39'36,4" S, 61°05'48,5' O.

- La operación de aeronaves dentro de la zona de restricción de sobrevuelo debe llevarse a cabo, como requisito mínimo, conforme a las "Directrices para la operación de aeronaves cerca de las concentraciones de aves" contenidas en la Resolución 2 (2004). En particular, las aeronaves deben mantener una altura vertical de 2000 pies (~ 610 m) SNS y cruzar la costa en ángulos rectos, de ser posible. En los casos en que las condiciones exijan que la aeronave vuele a una altura menor que la recomendada en las Directrices, esta deberá mantenerse a la máxima altura posible y reducir a un mínimo la duración del tránsito por la zona costera.
- Se prohíbe el uso de granadas de humo de helicópteros en la Zona salvo que sea imprescindible por motivos de seguridad. Si se usan granadas de humo, todas ellas deberán ser recuperadas.

6(iii)   Ubicación de estructuras dentro de la Zona y en sus proximidades

En las playas South, a 62°39'49,7 " S, 61°05'59,8' O hay un Campamento Internacional que se compone de dos cabinas satélites de fibra de vidrio. España se ocupa de su mantenimiento, y puede ser usado por todas las Partes. Las Partes que se proponga utilizar las cabinas satélites deberían informar al Comité Polar de España por adelantado acerca de sus intenciones. Smith y Simpson (1987) indican la ubicación de los indicios de cazadores de focas del siglo XIX, así como los refugios y cuevas usados como resguardo (véase el Mapa 2). Dentro de la Zona, predominantemente en puntos altos, hay también varios montículos de piedras que marcan los sitios donde se han realizado reconocimientos topográficos.

Las estaciones de investigación científica más cercanas están a 30 km al este en la península Hurd, isla Livingston (base Juan Carlos I, [España] y estación St. Kliment Ochridski [Bulgaria]).

6(iv) Ubicación de otras zonas protegidas en las cercanías de la Zona

Las zonas protegidas más cercanas a la península Byers son las siguientes: el cabo Shirreff (ZAEP n.° 149), localizado aproximadamente a 20 km al noreste; isla Decepción (ZAEA n.° 4), puerto Foster y otras partes de la Isla Decepción (ZAEP n.° 140 y ZAEP n.° 145), que se encuentran aproximadamente a 40 km al SSE; y la bahía Chile (bahía Discovery) (ZAEP n.° 144), que está a aproximadamente 70 km al este en la isla Greenwich (Mapa 1).

6(v) Áreas restringidas y administradas en la Zona

Se cree que algunas zonas de la península Byers han sido muy poco o jamás visitadas. Se prevé que algunas nuevas técnicas metagenómicas permitirán una futura identificación de la biodiversidad microbiana (bacterias, hongos y virus) a un nivel sin precedentes, haciendo posible responder muchas preguntas fundamentales con respecto a la dispersión y distribución microbianas. Se han designado zonas restringidas con importancia científica para la microbiología antártica. En ellas, la mayor restricción atañe a su acceso, con el objetivo de evitar la contaminación microbiana u otros tipos de contaminación debida a las actividades humanas:

- Para lograr este objetivo, dentro de las zonas restringidas se deben usar prendas protectoras y calzado estériles. Las prendas protectoras se vestirán inmediatamente antes de entrar en las zonas restringidas. Justo antes de entrar en las zonas restringidas se debe desenvolver y calzar botas de repuesto, las que se habrán limpiado previamente con un biocida y luego sellado en bolsas plásticas. Si se accede en lancha a las zonas restringidas, deben vestirse las prendas protectoras inmediatamente al desembarcar.
- En la mayor medida posible todos los equipos de muestreo, aparatos científicos y marcadores traídos a las zonas restringidas se habrán esterilizado y mantenido en condición estéril antes de usarlos dentro de la Zona. La esterilización debe realizarse con un método aceptado, como radiación UV, autoclave o esterilización de las superficies con etanol al 70 % o con un biocida disponible en el comercio (por ejemplo Virkon®).
- El equipo general consiste en arneses, crampones, equipo de montañismo, piquetas, bastones, equipo de esquí, señalizadores temporarios de ruta, pulkas, trineos, equipo de fotografía y video, mochilas, cajas y demás equipo personal. En la mayor medida factible, todo el equipo que se use en las zonas restringidas o se traiga a ellas se habrá limpiado y esterilizado completamente en la estación antártica

o nave de procedencia. El equipo debe mantenerse en ese estado antes de entrar en las zonas restringidas, preferiblemente sellado en bolsas de plástico estériles u otros recipientes limpios.

- Los científicos de disciplinas diferentes de la microbiología pueden entrar a las áreas restringidas, pero deben observar las medidas de cuarentena que se indican anteriormente.
- No se permite acampar dentro de las zonas restringidas.
- No se permite el aterrizaje de helicópteros dentro de las zonas restringidas.
- Si es necesario acceder a las zonas restringidas para fines de investigación o por razones de emergencia, se debe enviar a la autoridad nacional apropiada e incluir en el Informe de intercambio anual de información, preferentemente a través del Sistema Electrónico de Intercambio de Información (SEII), un registro detallado de dónde ocurrió la visita (de preferencia con tecnología GPS) y las actividades específicas realizadas.

Las zonas restringidas son:

1. Domo Rotch noroccidental y terreno deglaciado adyacente. La zona restringida incluye todo el terreno y capa de hielo dentro de una zona limitada al este por la longitud 60°53'45"O, al oeste por la longitud 60°58'48" O y al sur por la latitud 62°38'30"S, mientras que el límite norte sigue la costa (véase el Mapa 2).
2. Promontorio Ray. La zona restringida incluye todo el terreno y el hielo permanente al noroeste de una línea recta que cruza el promontorio desde 62°37'S, 61°08'O (marcado por un pequeño lago costero) a 62°36'S, 61°06'O. Dentro de la zona restringida del promontorio Ray se permite el acceso a los restos arqueológicos que se encuentran en la costa sin necesidad de las precauciones de cuarentena exigidas en otras partes dentro de la zona restringida. No se permite el acceso a las áreas interiores más allá de los restos arqueológicos costeros a menos que se tomen las medidas de cuarentena detalladas en esta sección. De preferencia, el acceso a los restos arqueológicos deberá ser por mar, en lanchas. También se permite el acceso a pie a los restos arqueológicos sin necesidad de otras medidas de cuarentena, siguiendo la costa desde la zona sin restricción de la ZAEP de la península Byers hacia el sudeste. El acceso a los restos arqueológicos será solamente para investigaciones arqueológicas autorizadas por la autoridad nacional correspondiente.

7. Términos y condiciones para los permisos de entrada

Se prohíbe el acceso a la Zona excepto con un permiso expedido por una autoridad nacional competente.

7(i) Condiciones generales para la expedición de permisos

Las condiciones para la expedición de un permiso de ingreso a la Zona son las siguientes:

- el permiso se expedirá únicamente para estudios científicos del ecosistema, así como para estudios geológicos, paleontológicos o arqueológicos de la Zona, o por razones científicas urgentes que no puedan atenderse en ningún otro lugar;
- el permiso se expedirá con fines de gestión indispensables concordantes con los objetivos del Plan de Gestión tales como inspección, mantenimiento o examen;
- las actividades permitidas no deberán poner en peligro los valores ecológicos, geológicos, históricos o científicos de la Zona;
- el muestreo propuesto no podrá consistir en la toma, la extracción o el daño de una cantidad tal de tierra, roca o ejemplares de la flora o fauna autóctonas que afecte considerablemente a su distribución o abundancia en la península Byers;
- en toda EIA se toma en consideración el impacto acumulativo del muestreo geológico, ya que se han realizado importantes recolecciones en algunos lugares con importancia paleontológica, lo que ha generado un impacto adverso significativo para los valores científicos de la Zona.
- toda actividad de gestión deberá respaldar los objetivos del Plan de Gestión;
- las acciones permitidas deben ser compatibles con el Plan de Gestión;

- se deberá llevar el permiso o una copia autorizada dentro de la Zona;
- se deberá presentar un informe de la visita a la autoridad que figure en el permiso;
- los permisos tendrán un plazo de validez expreso; y
- se deberá avisar a la autoridad pertinente sobre cualquier actividad o medida que no esté comprendida en el permiso.

7(ii) Acceso y circulación dentro de la Zona

- Se prohíbe la circulación de vehículos terrestres en la Zona.
- Los desplazamientos al interior de la Zona deben ser a pie, excepto en circunstancias excepcionales en que podrá usarse el helicóptero.
- Todo desplazamiento deberá realizarse con cuidado para reducir a un mínimo la perturbación de los animales, el suelo, las características geomorfológicas y las superficies con vegetación. Si es posible, se deberá caminar sobre el terreno rocoso o las crestas a fin de no dañar plantas delicadas, los suelos estructurados, y los suelos saturados de agua.
- La circulación de peatones deberá limitarse al mínimo necesario para alcanzar los objetivos de las actividades permitidas y se deberá hacer todo lo posible para reducir a un mínimo los efectos de las pisadas. De ser posible, deben usarse los senderos ya existentes para transitar por la Zona (Mapa 2). Si no los hay, se debe tener cuidado de evitar la creación de nuevos senderos. Las investigaciones han demostrado que la vegetación de la península Byers puede recuperarse si se hacen menos de 200 tránsitos sobre ella en una misma estación (Tejedo et al., 2009). Por consiguiente, deben preferirse las rutas peatonales al terreno con vegetación, dependiendo del número previsto de tránsitos (es decir número de personas × tránsitos por día × número de días). Cuando se espera que el número de tránsitos por el mismo sendero sea menor de 200 en la misma temporada, el sendero debe identificarse claramente y los tránsitos deben hacerse siempre por dicho sendero. Cuando se espera que el número sea mayor de 200 en una misma temporada, no se debe fijar la ruta a lo largo de un sendero único, y los tránsitos se deben realizar en un cinturón amplio (es decir múltiples senderos, cada uno con menos de 200 tránsitos), a fin de difundir el impacto y permitir una recuperación más rápida de la vegetación pisoteada.
- En la sección 6(*ii*) se describen las condiciones para el uso de helicópteros dentro de la Zona.
- No se debe permitir el sobrevuelo de vehículos autónomos no tripulados (UAV, por sus siglas en inglés) sobre las colonias de aves al interior de la Zona a una altura que pueda producir interferencia perjudicial, salvo que exista un permiso expedido por una autoridad nacional competente".
- Los pilotos, tripulantes y otras personas que lleguen en aeronaves o lanchas no podrán avanzar a pie más allá de las inmediaciones del sitio de desembarco, a menos que tengan un permiso que les autorice específicamente para hacerlo.
- En la sección 6(*v*) se describen las restricciones sobre el acceso y el movimiento dentro de las zonas restringidas.

7 (iii) Actividades que pueden llevarse a cabo dentro de la zona

- Investigaciones científicas indispensables que no puedan emprenderse en otro lugar y que no pongan en peligro el ecosistema o los valores de la Zona y que no interfieran con los estudios científicos en curso.
- Investigaciones arqueológicas.
- Actividades indispensables de gestión, incluida la observación;

7(iv) Instalación, modificación o desmantelamiento de estructuras

No se podrán erigir estructuras ni instalar equipo científico en la Zona salvo para actividades científicas o de gestión indispensables y durante el plazo de validez preestablecido que se especifique en el permiso. La instalación (incluida la selección del sitio), mantenimiento, modificación o desmantelamiento de estructuras o equipos debe ser realizada de manera tal que reduzca la perturbación de los valores de la Zona. Todas las estructuras o equipo científico instalados en la Zona deben estar claramente identificados indicando el país al que pertenecen, el nombre del principal investigador y el año de su instalación. Todos estos elementos deberían estar libres de organismos, propágulos (por ejemplo semillas y huevos) y de suelo no estéril, y deberían estar confeccionados con materiales que soporten las condiciones ambientales y que representen el mínimo riesgo posible de contaminación de la Zona. El desmantelamiento de estructuras o equipos específicos para los cuales el permiso haya expirado debe ser una condición para el otorgamiento del permiso. Se prohíbe erigir estructuras o instalaciones permanentes.

7(v) Ubicación de los campamentos

Para reducir al mínimo la superficie del terreno que resultará afectada por las actividades de campamento dentro de la ZAEP, los campamentos deben situarse dentro de la inmediata vecindad del Campamento Internacional (62°39'49,7" S, 61°05'59,8" O). Si es necesario para los propósitos indicados en el permiso, se permite acampar temporalmente dentro de la Zona más allá del Campamento Internacional. Los campamentos deberán emplazarse en lugares sin vegetación, como las partes más secas de las terrazas costeras, o sobre una capa gruesa de nieve (de más de 0,5 m de espesor) si es posible, y deberán evitarse los lugares donde se congreguen aves o mamíferos reproductores. Se prohíbe acampar dentro de un radio de 50 m de un refugio o resguardo de cazadores de focas. Los campamentos previamente usados deben reutilizarse si resulta práctico, a menos que las directrices anteriores sugieran que estaban mal ubicados. No se permite acampar dentro de las zonas restringidas. Debido a los intensos vientos que suelen presentarse en la Zona, deben extremarse las precauciones para garantizar que todos los equipos de campamento y científicos estén debidamente sujetos.

7(vi) Restricciones relativas a los materiales y organismos que puedan introducirse en la Zona

No se permitirá la introducción deliberada de animales, material vegetal, microorganismos y suelos no estériles a la Zona. Deben tomarse precauciones a fin de evitar la introducción accidental de animales, material vegetal, microorganismos y suelos no estériles provenientes de otras regiones con características biológicas distintas (dentro de la Antártida o fuera del área comprendida en el Tratado Antártico). Los visitantes también deben consultar y seguir adecuadamente las recomendaciones incluidas en el *Manual sobre especies no autóctonas del Comité para la Protección del Medio Ambiente* (CPA, 2011), y el *Código de Conducta Ambiental para el desarrollo de actividades científicas de campo en la Antártida* (SCAR, 2009). En vista de la presencia de colonias de aves reproductoras en la península Byers, no podrán verterse en la Zona ni en sus alrededores productos derivados de aves, incluidos los productos que contengan huevos desecados crudos o los desechos de tales productos.

No se deben introducir a la Zona herbicidas ni pesticidas. Cualquier otro producto químico, como por ejemplo, radionucleidos o isótopos estables, que pueda introducirse con fines científicos o de gestión especificados en el permiso, debe ser retirado de la Zona al concluir la actividad para la que se concedió el permiso, o antes. Debe evitarse la descarga directa al ambiente de radionúclidos o isótopos estables de una manera que los vuelva irrecuperables. No deben almacenarse combustibles ni otros productos químicos en la Zona, salvo que esto se haya autorizado específicamente en las condiciones del permiso. Estos deben almacenarse y manipularse de manera de reducir al mínimo el riesgo de su introducción accidental en el medioambiente. Los materiales que se introduzcan en la Zona deberán permanecer en ella sólo por un periodo determinado y deben retirarse al concluir el periodo establecido; Si se produce alguna fuga que pueda arriesgar los valores de la Zona, se recomienda extraer el material únicamente si es improbable que el impacto de dicho retiro sea mayor que el de dejar el material *in situ*. Se deberá avisar a las autoridades pertinentes sobre los escapes de materiales que no se hayan retirado y que no estén incluidos en el permiso autorizado.

7(vii) Recolección de flora y fauna autóctonas o su alteración perjudicial

Se prohíbe la toma de ejemplares de la flora o fauna autóctonas y la intromisión perjudicial en ellas, excepto con un permiso otorgado de conformidad con el Anexo II al Protocolo al Tratado Antártico sobre Protección del Medio Ambiente. En caso de toma de animales o intromisión perjudicial en los mismos, se deberá usar como norma mínima el Código de conducta del SCAR para el uso de animales con fines científicos en la Antártida.

7(viii) Recolección o traslado de materiales que no hayan sido llevados a la Zona por el titular del permiso

Se podrá recolectar o retirar material que el titular del permiso no haya traído a la Zona únicamente de conformidad con un permiso, y dicho material deberá limitarse al mínimo necesario para fines de índole científica, arqueológica o de gestión.

A menos que se haya autorizado específicamente por medio de un permiso, está prohibido que los visitantes de la Zona manipulen, recolecten, dañen o interfieran con el material antropogénico que cumpla los criterios estipulados en la Resolución 5 (2001). De manera similar, solo mediante autorización se permite la reubicación o el traslado de artefactos con fines de preservación, protección o con objeto de restablecer su exactitud histórica. Deberá notificarse a la autoridad nacional correspondiente de la ubicación y naturaleza de todo material antropogénico identificado recientemente.

Otros materiales de origen humano susceptibles de comprometer los valores de la Zona y que no hayan sido ingresados a esta por el titular del permiso o autorizados de otro modo, podrán ser retirados de la Zona a menos que el impacto ambiental provocado por su traslado sea mayor que los efectos que pueda ocasionar dicho material en el lugar; si este es el caso, se debe notificar a la autoridad nacional correspondiente y se debe obtener su aprobación.

7(ix)   Eliminación de desechos

Como norma mínima, todos los desechos se eliminarán de conformidad con el Anexo III al Protocolo al Tratado Antártico sobre Protección del Medio Ambiente. Además deberán ser retirados de la Zona todos los residuos, incluidos los residuos humanos sólidos. Los residuos líquidos humanos pueden desecharse en el mar. Los residuos humanos sólidos no deben verterse en el mar dado que los arrecifes costeros evitarán su dispersión, por lo que deben retirarse de la Zona. Ningún residuo humano debe eliminarse en el interior, ya que las características oligotróficas de los lagos y otras masas de agua en la meseta pueden resultar afectadas hasta por una pequeña cantidad de residuos humanos, la orina inclusive.

7(x) Medidas necesarias para garantizar el continuo cumplimiento de los objetivos y finalidades del Plan de Gestión

Se pueden otorgar permisos de ingreso a la Zona con el fin de:

- llevar a cabo actividades de vigilancia e inspección de sitios, las cuales pueden implicar la recolección de una cantidad pequeña de muestras o de información para su análisis o examen;
- erigir o mantener postes señalizadores, estructuras o equipo científico; o
- implementar medidas de protección.

Toda observación a largo plazo de sitios específicos debe marcarse adecuadamente tanto en el lugar como en los mapas de la Zona. Debe solicitarse a las autoridades nacionales correspondientes la posición GPS a fin de asentarla en el Sistema del Directorio de Datos Antárticos.

A fin de mantener los valores ecológicos y científicos de la Zona, los visitantes deberán tomar precauciones especiales para evitar la introducción de especies no autóctonas. Causa especial preocupación la introducción de microbios, animales o vegetación provenientes de suelos de otros lugares de la Antártida, incluidas las estaciones, o de regiones fuera de la Antártida. Los visitantes deben, en el mayor grado posible, asegurarse de que su calzado, ropas y equipos (particularmente sus equipos de campamento y de toma de muestras) se hayan limpiado minuciosamente antes de ingresar a la Zona. No se podrán descargar en la Zona derivados de aves y otros productos aviares introducidos que puedan ser vectores de enfermedades aviares. Los visitantes que ingresen a la ZAEP por medio de helicóptero deben garantizar que este se encuentre libre de semillas, suelo o propágulos antes de su ingreso a la Zona. La transferencia de especies entre los lagos ubicados fuera de la ZAEP y los lagos al interior de la ZAEP suponen una grave amenaza para estos cuerpos de agua que son únicos en términos biológicos y químicos. Por lo tanto, deben tomarse todas las precauciones para evitar la contaminación cruzada de los lagos, incluida la limpieza de los equipos de muestreo que se utilizan en los distintos cuerpos de agua.

7(xi) Requisitos relativos a los informes

El titular principal del permiso para cada visita a la Zona debe presentar un informe ante la autoridad nacional correspondiente tan pronto como sea posible, y no más allá de los seis meses luego de concluida la visita. Dichos informes deberán incluir, según corresponda, la información señalada en el formulario para informe de visita recomendado [contenido como Apéndice en la Guía para la Preparación de Planes de Gestión para las Zonas Antárticas Especialmente Protegidas disponible en el sitio Web de la Secretaría del Tratado Antártico (www.ats.aq)]. Si procede, la autoridad nacional también debería enviar una copia del informe de visitas a la Parte que haya propuesto el Plan de Gestión, a fin de ayudar en la administración de la Zona y en la revisión del Plan de Gestión. Las Partes deben, de ser posible, depositar los originales de los informes de visita originales, o una copia de estos, en un archivo de acceso público a fin de mantener un registro del uso, para fines de revisión del Plan de Gestión y también para fines de organizar el uso científico de la Zona.

8. Documentación de apoyo

Para obtener la lista actualizada de las publicaciones sobre las investigaciones realizadas en la península Byers, véase Benayas *et al.* 2013

Bañón, M., Justel M. A., Quesada, A. 2006. Análisis del microclima de la península Byers, isla Livingston, Antártida, en el marco del proyecto LIMNOPOLAR. In: In: Aplicaciones meteorológicas. Asociación Meteorológica Española.

Bañón, M., Justel, M. A., Velazquez, D., Quesada, A. 2013. Regional weather survey on Byers Peninsula, Livingston Island, South Shetland Islands, Antarctica. Ciencia antártica 5(25): 146-156.

Barbosa, A., de Mas, E., Benzal, J., Diaz, J. I., Motas, M., Jerez, S., Pertierra, L., Benayas, J., Justel, A., Lauzurica, P., Garcia-Peña, F. J., and Serrano, T. 2013. Pollution and physiological variability in gentoo penguins at two rookeries with different levels of human visitation. *Antarctic Science* **25**: 329-338.

Benayas, J., Pertierra, L., Tejedo, P., Lara, F., Bermudez, O., Hughes, K.A., and Quesada, A. 2013. A review of scientific research trends within ASPA 126 Byers Peninsula, South Shetland Islands, Antarctica. Ciencia antártica 5(25): 128-145.

Birnie, R. V., Gordon, J.E. 1980. Drainage systems associated with snow melt, South Shetland Islands, Antarctica. *Geografiska Annaler* **62A**: 57-62.

Björck, S., Hakansson, H, Zale, R., Karlén, W., Jönsson, B.L. 1991. A late Holocene lake sediment sequence from Livingston Island, South Shetland Islands, with palaeoclimatic implications. Ciencia antártica 5(3): 61-72.

Björck, S., Sandgren, P., Zale, R. 1991. Late Holocene tephrochronology of the Northern Antarctic Peninsula. *Quaternary Research* **36**: 322-28.

Björck, S., Hjort, C, Ingólfsson, O., Skog, G. 1991. Radiocarbon dates from the Antarctic Peninsula - problems and potential. In: Lowe, J.J. (ed.), *Radiocarbon dating: recent applications and future potential. Quaternary Proceedings* 1, Quaternary Research Association, Cambridge. pp 55-65.

Björck, S., Håkansson, H., Olsson, S., Barnekow, L., Janssens, J. 1993. Palaeoclimatic studies in South Shetland Islands, Antarctica, based on numerous stratigraphic variables in lake sediments. *Journal of Paleolimnology* **8**: 233-72.

Björck, S., Zale, R. 1996. Late Holocene tephrochronology and palaeoclimate, based on lake sediment studies. In: López-Martínez, J., Thomson, M. R. A., Thomson, J.W. (eds. *Geomorphological map of Byers Peninsula, Livingston Island*. BAS GEOMAP Series Sheet 5-A, 43-48. British Antarctic Survey, Cambridge, Reino Unido

Björck, S., Hjort, C., Ingólfsson, O., Zale, R., Ising, J. 1996. Holocene deglaciation chronology from lake sediments. In: López-Martínez, J., Thomson, M. R. A., Thomson, J.W. (eds. *Geomorphological map of Byers Peninsula, Livingston Island*. BAS GEOMAP Series Sheet 5-A, 49-51. British Antarctic Survey, Cambridge, Reino Unido

Block, W., Starý, J. 1996. Oribatid mites (Acari: Oribatida) of the maritime Antarctic and Antarctic Peninsula. *Journal of Natural History* **30**: 1059-67.

Bonner, W.N., Smith, R.I.L. (eds) 1985. *Conservation areas in the Antarctic*. SCAR, Cambridge. 147-56.

Booth, R.G., Edwards, M., Usher, M.B. 1985. Mites of the genus Eupodes (Acari, Prostigmata) from maritime Antarctica: a biometrical and taxonomic study. Journal of the Geological Society of London 157: 417207. 381-406.

Carlini, A.R., Coria, N.R., Santos, M.M., Negrete, J., Juares, M.A., Daneri, G.A. 2009. Responses of *Pygoscelis adeliae* and *P. papua* populations to environmental changes at Isla 25 de Mayo (King George Island). *Polar Biology* **32**: 1427-1433.

Comité para la Protección del Medio Ambiente 2011. Revisión del Manual de especies no autóctonas Antarctic Treaty Secretariat, Buenos Aires. (see: http://www.ats.aq/e/ep_faflo_nns.htm)

Convey, P., Greenslade, P. Richard, K.J., Block, W. 1996. The terrestrial arthropod fauna of the Byers Peninsula, Livingston Island, South Shetland Islands - Collembola. *Polar Biology* **16**: 257-59.

Covacevich, V.C. 1976. Fauna valanginiana de Peninsula Byers, Isla Livingston, Antartica. *Revista Geologica de Chile* **3**: 25-56.

Crame, J.A. 1984. Preliminary bivalve zonation of the Jurassic-Cretaceous boundary in Antarctica. In: Perrilliat, M. de C. (Ed.) *Memoria, III Congreso Latinamerico de Paleontologia, Mexico, 1984. Mexico City*, Universidad Nacional Autonoma de Mexico, Instituto de Geologia. pp 242-54.

Crame, J.A. 1985. New Late Jurassic Oxytomid bivalves from the Antarctic Peninsula region. *British Antarctic Survey Bulletin* **69**: 35-55.

Crame, J.A. 1995. Occurrence of the bivalve genus Manticula in the Early Cretaceous of Antarctica. *Palaeontology* **38** Pt. 2: 299-312.

Crame, J.A. 1995. A new Oxytomid bivalve from the Upper Jurassic–Lower Cretaceous of Antarctica. *Palaeontology* **39** Pt. 3: 615-28.

Crame, J.A. 1996. Early Cretaceous bivalves from the South Shetland Islands, Antarctica. *Mitt. Geol-Palaont. Inst. Univ. Hamburg* **77**: 125-127.

Crame, J.A., Kelly, S.R.A. 1995. Composition and distribution of the Inoceramid bivalve genus *Anopaea*. *Palaeontology* **38** Pt. 1: 87-103.

Crame, J.A., Pirrie, D., Crampton, J.S., Duane, A.M. 1993. Stratigraphy and regional significance of the Upper Jurassic - Lower Cretaceous Byers Group, Livingston Island, Antarctica. *Journal of the Geological Society* **150** Pt. 6: 1075-87.

Croxall, J.P., Kirkwood, E.D. 1979. *The distribution of penguins on the Antarctic Peninsula and the islands of the Scotia Sea.* British Antarctic Survey, Cambridge, Reino Unido

Davey, M.C. 1993. Carbon and nitrogen dynamics in a maritime Antarctic stream. *Freshwater Biology* **30**: 319-30.

Davey, M.C. 1993. Carbon and nitrogen dynamics in a small pond in the maritime Antarctic. *Hydrobiologia* **257**: 165-75.

De Pablo, M.A., Blanco, J.J., Molina, A., Ramos, M. Quesada, A., and Vieira G. 2013. Interannual active layer variability at the Limnopolar Lake CALM site on Byers Peninsula, Livingston Island, Antarctica. *Antarctic Science* 25: 167-180.

Duane, A.M. 1994. Preliminary palynological investigation of the Byers Group (Late Jurassic-Early Cretaceous), Livingston Island, Antarctic Peninsula. *Review of Palaeobotany and Palynology* **84**: 113-120.

Duane, A.M. 1996. Palynology of the Byers Group (Late Jurassic-Early Cretaceous) Livingston and Snow Islands, Antarctic Peninsula: its biostratigraphical and palaeoenvironmental significance. *Review of Palaeobotany and Palynology* **91**: 241-81.

Duane, A.M. 1997. Taxonomic investigations of Palynomorphs from the Byers Group (Upper Jurassic-Lower Cretaceous), Livingston and Snow Islands, Antarctic Peninsula. *Palynology* 21: 123-144.

Ellis-Evans, J.C. 1996. Biological and chemical features of lakes and streams. In: López-Martínez, J., Thomson, M. R. A., Thomson, J.W. (eds. *Geomorphological map of Byers Peninsula, Livingston Island.* BAS GEOMAP Series Sheet 5-A, 20-22. British Antarctic Survey, Cambridge, Reino Unido

Emslie, S. D., Polito, M. J., and Patterson W. P. 2013. Stable isotope analysis of ancient and modern gentoo penguin egg membrane and the krill surplus hypothesis in Antarctica. *Antarctic Science* 25: 213-218.

Fernández-Valiente, E., Camacho, A., Rochera, C., Rico, E., Vincent, W. F., Quesada, A. 2007 Community structure and physiological characterization of microbial mats in Byers Peninsula, Livingston Island (South Shetland islands, Antarctica). *FEMS Microbiology Ecology* **59**: 377 y 385.

Gil-Delgado, J.A., Villaescusa, J.A., Diazmacip, M.E., Velazquez, D., Rico, E., Toro, M., Quesada, A., Camacho, A. 2013. Minimum population size estimates demonstrate an increase in southern elephant seals (Mirounga leonina) on Livingston Island, maritime Antarctica *Polar Biology* 36: 607-610.

Gil-Delgado, J.A., González-Solis, J., Barbosa, A. 2010. Breeding birds populations in Byers Peninsula (Livingston Is., South Shetlands Islands. 18th International Conference of the European Bird Census Council. -26 de marzo Caceres. España

González-Ferrán, O., Katsui, Y., Tavera, J. 1970. Contribución al conocimiento geológico de la Península Byers, Isla Livingston, Islas Shetland del Sur, Antártica. *Publ. INACH Serie. Científica* 1: 41-54.

Gray, N.F., Smith, R.I. L. 1984. The distribution of nematophagous fungi in the maritime Antarctic. *Mycopathologia* **85**: 81-92.

Harris, C.M. 2001. *Revision of management plans for Antarctic protected areas originally proposed by the United States of America and the United Kingdom: Field visit report. Field visit report.* Internal report for the National Science Foundation, US, and the Foreign and Commonwealth Office, UK. Environmental Research and Assessment, Cambridge.

Hansom, J.D. 1979. Radiocarbon dating of a raised beach at 10 m in the South Shetland Islands. British Antarctic Survey Bulletin, 21, 7949. 287-288.

Hathway, B. 1997. Non-marine sedimentation in an Early Cretaceous extensional continental-margin arc, Byers Peninsula, Livingston Island, South Shetland Islands. *Journal of Sedimentary Research* **67**: 686-697.

Hathway, B., Lomas, S.A. 1998. The Upper Jurassic-Lower cretaceous Byers Group, South Shetland Islands, Antarctica: revised stratigraphy and regional correlations. *Cretaceous Research* **19**: 43-67.

Hernandez, P.J., Azcarate, V. 1971. Estudio paleobotanico preliminar sobre restos de una tafoflora de la Peninsula Byers (Cerro Negro), Isla Livingston, Islas Shetland del Sur, Antartica. *Publ. INACH Serie. Cientifica* **2**: 15-50.

Hjort, C., Ingólfsson, O., Björck, S. 1992. The last major deglaciation in the Antarctic Peninsula region - a review of recent Swedish Quaternary research. In: Y. Yoshida *et al.* (eds. Recent Progress in Antarctic Earth Science. Terra Scientific Publishing Company (TERRAPUB), Tokyo: 741-743.

Hjort, C., Björck, S., Ingólfsson, Ó., Möller, P. 1998. Holocene deglaciation and climate history of the northern Antarctic Peninsula region: a discussion of correlations between the Southern and Northern Hemispheres. *Annals of Glaciology* **27**: 110-112.

Hodgson, D.A., Dyson, C.L., Jones, V.J., Smellie, J.L. 1998. Tephra analysis of sediments from Midge Lake (South Shetland Islands) and Sombre Lake (South Orkney Islands), Antarctica. Ciencia antártica 5(10): 13-20.

Hughes, K. A., Ireland, L. C, Convey, P., Fleming, A. 2015. Assessing the effectiveness of specially protected areas for conservation of Antarctica's botanical diversity. *Conservation Biology* **30**: 113-120.

John, B.S., Sugden, D.E. 1971. Raised marine features and phases of glaciation in the South Shetland Islands. British Antarctic Survey Bulletin, 21, 7924. 45-111.

Jones, V.J., Juggins, S., Ellis-Evans, J.C. 1993. The relationship between water chemistry and surface sediment diatom assemblages in maritime Antarctic lakes. Ciencia antártica 5(4): 339-48.

Kelly, S.R.A. 1995. New Trigonioid bivalves from the Early Jurassic to Earliest Cretaceous of the Antarctic Peninsula region: systematics and austral paleobiogeography. *Journal of Paleontology* **69**: 66-84.

Kopalova, K., van de Vijver, B. 2013. Structure and ecology of freshwater benthic diatom communities from Byers Peninsula, Livingston Island, South Shetland Islands. *Antarctic Science* **25**: 239-253.

Lindsay, D.C. 1971. The geology of the South Shetland Islands (La geología de las islas Shetland del Sur): V. British Antarctic Survey Bulletin, 21, 7925. 59-83.

López-Bueno, A., Tamames, J. Velazquez, D., Moya, A., Quesada, A., Alcami, A. 2009. Viral Metagenome of an Antarctic lake: high diversity and seasonal variations. *Science* **326**: 858-861.

Lopez-Martinez, J., Serrano, E., Martinez de Pison, E. 1996. Geomorphological features of the drainage system. In: López-Martínez, J., Thomson, M. R. A., Thomson, J.W. (eds. *Geomorphological map of Byers Peninsula, Livingston Island*. BAS GEOMAP Series Sheet 5-A, 15-19. British Antarctic Survey, Cambridge, Reino Unido

Lopez-Martínez, J., Martínez de Pisón, E., Serrano, E., Arche, A. 1996 *Geomorphological map of Byers Peninsula, Livingston Island*. BAS GEOMAP Series, Sheet 5-A, Scale 1:25 000. Convey, British Antarctic Survey).

Lyons, W. B., Welch, K. A., Welch, S. A., Camacho, A. Rochera, C., Michaud, L., deWit, R., Carey, A.E. 2013. Geochemistry of streams from Byers Peninsula, Livingston Island. *Antarctic Science* 25: 181-190.

Martínez De Pisón, E., Serrano, E., Arche, A., Lopez-Martínez, J. 1996. Glacial geomorphology. In: López-Martínez, J., Thomson, M. R. A., Thomson, J.W. (eds. *Geomorphological map of Byers Peninsula, Livingston Island*. BAS GEOMAP Series Sheet 5-A, 23-27. British Antarctic Survey, Cambridge, Reino Unido

MORGAN, F.; BARKER, G.; BRIGGS, C.; PRICE, R.; KEYS, H. Environmental Domains of Antarctica Version 2.0 Final Report, Manaaki Whenua Landcare Research New Zealand Ltd. 89 pp.

Moura, P.A., Francelino, M.R., Schaefer, C.E.G.R., Simas, F.N.B., de Mendonca, B.A.F. 2012. Distribution and characterization of soils and landform relationships in Byers Peninsula, Livingston Island, Maritime Antarctica. *Geomorphology* 155: 45-54.

Nakai, R., Shibuya, E., Justel, A., Rico, E., Quesada, A., Kobayashi, F., Iwasaka, Y., Shi, G.-Y., Amano, Y., Iwatsuki, T., Naganuma, T. 2013. Phylogeographic analysis of filterable bacteria with special reference to *Rhizobiales* strains that occur in cryospheric habitats. *Antarctic Science* 25: 219-228.

Nielsen, U. N., Wall, D. H. W., Li, G., Toro, M., Adams, B. J., Virginia, R. A. 2011. Nematode communities of Byers Peninsula, Livingston Island, maritime Antarctica. Ciencia antártica 5(23): 349-357.

Otero, X.L., Fernández, S., De Pablo-Hernández, M.A., Nizoli, E.C., Quesada, A. 2013. Plant communities as a key factor in biogeochemical processes involving micronutrients (Fe, Mn, Co, and Cu) in Antarctic soils (Byers Peninsula, maritime Antarctica). *Geoderma* 195-196: 145-154.

Pankhurst, R.J., Weaver, S.D., Brook, M., Saunders, A.D. 1979. K-Ar chronology of Byers Peninsula, Livingston Island, South Shetland Islands. *British Antarctic Survey Bulletin* 49: 277-282.

Pertierra, L.R., Lara, F., Tejedo, P., Quesada, A., Benayas, J. 2013a. Rapid denudation processes in cryptogamic communities from Maritime Antarctica subjected to human trampling. Ciencia antártica 5(25): 318-328.

Pertierra, L.R., Hughes, K.A., Benayas, J., Justel, A., and Quesada, A. 2013b. Environmental management of a scientific field camp in Maritime Antarctica: reconciling research impacts with conservation goals in remote ice-free areas. Ciencia antártica 5(25): 307-317.

Pla-Rabes, S., Toro, M., Van De Vijver, B., Rochera, C., Villaescusa, J. A., Camacho, A., and Quesada, A. 2013. Stability and endemicity of benthic diatom assemblages from different substrates in a maritime stream on Byers Peninsula, Livingston Island, Antarctica: the role of climate variability. *Antarctic Science* 25: 254-269.

Petz, W., Valbonesi, A., Schiftner, U., Quesada, A., Ellis-Evans, C.J. 2007. Ciliate biogeography in Antarctic and Arctic freshwater ecosystems: endemism or global distribution of species? *FEMS Microbiology Ecology* 59: 396-408.

Quesada, A., Fernández Valiente, E., Hawes, I., Howard.Williams, C. 2008. Benthic primary production in polar lakes and rivers. In: Vincent, W., Leybourn-Parry J. (eds). *Polar Lakes and Rivers – Arctic and Antarctic Aquatic Ecosystems*. Springer. pp 179-196.

Quesada, A., Camacho, A. Rochera, C., Velazquez, D. 2009. Byers Peninsula: a reference site for coastal, terrestrial and limnetic ecosystems studies in maritime Antarctica. *Polar Science* 3: 181-187.

Quesada, A., Camacho, A., Lyons, W.B. 2013. Multidisciplinary research on Byers Peninsula, Livingston Island: a future benchmark for change in Maritime Antarctica. Ciencia antártica 5(25): 123-127.

Richard, K.J., Convey, P., Block, W. 1994. The terrestrial arthropod fauna of the Byers Peninsula, Livingston Island, South Shetland Islands. *Polar Biology* 14: 371-79.

Rico, E., Quesada, A. 2013. Distribution and ecology of chironomids (Diptera, Chironomidae) on Byers Peninsula, Maritime Antarctica. *Antarctic Science* 25: 288-291.

Rochera, C., Justel, A., Fernandez-Valiente, E., Bañón, M., Rico, E., Toro, M., Camacho, A., Quesada, A. 2010. Interannual meteorological variability and its effects on a lake from maritime Antarctica. *Polar Biology* 33: 1615-1628.

Rochera, C., Villaescusa, J. A., Velázquez, D., Fernández-Valiente, E., Quesada, A., Camacho, A. 2013a. Vertical structure of bi-layered microbial mats from Byers Peninsula, Maritime Antarctica. *Antarctic Science* **25**: 270-276.

Rochera, C., Toro, M., Rico, E., Fernández-Valiente, E., Villaescusa, J. A., Picazo, A., Quesada, A., Camacho, A. 2013b. Structure of planktonic microbial communities along a trophic gradient in lakes of Byers Peninsula, South Shetland Islands. *Antarctic Science* **25**: 277-287.

Rodríguez, P., Rico, E. 2008. A new freshwater oligochaete species (Clitellata: Enchytraeidae) from Livingston Island, Antarctica. *Polar Biology* **31**: 1267-1279.

SCAR (Comité Científico de Investigaciones Antárticas) 2009. Environmental code of conduct for terrestrial scientific field research in Antarctica. ATCM XXXII IP4.

SCAR (Comité Científico de Investigaciones Antárticas) 2011. Código de Conducta del SCAR para el Uso de Animales con Fines Científicos en la Antártida (disponible en http://www.scar.org/treaty/atcmxxxiv/ATCM34_ip053_e.pdf) ATCM XXXIV IP53.

SGE, WAM and BAS. 1993. *Byers Peninsula, Livingston Island.* Topographic map, Scale 1:25 000. Cartografía Antártica. Madrid, Servicio Geografía del Ejercito.

Serrano, E., Martínez De Pisón, E., Lopez-Martínez, J. 1996. Periglacial and nival landforms and deposits. In: López-Martínez, J., Thomson, M. R. A., Thomson, J.W. (eds. *Geomorphological map of Byers Peninsula, Livingston Island.* BAS GEOMAP Series Sheet 5-A, 28-34. British Antarctic Survey, Cambridge, Reino Unido

Smellie J.L., Davies, R.E.S., Thomson, M.R.A. 1980. Geology of a Mesozoic intra-arc sequence on Byers Peninsula, Livingston Island, South Shetland Islands. *British Antarctic Survey Bulletin* **50**: 55-76.

Smith, R.I.L., Simpson, H.W. 1987. Early Nineteeth Century sealers' refuges on Livingston Island, South Shetland Islands. British Antarctic Survey Bulletin, 21, 7974. 49-72.

Starý, J., Block, W. 1998. Distribution and biogeography of oribatid mites (Acari: Oribatida) in Antarctica, the sub-Antarctic and nearby land areas. *Journal of Natural History* **32**: 861-94.

Sugden, D.E., John, B.S. 1973. The ages of glacier fluctuations in the South Shetland Islands, Antarctica. In: van Zinderen Bakker, E.M. (ed.) *Paleoecology of Africa and of the surrounding islands and Antarctica* . Balkema, Cape Town, pp. 141-159.

Tejedo, P., Justel, A., Benayas, J., Rico, E., Convey, P., Quesada, A. 2009. Soil trampling in an Antarctic Specially Protected Area: tools to assess levels of human impact. Ciencia antártica 5(21): 229-236.

Tejedo, P., Pertierra, L.R., Benayas, J., Convey, P., Justel, A., Quesada, A. 2012. Trampling on maritime Antarctica: can soil ecosystems be effectively protected through existing codes of conduct? Polish Polar Research 31. Art. No. UNSP 100888

Thom, G. 1978. Disruption of bedrock by the growth and collapse of ice lenses. Journal of Glaciology 20 571-75.

Thomson, M.R.A., López-Martínez, J. 1996. Introduction. In: López-Martínez, J., Thomson, M. R. A., Thomson, J.W. (eds. *Geomorphological map of Byers Peninsula, Livingston Island.* BAS GEOMAP Series Sheet 5-A, 1-4. British Antarctic Survey, Cambridge, Reino Unido

Toro, M., Camacho, A., Rochera, C., Rico, E., Bañón, M., Fernández, E., Marco, E., Avendaño, C., Ariosa, Y., Quesada, A. 2007. Limnology of freshwater ecosystems of Byers Peninsula (Livingston Island, South Shetland Islands, Antarctica. *Polar Biology* **30**: 635-649.

Toro, M., Granados, I., Pla, S., Giralt, S., Antoniades, D., Galán, L., Cortizas, A. M., Lim, H. S., Appleby, P. G. 2013. Chronostratigraphy of the sedimentary record of Limnopolar Lake, Byers Peninsula, Livingston Island, Antarctica. *Antarctic Science* **25**: 198-212.

Torres, D., Cattan, P., Yanez, J. 1981. Post-breeding preferences of the Southern Elephant seal *Mirounga leonina* in Livingston Island (South Shetlands). *Publ. INACH Serie. Científica* **27**: 13-18.

Torres, D., Jorquera, D. 1994. Marine debris analysis collected at cape Shirreff, Livingston Island, South Shetland, Antarctica. *Ser. Cient. INACH* **44**: 81-86.

Usher, M.B., Edwards, M. 1986. The selection of conservation areas in Antarctica: an example using the arthropod fauna of Antarctic islands. *Environmental Conservation* **13**: 115-22.

Van der Vijver, J., Agius, T., Gibson, J., Quesada, A. 2009. An unusual spine-bearing Pinnularia species from the Antarctic Livingston Island. *Diatom Research* **24**: 431-441.

Velazquez, D., Lezcano, M.A., Frias, A., Quesada, A. 2013. Ecological relationships and stoichiometry within a Maritime Antarctic watershed. *Antarctic Science* **25**: 191-197.

Vera, M. L., Fernández-Teruel, T., Quesada, A. 2013. Distribution and reproductive capacity of *Deschampsia antarctica* and *Colobanthus quitensis* on Byers Peninsula, Livingston Island, South Shetland Islands, Antarctica. *Antarctic Science* **25**: 292-302.

Villaescusa, J.A., Jorgensen, S.E., Rochera, C., Velazquez, D., Quesada, A., Camacho, A. 2013. Carbon dynamics modelization and biological community sensitivity to temperature in an oligotrophic freshwater Antarctic lake. *Ecological Modelling* **319**: 21-30.

Villaescusa, J.A., Casamayor, E.O., Rochera, C., Velazquez, D., Chicote, A., Quesada, A., Camacho, A. 2010. A close link between bacterial community composition and environmental heterogeneity in maritime Antarctic lakes. *International Microbiology* **13**: 67-77.

Villaescusa, J. A., Casamayor, E. O., Rochera, C., Quesada, A., Michaud L., Camacho, A. 2013. Heterogeneous vertical structure of the bacterioplankton community in a non-stratified Antarctic lake. *Antarctic Science* **25**: 229-238.

y White, M.G. Preliminary report on field studies in the South Shetland Islands 1965/66. Unpublished field report in BAS Archives AD6/2H1966/N6.

Woehler, E.J. (Ed). 1993. *The distribution and abundance of Antarctic and sub-Antarctic penguins. SCAR, Cambridge.*

Zidarova, E., Van de Vijver, B., Quesada, A., de Haan, M. 2010. Revision of the genus *Hantzschia* (Bacillariophyceae) on Livingston Island (South Shetland Islands, Southern Atlantic Ocean). *Plant Ecology and Evolution* **143**: 318-333.

Anexo 1

Información de respaldo

Se ha realizado investigación científica en la península Byers durante muchos años, y muchas de las publicaciones generadas por las investigaciones hasta el año 2013 se enumeran en Banayas *et al.* (2013), aunque a partir de entonces se han publicado varios artículos más.

CLIMA

No se dispone de registros meteorológicos de la península Byers antes de 2001, pero cabe suponer que el clima sea similar al de la Base Juan Carlos I, en la península Hurd (registrado desde 1988). Las condiciones prevalentes consisten en una temperatura media anual por debajo de los -2.8 °C, con temperaturas inferiores a 0° C al menos durante varios meses del invierno, y una tasa de precipitaciones relativamente alta, que se calcula en unos 800 mm al año, mayormente en forma de lluvia en verano (Ellis-Evans 1996; Bañón *et al.* 2013). La península permanece cubierta de nieve gran parte del año, pero suele estar en su mayor parte libre de nieve hacia fines del verano. La península está expuesta a los fenómenos meteorológicos del paso Drake en el norte y el noroeste, la dirección desde donde vienen los vientos, y del estrecho Bransfield al sur. El clima es marítimo polar, con una humedad relativa permanentemente alta (de aproximadamente un 90 %), cielos cubiertos la mayor parte del tiempo, nieblas frecuentes y eventos de precipitación regulares. La temperatura media en verano es de 1,1 °C, pero ocasionalmente puede superar los 5 °C. En ocasiones excepcionales, la temperatura estival ha llegado a 9 °C. En verano, la temperatura promedio mínima se acerca a los 0 °C. En invierno las temperaturas pueden ser inferiores a -26 °C, aunque el valor promedio es -6 °C. La temperatura invernal máxima puede acercarse a los 0 °C. La radiación media en verano es de 14 000 KJ m-2, alcanzando los 30 000 KJ m-2 en los días soleados próximos al solsticio. Los vientos son intensos, con una velocidad promedio de 24 km h-1. Hay frecuentes tormentas con vientos a más de 140 Km h-1. Los vientos predominantes vienen del SO y NE.

GEOLOGÍA

La roca madre de la península Byers está formada por rocas sedimentarias, volcánicas y volcaniclásticas marinas del jurásico superior al cretáceo inferior, que presentan intrusión de cuerpos ígneos (véanse Smellie *et al.*, 1980; Crame *et al.*, 1993, Hathway y Lomas, 1998). Las rocas representan una parte de un complejo de arco magmático mesozoico cenozoico que aflora en toda la Península Antártica, aunque de forma más extensa en la península Byers (Hathway y Lomas, 1998). En la región interior elevada de la mitad oriental de la península, que está rodeada al norte y al sur por depósitos de terrazas del holoceno, predominan las tobas no marinas del cretáceo inferior, brechas volcánicas, conglomerados, areniscas y esquistos de barro menores, con intrusiones en varios lugares de enclaves volcánicos y capas intrusivas. En la mitad occidental de la península y el sector que se extiende al noroeste hasta la mitad del promontorio Ray predominan esquistos de barro marinos del jurásico superior y el cretáceo inferior, con areniscas, conglomerados y frecuentes intrusiones de capas intrusivas, enclaves volcánicos y otros cuerpos ígneos. La mitad noroeste del promontorio Ray consiste principalmente en brechas volcánicas de la misma edad. Las manifestaciones litológicas más comunes en la península son los esquistos de barro, las areniscas, los conglomerados y las rocas piroclásticas. En las zonas costeras hay grandes extensiones de gravas de playa y depósitos aluviales del holoceno, especialmente en las playas South y en la mitad oriental de las playas Robbery, y depósitos menos extensos en las playas President.

La Zona reviste gran importancia geológica debido a que "las rocas sedimentarias e ígneas que afloran en la península Byers constituyen el registro más completo del período jurásico y cretáceo inferior en el norte del flanco pacífico del complejo de arco magmático, y han resultado ser una sucesión decisiva para el estudio de la fauna de moluscos marinos (por ej., Crame, 1984, 1995; Crame y Kelly, 1995) y la flora no marina (por ej., Hernández y Azcárte, 1971; Philippe *et al.*, 1995)" (Hathway y Lomas, 1998).

GEOMORFOLOGÍA Y SUELOS

Gran parte del terreno consiste en litosoles, básicamente una capa de roca desmenuzada, con permafrost muy extendido debajo de una capa activa de 30 a 70 cm de espesor (Thom 1978, Ellis-Evans 1996, Serrano *et al.*, 1996). En la morfología de la superficie de las plataformas superiores, donde no hay roca madre, predominan los campos de piedras (que consisten en finos limosos con rocas dispersas y clastos superficiales), lóbulos de gelifluxión, suelo poligonal (en zonas inundadas y secas), franjas y círculos de piedras, y otras formas fisiográficas periglaciales (Serrano *et al.*, 1996). En varios lugares hay corrientes de fango y escombros. Debajo de algunas comunidades de musgo y pasto hay una capa de materia orgánica de 1020 cm de espesor, pero como la vegetación es rala en la mayor parte de la península Byers no hay depósitos profundos de turba (Bonner y Smith 1985; Moura *et al.*, 2012; Otero *et al.*, 2013). Hay suelos ornitogénicos, especialmente en las proximidades de la punta Devils y en varias lomas a lo largo de las playas President (Ellis-Evans, 1996).

En sectores del interior de la península se nota la influencia de procesos costeros, con una serie de terrazas costeras de 3 a 54 m de altura, algunas de las cuales tienen más de 1 km de ancho. La datación por radiocarbono de los depósitos de las terrazas más altas indica que 9700 años A.P. la península Byers estaba en gran medida desprovista de hielo permanente, mientras que los depósitos de las terrazas más bajas se remontan a 300 años A.P. (John y Sugden, 1971; Sugden y John, 1973). Sin embargo, el análisis del sedimento de los lagos es contradictorio, ya que algunos sugieren una desglaciación general más reciente de la parte central de la península Byers, ocurrida entre 4000 y 5000 años A.P. (Björck *et al* 1991a, b), y otros estiman una edad de deglaciación de entre 8000 y 9000 años A.P. (Toro *et al*, 2013). En varios sectores de las terrazas costeras hay huesos de ballena subfosilizados, en algunos casos esqueletos casi completos. La datación por radiocarbono de esqueletos encontrados aproximadamente a 10 m sobre el nivel del mar en las playas South revela una edad de 2000 a 2400 años A.P. (Hansom, 1979). Las superficies preholocénicas de la península Byers presentan claros indicios de un paisaje glacial, a pesar de las formas fisiográficas suaves. En la actualidad quedan solamente tres glaciares residuales pequeños (que abarcan menos de 0,5 km^2) en el promontorio Ray. En las formas fisiográficas preexistentes, modificadas por los glaciares, se observa la sobreimpresión posterior de procesos fluviales y periglaciales (Martínez de Pisón *et al.*, 1996).

CURSOS DE AGUA Y LAGOS

La península Byers es quizás el sitio limnológico más importante de las islas Shetland del Sur o de la Península Antártica, con más de 60 lagos, numerosas charcas de agua dulce (que se diferencian de los lagos en que durante el invierno se congelan hasta el fondo) y una red densa y variada de arroyos. El terreno suave favorece la retención de agua, y en verano son comunes los suelos saturados de agua. Sin embargo, los suelos delgados tienen una capacidad limitada de retención de agua, y muchos de los canales suelen estar secos, con un flujo a menudo intermitente excepto durante períodos de derretimiento de grandes cantidades de nieve, lluvia, o en los lugares donde desaguan glaciares (López Martínez *et al.*, 1996). La mayoría de los arroyos desaguan campos nevados estacionales y no suelen tener más de 5 a 10 cm de profundidad (Ellis-Evans, 1996), si bien la acumulación de nieve en algunas gargantas estrechas puede superar los 2 m de altura, con lo cual los diques de hielo bloquean la salida del lago. Los arroyos más grandes tienen hasta 4,5 km de longitud, 20 m de ancho y entre 30 y 50 cm de profundidad en la cuenca baja durante los períodos de flujo. Los arroyos que desaguan hacia el oeste suelen tener gargantas de gran tamaño (López Martínez *et al.*, 1996), y se han formado cauces de hasta 30 m de profundidad en las plataformas marinas elevadas superiores y más extensas (Ellis-Evans, 1996). Encima de las terrazas costeras del holoceno, los valles son suaves y llegan a tener varios cientos de metros de ancho.

Los lagos abundan especialmente en las plataformas superiores (por ejemplo, en la cabecera de las cuencas) y en las terrazas costeras del holoceno cercanas a la costa. El lago Midge es el mayor, con 587 m de largo y 112 m de ancho, así como el más profundo, con una profundidad máxima de 9,0 m. Los lagos interiores, muy transparentes, tienen pocos nutrientes y gran cantidad de sedimentos en las capas de agua más profundas, sobre las cuales se forman densos tapetes de musgo acuático [*Drepanocladus longifolius (=D. aduncus)*]. En algunos lagos, como el lago del cono Chester, situado a unos 500 m al sur del lago Midge, o del lago Limnopolar, se encuentran rodales de musgo acuático que crecen a una profundidad de uno a varios metros y cubren la mayor parte del fondo lacustre, que es el hábitat de las larvas de *Parochlus* (Bonner y Smith, 1985). A veces las corrientes traen grandes masas de este musgo hasta algunas partes de la costa. Los lagos generalmente permanecen congelados hasta una profundidad de 1,0 a 1,5 m durante 9 a 11 meses del año y están cubiertos de nieve (Rochera *et al.*, 2010), aunque la superficie de algunos de los lagos situados a mayor altitud permanece congelada durante todo el año (Ellis-Evans, 1996; López Martínez, *et al.*, 1996). Entre los lagos situados en los niveles superiores de la meseta central fluyen lentamente numerosos arroyos pequeños y poco profundos, que desaguan en extensas llanuras de litosol saturado cubierto con gruesos tapetes de cianobacterias de las especies *Phormidium* y *Leptolyngbya*. Estos tapetes, más extensos que en ningún otro lugar de la Antártida marítima descrito hasta ahora, reflejan las características geomorfológicas singulares y las precipitaciones anuales relativamente altas de la Zona. Con el deshielo de primavera circula una cantidad considerable de agua en la mayoría de los lagos, pero el desagüe de muchos lagos posiblemente cese hacia fines de la temporada, cuando disminuye el derretimiento estacional de la nieve (Rochera *et al.*, 2010). La mayoría de los lagos contiene algunos crustáceos como los copépodos *Boeckella poppei* y el camarón duende *Branchinecta gainii*. Algunos de los arroyos contienen también colonias considerables de cianobacterias y algas verdes filamentosas, así como diatomeas y copépodos (Kopalova y van de Vijver, 2013). Cerca de la costa hay varios lagos relativamente salinos originados en lagunas litorales, especialmente en las playas President. Aquellos lagos que los elefantes marinos del sur (*Mirounga leonina*) usan como revolcaderos están muy enriquecidos con materia orgánica. Estos lagos y charcas costeros poco profundos situados detrás de la primera terraza costera suelen tener abundantes tapetes de algas y crustáceos, entre ellos los copépodos *B. poppei* y *Parabroteas sorsi*, y ocasionalmente el camarón duende *Br. gainii*. Algunas de estas masas de agua tienen una alta biodiversidad, con especies recientemente descritas de diatomeas (Van der Vijver *et al.*, 2009), oligoquetos (Rodríguez y Rico, 2009) y protozoos ciliados (Petz *et al.*, 2008).

VEGETACIÓN

Aunque en gran parte de la península Byers la vegetación no abunda, especialmente en el interior (véase Lindsay, 1971), el uso de tecnología satelital demuestra que las superficies contienen 8,1 km^2 de vegetación de color verde (por ejemplo, plantas vasculares, algas, y algunas especies de musgos), lo que representa más de la mitad de la vegetación verde que se encuentra protegida en todas las ZAEP terrestres (Hughes *et al.*, 2015) (véase http://www.add.scar.org/aspa_vegetation_pilot.jsp). Las comunidades, que suelen ser ralas, contienen una flora diversa, y se han identificado en la Zona como mínimo 56 especies de líquenes, 29 musgos, 5 hepáticas y 2 fanerógamas (Vera *et al.*, 2013). También se han recolectado numerosos líquenes y musgos no identificados. Esto sugiere que la Zona contiene la representación más diversa de la flora terrestre conocida en la Antártida marítima. Varias de las especies son raras en esta parte de la Antártida marítima. Por ejemplo, entre las briofitas, la *Anthelia juratzkana*, *Brachythecium austroglareosum*, *Chorisodontium aciphyllum*, *Ditrichum hyalinum*, *Herzogobryum teres*, *Hypnum revolutum*, *Notoligotrichum trichodon*, *Pachyglossa dissitifolia*, *Platydictya jungermannioides*, *Sanionia* cf. *plicata*, *Schistidium occultum*, *Syntrichia filaris* y la *Syntrichia saxicola* se consideran poco comunes. Con respecto a las especies *A. juratzkana*, *D. hyalinum*, *N. trichodon* y *S. plicata*, su registro más austral se encuentra en la península Byers. Entre la flora de líquenes, las especies *Himantormia lugubris*, *Ochrolechia parella*, *Peltigera didactyla* y *Pleopsidium chlorophanum* se consideran poco comunes.

La vegetación es mucho mayor en la costa sur que en la costa norte. En las terrazas costeras más altas y secas del sur es común encontrar una comunidad abierta con predominio de *Polytrichastrum alpinum* (=*Polytrichum alpinum*), *Polytrichum piliferum* (=*Polytrichum antarcticum*), *P. juniperinum*, *Ceratodon purpureus*, el musgo *Pohlia nutans*, y se encuentran con frecuencia varios líquenes crustosos. Cerca de las playas President y South hay algunos rodales extensos de musgos, en lugares donde suelen formarse extensos ventisqueros en la base de las laderas que se elevan detrás de las terrazas costeras, proporcionando una vasta fuente de nieve derretida en verano. En los rodales de musgos predomina *Sanionia uncinata* (= *Drepanocladus uncinatus*), que forma localmente tapetes continuos de varias hectáreas. La vegetación es más diversa que en las zonas más altas y secas. En el interior, en el suelo húmedo de los valles hay rodales de *Brachythecium austro-salebrosum*, *Campylium polygamum*, *Sanionia uncinata*, *Warnstorfia laculosa* (=*Calliergidium austro-stramineum*), y *W. sarmentosa* (=*Calliergon sarmentosum*). En cambio, prácticamente no hay tapetes de musgo a menos de 250 m de la costa septentrional, donde son reemplazados por colonias ralas de *Sanionia* en hondonadas situadas entre terrazas costeras de hasta 12 m de altitud. Los líquenes, principalmente de los géneros *Acarospora*, *Buellia*, *Caloplaca*, *Verrucaria* y *Xanthoria*, se hallan en las crestas de las terrazas costeras más bajas (2-5 m), mientras que *Sphaerophorus*, *Stereocaulon* y *Usnea* son los líquenes que predominan a mayor altitud (Lindsay, 1971).

En las laderas piroplásticas con mejor desagüe se encuentran comúnmente almohadillas y parcelas aisladas de las especies *Bryum, Dicranoweisia, Ditrichum, Pohlia, Schistidium,* y *Tortula* junto con diversas agrimonias, líquenes (en particular el liquen rosado *Placopsis contortuplicata* y el liquen folioso negro *Leptogium puberulum*), y la cianobacteria *Nostoc commune. La P. contortuplicata* se encuentra en hábitats interiores y de montaña carentes de nitrógeno, es típico de los substratos con cierto grado de perturbación tal como solifluxión y suele ser la única planta que coloniza los pequeños fragmentos de roca de las franjas de piedras y los polígonos resultantes de levantamientos por congelación (Lindsay 1971). Generalmente crece solo, aunque en raras ocasiones está acompañado por especies de *Andreaea* y *Usnea. N. commune* cubre extensas zonas saturadas de limo de derrubios gravoso, planas o con pendiente suave, a una altitud de entre 60 y 150 m, formando rosetas discretas de alrededor de 5 cm de diámetro separadas a entre 10 y 20 cm (Lindsay 1971). En los suelos más secos se encuentran almohadillas dispersas, casi esféricas, de *Andreaea, Dicranoweisia* y *Ditrichum.* En las zonas húmedas que reciben la influencia de aves y focas a veces abunda el alga verde foliosa *Prasiola crispa.*

Las superficies rocosas de la península Byers son en su mayoría friables, pero están colonizadas localmente por líquenes, especialmente cerca de la costa. Los enclaves volcánicos, de roca más dura y estable, están densamente cubiertos de líquenes y, ocasionalmente, de musgo. El enclave Usnea se destaca por la exuberancia de *Himantormia lugubris* y *Usnea aurantiaco-atra* (=*U. fasciata*). De manera más general, *H. lugubris* y *U. aurantiaco-atra* son las especies de líquenes que predominan en las superficies expuestas del interior. Crecen junto con el musgo *Andreaea gainii* en gran parte de la roca expuesta, llegando a cubrir el 80 % del substrato (Lindsay, 1971). En focos protegidos que albergan pequeñas acumulaciones de suelo mineral suelen encontrarse las agrimonias *Barbilophozia hatcheri* y *Cephaloziella varians* (= *C. exiliflora*), entremezcladas con frecuencia con almohadillas de *Bryum, Ceratodon, Dicranoweisia, Pohlia, Sanionia, Schistidium,* y *Tortula. Sanionia* y *Warnstorfia* forman rodales pequeños, posiblemente correlacionados con la ausencia de grandes parcelas de nieve y los arroyos de agua de deshielo conexos. *Polytrichastrum alpinum* forma pequeñas almohadillas poco visibles en hondonadas, pero en condiciones propicias puede combinarse con almohadillas de Andreaea gainii (Lindsay, 1971).

Los líquenes crustosos están representados principalmente por especies de *Buellia, Lecanora, Lecedella, Lecidea, Placopsis* y *Rhizocarpon,* que crecen en rocas y especies de *Cladonia* y *Stereocaulon* que crecen en musgos, especialmente *Andreaea* (Lindsay, 1971). En la costa meridional, los tapetes de musgo generalmente están colonizados por líquenes epifíticos tales como las especies *Leptogium puberulum, Peltigera rufescens, Psoroma,* junto con *Coclocaulon aculeata* y *C. epiphorella.* En los acantilados marinos predominan las especies *Caloplaca* y *Verrucaria* en las superficies inferiores expuestas al rocío salino, hasta una altura de unos 5 m, en tanto que suelen predominar especies nitrófilas tales como *Caloplaca regalis, Haematomma erythromma* y *Xanthoria elegans* a mayores altitudes donde suelen anidar aves marinas. En las superficies secas de los acantilados es común encontrar comunidades de líquenes crustosos *Ramalina terebrata.* Diversos líquenes ornitocoprófilos tales como *Catillaria corymbosa, Lecania brialmontii* y especies de *Buellia, Haematomma, Lecanora* y *Physcia* viven en rocas cerca de concentraciones de aves reproductoras, junto con los líquenes foliosos *Mastodia tessellata, Xanthoria elegans* y *X. candelaria,* que generalmente predominan en grandes rocas secas.

El pasto antártico (*Deschampsia antarctica*) es común en varios lugares, principalmente en la costa meridional, y ocasionalmente forma un césped tupido (como en la colina Sealer), a veces con clavelito antártico (*Colobanthus quitensis*) asociado. Ambas plantas abundan bastante en los barrancos meridionales con una pendiente pronunciada orientada al norte, formando rodales grandes, ocasionalmente puros, con gruesos tapetes de *Brachythecium* y *Sanionia,* aunque rara vez se encuentra a más de 50 m de altitud (Lindsay, 1971). Una comunidad abierta en la que predominan *Deschampsia* y *Polytrichum piliferum* se extiende varios kilómetros en las terrazas costeras arenosas, secas y planas de las playas South. En la playa cerca de la colina Sealer se observa una modalidad poco habitual de crecimiento del pasto, que forma montículos aislados de 25 cm de alto y hasta 2 m de extensión. Se ha notificado la presencia de *Deschampsia* en un solo lugar de la costa septentrional (punta Lair), donde forma pequeñas parcelas atrofiadas (Lindsay, 1971).

INVERTEBRADOS

La fauna de microinvertebrados de la península Byers descrita hasta ahora comprende (Usher y Edwards 1986, Richard *et al* 1994, Block y Stary 1996, Convey *et al* 1996, Rodriguez and Rico, 2008): seis colémbolos (*Cryptopygus antarcticus*, *Cryptopygus badasa*, *Friesea grisea*, *Friesea woyciechowskii*, *Isotoma* (*Folsomotoma*) *octooculata* (=*Parisotoma octooculata*) y *Tullbergia mixta*; un acárido mesoestigmátido (*Gamasellus racovitzai*), cinco acáridos criptoestigmátidos (*Alaskozetes antarcticus*, *Edwardzetes dentifer*, *Globoppia loxolineata* (=*Oppia loxolineata*), *Halozetes belgicae* y *Magellozetes antarcticus*); diez acáridos proestigmátidos (*Bakerdania antarcticus*, *Ereynetes macquariensis*, *Eupodes minutus*, *Eupodes parvus grahamensis*, *Nanorchestes berryi*, *Nanorchestes nivalis*, *Pretriophtydeus tilbrooki*, *Rhagidia gerlachei*, *Rhagidia leechi*, y *Stereotydeus villosus*); dos dípteros (*Belgica antarctica* y *Parochlus steinenii*), y dos oligoquetos (*Lumbricillus healyae* and *Lumbricillus sp.*), un copepod (*Boeckella poppei*), un crustáceo (*Branchinecta gainii*) y un cladocerano (*Macrothrix ciliate*).

Hay una cantidad pequeña de larvas de la mosca enana sin alas *Belgica antarctica* en el musgo húmedo, especialmente los tapetes de *Sanionia*, aunque su distribución es muy limitada en la península Byers (se encuentra especialmente cerca del Cerro Negro) y podría estar cerca de su límite geográfico septentrional. La mosca enana alada *Parochlus steinenii* y sus larvas viven en los bordes de lagos y charcas interiores, especialmente el lago Midge y otros cercanos al enclave Usnea, y se encuentran también entre las piedras del lecho de numerosos arroyos (Bonner y Smith, 1985; Richard *et al.*, 1994; Ellis-Evans, nota personal, 1999, Rico *et al.* 2013). Cuando el tiempo está cálido y templado, pueden verse nubes de moscas adultas sobre los márgenes de los lagos.

La diversidad de las comunidades de artrópodos descritas en la península Byers es mayor que la de cualquier otro sitio antártico documentado (Convey *et al.*, 1996). En diversos estudios (Usher y Edwards, 1986; Richard *et al.*, 1994; Convey *et al.*, 1996) se ha comprobado que la composición de la población de artrópodos en la península Byers varía considerablemente según el hábitat en una superficie pequeña. Se ha observado una cantidad relativamente grande de *Tullbergia mixta*, cuya distribución en la Antártida parece limitarse a las islas Shetland del Sur (Usher y Edwards, 1986). Localmente, la mayor diversidad probablemente se observe en comunidades en las cuales predominan almohadillas de musgos de especies tales como la especie *Andreaea* (Usher y Edwards 1986). Se necesitan más muestras a fin de determinar con un mayor grado de confiabilidad las poblaciones y la diversidad. Aunque la obtención de muestras adicionales en otros sitios podría revelar que las comunidades descritas en la península Byers son características de hábitats similares de la región, los datos disponibles sobre la microfauna confirman la importancia biológica de la Zona.

MICROORGANISMOS

Cuando se analizaron muestras del suelo obtenidas en la península Byers se encontraron varios hongos nematófagos: en el suelo colonizado por*Deschampsia* se encontró *Acrostalagmus goniodes*, *A. obovatus*, *Cephalosporium balanoides* and *Dactylaria gracilis*, en tanto en suelos con predominio de *Colobanthus*-se encontró *Cephalosporium balanoides* y *Dactylella gephyropaga* (Gray y Smith 1984). El basidiomiceto *Omphalina antarctica* suele abundar en rodales húmedos del musgo *Sanionia uncinata* (Bonner y Smith, 1985). Se han registrado treinta y siete taxones de nematodos, y sus muestras revelan una gran variabilidad en cuanto a riqueza y abundancia, lo que convierte a la península Byers en una zona biológica para la biodiversidad de nematodos (Nielsen *et al.*, 2011).

Algunas de las masas de agua tienen una alta biodiversidad microbiana (Velazquez *et al.*, 2010; Villaescusa *et al.*, 2010), incluida la diversidad genética viral más grande encontrada en los lagos antárticos (López Bueno *et al.*, 2009)

AVES REPRODUCTORAS

La avifauna de la península Byers es diversa, aunque las colonias reproductoras generalmente no son grandes. En la Zona se reproducen dos especies de pingüinos, el pingüino de barbijo (*Pygoscelis antarctica*) y el pingüino de pico rojo (*P. papua*).

No se ha observado la reproducción de pingüinos de Adelia (*P. adeliae*) en la península Byers ni en los islotes situados frente a la costa. En las islas Shetland del Sur los pingüinos de Adelia se reproducen solamente en la isla Rey Jorge, donde las poblaciones están declinando (Carlini *et al.*, 2009).

La colonia principal de pingüinos de barbijo se encuentra en punta Devils, donde en 1987 se calculó que había alrededor de 3000 casales. Un recuento más exacto realizado en 1965 indicó la presencia de alrededor de 5300 casales en cuatro colonias discretas, 95% de los cuales anidaban en la isla Demon, 100 m al sur de la punta Devils (Croxall y Kirkwood, 1979; Woehler, 1993). En las playas President, cerca de la punta Devils, pueden encontrarse dos colonias de aproximadamente 25 casales de pingüinos de barbijo, rodeadas por una colonia de pingüinos de pico rojo (Barbosa *et al.*, 2013). Se han encontrado colonias pequeñas de pingüinos de barbijo en la costa meridional, por ejemplo en las playas Robbery (50 casales en 1958; Woehler, 1993), pero en un estudio realizado en 1987 no se encontraron casales reproductores. En otros sectores, la punta Lair contenía 156 casales en 1966, lo que declinó a 25 casales en 1987 (Woehler, 1993). En una reciente visita a la Zona (enero de 2009) se contaron 20 casales (Barbosa, nota personal).

Los pingüinos de pico rojo se reproducen en varias colonias en la punta Devils, habiéndose registrado en 1965 aproximadamente 750 casales (Croxall y Kirkwood, 1979, Woehler, 1993). Actualmente se pueden encontrar tres colonias de aproximadamente 3000 casales en total (Barbosa, nota personal). En las playas Robbery de la costa norte se encuentran tres colonias costeras con 900 casales en total (Woehler, 1993). En una visita realizada en enero de 2009 a la punta Lair se contaron aproximadamente 1200 casales. Woehler (1993) no ofrece datos sobre los pingüinos de pico rojo en este lugar.

Un estudio realizado entre diciembre de 2008 y enero de 2009 arrojó estimaciones recientes sobre el tamaño de las poblaciones de algunas especies de aves voladoras (Gil Delgado *et al.*, 2010). La población de gaviotines antárticos (*Sterna vittata*) fue estimada en 1873 casales reproductores. En el lugar anidan 238 casales de petreles gigantes comunes (*Macronectes giganticus*) y 15 casales de skúas pardas (*Catharacta lonnbergi*). En 1965 se realizó un estudio detallado de otras aves reproductoras (White, 1965). La especie reproductora más populosa registrada en esa oportunidad, con alrededor de 1760 casales, fue la golondrina antártica (*Sterna vittata*), seguida de 1315 casales de petreles de Wilson (*Oceanites oceanicus*), aproximadamente 570 casales de petreles dameros (*Daption capense*), 449 casales de gaviotas cocineras (*Larus dominicanus*), 216 casales de petreles gigantes, 95 casales de petreles de vientre negro (*Fregetta tropica*), 47 casales de cormoranes de ojos azules (*Phalacrocorax atriceps*) (incluidos los que se encuentran en islotes cercanos a la costa), 39 casales de skúas pardas y 3 casales de palomas antárticas (*Chionis alba*). Además, en la península se han avistado petreles paloma (especie *Pachytilla*) y petreles de las nieves (*Pagodroma nivea*), aunque no se ha confirmado si también se reproducen allí. Se cree que el censo de aves que anidan en madrigueras y en pedregales es una subestimación (White, nota personal, 1999). La mayoría de las aves anidan muy cerca de la costa, principalmente en el oeste y el sur.

Recientemente se han visto algunas zancudas errantes, probablemente playeros de rabadilla blanca (*Calidris fuscicollis*) buscando alimento con frecuencia en algunos arroyos de las playas del sur (Quesada, nota personal, 2009).

MAMÍFEROS REPRODUCTORES

En la costa de la península Byers se reproducen grandes grupos de elefantes marinos australes (*Mirounga leonina*), habiéndose informado un total superior a los 2500 individuos en las playas South (Torres *et al.*, 1981), lo que constituye una de las poblaciones más grandes de esta especie registradas en las islas Shetland del Sur. Una estimación hecha en 2008-2009 indicó una población de entre 4700 y 6300 individuos (Gil Delgado *et al.*, 2013). Durante el verano, muchos permanecen en tierra en revolcaderos y en las playas. En las inmediaciones de la costa se encuentran focas de Weddell (*Leptonychotes weddellii*), focas cangrejeras (Lobodon carcinophagous) y leopardos marinos (*Hydrurga leptonyx*). Antiguamente abundaban los lobos finos antárticos (*Arctocephalus gazella*) en la península Byers (véase a continuación), pero no han recolonizado mayormente la Zona en grandes números, pese a su rápido crecimiento demográfico en otros lugares de la Antártida marítima.

CARACTERÍSTICAS HISTÓRICAS

Tras el descubrimiento de las islas Shetland del Sur en 1819, la caza intensiva de focas en la península Byers entre 1820 y 1824 llevó al exterminio de casi todos los lobos finos antárticos y los elefantes marinos del sur en el lugar (Smith y Simpson, 1987). Durante ese período, vivían durante el verano hasta 200 cazadores de focas estadounidenses y británicos en refugios de mampostería y cuevas de la península Byers (Smith y Simpson, 1987). Quedan indicios de su ocupación en numerosos refugios, algunos de los cuales todavía contienen artefactos (ropa, implementos, materiales estructurales, etc.). Varios buques de cazadores de focas naufragaron cerca de la península Byers, y a lo largo de la costa todavía hay maderas de esos buques. En la península Byers se encuentra la mayor concentración de la Antártida de refugios de cazadores de focas de principios del siglo XIX, así como las reliquias conexas, y son vulnerables a la perturbación y extracción.

Los elefantes marinos, y hasta cierto punto los lobos finos, se recuperaron después de 1860, pero fueron diezmados una vez más durante otro ciclo de caza que se prolongó hasta la primera década del siglo XX.

ACTIVIDADES E IMPACTO DE LOS SERES HUMANOS

La era moderna de actividad humana en la península Byers ha estado restringida principalmente a la ciencia. No se ha descrito en su totalidad el impacto de estas actividades, pero se cree que es menor y se limita a campamentos, pisadas (Tejedo *et al.*, 2012; Pertierra *et al.*, 2013a), marcadores de diversos tipos, basura depositada por la marea en las playas (por ejemplo, de barcos pesqueros), desechos humanos y obtención de muestras con fines científicos. Más recientemente, se cuantificaron los impactos de las actividades de campo generadas por el Campamento Internacional (62°39'49.7" S, 61°05'59.8" O) entre 2001 y 2010 (Pertierra *et al*, 2013b). En una breve visita realizada en febrero de 2001 se observaron varias estacas de madera utilizadas como marcadores y un flotador de plástico para pesca en el sudoeste de la Zona (Harris, 2001). En el verano de 2009 a 2010 se emprendió un estudio de la basura encontrada la playa (L. R. Pertierra, nota personal, 2011). La mayor proporción de basura en las playas (promediada sobre la longitud de la playa) se encontró en la playa Robbery (64 %), seguida por la playa President (28 %) y por las playas al sudoeste de la Zona (8 %). Es probable que esto se relacione con su exposición al paso Drake (Torres y Jorquera, 1994). La mayor parte de la basura encontrada en las tres playas consistía en madera (78 % por número de elementos) y plástico (19 %), mientras que el metal, vidrio y tela se encontraron en menor proporción (menos del 1 %). Se encontraron varios trozos de madera, algunos de ellos bastante grandes (de varios metros de longitud). Los elementos de plástico eran altamente diversos, siendo las botellas, sogas y cinta los más numerosos. En las playas también se encontraron flotadores y botellas de vidrio.

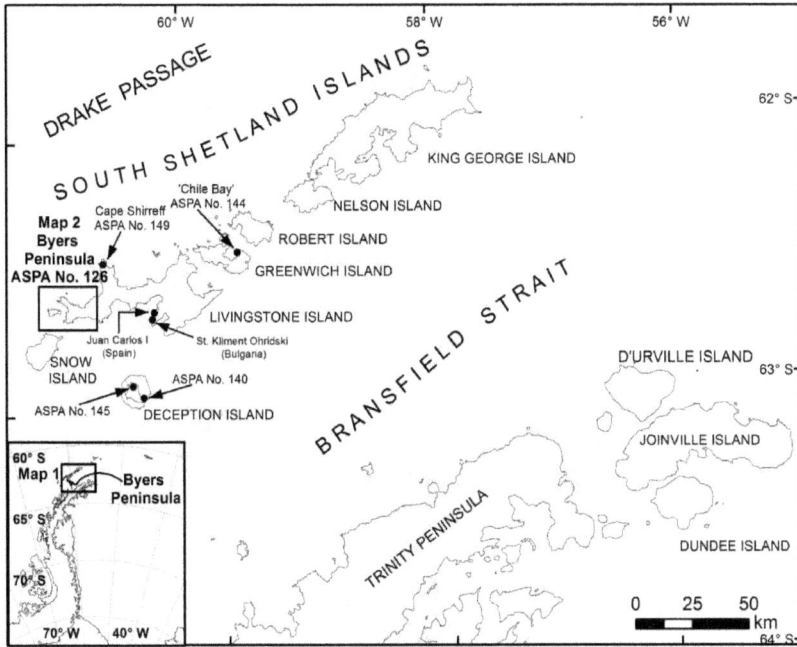

Mapa 1. Mapa de ubicación de la Península Byers, ZAEP n.º 126, isla Livingston, islas Shetland del Sur. Recuadro: ubicación de la península Byers en la Península Antártica.

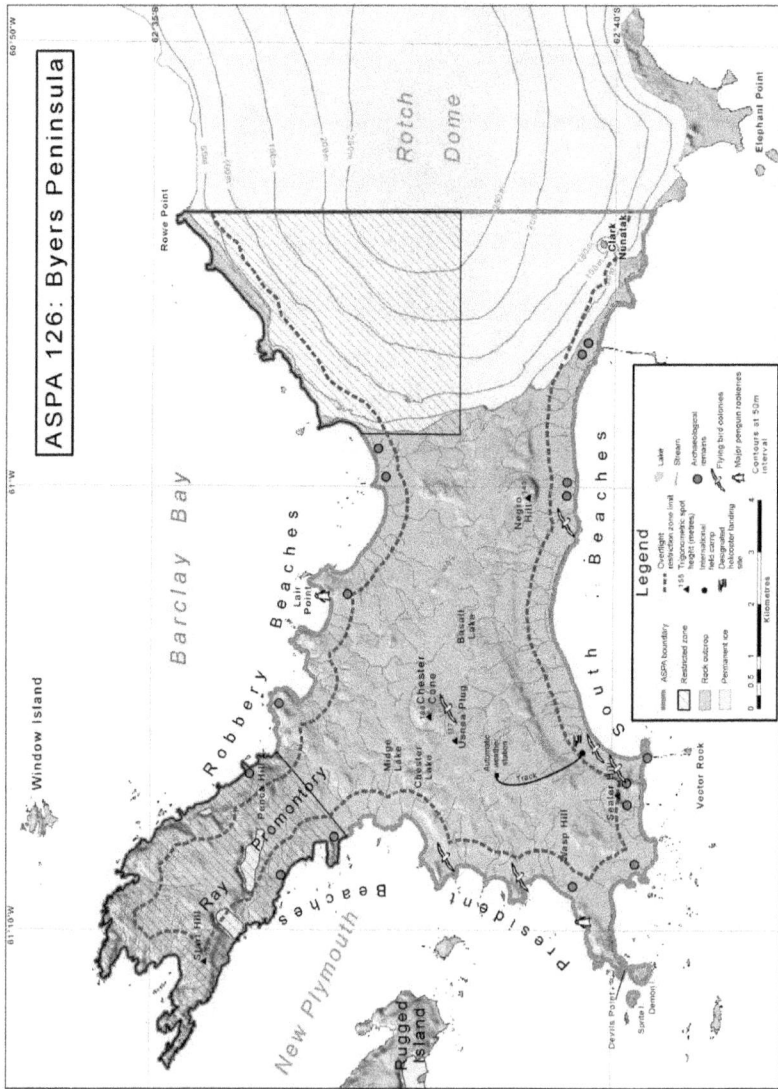

Mapa 2. ZAEP n.° 126, Mapa topográfico de la península Byers.

Plan de Gestión para Zona Antártica Especialmente Protegida n.° 127

ISLA HASWELL

(Isla Haswell y criadero contiguo en hielo fijo de pingüinos emperador)

1 Descripción de los valores que requieren protección

La Zona abarca la isla Haswell así como su litoral y el área de hielo fijo cuando está presente.

La isla Haswell fue descubierta en 1912 por la Expedición Antártica Australiana liderada por D.Mawson. Fue llamada así en honor a William Haswell, un profesor de biología que ofreció su ayuda a la expedición. La isla Haswell es la mayor de las islas del archipiélago que lleva el mismo nombre, con una altura de 93 metros y 0,82 metros cuadrados de superficie. La isla se encuentra a 2,5 km de distancia de la estación rusa Mirny, en operaciones desde 1956.

Al este y sudeste de la isla hay una gran colonia de pingüinos emperador (*Aptenodytes forsteri*) en hielo fijo.

La isla Haswell es un lugar de reproducción singular para casi todas las especies de aves reproductoras en la Antártida oriental, e incluye: petreles antárticos (*Talassoica antarctica*), petreles grises (*Fulmarus glacioloides*), petreles dameros (*Daption capense*), petreles blancos (*Pagodroma nivea*), petreles de Wilson (*Oceanites oceanicus*), skúas polares (*Catharacta maccormicki*) y pingüinos de Adelia (*Pygoscelis adeliae*).

En la Zona hay cinco especies de pinnípedos, entre ellos la foca de Ross (*Ommatophoca rossii*), que entra en la categoría de especie protegida.

En la VIII RCTA (Oslo, 1975) se aprobó su designación como SEIC N° 7 por los motivos antedichos de acuerdo con una propuesta de la Unión Soviética. El mapa 1 muestra la ubicación de las islas Haswell (excepto la isla Vkhodnoy), de la estación Mirny y de los sitios de actividades logísticas. Cambió de nombre y de número, convirtiéndose en la ZAEP N° 127, en virtud de la Decisión 1 (2002).

Los límites de la ZAEP n.° 127 abarcan la isla Haswell (66°31'S, 93°00'E), con una superficie de 0,82 km² y la sección contigua de hielo fijo del mar de Davis (cuando está presente) de aproximadamente 5 km², que alberga una colonia de pingüinos Emperador (Mapa 2). Se trata de una de las pocas colonias de pingüinos emperador en las proximidades de una estación antártica permanente, por lo cual presenta ventajas para el estudio de la especie y de su hábitat.

La Zona, descrita por biólogos durante las primeras expediciones soviéticas, fue estudiada en los años setenta y en años recientes, proporcionando material útil para análisis comparativos y para el seguimiento del impacto ambiental a largo plazo de una gran estación antártica.

2 Finalidades y objetivos

Se realizan investigaciones en la ZAEP con objeto de comprender mejor la forma en que los cambios ambientales naturales y antropogénicos afectan a la situación y la dinámica de las poblaciones locales de flora y fauna y la influencia de esos cambios en la interacción entre especies clave del ecosistema antártico.

Las finalidades de la gestión de la isla Haswell son las siguientes:

- Evitar el impacto directo de las actividades logísticas en la Zona;
- Reglamentar el acceso a la Zona;

- Evitar los cambios producidos por el hombre en la estructura y en la abundancia de poblaciones locales de flora y fauna;

- Permitir las investigaciones científicas, siempre que sean por razones científicas convincentes y que no puedan realizarse en ningún otro lugar;

- Facilitar las investigaciones científicas sobre el medio ambiente en el contexto del seguimiento y la evaluación del impacto de los seres humanos sobre las poblaciones; y

- Alentar la educación y la conciencia sobre el medioambiente.

3 Actividades de gestión

Se deberán emprender las siguientes actividades de gestión en aras de proteger los valores de la Zona:

- Cuando la embarcación esté aproximándose a la estación Mirny y en el momento de su llegada, se deberá informar a todas las personas que lleguen sobre la existencia de la ZAEP, su ubicación y las disposiciones pertinentes del Plan de Gestión.
- En todas las unidades que lleven a cabo actividades logísticas y científicas en las islas Haswell deberá haber disponibles copias del Plan de Gestión y mapas de la Zona que muestren su ubicación.
- Se deberá colocar un letrero que muestre los límites de la Zona y señale claramente la restricción del acceso ("Prohibido el ingreso. Zona Antártica Especialmente Protegida"), en el cruce entre la isla Gorev/isla Fulmar y el cabo Mabus en el extremo oriental de la isla Haswell a fin de evitar el ingreso accidental en la Zona más allá de la formación de hielo fijo, en el cual pueden circular sin peligro peatones y vehículos.
- Además se deberán instalar letreros informativos en la cima de la cuesta del cabo Mabus y en las proximidades de la Zona en los lugares donde se realicen las actividades de la estación.
- Los señalizadores y letreros que se instalen en la Zona deberán estar bien sujetos, mantenerse en buen estado y no afectar al medio ambiente.
- Se permitirán sobrevuelos sólo de conformidad con lo dispuesto en la sección 7, *Condiciones para la expedición de permisos*

El Plan de Gestión deberá ser revisado periódicamente a fin de que se protejan debidamente los valores de la ZAEP. Antes de iniciar cualquier actividad en la Zona se deberá realizar una evaluación del impacto ambiental.

4 Período de designación

La designación abarca un período indeterminado.

5 Mapas

Mapa 1: Ubicación de la isla Haswell, la estación Mirny y los sitios de actividades logísticas.
Mapa 2: Límites de la Zona Antártica Especialmente Protegida No 127, isla Haswell.
Mapa 3: Ubicación de las colonias de aves marinas reproductoras.
Mapa 4: Mapa topográfico de la isla Haswell.

6 Descripción de la Zona

6 (i) Coordenadas geográficas, señalizadores de límites y rasgos naturales

La Zona abarca el territorio situado dentro del polígono ABFEDC ABFEDC (66° 31'10" S, 92° 59'20" E; 66° 31'10" S, 93° 03' E; 66° 32'30" S, 93° 03' E; 66° 32'30" S, 93° 01'E; 66° 31'45" S, 93° 01'E; 66° 31'45" S, 92° 59'20'' E) (Mapa 2). El sector marcado de hielo fijo en el mar de Davis comprende las rutas que suelen tomar los pingüinos emperador durante la temporada de cría.

Topografía

Los límites de la Zona en hielo fijo más cercanos a la estación pueden ser identificados en líneas generales (visualmente) *in situ* como las líneas EF (isla Vkhodnoy – isla Fulmar) y ED (cabo Mabus – extremo oriental de la isla Haswell). Se deberá colocar un letrero que muestre los límites de la Zona y señale claramente la restricción del acceso ("Prohibido el ingreso. Zona Antártica Especialmente Protegida") en el punto E, además de letreros informativos que muestren la distancia hacia el límite de la Zona en las inmediaciones de la Zona donde se lleven a cabo actividades de la estación (en la cima de la cuesta del cabo Mabus y en las islas Buromsky, Zykov, Fulmar y Tokarev).

Es muy improbable que los límites marinos distantes de la Zona se crucen accidentalmente, ya que en la actualidad no se realizan actividades en la estación. Estos límites no presentan características visibles y hay que usar el mapa para identificarlas.

No hay senderos ni caminos en la Zona.

Condiciones del hielo

La Zona abarca la isla Haswell (la mayor del archipiélago), su litoral y la sección de hielo fijo contigua en el mar de Davis. El observatorio Mirny, de Rusia, que ahora es una estación, situado en nunataks costeros de la península Mirny al sur de la ZAEP, funciona desde 1956.

Durante la mayor parte del año, el mar de la Zona está cubierto de hielo fijo de un ancho que llega a los 30 o 40 kilómetros a fines del invierno. El hielo fijo se rompe entre el 17 de diciembre y el 9 de marzo (el 3 de febrero en promedio) y se congela entre el 18 de marzo y el 5 de mayo (el 6 de abril en promedio). La probabilidad de que el período libre de hielo frente a la estación Mirny dure más de un mes es de 85 %; más de dos meses, 45 %; y más de tres meses, 25 %. En la Zona siempre hay muchos icebergs. En el verano, cuando el hielo fijo desaparece, los icebergs se mueven a la deriva en dirección oeste a lo largo de la costa. La temperatura del mar está siempre por debajo de cero. El régimen diario de las mareas es irregular.

Análisis de Dominios Ambientales

De acuerdo con su clasificación en el Análisis de Dominios Ambientales para la Antártida (Resolución 3[2008]) la isla Haswell se ubica dentro del Dominio L, *Plataforma de hielo continental costera*.

Características biológicas

En las aguas costeras hay una rica fauna bentónica. En la fauna ictícola de la Zona predominan varias especies de draco rayado, en tanto que la austromerluza antártica (Dissostichus mawsoni) y el diablillo antártico (Pleuragramma antarcticum) son menos abundantes. Una amplia base de alimentos y la disponibilidad de lugares apropiados para anidar crean un entorno favorable para numerosas aves marinas. Según los registros, hay 14 especies de aves en las proximidades de la estación Mirny (Cuadro 1).

La fauna costera está representada principalmente por pinnípedos, entre los cuales las focas de Weddell (*Leptonychotes weddelli*) son las más abundantes. De vez en cuando se ven ejemplares de otras especies de focas antárticas en cantidad reducida. Con frecuencia se avistan ballenas minke (*Balaenoptera acutorostrata*) y orcas (*Orcinus orca*) cerca de la estación Mirny.

Cuadro 1: La avifauna de islas Haswell (ZAEP 127).

1	Pingüino emperador (Aptenodytes forsteri)	B, M
2	Pingüino Adelia (*Pygoscelis adeliae*)	B, M
3	Pingüino de barbijo (Pygoscelis antarctica)	V
4	Pingüino de frente dorada (*Eudyptes chrysolophus*)	V
5	Petrel gris (*Fulmarus glacioloides*)	B
6	Petrel antártico (*Thalassoica antarctica*)	B
7	Petrel damero (*Daption capense*)	B
8	Petrel de las nieves (*Pagodroma nivea*)	B
9	Petrel gigante austral (*Macronectes giganteus*)	V
10	Petrel de Wilson (*Oceanites oceanicus*)	B
11	Skúa pomarino (*Stercorarius pomarinus*)	V

12	Skúa polar (*Catharacta maccormicki*)	B
13	Skúa Lonnberg (*Antarctica lonnbergi*)	B
14	Gaviotas cocineras (*Larus dominicanus*)	V

Notas: B — especies reproductoras; M — lugares de muda en las proximidades de la estación; V — especies errantes.

Actualmente anidan aves marinas en 10 de las 17 islas del archipiélago. Siete especies se reproducen directamente en las islas y una de ellas, el pingüino emperador (*Aptenodytes forsteri*), lo hace en hielo fijo. Se han observado también algunas especies errantes en la Zona. En general, la composición central de las especies de avifauna se ha mantenido estable durante los últimos 60 años, y es característica de las áreas costeras de la Antártida oriental.

Las actualizaciones sobre especies errantes en la lista de especies se explica por observaciones ornitológicas más extensas. Todas las nuevas especies se han documentado sólo como errantes. Al mismo tiempo, el petrel gigante común observado en Mirny por primera vez en 2006, pareciera haberse convertido en un visitante poco frecuente, pero habitual, de la Zona, y la aplicación de cuadrantes con rastreador de la skúa de Lonnberg y el registro de sus hábitos de reproducción sugieren la expansión natural de las zona de reproducción.

A partir de 2012 llegaron a observarse casos de anidación de casales híbridos compuestos por skúa antártica (*Catharacta maccormicki*) y skúa de Lonnberg (*Catharacta Antarctica*).

Pingüino emperador (Aptenodytes forsteri)

La colonia de pingüinos emperador de las islas Haswell está situada en hielo fijo en el mar de Davis entre dos y tres kilómetros al nordeste de la estación Mirny y generalmente a menos de un kilómetro de la isla Haswell. La colonia fue descubierta y descrita por el Grupo occidental de la Expedición antártica austral-asiática el 25 de noviembre de 1912. Sin embargo, la colonia comenzó a estudiarse en detalle sólo después del establecimiento del observatorio Mirny. Desde su fundación en 1956, en el observatorio ha realizado seguimientos periódicos del tamaño de la población reproductora. La primera observación de año corrido de la colonia fue iniciada por E. S. Korotkevich en 1956 (Korotkevich, 1958), continuó hasta 1962 (Makushok, 1959; Korotkevich, 1960; antes de 1968) y fue reanudada por V. M. Kamenev a fines de los años sesenta y principios de los setenta (Kamenev, 1977). Tras una prolongada interrupción, en el periodo 1999-2011 se reanudaron las observaciones de la avifauna en la Zona (Gavrilo, Mizin, 2007, Gavrilo, Mizin, 2011, Neelov *et al*).

El Cuadro 2 muestra un cronograma de diversos eventos fenológicos de la colonia de pingüinos emperador de las islas Haswell.

Cuadro 2: Fechas de eventos fenológicos de la colonia de pingüinos emperador, islas Haswell.

Los pingüinos llegan a la colonia	Diez últimos días de marzo
Apogeo del período de apareamiento	Fines de abril – diez primeros días de mayo
Comienzo de la puesta de huevos	Cinco primeros días de mayo
Los polluelos comienzan a salir del cascarón	Julio 5 a 15
Los polluelos comienzan a salir de la bolsa de empolladura	Diez últimos días de agosto
Los polluelos comienzan a juntarse en guarderías	Diez primeros días de septiembre
Los polluelos comienzan a mudar el plumaje	Fines de octubre – principios de noviembre
Las aves adultas comienzan a mudar el plumaje	Diez últimos días de noviembre – cinco primeros días de diciembre
La colonia comienza a desbandarse	Diez últimos días de noviembre – mediados de diciembre
Las aves abandonan la colonia	Cinco últimos días de diciembre – diez primeros días de enero

Según datos censales obtenidos entre 1956 y 1966, la población total de la colonia de pingüinos emperador variaba entre 14 000 y 20 000 (Korotkevich, 1958, Makushok, 1959,Prior, 1964, Kamenev, 1977). Luego de eso, entre los años 1970 y 1980, la población disminuyó en un tercio, pero en los años 2000 se ha ido recuperando de manera gradual. Actualmente la población de la colonia se mantiene estable con tendencia a disminuir. Las observaciones realizadas durante la temporada estival 2010-2011 durante el periodo de puesta de huevos, con una concentración máxima de aves adultas reveló que la población de la colonia alcanzó los 13 000, y según el censo de polluelos realizado en 2015, cabría suponer que la población de la colonia fue superior a los 14 000 (RAE, datos inéditos).

El análisis comparativo de la dinámica poblacional de los pingüinos emperador en las dos colonias ubicadas en la misma ecorregión (80°E - 140°E), por ejemplo, Haswell y punta Géologie, revelaron tendencias similares durante los últimos 50 años (Barbraud *et al.*, 2011). Antes de 1970 la población de pingüinos en el archipiélago de punta Geologie, Tierra de Adelia (ZAEP 120) era estable, y en Haswell era también estable o disminuía en forma leve. La tasa de crecimiento poblacional se aminoró y las cifras de población disminuyeron en ambas colonias durante el cambio en la reorganización climática ocurrida entre 1970 y 1980. La magnitud de la disminución fue también similar, y la correlación se mantuvo en la cantidad de parejas reproductoras. Con esto, se podría pensar que los cambios medioambientales y climáticos a gran escala y la reorganización del ecosistema asociada, que se observan a todo lo ancho del Océano austral podrían afectar las poblaciones de pingüinos.

Es probable que el mismo factor negativo en cadena impacte a ambas poblaciones. Se supone que la capa de hielo, cuyo efecto sobre la ecología del pingüino emperador es conocido, es ese factor. En particular, la disminución de la capa de hielo y el comienzo adelantado de las fechas de rompimiento del hielo fijo han impactado negativamente la supervivencia de los pingüinos y las consiguientes cantidades de parejas reproductoras en la población debido a los cambios en la disponibilidad de alimentos como se demostró previamente (Barbraud, Weimerskirch, 2001, Jenouvrier *et al.*, 2009). Durante los últimos 20 años ambas colonias demostraron dinámicas poblacionales positivas en condiciones de aumento en la magnitud de la capa de hielo y una reorganización del comienzo en la ruptura del hielo fijo hacia fechas más tardías.

Cuadro 3: Factores que afectan a la población de pingüinos emperador en las islas Haswell y medidas de mitigación pertinentes.

		Medidas para mitigar el impacto de los efectos antropogénicos
Factores antropogénicos	Alteración producida por los visitantes	Las visitas a la colonia deberían estar estrictamente reglamentadas
	Recolección de huevos	La recolección de huevos está prohibida actualmente, excepto de conformidad con un permiso de investigación expedido por una autoridad nacional.
	Alteración producida por aeronaves	La ruta y la altura de los vuelos deberían seleccionarse de conformidad con el presente Plan de Gestión
Factores naturales	Cambios climáticos y variabilidad asociada de las fuentes de alimento. La condición del hielo afecta la disponibilidad de alimentos y la supervivencia de adultos y polluelos. (La disminución del hielo marino entre abril y junio lleva a una disminución en la tasa de crecimiento de la población, por lo que disminuye a su vez la cantidad de la población. La ruptura prematura del hielo fijo aumenta la mortalidad de los polluelos).	

Los datos sobre cambios en el tamaño de otras poblaciones están menos completos (Cuadro 4). Los cambios a largo plazo posiblemente muestren una tendencia negativa. Sin embargo no es posible sacar conclusiones bien fundamentadas con base únicamente en los tres reconocimientos, sin abarcar las poblaciones por completo, y por lo demás con un intervalo de varias décadas.

Cuadro 4: Cambios a largo plazo en el tamaño de las poblaciones de aves de las islas Haswell (tendencia: 1 = positiva, 0 = incierta, -1 = negativa, ? = supuesta)

Especies	1960-1970, ejemplares adultos	1999-2001	2009-2010, ejemplares adultos	Tendencia:
Pingüinos de Adelia	41 000-44 500.	31 000 adultos aprox.	27 000 aprox.	-1
Petrel gris	9500 y 10000	2300 nidos con huevos	5000 aprox,	-1
Petrel antártico	900 -1050.	150 a 200 nidos con huevos	aprox. 500	-1
Petreles dameros	750	150 nidos con huevos	aprox. 300	-1
Petrel de las nieves	600 -700.	60-75 nidos con huevos	No hay información	-1
Petrel de Wilson	400 -500.	Menos de 30 nidos ocupados	Más de 80	-1 ?
Skúa polar	48 (24 casales)	Mín. 38 (19 casales)	170 (62 casales)	1

Los datos de la zona de la isla Haswell muestran las posibles tendencias negativas a largo plazo correspondientes a distintas especies de aves marinas, incluidos los pingüinos y las aves voladoras. Es posible que el cambio climático sea también la causa profunda que determina las dinámicas poblacionales no solamente de los pingüinos emperador sino también de otras aves marinas en la zona de la isla Haswell. Sin embargo no hay disponibles datos sobre las dinámicas poblacionales durante los últimos 10 a 15 años. La única excepción está representada por la skúa antártica, cuya población se triplicó durante el periodo completo de observación.

Se necesitan más investigaciones y observaciones para dilucidar las tendencias demográficas de las aves de la isla Haswell y comprender sus causas

6(ii) Definición de temporadas: zonas de acceso restringido y de acceso prohibido.

Está permitido el ingreso a cualquier parte de la Zona únicamente a los titulares de un permiso expedido por una autoridad nacional competente.

Las actividades en la Zona estarán sujetas a restricciones durante la temporada de cría de las aves:

- Desde mediados de abril a diciembre en las proximidades de la colonia de pingüinos emperador; y
- Desde octubre a marzo en las proximidades de los lugares de nidificación de la isla Haswell.

La ubicación de las colonias reproductoras se muestra en el Mapa 3. Los pingüinos emperador, que son particularmente sensibles a las perturbaciones, también deben protegerse fuera de las zonas de reproducción designadas, ya que sus hábitos reproductivos pueden variar de ubicación.

6(iii) Estructuras situadas dentro de la Zona

En la isla Haswell hay un faro montado en un poste de metal cuya base está sujeta con piedras. No hay ninguna otra estructura en la isla.

En una de las islas de los alrededores (no en la isla Haswell misma) posiblemente hay un cobertizo con calefacción y provisiones para emergencias.

6(iv) Ubicación de otras zonas protegidas en las cercanías

SMH N° 9, Cementerio de la isla Buromskiy, ubicado a 200 m del límite de la Zona.

7 Condiciones para la expedición de permisos

7(i) Condiciones para los permisos

El acceso al área está prohibido salvo que exista un permiso expedido por una autoridad nacional competente. El otorgamiento de permisos para ingresar a la Zona debe cumplir con las siguientes condiciones:

- Se otorgan permisos solo para los fines especificados en el párrafo 2 del presente Plan de Gestión;

- Los permisos tendrán un plazo de validez expreso;

- Las actividades permitidas no pondrán en peligro los ecosistemas de la Zona ni interferirán con la investigación científica en curso;

- Se permitirá en la Zona la visita de grupos organizados, los cuales deberán portar un permiso y estar acompañados de una persona autorizada. La información correspondiente relacionada con la visita se deberá documentar en el libro de registro de visitas, especificando la fecha y el propósito de la visita, y la cantidad de visitantes. El jefe de la estación Mirny se encarga de mantener el registro.

- La persona autorizada se designa de conformidad con el procedimiento nacional; y

- Se deberá presentar un informe de la visita a la autoridad nacional indicada en el permiso a más tardar al concluir el periodo establecido o anualmente.

Se expedirán permisos para investigación científica, estudios de observación, o inspecciones que no requieran la recolección de material biológico o de muestras de fauna, o bien, las que requieran recolección lo harán en cantidades pequeñas. Un permiso de visita o de estancia en la Zona deberá especificar el ámbito de las tareas que se realizarán, el periodo abarcado por estas y la cantidad máxima de personal permitida de visita en la Zona.

7 (ii) Acceso y circulación dentro la Zona

En la Zona se prohíben los vehículos que no sean motonieves.

Al acercarse a la Zona o desplazarse dentro de ella se debe tener cuidado de no perturbar las aves y las focas, especialmente durante la temporada de cría. Está prohibido en todo momento deteriorar las condiciones de los lugares de nidificación de las aves, las vías de aproximación a los mismos y los lugares donde se arrastran las focas.

Isla Haswell: las laderas oeste y sudeste son las más apropiadas para la aproximación (Mapa 4). El desplazamiento se efectuará a pie únicamente.

Sección de hielo fijo: se podrá entrar en la sección de hielo fijo después de su formación, cuando pueden circular en ella sin riesgos tanto peatones como vehículos. El ingreso se hará por cualquier lugar apropiado desde la estación Mirny. Se prohíbe el uso de vehículos de cualquier tipo en la Zona durante la temporada de empolle (de mayo a julio). Cuando se usen motonieves, los visitantes no deberán acercarse a menos de 500 metros de la colonia de pingüinos emperador (independientemente de su ubicación).

Se prohíben los sobrevuelos de la Zona durante el periodo más delicado del ciclo de reproducción de los pingüinos emperador, desde el 15 de abril al 31 de agosto.

Durante el resto del año se podrá sobrevolar la Zona observando las restricciones indicadas a continuación (Cuadro 5). En la medida de lo posible deberían evitarse los sobrevuelos directos de las colonias de aves marinas y reproductoras.

Cuadro 5: Altura mínima para los sobrevuelos de la Zona por tipo de aeronave.

Tipo de aeronave	Cantidad de motores	Altura mínima sobre el suelo	
		Pies	Metros
Helicóptero	1	2460	750

Helicóptero	2	3300	1.000
Ala fija	1 o 2	2460	750
Ala fija	4	3300	1000

7(iii) Actividades que se llevan a cabo o que se pueden llevar a cabo dentro de la Zona, incluyendo las restricciones con respecto al horario y el lugar

- Investigaciones sobre la avifauna y otros estudios ambientales que no puedan realizarse en ningún otro lugar;
- Actividades administrativas, incluyendo el seguimiento.
- Visitas educativas a la colonia de pingüinos emperador con excepción del comienzo prematuro del período de nidificación (mayo a julio)

7(iv) Instalación, modificación o desmantelamiento de estructuras

Se podrán instalar estructuras o equipo científico en la Zona sólo para fines científicos o de gestión convincentes, aprobados por una autoridad pertinente de conformidad con las normas vigentes.

7(v) Ubicación de los campamentos

Se permitirá acampar sólo por motivos de seguridad y se deberán tomar todas las precauciones posibles para no dañar el ecosistema local ni perturbar a la fauna local.

7(vi) Restricciones relativas a los materiales y organismos que puedan introducirse en la Zona

No se podrán introducir organismos vivos en la Zona, ni tampoco se podrán introducir productos químicos que no sean los indispensables para los fines científicos especificados en el permiso (los productos químicos introducidos con fines científicos deberán retirarse de la Zona antes del vencimiento del permiso).

No se podrá almacenar combustible en la Zona salvo que sea indispensable para la actividad permitida. Cualquier cosa que se introduzca en la Zona podrá permanecer en ella durante un período determinado únicamente, deberá manipularse de manera tal que se reduzca a un mínimo el riesgo para el ecosistema y deberá ser retirada cuando concluya el período especificado. No podrán emplazarse instalaciones permanentes de almacenamiento en la Zona.

7(vii) Recolección o intervención perjudicial de ejemplares de la flora y la fauna autóctonas

Se prohíben la toma y la intervención perjudicial de ejemplares de la flora o la fauna autóctonas, excepto con un permiso. Si se determina que la actividad tendrá un impacto menor que mínimo o transitorio, se debería usar como norma mínima el Código de conducta del SCAR para el uso de animales con fines científicos en la Antártida.

7(viii) Recolección o retiro de materiales que el titular del permiso no haya llevado a la Zona

La recolección o retiro de materiales no llevados a la Zona por el titular del Permiso podrán efectuarse únicamente con los fines científicos o de gestión especificados en el permiso.

No obstante, los desechos humanos podrán retirarse de la Zona y se podrán retirar también ejemplares muertos o enfermos de la fauna y la flora para análisis de laboratorio.

7(ix) Eliminación de desechos

Todos los desechos deberán ser retirados de la Zona.

7(x) Medidas necesarias para garantizar el continuo cumplimiento de los objetivos y las finalidades del Plan de Gestión

Se podrán expedir permisos para entrar en la Zona a fin de realizar observaciones, actividades de seguimiento e inspección en el lugar, que podrían incluir la recolección limitada de muestras de la fauna, huevos y otros materiales biológicos con fines científicos.

A fin de mantener los valores ambientales y científicos de la Zona, los visitantes deberán tomar todas las precauciones posibles para no introducir materiales y organismos no autóctonos.

Todos los sitios donde se realicen observaciones a largo plazo deberán estar debidamente marcados en un mapa y en el sitio. En la estación Mirny se deberá colocar a la vista un mapa que muestre los límites de la ZAEP. Se deberá colocar además una copia del Plan de Gestión. En la estación Mirny se facilitará además una copia gratuita del Plan de Gestión.

La Zona se visitará únicamente con fines científicos, de gestión y educativos.

7(xi) Requisitos relativos a los informes

Las Partes deberán cerciorarse de que el titular principal de cada permiso presente a la autoridad pertinente un informe en el cual se describan las actividades realizadas. Dichos informes deberían incluir, según corresponda, la información señalada en el Formulario de informes de visitas recomendado por el SCAR. Las Partes deberán llevar un registro de dichas actividades y, en el intercambio anual de información, presentar descripciones resumidas de las actividades realizadas por las personas bajo su jurisdicción, suficientemente pormenorizados como para que se pueda determinar la eficacia del Plan de Gestión. Siempre que sea posible, las Partes deberían depositar los originales de los mencionados informes o su copia en un archivo de acceso público a fin de mantener un registro del uso, para fines de revisión del Plan de Gestión y también para fines de la organización del uso científico de la Zona.

8 Referencias

Androsova, E.I.. Antarctic and Subantarctic bryozoans // Soviet Antarctic Expedition Newsletter.-1973.-No. 87.-P.65-69. (in Russian)

Averintsev, V.G. Ecology of sublittoral polychaetes in the Davis Sea // Animal Morphology, Systematics and Evolution.-L.,1978.-P.41-42. (in Russian)

Averintsev, V.G. Seasonal variations of sublittoral polychaetes in the Davis Sea // Marine Fauna Studies.-L.,1982.-Vol.. 28(36).-P.4-70. (in Russian)

Barbroud C. & Weimerskirch H. 2001 Emperor Penguins and climate change. Nature, 411: 183 – 185.

Barbroud C., Gavrilo M., Mizin Yu., Weimerskirch H. Comparison of emperor penguin declines between Pointe Géologie and Haswell Island over the past 50 years. Antarctic Science. V. 23. P. 461–468 doi:10.1017/S0954102011000356

Budylenko, G.A., and Pervushin, A.S. The migration of finwhales, sei whales and Minke whales in the Southern Hemisphere // Marine Mammals: Proceedings of VI All-Union Meeting.-Kiev, 1975.-Part.1.-P.57-59. (in Russian)

Bushueva, I.V. A new Acanthonotozommella species in the Davis Sea (East Antarctica) // Zool. Zhurn.-1978.-Vol.57, issue 3.-P.450-453. (in Russian)

Bushueva, I.V. A new Pseudharpinia (Amphipoda) species in the Davis Sea (Antarctica) // Zool. Zhurn.-1982.-Vol.61, issue.8.-P.1262-1265.

Bushueva, I.V. Some peculiarities of off-shore amphipod (Gammaridea) distribution in the Davis Sea (East Antarctica) // Hydrobiology and Biogeography of Cold and Moderate World Ocean Waters in the Off-shore Zone: Report Abstracts.-L.,1974.-P.48-49. (in Russian)

Bushueva, I.V. Some peculiarities of Paramola walkeri ecology in the Davis Sea (East Antarctica) // Off-shore Biology: Abstracts of Reports Presented at the All-Union Conference. - Vladivostok,1975.-P.21-22. (in Russian)

Chernov, A., Mizin, Yu. 2001 Avifauna observations at Mirny Station during RAE 44 (1999-2000) — The State of the Antarctic Environment as Shown by Real-time Data from Russia's Antarctic Stations. — SPb: AARI. (in Russian)

Doroshenko, N.V. The distribution of Minke whales (Balaenoptera acutorostrata Lac) in the Southern Hemisphere // V All-Union Meeting on Marine Mammal Research: Report Abstracts. - Makhachkala, 1972.-Part1.-P.181-185. (in Russian)

Egorova, E.N. Biogeographic composition and possible development of gastropods and bivalves in the Davis Sea, // Soviet Antarctic Expedition Newsletter.-1972.-No. 83.-P.70-76. (in Russian)

Egorova, E.N. Mollusks of the Davis Sea (East Antarctica).- L.:Nauka, 1982.-144 pp. - (Marine Fauna Research; No. 26(34). (in Russian)

Egorova, E.N. Zoogeographic composition of the mollusk fauna in the Davis Sea (East Antarctica) // Mollusks. Major Results of the Study: VI All-Union Mollusk Research Meeting.- L.,1979.-Vol.6.-P..78-79. (in Russian)

Gavrilo, M.V., Chupin, I.I., Mizin, Yu.A., and Chernov A.S. 2002. Study of the Biological Diversity of Antarctic Seabirds and Mammals. – Report on Antarctic Studies and Research under the World Ocean Federal Targeted Program. SPb: AARI (unpublished). (in Russian)

Gavrilo M., Mizin Yu. 2007. Penguin population dynamics in Haswell Archipelago area, ASPA № 127, East Antarctica. – p. 92 in Wohler E.j. (ed.) 2007. Abstracts of oral and poster presentations, 6th International Penguin Conference. Hobart, Australia, 3-7 September 2007

Gavrilo M., Mizin I. Current zoological researches in the area of Mirny station.Russian Polar Researches. Iss. 3. AARI, 2011.

Golubev S.V. 2012. Report on ecological and environmental studies at Mirny station during 57 RAE. St.P.,AARI (in Russian) (unpublished)

Golubev S.V. 2016. Report on ecological and environmental studies at Mirny station during 60 RAE. St.P.,AARI (in Russian) (unpublished)

Gruzov, E.N. Echinoderms in coastal biocenoses of the Davis Sea (Antarctica) // Systematics, Evolution, Biology, and Distribution of Modern and Extinct Echinoderms.-L.,1977.-P.21-23. (in Russian)

Kamenev, V.M. Adaptive peculiarities of the reproduction cycle of some Antarctic birds. - Body Adaptation to Far North Conditions: Abstracts of Reports Presented at the All-Union Meeting. Tallinn, 1984. P. 72-76. (in Russian)

Kamenev, V.M. Antarctic petrels of Haswell Island // Soviet Antarctic Expedition Newsletter.-1979.-No. 99.-P.78-84. (in Russian)

Kamenev, V.M. Ecology of Adelie penguins of the Haswell Islands // Soviet Antarctic Expedition Newsletter. 1971. No. 82. P. 67-71. (in Russian)

Kamenev, V.M. Ecology of Cape and snow petrels. - Soviet Antarctic Expedition Newsletter. 1988. No. 110. P. 117-129. (in Russian)

Kamenev, V.M. Ecology of Emperor penguins of the Haswell Islands. – The Adaptation of Penguins. M., 1977. P. 141-156. (in Russian)

Kamenev, V.M. Ecology of Wilson's storm petrels (Oceanites oceanicus Kuhl) on the Haswell Islands // Soviet Antarctic Expedition Newsletter. 1977. No. 94. P. 49-57. (in Russian)

Kamenev, V.M. Protected Antarctica. – Lecturer's Aid. L.: Znanie RSFSR, 1986. P. 1-17. (in Russian)

Kamenev, V.M. The Antarctic fulmar (Fulmarus glacialoides) of the Haswell Islands // Soviet Antarctic Expedition Newsletter. - 1978. No. 98. P. 76-82. (in Russian)

Korotkevish, E.P. 1959 The bids of East Antarctica. – Arctic and Antarctic Issues. – No. 1. (in Russian)

Korotkevish, E.P. 1960 By radio from Antarctica. — Soviet Antarctic Expedition Newsletter. - № 20-24. (in Russian)

Krylov, V.I., Medvedev, L.P. The distribution of the Ceteans in the Atlantic and South Oceans // Soviet Antarctic Expedition Newsletter.-1971.-No. 82.-P.64-66. (in Russian)

Makushok, V.M. 1959 Biological takings and observations at the Mirny Observatory in 1958. — Soviet Antarctic Expedition Newsletter. – No. 6. (in Russian)

Minichev, Yu.R. Opisthobranchia (Gastropoda, Opisthobranchia) of the Davis Sea // Marine Fauna Research.-L.,1972.-Vol.11(19).-P.358-382. (in Russian)

Mizin, Yu.V. 2004 Report on the Ecological and Environmental Research Program Conducted by RAE 48 at the Mirny Observatory – SPb: AARI, unpublished. (in Russian)

Neelov A.V., Smirnov I.S., Gavrilo M.V. 2007 50 years of the Russian studies of antarctic ecosystems. – Problemy Arktiki I Antarktiki. – № 76. – Pp. 113 – 130

Popov, L.A., Studenetskaya, I.R. Ice-based Antarctic seals // The Use of the World Ocean Resources for Fishery Needs. An overview by the Central Research Institute of Fishery Information and Technical Studies. Series. 1.- M., 1971. Issue 5.-P.3-42. (in Russian)

Prior, M.E. 1964 Observations of Emperor penguins (Aptenodytes forsteri Gray) in the Mirny area in 1962. Soviet Antarctic Expedition Newsletter. – No. 47. (in Russian)

Pushkin, A.F. Some ecological and zoogeographic peculiarities of the Pantopoda fauna in the Davis Sea // Hydrobiology and Biogeography of Cold and Moderate World Ocean Waters in the Off-shore Zone: Report Abstracts.- L.,1974.-P.43-45. (in Russian)

Splettstoesser J.F., Maria Gavrilo, Carmen Field, Conrad Field, Peter Harrison, M. Messicl, P. Oxford, F. Todd 2000 Notes on Antarctic wildlife: Ross seals *Ommatophoca rossii* and Emperor penguins *Aptenodytes forsteri*. New Zealand Journal of Zoology, 27: 137-142.

Stepaniants, R.D. Coastal hydrozoans of the Davis Sea (materials of the 11th Soviet Antarctic Expedition, 1965/66) // Marine Fauna Research.- L.,1972.-Vol.11(19).-P.56-79. (in Russian)

The Final Report of the Twenty Second Antarctic Treaty Consultative Meeting (Tromse, Norway, May 25 – June 5, 1998). [Oslo, Royal Ministry of Foreign Affairs], P. – 93 – 130. (in Russian).

Mapa 1: Ubicación de la isla Haswell, la estación Mirny y los sitios de actividades logísticas.

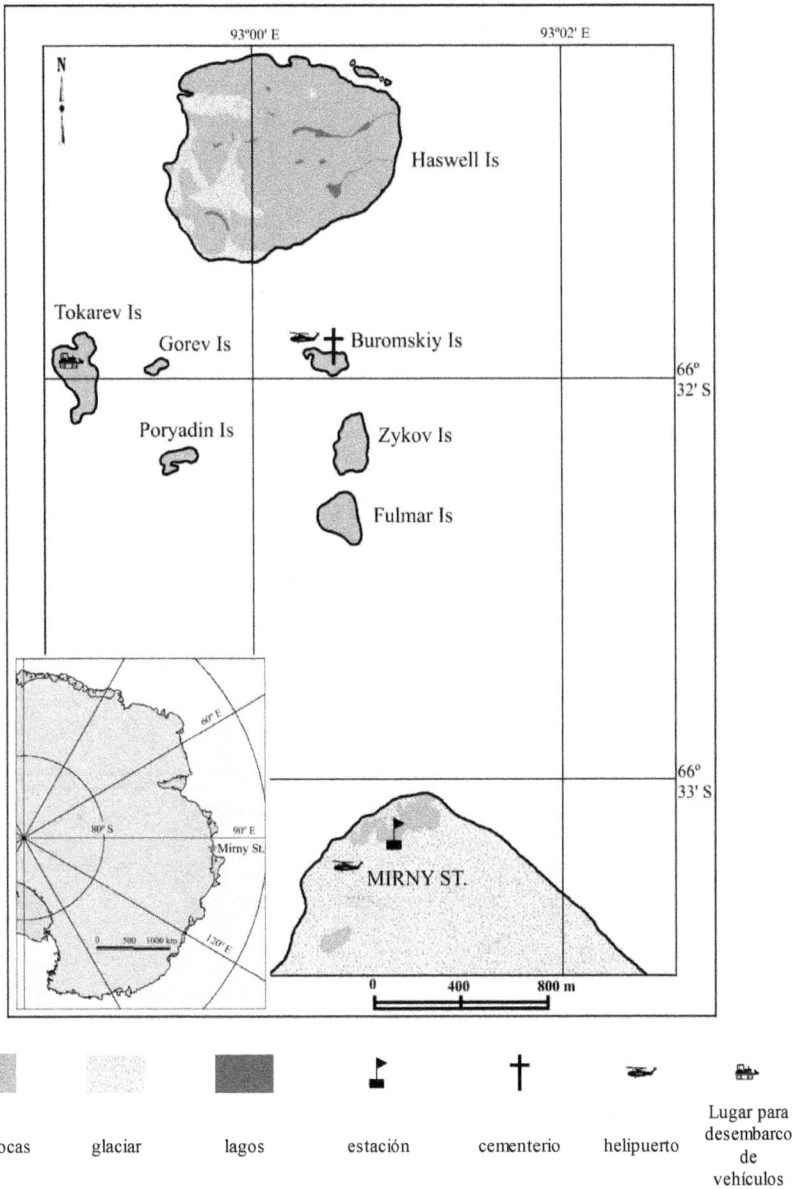

93°00' E   93°02' E

N

Haswell Is

Tokarev Is

Gorev Is   Buromskiy Is

66° 32' S

Poryadin Is

Zykov Is

Fulmar Is

66° 33' S

60° E

80° S   90° E

Mirny St.

0   500   1000 km

120° E

MIRNY ST.

0   400   800 m

suelo, rocas	glaciar	lagos	estación	cementerio	helipuerto	Lugar para desembarco de vehículos

95

Mapa 2: Límites de la Zona Antártica Especialmente Protegida No 127, isla Haswell.

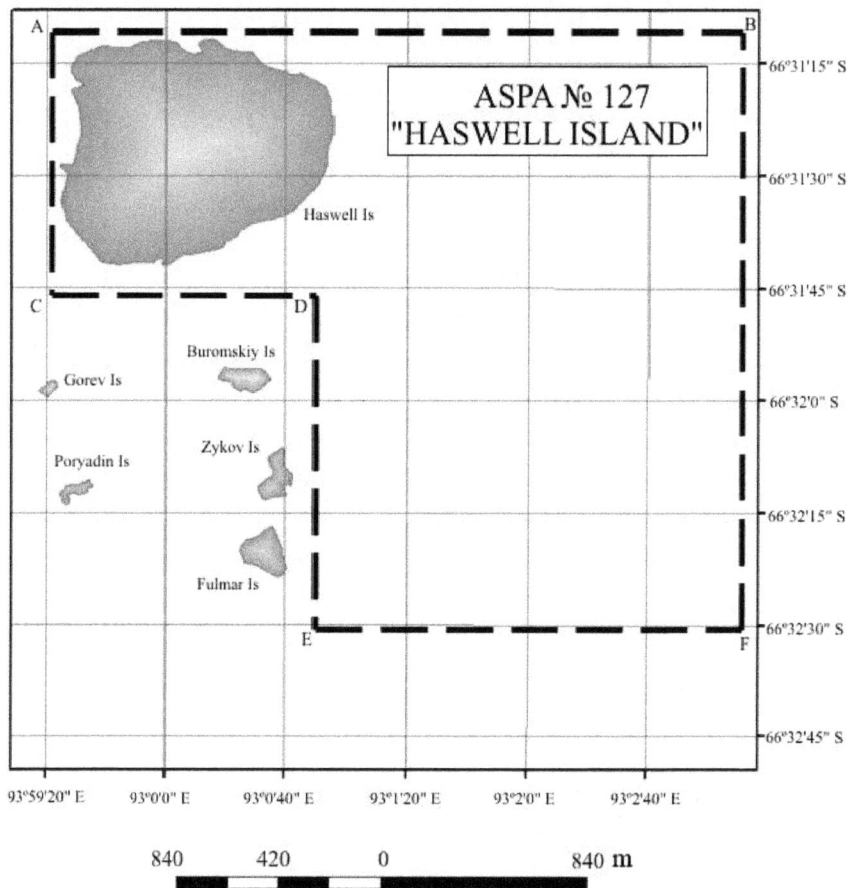

Mapa 3: Ubicación de las colonias de aves marinas reproductoras.

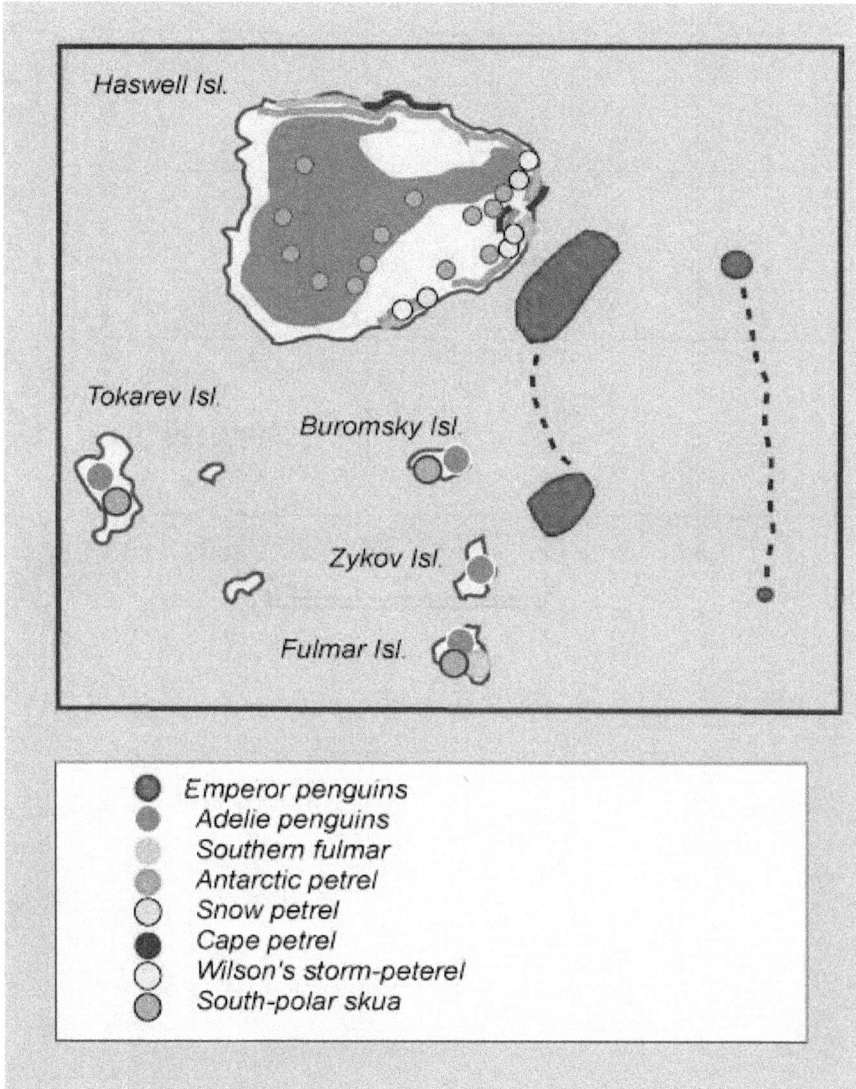

Haswell Isl.

Tokarev Isl.

Buromsky Isl.

Zykov Isl.

Fulmar Isl.

- ● *Emperor penguins*
- ● *Adelie penguins*
- ○ *Southern fulmar*
- ● *Antarctic petrel*
- ○ *Snow petrel*
- ● *Cape petrel*
- ○ *Wilson's storm-peterel*
- ○ *South-polar skua*

Mapa 4: Mapa topográfico de la isla Haswell.

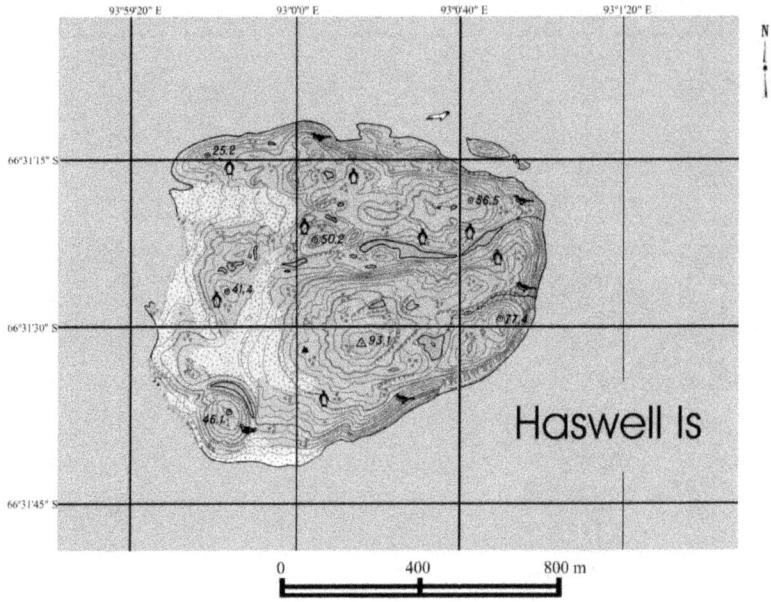

Plan de Gestión para la
Zona Antártica Especialmente Protegida n.° 131
GLACIAR CANADÁ, LAGO FRYXELL, VALLE TAYLOR, TIERRA DE VICTORIA

1. Descripción de los valores que requieren protección

Tras una propuesta presentada por Nueva Zelandia basada en que contenía uno de los más abundantes desarrollos de vegetación (briófitas y algas) en los Valles Secos de McMurdo, una superficie de aproximadamente 1 km^2, entre el lado este del glaciar Canadá y el lago Fryxell se había designado originalmente en virtud de la Recomendación XIII-8 (1985) como SEIC n.° 12. La Zona se designó principalmente con el fin de proteger los valores científicos y ecológicos del lugar.

A través de la Medida 3 (1997) se ampliaron los límites de la Zona a fin de incluir zonas biológicamente ricas que en un principio no se habían incluido. La Zona se volvió a designar en virtud de la Decisión 1 (2002) como Zona Antártica Especialmente Protegida (ZAEP) n.° 131 y se aprobó un Plan de Gestión revisado a través de la Medida 1 (2006) y la Medida 6 (2011).

La Zona comprende un terreno en pendiente libre de hielo, lagunas de verano y pequeños arroyos de deshielo que fluyen desde el glaciar Canadá hacia el lago Fryxell. La mayor parte de la vegetación crece en un área húmeda (denominada "el marjal") cercano al glaciar, en el centro de la Zona. La composición y la distribución de las comunidades de musgo, liquen, cianobacterias y algas en la Zona se correlacionan estrechamente con el régimen hídrico. Es por esta razón que la hidrología y la calidad del agua son importantes para los valores del sitio.

La Zona ha sido bien estudiada y documentada, lo que se añade a su valor científico. Las comunidades de vegetación, en particular los briófitos, son vulnerables a la perturbación por las pisadas y el muestreo. Las áreas dañadas pueden tardar mucho tiempo en recuperarse. Se han identificado los sitios de los cuales se conoce la época en que fueron dañados, lo cual resulta útil, ya que constituyen unas de las pocas áreas de los Valles Secos de McMurdo donde se pueden medir los efectos a largo plazo de las perturbaciones, así como la velocidad de recuperación.

La Zona tiene importancia regional y su valor científico para las investigaciones ecológicas continúa siendo excepcional. La presión creciente que ejercen las actividades científicas, logísticas y turísticas en la región, junto con la vulnerabilidad de la Zona a la perturbación por pisadas, toma de muestras, contaminación o introducción de especies no autóctonas, implican que los valores de la Zona siguen requiriendo de protección constante.

2. Finalidades y objetivos

Las finalidades de la gestión del glaciar Canadá son las siguientes:

- evitar la degradación de los valores de la Zona y los riesgos importantes para los mismos, previniendo las perturbaciones innecesarias causadas por el ser humano;
- permitir investigaciones científicas del ecosistema y sus elementos, y al mismo tiempo evitar un muestreo excesivo;

- permitir otras investigaciones científicas en la Zona siempre que se hagan por razones urgentes que no puedan resolverse en otro lugar;
- prevenir o reducir a un mínimo la posibilidad de que se introduzcan en la Zona plantas, animales y microbios no autóctonos; y
- permitir visitas con fines de gestión que sean concordantes con los objetivos del Plan de Gestión.

3. Actividades de gestión

Para proteger los valores de la Zona, deben realizarse las siguientes actividades de gestión:

- Deberá mantenerse disponible una copia del presente Plan de Gestión, incluidos mapas de la Zona, en las estaciones de investigación activas cercanas y en todas las instalaciones de las cabañas de investigación ubicadas en el valle Taylor que se encuentren dentro de un radio de 20 km de la Zona.
- En los límites de la Zona, en lugares adecuados, se instalarán montículos de piedras o carteles señalizadores que ilustren el lugar y sus límites, con indicaciones claras respecto a las restricciones del ingreso, a fin de evitar ingresos accidentales.
- Los hitos, carteles o estructuras instaladas en la Zona con fines científicos o de gestión deberán estar bien sujetos y mantenerse en buen estado, y serán retirados cuando ya no sean necesarios.
- Deberán realizarse las visitas necesarias a la Zona, por lo menos una vez cada cinco años, para determinar si esta continúa sirviendo a los fines para los que fue designada, y para garantizar que las medidas de gestión sean apropiadas.
- Los Programas Antárticos Nacionales que operen en la Zona deben consultarse entre sí para garantizar que se implementan las actividades de gestión mencionadas.

4. Período de designación

La designación abarca un período indeterminado.

5. Mapas

Mapa A: Glaciar Canadá, ZAEP n.° 131, Mapa regional.
Especificaciones cartográficas: Proyección: cónica conforme de Lambert. Paralelos de referencia: primero: 77° 35' 00" S; segundo: 77° 38'00"S Meridiano central: 163° 00'00"E; latitud de origen: 78° 00'00"S Esferoide: WGS84

Mapa B: ZAEP n.° 131, Glaciar Canadá: Mapa de densidad de la vegetación.
Las especificaciones cartográficas son las mismas que para el Mapa A. Las curvas de nivel se derivan de una combinación de imágenes de ortofotografía y de Landsat. Las áreas exactas de terreno húmedo asociado al marjal varían según la estación y de un año a otro.

6. Descripción de la Zona

6(i) Coordenadas geográficas, indicadores de límites y características naturales
El glaciar Canadá está situado en el valle Taylor, en los Valles Secos de McMurdo. La Zona designada abarca la mayor parte de la región frontal del glaciar en el lado este de la parte baja de la cuenca del glaciar Canadá y en la orilla norte del lago Fryxell (77° 37'S, 163° 03'E, Mapa A). Comprende un terreno de pendiente suave a moderada, libre de hielo, a una elevación de 20 m a 220 m, con lagunas y arroyos estacionales de deshielo que desaguan el glaciar Canadá en el lago Fryxell.

El límite sur de la Zona consiste en la orilla del lago Fryxell, hasta el borde del agua. Actualmente, el nivel del lago se está elevando. Este límite se extiende alrededor de 1 km al nordeste desde el punto de encuentro del glaciar Canadá con el lago Fryxell (77° 37,20"S; 163° 3,64'E) hasta la esquina sudeste del límite marcado con un mojón (77° 36,83' S; 163° 4,88' E) junto a una pequeña isla en el lago Fryxell. La isla fue en algún momento parte de una pequeña península que se adentra en el lago Fryxell, pero al crecer recientemente el nivel del lago, esta parte se convirtió en una isla (Mapa B). La península estuvo señalada por una gran roca partida rodeada por un círculo de rocas que se usó como punto de referencia para el levantamiento del SEIC original realizado por Nueva Zelandia en 1985, pero esta roca ya no es visible. Aún puede verse en la isla un poste de madera que marca el sitio 7 del proyecto de perforaciones de los Valles Secos (1973).

Una cresta de morrena que se extiende pendiente arriba desde la esquina sudeste en dirección norte define el límite oriental de la Zona. En una loma de esta cresta hay un mojón (77° 36,68' S; 163° 4,40' E) a 450 m de la esquina sudeste del límite. La cresta desciende de manera abrupta antes de encontrarse con la pendiente, sin rasgos distintivos, de la ladera principal del valle Taylor. La esquina de límite ubicada al nordeste de la Zona se encuentra en esta pendiente, y está indicada con un mojón (77° 36,43' S; 163° 3,73' E).

Desde el mojón de límite ubicado al nordeste, el límite septentrional sube en pendiente suave hacia el oeste 1,7 km hasta el glaciar Canadá, hasta el punto donde el arroyo fluye desde el glaciar y el campo de nieve, por un espacio visiblemente angosto en la morrena (77° 36,42' S; 162° 59,69' E).

El límite occidental sigue el borde del glaciar durante 1 km aproximadamente, bajando por una pendiente de morrena lateral con un gradiente bastante parejo hacia la esquina sudoeste del límite, donde el glaciar se encuentra con la orilla del lago (77° 37,20' S; 163° 3,64' E).

Se cree que el área del marjal en el glaciar Canadá es el área de vegetación de más alta densidad en los Valles Secos de McMurdo (Mapa B). El flujo de agua en el verano, junto con la microtopografía, son los factores más importantes para determinar el lugar de crecimiento de musgos, líquenes, cianobacterias y algas. La cara del glaciar también brinda protección frente a los vientos destructivos que podrían volar los musgos en su estado liofilizado y la abrasión del polvo que transporta el viento.

El marjal está cerca del borde del glaciar. Existen dos áreas principales de vegetación, separadas al norte y al sur por una pequeña laguna de poca profundidad (Mapa B). El área del marjal, de pendiente suave, es muy húmeda en el verano, con áreas de terreno húmedo, pequeñas lagunas y arroyos. Las pendientes más altas de esta área son más secas, pero la vegetación coloniza numerosos cauces de arroyos pequeños que corren paralelos al glaciar, descendiendo desde el límite superior de la Zona hasta el marjal. Las morrenas onduladas contribuyen a la acumulación de parches persistentes de nieve en esta pendiente, que también podrían proporcionar humedad para el crecimiento de la vegetación. Los cauces de arroyos y la vegetación asociada son menos visibles a medida que se alejan del glaciar (Mapa B). Estas pendientes y el marjal central desaguan hacia el sudeste por medio del arroyo Canadá. Antes de 1983, el arroyo Canadá se conocía informalmente como arroyo Fryxell.

En el marjal se identificaron cuatro especies de musgos: Predominan las especies *Bryum argenteum* (antes mencionada como *Bryum subrotundifolium*) y *Hennediella heimii* (antes mencionada como *Pottia heimii*), con la presencia poco común de *Bryum pseudotriquetrum* y *Syntrichia sarconeurum* (antes conocida como *Sarconeurum glaciale*). La especie *B. argenteum* se presenta principalmente en áreas con flujo de agua e infiltraciones. Cuando fluye el agua, una alta proporción de este musgo tiene comunidades epífiticas *Nostoc* asociadas. En dirección a los bordes de las zonas donde fluye el agua o en terreno de mayor altura, predomina la especie *Hennediella heimii*. En este lugar se encuentran esporofitas de *Hennediella heimii* y puede ser una de las zona más australes donde se ha registrado la proliferación de un musgo.

El crecimiento de líquenes en la Zona puede pasar inadvertido, pero los líquenes epilíticos *Carbonea vorticosa*, *Sarcogyne privigna*, *Lecanora expectans*, *Rhizoplaca melanophthalma* y *Caloplaca citrina* pueden encontrarse en una pequeña área cerca del desagüe de la laguna cercana al glaciar Canadá. En toda el área del marjal, sobre muchas rocas grandes también se encuentran líquenes casmoendolíticos.

Se han descrito más de 37 especies de algas y cianobacterias de agua dulce en ese sitio. La parte superior del arroyo Canadá parece pobre a primera vista, aunque se observa el crecimiento de comunidades incrustantes, predominantemente cianobacterias, en las caras laterales e inferiores de piedras y rocas. Se ha observado la presencia de alga verde *Prasiola calophylla* y cianobacteria *Chamaesiphon subglobosus* solo en esta parte más alta del arroyo. La especie *Prasiola calophylla*, que crece en franjas verdes bajo las piedras del arroyo, suele verse solamente cuando las piedras se voltean. Los tapetes de cianobacterias, que abarcan un diverso conjunto de especies (como *Oscillatoria*, *Pseudanabaena*, *Leptolyngbya*, *Phormidium*, *Gloeocapsa*, *Calothrix* y *Nostoc*) se extienden por las áreas centrales e inferiores del arroyo y son más diversos que aquellos en la parte superior. Las colonias mucilaginosas de *Nostoc commune* predominan en el agua estancada del marjal central, y crecen sobre el musgo de los márgenes húmedos de cursos de agua, en tanto los tapetes de cianobacterias cubren gran parte del polvo mineral y la grava en las secciones con flujo. El alga verde filamentosa *Binuclearia* se encuentra en el flujo de salida de las zonas centrales del arroyo. La sección baja de la cuenca del arroyo es similar en su composición floral a la sección superior: aunque se ha observado una abundante cantidad de algas *Tribonema elegans* y *Binuclearia*, sin embargo, no se encuentra *Prasiola calophylla*. La *Tribonema elegans* rara vez se encuentra presente en esta región de la Antártida.

Se han descrito invertebrados pertenecientes a seis tipos de *phyla* en la Zona: los tres grupos principales son rotíferos, nematodos y tardígrados, y también hay protozoos, platelmintos y artrópodos. No hay registros de presencia de Collembola en la Zona, aunque hay registros de que se ha encontrado fuera de esta.

Se ha descrito la vegetación del marjal Canadá como abundante, pero de escasa diversidad, comparada con otros sitios de la Antártida que son ricos desde el punto de vista botánico. Probablemente esto se debe, al menos en parte, a las características oligotróficas del sitio. El agua que fluye por el arroyo es similar al agua de deshielo de glacial, con una conductividad en diciembre de 2014 cercana a 35,32 μS cm^{-1} desde el punto donde deja el glaciar hasta el delta donde ingresa al lago. La prevalencia de cianobacterias fijadoras de nitrógeno (*Nostoc* y especies de *Calothrix*) también apoya la perspectiva de un estado de bajo nivel de nutrientes.

El glaciar Canadá se encuentra en el Dominio S (McMurdo - Geológico de Tierra de Victoria Meridional) de acuerdo a su clasificación en el Análisis de Dominios Ambientales para la Antártida (Resolución 3 [2008]) y en la Región 9 (Tierra de Victoria Meridional) conforme a su clasificación en las Regiones Biogeográficas de Conservación Antártica (Resolución 6 [2012]).

Son notables los indicios de actividad humana en el pasado dentro de la Zona. Es posible encontrar indicios de pasada actividad humana en los suelos adyacentes a la original cabaña neozelandesa y en el sitio designado para el aterrizaje de helicópteros, y pueden encontrarse en la forma de áreas localizadas de residuos petroquímicos y nutrientes del suelo. Dentro del área del marjal, puede observarse el daño sufrido por los sitios de vegetación, el que se extiende por senderos, huellas y sitios de extracción experimental de testigos y trozos más grandes de colchones de musgos. Además, en el marjal hay varios señalizadores antiguos.

De 1979 a 1983 se instaló un invernadero de plástico en la Zona cercana al marjal con el fin de realizar investigaciones y el cultivo experimental de hortalizas. La estructura se retiraba al final de cada temporada. En 1983 fue destruida por una tormenta de invierno. Los restos del invernadero encontrados en la Zona fueron retirados.

Cerca del área del marjal, el primer sitio de la cabaña neozelandesa en el glaciar Canadá comprendía senderos marcados por líneas de piedras, áreas que habían sido despejadas para acampar, un antiguo helipuerto y varias estructuras bajas de roca. Cerca de este lugar, también se hicieron por lo menos cuatro pozos no muy profundos (de aproximadamente 1 m de profundidad). Este sitio se trasladó en 1989 a un segundo sitio, y se recuperó el sitio de la primera cabaña. El sitio de la segunda cabaña comprendía dos edificios pequeños, varios campamentos nuevos y un helipuerto. Los edificios fueron retirados por completo en la temporada 1995-1996, si bien el helipuerto aún permanece, ya que es el único sitio designado para el aterrizaje de helicópteros de la Zona. Esta área aún es el lugar preferido para acampar en la Zona (Mapa B) y todavía se encuentran los senderos marcados por líneas de rocas y las áreas que habían sido despejadas para acampar.

En el arroyo Canadá hay una presa (véase la Sección 6(iii)). Los datos hidrológicos recolectados de este arroyo midieron el caudal de desagüe promedio del arroyo Canadá cuando el flujo era de 22,13 l/s [mínimo = 0,0 l/s y máximo = 395,76 l/s] desde noviembre de 2014 a febrero de 2015. La temperatura media del agua durante este período fue de 1,99 °C [mínima = -1,1 °C y máxima = 11,34 °C] (http://www.mcmlter.org/).

Desde la Zona de instalaciones del lago Fryxell se extiende un sendero entre la orilla del lago y la presa del arroyo Canadá (Mapa B). Hay otro sendero entre el sitio designado para acampar y el borde del glaciar Canadá, que cruza un área húmeda con vegetación, aunque no está indicado en el mapa. También hay una ruta de acceso ubicada entre la zona de instalaciones del campamento del lago Hoare y la zona de instalaciones del campamento del lago Fryxell, que apenas traspasa el límite norte (Mapas A y B).

6 (ii) Áreas especiales en la Zona
Ninguna.

6(iii) Ubicación de estructuras dentro de la Zona y en sus proximidades
En la temporada 1981-1982 se construyó una presa de rocas en la parte estrecha de arroyo Canadá, que se retiró al final de la temporada. En 1990 se construyó en las cercanías una presa más grande con una canaleta Parshall de 9 pulgadas (Mapa B). La canaleta está hecha de fibra de vidrio negro. La presa consiste en bolsas de poliéster rellenas con tierra de aluvión de las proximidades del cauce

del arroyo. Se repararon los sitios que habían sido alterados durante la construcción, y para la temporada siguiente ya no quedaban rastros. El lado de la presa que está corriente arriba está forrado de nailon recubierto de vinilo. Se ha hecho una muesca en la presa para permitir el desagüe en caso de que el caudal aumente. Ha sido necesario retirar del cauce la nieve estacional para evitar que el agua se embalse en la presa. El instrumental de registro de datos y las baterías están guardados en una caseta de madera contrachapada cercana, situada en el lado norte del arroyo. El mantenimiento de la presa está a cargo del Proyecto de Investigaciones Ecológicas a Largo Plazo de los Valles Secos de McMurdo.

Los límites de la Zona están marcados con tres mojones.

La Zona de instalaciones del lago Fryxell (Estados Unidos) está ubicada un kilómetro y medio hacia el este de la Zona (20 m sobre el nivel del mar), en un punto intermedio a lo largo del lago Fryxell, sobre el lado norte del lago. La Zona de instalaciones F6 (EE. UU.) está ubicada aproximadamente 10 km hacia el este de la Zona, sobre el lado sur del lago Fryxell. La Zona de instalaciones del lago Hoare (Estados Unidos) está ubicada 3 km hacia el oeste de la Zona (65 m sobre el nivel del mar), sobre el lado oeste del glaciar Canadá, en la base del glaciar, sobre el lado norte del lago Hoare. La Zona de visitantes del valle Taylor está ubicada al sur de la Zona, al frente del glaciar Canadá (Mapa A).

6(iv) Ubicación de las zonas protegidas en las cercanías
Las zonas protegidas más cercanas al glaciar Canadá son:

- Glaciar Taylor inferior y Cataratas de Sangre, valle Taylor, Valles Secos de McMurdo, (ZAEP n.° 172), aproximadamente a 23 km al oeste del valle Taylor;
- Terraza Linnaeus, cordón montañoso Asgard, (ZAEP n.° 138) aproximadamente a 47 km al oeste del valle Wright; y
- Valles Barwick y Balham, Tierra de Victoria Meridional (ZAEP n.° 123) aproximadamente a 50 km al noroeste (Mapa A, Recuadro).

7. Términos y condiciones para los permisos de entrada

Se prohíbe el acceso a la Zona excepto con un permiso expedido por una autoridad nacional competente. Las condiciones para la expedición de un permiso de ingreso a la Zona son las siguientes:
- se expide solo para actividades científicas convincentes que no puedan llevarse a cabo en otro lugar, o a los fines de gestión de la Zona;
- que las acciones permitidas no pongan en riesgo los valores ecológicos o científicos de la Zona;
- debería considerarse con cuidado el acceso a cualquier área que se indique que tiene vegetación de densidad mediana o mayor (Mapa B), y en el permiso se deberían establecer condiciones especiales para el acceso a dichas áreas.
- que todas las actividades de gestión estén orientadas al cumplimiento de los objetivos del Plan de Gestión;
- que las acciones permitidas sean compatibles con el presente Plan de Gestión;
- se deberá llevar el permiso o su copia autorizada dentro de la Zona;
- se proporcionará un informe de la visita a las autoridades que figuran en el permiso; y,
- que los permisos se expidan por un período determinado.

7(i) Acceso a la Zona y desplazamientos en su interior y sobre ella

El acceso a la Zona deberá realizarse principalmente a pie, o con fines científicos indispensables, en helicóptero. Se prohíben los vehículos en la Zona, y todo desplazamiento en su interior deberá hacerse a pie.

Los peatones que circulen por el valle no podrán ingresar a la Zona sin un permiso. Se alienta a los visitantes que hayan obtenido un permiso a que circulen en la medida de lo posible por los senderos establecidos. Los visitantes deberán evitar pisar la vegetación visible o caminar por el lecho de los arroyos. Se debería tener cuidado al caminar en terrenos húmedos, donde la circulación de peatones puede dañar fácilmente los suelos delicados y las comunidades de plantas, algas y bacterias, además de degradar la calidad del agua. Se deberá caminar alrededor de esas áreas, sobre suelo rocoso o hielo, pisando las piedras más grandes cuando no se pueda evitar cruzar un arroyo. También se debería tener cuidado al transitar alrededor de la vegetación incrustada de sal en las áreas más secas, las que puede ser difíciles de ver. La circulación de peatones debe limitarse al mínimo necesario para alcanzar los objetivos de las actividades autorizadas y se debe hacer todo lo posible para reducir al mínimo los efectos.

En la medida de lo posible, los helicópteros deberán aterrizar en los sitios de aterrizaje existentes en las Zonas de instalaciones cercanas (lago Hoare y lago Fryxell) y en la Zona de visitantes del valle Taylor. Si es necesario acceder a la Zona en helicóptero, estos deberían aproximarse a la Zona desde el sur de la línea marcada en el mapa adjunto del sitio (Mapa B). Los helicópteros deberán aterrizar solamente en el sitio designado (163° 02,88' E; 77° 36,97' S, Mapa B). En general, deberían evitarse los sobrevuelos de la Zona. Se prohíbe sobrevolar la Zona a menos de 100 m sobre el nivel del suelo al norte de la línea indicada en el mapa B. Se otorgarán excepciones a estas restricciones de vuelo solamente con fines científicos o de gestión excepcionales, y deberán estar específicamente autorizadas en el permiso. Está prohibido el uso de granadas de humo de helicópteros dentro de la Zona, salvo que sea imprescindible por motivos de seguridad. En este caso, deberán ser recuperadas. Se prohíbe a visitantes, pilotos, tripulación y pasajeros en tránsito en helicópteros circular a pie más allá de las inmediaciones del lugar designado para aterrizar y acampar, salvo que ello se autorice específicamente en el permiso.

7(ii) Actividades que pueden llevarse a cabo dentro de la Zona
- Investigaciones científicas que no pongan en peligro los valores de la Zona;
- Actividades de gestión esenciales, que incluyen observación e inspección.

En vista de la importancia del régimen hídrico para el ecosistema, las actividades deberán realizarse de forma tal que se reduzca a un mínimo la alteración de los cursos de agua y la calidad del agua. Las actividades que se llevan a cabo fuera de la Zona (por ejemplo, en el glaciar Canadá), que podrían afectar la cantidad y calidad del agua deberán planificarse y realizarse teniendo en cuenta los efectos que pudieran producirse corriente abajo. Asimismo, quienes realicen actividades dentro de la Zona deberían tener presentes los efectos corriente abajo, dentro de la Zona y en el endorreico lago Fryxell.
Las actividades que causen perturbaciones en el área del marjal deben tener en cuenta la lenta recuperación de este sitio. Especialmente, se debe considerar reducir al mínimo cualquier tamaño y número de muestras necesarias y llevar a cabo el régimen de muestreo de manera tal que sea probable recuperar íntegramente la comunidad de vegetación.

7(iii) Instalación, modificación o desmantelamiento de estructuras

No podrá montarse ninguna estructura dentro de la Zona. Tampoco podrá instalarse equipo científico, salvo que sea por razones científicas o de gestión excepcionales, y deberán estar especificadas en un permiso. Todos los indicadores, estructuras o equipos científicos que se instalen en la Zona deberán estar autorizados por un permiso, y deberán llevar claramente el nombre del país, el nombre del investigador principal, el año de instalación y la fecha prevista para su retiro. Todos estos artículos no deberán contener organismos, propágulos (semillas, huevos) ni suelo no estéril, y deberán estar confeccionados de materiales que presenten un riesgo mínimo de contaminación de la Zona. El desmantelamiento de estructuras o equipos específicos para los cuales el permiso haya expirado debe ser una condición para el otorgamiento del permiso. Se prohíbe erigir estructuras o instalaciones permanentes.

7(iv) Ubicación de los campamentos
Como base para el trabajo dentro de la Zona deberían emplearse las Zonas de instalaciones cercanas, ubicadas fuera de la Zona (Mapa A). Se podrá acampar en los sitios designados (Mapa B) por razones científicas o de gestión específicas y esenciales.

7(v) Restricciones relativas a los materiales y organismos que pueden introducirse en la Zona
No se deben introducir deliberadamente animales, material vegetal o microorganismos vivos en la Zona, y deberán tomarse las precauciones indicadas en la sección 7(ix) para evitar su introducción accidental. No se deben introducir en la Zona herbicidas ni pesticidas. Cualquier otro producto químico, incluidos radionúclidos o isótopos estables, que se introduzca con los fines científicos o de gestión especificados en el permiso deberá ser retirado de la Zona a más tardar cuando concluya la actividad para la cual se haya expedido el permiso. No se podrán almacenar combustibles ni otras sustancias químicas en la Zona, salvo que sea indispensable para la actividad para la cual se haya expedido el permiso, y deberán estar contenidos dentro de una reserva de emergencia aprobada por las autoridades pertinentes. Todos los materiales introducidos podrán permanecer en la Zona durante un periodo determinado, deberán ser retirados a más tardar cuando concluya dicho período, y deberán ser almacenados y manipulados con métodos que reduzcan al mínimo el riesgo de su introducción en el medio ambiente.

7(vi) Recolección de flora y fauna autóctonas o daños que puedan sufrir estas
Queda prohibida la toma o intromisión perjudicial en la flora y fauna autóctonas salvo que se realice de conformidad con un permiso expedido en forma separada, conforme al Anexo II al Protocolo al Tratado Antártico sobre Protección del Medio Ambiente. En caso de toma de animales o intromisión perjudicial, se deberá usar como norma mínima el Código de conducta del SCAR para el uso de animales con fines científicos en la Antártida.

Se podrá recoger o retirar material de la Zona únicamente de conformidad con un permiso, y dicho material deberá limitarse al mínimo de muestras necesario para fines de índole científica o de gestión. El muestreo deberá llevarse a cabo mediante técnicas que reduzcan al mínimo la perturbación de la Zona y en lugares donde se pueda esperar la recuperación total de la vegetación a partir de las muestras.

7(vii) La recolección o retiro de materiales que no haya sido llevado a la Zona por el titular del permiso
Todo material de origen humano que probablemente comprometa los valores de la Zona y que no haya sido llevado a esta por el titular del permiso, o que no esté comprendido en otro tipo de autorización, podrá ser retirado salvo que el impacto de su extracción probablemente sea mayor que el efecto de dejar el material *in situ*. En tal caso se deberá notificar a las autoridades pertinentes y obtenerse la aprobación antes de su retiro.

7(viii) Eliminación de desechos
Deberán retirarse de la Zona todos los desechos, incluidos todos los desechos de origen humano.

7(ix) Medidas que puedan requerirse para garantizar el continuo cumplimiento de los objetivos y las finalidades del Plan de gestión
Se pueden otorgar permisos de ingreso a la Zona con el fin de:
- llevar a cabo actividades de seguimiento biológico e inspección de la Zona, que pueden incluir la obtención de una pequeña cantidad de muestras o datos para análisis o revisión;
- levantar o mantener postes indicadores, estructuras o equipos científicos;
- implementar medidas de protección;

Toda observación a largo plazo de sitios específicos debe marcarse adecuadamente tanto en el lugar como en los mapas de la Zona. Debe solicitarse a las autoridades nacionales correspondientes la posición GPS a fin de asentarla en el sistema del Directorio Antártico Maestro.

A fin de mantener los valores científicos y ecológicos de las comunidades vegetales que se encuentran en la Zona, los visitantes deberán tomar precauciones especiales para evitar la introducción de especies no autóctonas. Causa especial preocupación la introducción de microbios o plantas provenientes de suelos de otros sitios antárticos, incluidas las estaciones, o de regiones fuera de la Antártica. Para reducir a un mínimo el riesgo de introducciones, antes de entrar en la Zona los visitantes deberán limpiar meticulosamente el calzado y todo el equipo que vayan a utilizar, en particular el equipo para acampar, el equipo de muestro y los señalizadores.

7(x) Requisitos relativos a los informes
El titular principal de un permiso para cada visita a la Zona debe presentar un informe ante la autoridad nacional correspondiente tan pronto como sea posible, y no más allá de los seis meses luego de concluida la visita. Estos informes de visita deberían incluir, según convenga, la información identificada en el Formulario de informes de visita contenido en el Apéndice 4 de la Guía para la Preparación de Planes de Gestión para las Zonas Antárticas Especialmente Protegidas anexo a la Resolución 2 (1998)(disponible en el sitio Web de la Secretaría del Tratado Antártico www.ats.aq).

Si corresponde, la autoridad nacional también debe remitir una copia del informe de la visita a la Parte que ha propuesto el Plan de Gestión, como ayuda en la gestión de la Zona y en la revisión de dicho Plan de Gestión. Las Partes deberán llevar un registro de las actividades e informarlas en el intercambio anual de información. Siempre que sea posible, las Partes deberán depositar el informe de visita original o sus copias en un archivo al cual el público tenga acceso, a fin de llevar un registro del uso, para que pueda utilizarse en las revisiones del Plan de Gestión y en la organización del uso científico de la Zona.

8. Bibliografía

Broady, P.A. 1982. Taxonomy and ecology of algae in a freshwater stream in Taylor Valley, Victoria Land, Antarctica. Archivs fur Hydrobiologia 32 (Supplement 63 (3), Algological Studies): 331-349.

Conovitz, P.A., McKnight, D.M., MacDonald, L.H., Fountain, A.G. and House, H.R. 1998. Hydrologic processes influencing stream flow variation in Fryxell Basin, Antarctica. Ecosystem Processes in a Polar Desert: The McMurdo Dry Valleys, Antarctica. Antarctic Research Series 72: 93-108.

Downes, M.T., Howard-Williams, C. and Vincent, W.F. 1986. Sources of organic nitrogen, phosphorus and carbon in Antarctic streams. Hydrobiologia 134: 215-225.

Fortner, S.K., Lyons, W.B. and Munk, L. 2013. Diel stream geochemistry, Taylor Valley, Antarctica. Hydrological Processes 27: 394-404.

Fortner, S.K., Lyons, W.B. and Olesik, J.W. 2011. Eolian deposition of trace elements onto Taylor Valley Antarctic glaciers. Applied Geochemistry 26: 1897-1904.

Green, T.G.A., Seppelt, R.D. and Schwarz, A-M.J. 1992. Epilithic lichens on the floor of the Taylor Valley, Ross Dependency, Antarctica. Lichenologist 24(1): 57-61.

Howard-Williams, C., Priscu, J.C. and Vincent, W.F. 1989. Nitrogen dynamics in two Antarctic streams. Hydrobiologia 172: 51-61.

Howard-Williams, C. and Vincent, W.F. 1989. Microbial communities in Southern Victoria Land streams I: Photosynthesis. Hydrobiologia: 172: 27-38.

Howard-Williams, C., Vincent, C.L., Broady, P.A. and Vincent, W.F. 1986. Antarctic stream ecosystems: Variability in environmental properties and algal community structure. Internationale Revue der gesamten Hydrobiologie 71: 511-544.

Lewis, K.J., Fountain, A.G. and Dana, G.L. 1999. How important is terminus cliff melt? A study of the Canada Glacier terminus, Taylor Valley, Antarctica. Global and Planetary Change 22(1-4): 105-115.

Lewis, K.J., Fountain, A.G. and Dana, G.L. 1998. Surface energy balance and meltwater production for a Dry Valley glacier, Taylor Valley, Antarctica. International Symposium on Antarctica and Global Change: Interactions and Impacts, Hobart, Tasmania, Australia, July 13-18, 1997. Papers. Edited by W.F. Budd, et al; Annals of glaciology, Vol.27, p.603-609. United Kingdom.

McKnight, D.M. and Tate, C.M. 1997. Canada Stream: A glacial meltwater stream in Taylor Valley, South Victoria Land, Antarctica. Journal of the North American Benthological Society 16(1): 14-17.

Pannewitz, S., Green, T.G.A., Scheiddegger, C., Schlensog, M. and Schroeter, B. 2003. Activity pattern of the moss *Hennediella heimii* (Hedw.) Zand. in the Dry Valleys, Southern Victoria Land, Antarctica during the mid-austral summer. Polar Biology 26(8): 545-551.

Seppelt, R.D. and Green, T.G.A. 1998. A bryophyte flora for Southern Victoria Land, Antarctica. New Zealand Journal of Botany 36: 617-635.

Seppelt, R.D., Green, T.G.A., Schwarz, A-M.J. and Frost, A. 1992. Extreme southern locations for moss sporophytes in Antarctica. Antarctic Science 4: 37-39.

Seppelt, R.D., Turk, R., Green, T.G.A., Moser, G., Pannewitz, S., Sancho, L.G. and Schroeter, B. 2010. Lichen and moss communities of Botany Bay, Granite Harbour, Ross Sea, Antarctica. Antarctic Science 22(6): 691-702.

Schwarz, A.-M. J., Green, J.D., Green, T.G.A. and Seppelt, R.D. 1993. Invertebrates associated with moss communities at Canada Glacier, southern Victoria Land, Antarctica. Polar Biology 13(3): 157-162.

Schwarz, A-M. J., Green, T.G.A. and Seppelt, R.D. 1992. Terrestrial vegetation at Canada Glacier, South Victoria Land, Antarctica. Polar Biology 12: 397-404.

Sjoling, S. and Cowan, D.A. 2000. Detecting human bacterial contamination in Antarctic soils. Polar Biology 23(9): 644-650.

Skotnicki, M.L., Ninham, J.A. and Selkirk, P.M. 1999. Genetic diversity and dispersal of the moss *Sarconeurum glaciale* on Ross Island, East Antarctica. Molecular Ecology 8(5): 753-762.

Strandtmann, R.W. and George, J.E. 1973. Distribution of the Antarctic mite *Stereotydeus mollis* Womersley and Strandtmann in South Victoria Land. Antarctic Journal of the USA 8:209-211.

Vandal, G.M., Mason, R.P., McKnight, D.M. and Fitzgerald, W. 1998. Mercury speciation and distribution in a polar desert lake (Lake Hoare, Antarctica) and two glacial meltwater streams. Science of the Total Environment 213(1-3): 229-237.

Vincent, W.F. and Howard-Williams, C. 1989. Microbial communities in Southern Victoria Land Streams II: The effects of low temperature. Hydrobiologia 172: 39-49.

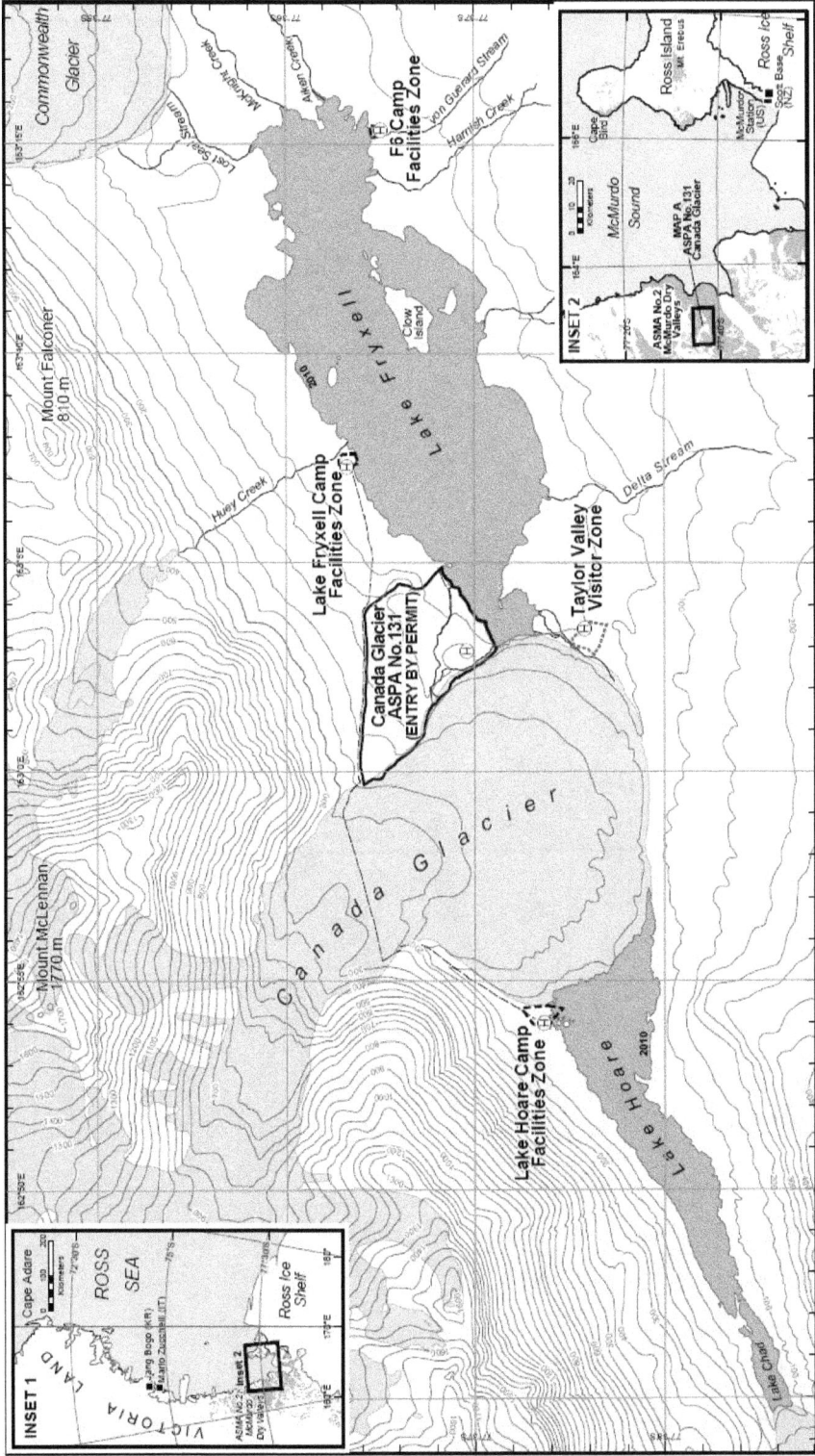

ZAEP n.° 131, Glaciar Canadá, lago Fryxell, valle Taylor, Tierra de Victoria

INSET 1

Cape Adare
ROSS SEA
VICTORIA LAND
Jang Bogo (KR)
Camp Zucchelli (IT)
Ross Ice Shelf
ASMA No 2 McMurdo Dry Valleys
Inset 2

INSET 2

Ross Island
Mt Erebus
Cape Bird
McMurdo Station (US)
Scott Base (NZ)
Ross Ice Shelf
McMurdo Sound
MAP A ASPA No 131 Canada Glacier
ASMA No 2 McMurdo Dry Valleys

Commonwealth Glacier
McKay Creek
Lost Seal Stream
Aiken Creek
Von Guerard Stream
Harnish Creek
F6 Camp Facilities Zone
Lake Fryxell
Cow Island
Mount Falconer 810 m
Huey Creek
Lake Fryxell Camp Facilities Zone
Canada Glacier ASPA No.131 (ENTRY BY PERMIT)
Delta Stream
Taylor Valley Visitor Zone
Mount McLennan 1770 m
Canada Glacier
Lake Hoare Camp Facilities Zone
Lake Hoare
2010
Lake Chad

N

Map A: ASPA No. 131 Canada Glacier: Regional map
Environmental Research & Assessment
Issued 24 Mar 2015

Antarctica New Zealand

Projection: Lambert Conformal Conic;
Defined & horizontal datum: WGS84.
Data sources: Streams digitised from aerial imagery (1993);
Lakes: PGC shoreline survey (2010);
Contours & glaciers derived from USGS 1:50K map series;
Contours & zone boundaries & facilities USAP (2015);
ASPA boundary based on Management Plan (Mar 2015).

0   1   2
Kilometres

Contour (50 m)
Stream
Lake
Glacier
Path
Helicopter landing site
Protected Area boundary
Facilities Zone
Visitor Zone
111

Informe final de la XXXIX RCTA

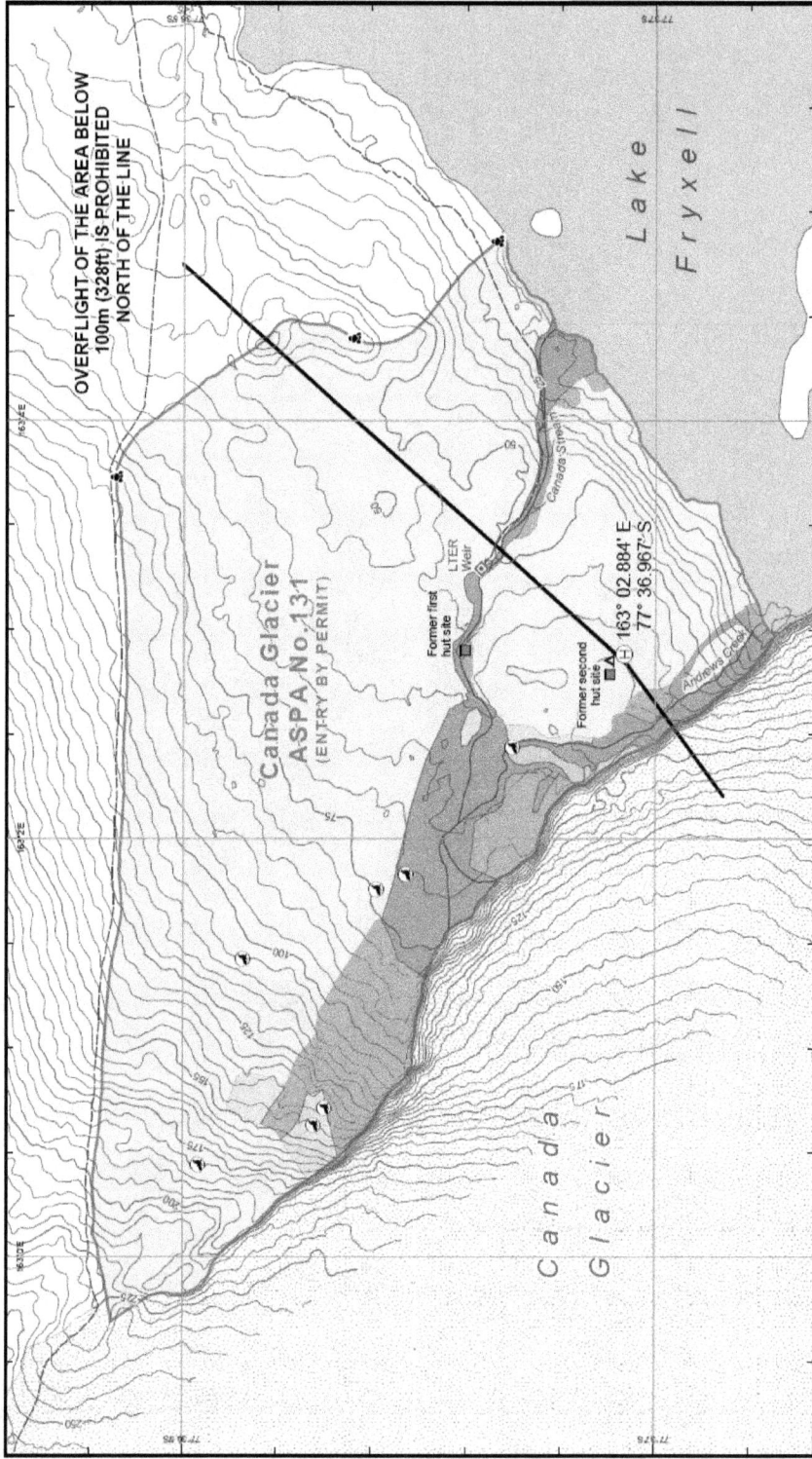

Map B: ASPA No. 131 Canada Glacier: Vegetation density map

Environmental Research & Assessment
Issued 04 Apr 2016

Index Contour (25m)
Contour (5m)
Stream
Lake

Protected Area boundary
Path
Cairn

A12 Designated camp site
Former hut site
Weir

Vegetation density
(within ASPA only)
Dense >25%
Medium 1 - 25%
Scattered 0.01 - 0.99%

Projection: Lambert Conforma Conic;
Spheroid & horizontal datum: WGS84;
Data sources: Streams digitised from aerial imagery (1993);
Contour, cairns, moraines, lakes, camps,
former huts, weir & lake. Gateway, Antarctica;
Vegetation survey, Dept. of Biological Sciences, University of Waikato

Plan de Gestión para la
Zona Antártica Especialmente Protegida (ZAEP) n.º 149
CABO SHIRREFF E ISLA SAN TELMO, ISLA LIVINGSTON,
ISLAS SHETLAND DEL SUR

Introducción

La Zona Antártica Especialmente Protegida (ZAEP), Cabo Shirreff, está ubicada en la costa septentrional de la isla Livingston, islas Shetland del Sur, a 60°47'17"O, 62°27'30"S, y tiene aproximadamente 9.7 km² de superficie. El principal motivo de designación de la Zona es el de proteger el conjunto de fauna y flora presente en ella, en particular las numerosas y diversas poblaciones de aves marinas y de pinnípedos, que son objeto de seguimiento científico de largo plazo. Dentro de la zona de búsqueda de alimento de estas especies se lleva a cabo la pesca de krill antártico. El cabo Shirreff es, por lo tanto, un sitio clave para el seguimiento del ecosistema, lo cual ayuda a cumplir los objetivos de la Convención sobre la Conservación de los Recursos Marinos Vivos (CCRVMA). La Zona contiene la mayor colonia reproductora de lobos finos antárticos (*Arctocephalus gazella*) observada en la región de la Península Antártica, y esta colonia es la más austral en la que se pueda estudiar su reproducción, población y alimentación. La palinoflora descubierta al interior de la Zona es también de especial interés científico. La Zona contiene también numerosos artefactos de valor histórico y arqueológico, en su mayoría asociados a las actividades de caza de focas durante el siglo 19. La Zona fue designada originalmente tras las propuestas de Chile y de Estados Unidos de América, y su designación se aprobó en virtud de la Recomendación IV-11 (1966, Zona Especialmente Protegida [ZEP] n.º 11). La Zona volvió a ser designada como Sitio de Especial Interés Científico (SEIC) n.º 32 en virtud de la Recomendación XV-7 (1989). La Zona se designó Localidad n.º 2 del Programa de Seguimiento del Ecosistema (CEMP) de la CCRVMA en virtud de la Medida de Conservación 82/XIII (1994) de la CCRVMA. La protección fue seguida por la Medida de Conservación 91/02 (2004) y los límites se ampliaron en virtud de la Medida 2 (2005) para incluir un componente marino mayor y para incluir además localidades con fósiles vegetales. La Medida de Conservación 91-02 expiró en noviembre de 2009, y la protección del cabo Shirreff se mantiene como ZAEP n.º 149 (XXVIII Reunión del SC-CAMLR, Anexo 4, párrafo 5.29). El Plan de Gestión fue revisado y aprobado por medio de la Medida 7 (2011).

La Zona se sitúa dentro del "Dominio E, Península Antártica, isla Alexander y otras islas", y como "Dominio G, islas litorales de la Península Antártica" conforme a lo definido en el Análisis de Dominios Ambientales para el Continente Antártico (Resolución 3 [2008]). En su clasificación como Regiones Biogeográficas de Conservación Antártica (Resolución 6 [2012]), la Zona se encuentra dentro de la RBCA 3, Noroeste de la Península Antártica.

1. Descripción de los valores que requieren protección

El cabo Shirreff (60°47'17"O, 62°27'30"S, una península de aproximadamente 3,1 km²), situado en la isla Livingston, Islas Shetland del Sur, fue designado originalmente como Zona Especialmente Protegida (ZEP) n.º 11 en virtud de la Recomendación IV-11 (1966). A la luz de los resultados del primer censo de pinnípedos llevado a cabo en las Islas Shetland del Sur (Aguayo y Torres, 1966), Chile consideró que el lugar necesitaba protección especial. La propuesta formal de la ZEP fue presentada por Estados Unidos de América (EE. UU.). La Zona abarcaba el sector libre de hielo de la península del cabo Shirreff, al norte del borde del casquete glacial de la isla Livingston. Los valores protegidos en virtud de la designación original comprendían la diversidad de la vida vegetal y animal, muchos invertebrados, una población sustancial de elefantes marinos del sur (*Mirounga leonina*) y una pequeña colonia de lobos finos antárticos (*Arctocephalus gazella*).

Tras la designación, el tamaño de la colonia de lobos finos antárticos del cabo Shirreff alcanzó un nivel que permitía la investigación biológica sin poner en peligro su crecimiento ininterrumpido. En un estudio de las islas Shetland del Sur y de la Península Antártica se determinó que el cabo Shirreff y la isla San Telmo conforman una zona óptima para la observación de las colonias de lobos finos antárticos que podrían estar afectadas por pesquerías en torno a las islas Shetland del Sur. Como resultado de una propuesta conjunta de Chile, el Reino Unido y Estados Unidos de América, y a fin de dar cabida al programa de seguimiento, la ZEP fue redesignada Sitio de Especial Interés Científico (SEIC) n.° 32 por medio de la Recomendación XV-7 (1989). La designación se fundamentó en que "la presencia de colonias de lobos finos antárticos y pingüinos, así como de pesquerías de krill dentro de la zona de búsqueda de alimento de estas especies, la tornan crítica y debe incluirse en la red de seguimiento del ecosistema que se está estableciendo en pos de los objetivos de la Convención para la Conservación de los Recursos Vivos Marinos Antárticos (CCRVMA). El propósito de la designación es permitir el avance de la investigación y el seguimiento previstos, y en la medida de lo posible, evitar o reducir otras actividades que podrían interferir en los resultados del programa de investigación y seguimiento, afectarlo, o alterar las características naturales del sitio". Los límites se ampliaron para incluir la isla San Telmo e islotes próximos asociados. Tras una propuesta preparada por Chile y Estados Unidos, la Zona se designó posteriormente Localidad n.° 2 del Programa de Seguimiento del Ecosistema (CEMP) de la CCRVMA por medio de la Medida de Conservación 82/XIII (1994) de la CCRVMA, con límites idénticos al SEIC n.° 32. A la protección del cabo Shirreff dentro del Programa de Seguimiento del Ecosistema (CEMP) de la CCRVMA siguió luego la Medida de Conservación (MC) 91/02 (2004).

Los límites de la Zona volvieron a ampliarse en virtud de la Medida 2 (2005) para incluir un componente marino mayor y para incorporar dos nuevos sitios en los que se descubrieron fósiles vegetales el año 2001 (Mapas 1 y 2). La zona designada (9,7 km^2) comprende toda la península del cabo Shirreff, al norte del casquete glacial permanente de la isla Livingston, la parte contigua del casquete glacial permanente de la isla Livingston donde fueron descubiertos los fósiles el año 2001, el grupo de islas San Telmo y la zona marina circundante e intermedia dentro de 100 metros de la costa de la península del cabo Shirreff y de los islotes exteriores del grupo de islas San Telmo. El límite se extiende desde el grupo de islas San Telmo hasta el sur del farallón Mercury.

La Medida de Conservación 91-02 expiró en noviembre de 2009, y la protección del Cabo Shirreff se mantiene como ZAEP n.° 149 (SC-CAMLR-XXVIII, Anexo 4, párrafo 5.29). El cambio se realizó con el propósito de armonizar la protección en virtud tanto de la CCRVMA como del Protocolo al Tratado Antártico sobre Protección del Medio Ambiente (el Protocolo), y para evitar toda posible repetición en los requisitos y procedimientos administrativos.

El Plan de Gestión actual reafirma los excepcionales valores científicos y de seguimiento en relación con las numerosas y diversas poblaciones de aves marinas y de pinnípedos que se reproducen en la Zona, y en especial las de la colonia de lobos finos antárticos. Esta colonia es la más grande en la región de la Península Antártica, y la más austral, con un tamaño suficiente para estudiar los parámetros de crecimiento, supervivencia, alimentación y reproducción, alcanzando los 21 000 ejemplares en el año 2002 (Hucke-Gaete *et al.* 2004). En 1965 comenzó el seguimiento de la colonia de lobos finos antárticos (Aguayo y Torres, 1966, 1967), y desde 1991 se cuenta con datos estacionales, con lo cual se trata de uno de los programas ininterrumpidos más prolongados de seguimiento de los lobos finos antárticos. Como parte del Programa de Seguimiento del Ecosistema (CEMP) de la CCRVMA, el propósito del seguimiento es detectar y evitar los posibles efectos adversos de las pesquerías en especies dependientes, como pinnípedos y aves marinas, y en especies elegidas como objetivo, como el kril antártico (*Euphausia superba*). Como parte del CEMP, en estudios a largo plazo, se realizan la evaluación y el seguimiento de la ecología de la alimentación, el crecimiento, la situación, el éxito reproductivo, el comportamiento, las tasas demográficas y la abundancia de pinnípedos y aves marinas que se reproducen en la Zona. Los resultados de estos estudios se compararán con datos ambientales, datos de muestreos realizados frente a la costa y estadísticas de pesquerías con el propósito de detectar posibles relaciones causa-efecto entre las pesquerías de kril y las poblaciones de pinnípedos y aves marinas.

En 2001-2002 se descubrieron indicios de megaflora en rocas situadas en morrenas del glaciar de la isla Livingston (Palma-Heldt *et al.* 2004, 2007) (Mapa 2). Se encontró que las rocas fosilíferas contenían dos conjuntos palinológicos distintos, un indicativo de que estos se remontan a periodos y condiciones climáticas diferentes, y formaron parte de un estudio sobre la historia geológica de la Antártida y de Gondwana. Se realizaron dentro de la Zona estudios de investigación microbiológica en 2009 y 2010 con objeto de evaluar la influencia de los microhábitats sobre la diversidad microbiológica y las aptitudes metabólicas (INACH 2010).

Los valores originales de la zona protegida en relación con las comunidades de plantas e invertebrados no pueden confirmarse como razones primordiales para la protección especial de la Zona debido a que faltan datos descriptivos de estas comunidades.

La Zona contiene numerosos artefactos humanos anteriores a 1958. Dentro de esta Zona se encuentra el Sitio o Monumento Histórico (SMH) n.° 59, un montículo de piedras erigido en conmemoración de aquellos que perdieron la vida en ocasión del naufragio de la embarcación española San Telmo en el pasaje de Drake en 1819. También se encuentran en la Zona algunos vestigios de comunidades dedicadas a la caza de focas del siglo 19.

2. Finalidades y objetivos

Las finalidades de la gestión del cabo Shirreff son:

- evitar la intervención humana innecesaria a fin de no degradar los valores de la Zona o crear riesgos considerables para los mismos,
- evitar las actividades que pudieran interferir o perjudicar las actividades de investigación y seguimiento del CEMP,
- permitir la realización de investigaciones científicas del ecosistema y el medio físico de la Zona relacionadas con el CEMP,
- permitir la realización de otras investigaciones científicas dentro de la Zona siempre que sea por razones convincentes, que no puedan realizarse en otro lugar, y que no comprometan los valores por los cuales la Zona está protegida,
- permitir la realización de investigaciones arqueológicas e históricas y tomar medidas para la protección de artefactos, protegiendo al mismo tiempo los artefactos históricos de la Zona contra la destrucción, la alteración o el retiro innecesarios,
- reducir a un mínimo la posibilidad de introducción de plantas, animales y microbios no autóctonos en la zona, y
- permitir visitas con fines de gestión que sean concordantes con los objetivos del Plan de gestión.

3. Actividades de gestión

Se deberán emprender las siguientes actividades de gestión en aras de proteger los valores de la Zona:

- Se proporcionarán copias del presente Plan de Gestión, incluidos mapas de la Zona, en los siguientes lugares:

  1. Instalaciones destinadas a alojamiento en el cabo Shirreff,

  2. Estación Saint Kliment Ohridski (Bulgaria), península Hurd , isla Livingston;

  3. Estación Arturo Prat (Chile), bahía Discovery /bahía Chile, isla Greenwich,

  4. Base Juan Carlos I (España), península Hurd, isla Livingston,

  5. Estación Julio Escudero (Chile), Península Fildes, isla Rey Jorge (isla 25 de mayo); y

  6. Estación Eduardo Frei (Chile), Península Fildes, isla Rey Jorge (isla 25 de mayo).

- Debería colocarse un cartel señalizador en la playa El Módulo, que muestre la ubicación y los límites de la Zona con explicaciones claras de las restricciones para el ingreso a fin de evitar el ingreso accidental;
- Deberían asegurarse los señalizadores, carteles u otras estructuras erigidas en la Zona con fines científicos o de gestión, y ser mantenidos en buen estado;
- Los Programas antárticos nacionales que operen en la Zona deberían mantener un registro de todos los señalizadores, carteles y estructuras erigidos dentro de la Zona;
- Se realizarán las visitas necesarias (por lo menos una vez cada cinco años) a la Zona para determinar si esta continúa sirviendo a los fines para los cuales fue designada y para cerciorarse de que las medidas de gestión y mantenimiento sean apropiadas.
- Los programas antárticos nacionales que operan en la región deberían asesorarse entre sí a fin de asegurar la aplicación de las disposiciones mencionadas.

4. Período de designación

La designación abarca un período indeterminado.

5.   Mapas

Mapa 1: Cabo Shirreff e isla San Telmo, ZAEP n.° 149, en relación con la isla Livingston, con la ubicación de la Base Juan Carlos I (España) y la Estación Saint Kliment Ohridski (Bulgaria), así como la ubicación de la Zona protegida más cercana, península Byers (ZAEP n.° 126), también en la isla Livingston. Especificaciones del mapa: Proyección: Cónica conforme de Lambert; Paralelos de referencia: primero: 60°00' S; segundo 64°00' S; Meridiano central: 60°45' O; Latitud de origen: 62°00' S; Esferoide: WGS84; Exactitud horizontal: < ±200 m. Equidistancia de las curvas de nivel batimétricas: 50 m y 200 m; Exactitud vertical desconocida. Fuentes de datos: las características del terreno provienen de la Base Digital de Datos Antárticos del SCAR, v6 (2012). Los datos batimétricos se obtuvieron de información proporcionada por el programa de Recursos Marinos Vivos Antárticos (RVMA) de Estados Unidos, la Administración Nacional Oceánica y Atmosférica (NOAA, por sus siglas en inglés) y la Carta Batimétrica Internacional del Océano Austral (IBCSO) (v1.0 2013) (http://ibcso.org).

Recuadro: ubicación del Mapa 1 en relación con las islas Shetland del Sur y la península Antártica.

Mapa 2: Cabo Shirreff e isla San Telmo, ZAEP n.° 149, límite de la zona protegida y directrices para el acceso. Especificaciones cartográficas de acuerdo con el Mapa 1, con excepción de que la equidistancia vertical de las curvas de nivel es de 10 m y se prevé que la exactitud horizontal será mayor que ±5 m. Fuentes de datos: derivada de datos digitales suministrados por el Instituto Antártico Chileno (INACH) (2002) (Torres *et al.* 2001), salvo por el desembarcadero para lanchas, suministrado por M. Goebel (dic. 2015).

Mapa 3: Cabo Shirreff, ZAEP n.° 149: características de la fauna y flora silvestres reproductoras y características humanas. Especificaciones cartográficas y fuente de la información de acuerdo con el Mapa 2, con la excepción de que la equidistancia de la curva de nivel vertical es de 5 m. Estación de seguimiento de focas y SMH: D. Krause (dic. 2015). Rutas preferidas para caminar y fauna: INACH, actualizado por M. Goebel y D. Krause (dic. 2015).

6.   Descripción de la Zona

6(i) Coordenadas geográficas, indicadores de límites y características naturales

Límites y coordenadas

El cabo Shirreff (60°47'17" O, 62°27'30" S) está situado en la costa norte de la isla Livingston, la segunda isla más grande de las Islas Shetland del Sur, entre la bahía Barclay y la bahía Hero (Mapa 1). El cabo se ubica en el extremo norte de una península libre de hielo con colinas bajas. Al oeste de la península está la caleta Shirreff, al este la punta Black y al sur el casquete de hielo permanente de la isla Livingston. La superficie de la península es de aproximadamente 3,1 km², con 2,6 kilómetros en dirección norte-sur y entre 0,5 y 1,5 kilómetros en dirección este-oeste. El interior de la península comprende una serie de terrazas costeras y tanto cerros redondeados como cerros con laderas empinadas, que alcanzan la máxima elevación en el cerro Toqui (82 m), en la parte septentrional central de la península. La costa occidental está formada por acantilados casi continuos de 10 a 15 metros de altura, mientras que la costa oriental tiene playas extensas de arena y grava.

Un grupo pequeño de islotes rocosos bajos, a aproximadamente 1200 metros al oeste de la península del cabo Shirreff, conforman la ensenada occidental de la caleta Shirreff. La isla San Telmo, la más grande del grupo, tiene una longitud de 950 metros, hasta 200 metros de ancho y cubre una superficie aproximada de 0,1 km². En la costa sudeste de la isla San Telmo hay una playa de arena y grava, separada de una playa de arena al norte por dos acantilados irregulares y por playas estrechas de grava.

La Zona designada comprende toda la península del cabo Shirreff al norte del casquete glacial permanente de la isla Livingston, el grupo de islas San Telmo y la zona marina circundante e intermedia (Mapa 2). El límite marino encierra una sección que se extiende 100 metros, paralelamente, desde el litoral externo de la península del cabo Shirreff y el grupo de islas San Telmo. Al norte, el límite marino se extiende 1,4 kilómetros desde el extremo noroeste de la península del cabo Shirreff hacia el sudoeste, hasta el grupo de islas San Telmo, encerrando el mar intermedio dentro de la caleta Shirreff. El límite occidental se extiende 1,8 kilómetros hacia el sur, desde 62°28'S hacia una pequeña isla cercana a 62°29' S, rodeando la costa occidental de la isla y continuando 1,2 kilómetros más en dirección sudeste hasta la costa de la isla Livingston a 62°29'30"S, aproximadamente 300 metros al sur del farallón Mercury. Desde este punto en la costa, el límite sur se extiende aproximadamente 300 metros hacia el este hasta 60°49'O, desde donde continúa en dirección nordeste, paralelamente a la costa, por unos 2 kilómetros hasta el borde de la capa de hielo a 60°47'O. El límite meridional se extiende luego 600 metros al este, hacia la costa oriental. El límite oriental es marino y sigue el litoral oriental a 100 metros de la costa. El límite abarca una superficie de 9,7 km^2 (Mapa 2).

Clima

Científicos chilenos y norteamericanos han efectuado el registro de los datos meteorológicos del cabo Shirreff durante varios años, y en la actualidad estos registros son realizados mediante instrumentos instalados en los edificios de la estación de campaña del cabo Shirreff. Durante las últimas campañas de verano (noviembre a febrero inclusive, 2005-2006 a 2009-2010), la temperatura promedio diaria del aire fue de 1,84 °C (datos del Programa de RVMA de EE UU. para 2005 a 2010). La máxima temperatura del aire registrada durante este período fue de 19,9 °C y la mínima, de -8,1 °C. La velocidad del viento fue de 5,36 m/s en promedio, con una velocidad máxima registrada de 20,1 m/s. La dirección del viento durante el período de recolección de datos fue predominantemente desde el oeste, seguida de ONO y ENE. Existe información meteorológica disponible sobre los dos últimos inviernos, con temperaturas diarias promedio de -6,7 °C, con una mínima de -20,6 °C y una máxima de +0,9 °C para el período entre junio y agosto de 2007, y temperaturas diarias promedio de - 5,8 °C con una mínima de -15,2 °C y una máxima de +1,9 °C para el período entre junio y septiembre de 2009.

Las precipitaciones registradas durante las estaciones estivales (entre el 21 de diciembre y el 24 de febrero, años 1998 a 2001) fueron de 56,0 mm (registradas en 36 días entre 2000 y 2001) y de 59,6 mm (registradas en 43 días, entre 1998 y 1999) (Goebel *et al.* 2000; 2001). La península está cubierta de nieve gran parte del año, pero suele no tener nieve al finalizar el verano.

Características geológicas, geomorfológicas y edafológicas

El cabo Shirreff está compuesto por lavas de basalto porfírico y brechas volcánicas menores de aproximadamente 450 metros de espesor (Smellie *et al.* 1996). Las rocas en el cabo Shirreff están deformadas en pliegues abiertos con una tendencia en dirección NO-SE, y superficies axiales subverticales atravesadas por numerosos diques. Una muestra litológica obtenida en el sector sur de cabo Shirreff se identificó como basalto olivínico fresco y estaba compuesto de aproximadamente 4 % de olivina y 10 % de fenocristales de plagioclasa en una base cristalizada de plagioclasa, clinopiroxeno y óxido opaco. Las muestras litológicas del cabo Shirreff tienen una datación K-Ar correspondiente al cretáceo superior, con una edad mínima de 90,2± 5,6 millones de años (Smellie *et al.* 1996). Las secuencias volcánicas en cabo Shirreff forman parte de un grupo más amplio de lavas de basalto relativamente fresco y andesita que cubren el sector centro-oriental de la isla Livingston y que son similares a los hallados en la península Byers.

La península del cabo Shirreff es predominantemente una plataforma marina elevada entre 46 y 53 metros sobre el nivel del mar (Bonner y Smith, 1985). El lecho de roca está cubierto en gran parte por roca erosionada y depósitos de rocas y sedimentos. A elevaciones de aproximadamente 7-9 y 12-15 metros sobre el nivel del mar se encuentran dos plataformas más bajas cubiertas por pedregullo redondeado erosionado por el agua (Hobbs 1968).

Hay escasa información sobre los suelos del cabo Shirreff, los que están conformados principalmente por cenizas finas y escoria y son muy porosos. Estos suelos, de vegetación poco densa, están enriquecidos por colonias de pájaros y lobos que habitan la Zona.

Paleontología

En el cabo Shirreff se encontró un ejemplar de madera fosilizada perteneciente a la familia Araucariaceae (*Araucarioxylon* sp.) (Torres, 1993). Es similar a los fósiles encontrados en la península Byers (ZAEP n.° 126), un sitio con flora y fauna fósiles abundantes, 20 km al sudoeste. También se han encontrado varios ejemplares de fósiles en el extremo norte de la península del cabo Shirreff. En 2001-2002 se descubrieron rocas fosileferosas de dos períodos diferentes incorporadas a morrenas frontales y laterales del casquete glacial permanente de la isla Livingston (Mapa 2). El estudio de los palinomorfos encontrados al interior de las morrenas identificó dos conjuntos palinológicos diferentes, denominados arbitrariamente "Tipo A" y "Tipo B" (Palma-Held *et al.* 2004, 2007). En la asociación de "Tipo A" había dominio de teridofitas, principalmente ciateáceas y gleicheniáceas y de la especie *Podocarpidites,* y contenía además *Myrtaceidites eugenioides* y esporas de hongos epífitos. Se piensa que este conjunto es indicativo de las condiciones templadas y húmedas de Cretáceo inferior (Palma-Heldt *et al.* 2007). El conjunto del "Tipo B" se caracteriza una flora subantártica, con *Nothofagidites, Araucariacites australis, Podocarpidites otagoensis, P. marwickii, Proteacidites parvus,* además de esporas de hongos epífitos, indicadores de clima templado-frío y húmedo (Palma-Heldt *et al.* 2007). La edad del conjunto se estima en el cretácico superior-paleógeno. (Palma-Heldt *et al.* 2004; Leppe *et al.* 2003). Se realizaron investigaciones palinológicas en cabo Shirreff con objeto de investigar la evolución del margen pacífico sur de Gondwana y de desarrollar un modelo de la evolución meso-cenozoica de la Península Antártica. Se ha señalado que pueden revelarse más fósiles debido a la futura retracción del casquete glacial permanente de la isla Livingston (D. Torres, A. Aguayo and J. Acevedo, nota personal, 2010).

Arroyos y lagos

En el cabo Shirreff se sitúa un lago permanente al norte, en la base del cerro Toqui (Mapa 3). El lago tiene aproximadamente 2 a 3 m de profundidad y 12 m de largo a capacidad completa, y su tamaño disminuye después de febrero (Torres, 1995). En las laderas circundantes proliferan bancos de musgo. La península tiene también varios estanques y arroyos efímeros, alimentados por aguas de deshielo, especialmente en enero y febrero. El más extenso de los arroyos desagua en las laderas del sudoeste hacia la costa en la playa Yámana.

Vegetación e invertebrados

Si bien no se ha realizado un estudio integral de las comunidades vegetales en el cabo Shirreff, aparentemente la vegetación es menos densa en comparación con muchas otras zonas de las islas Shetland del Sur. Las observaciones realizadas hasta la fecha han registrado un tipo de pasto, cinco especies de musgos, seis de líquenes, una de hongos y una de macroalgas nitrófilas (Torres, 1995).

Algunos valles presentan parches de pasto antártico (*Deschampsia antarctica*) que suele crecer junto a los musgos. En el interior predominan los musgos. En un valle al noroeste de la playa Media Luna hay una alfombra húmeda de musgo moderadamente bien desarrollada, conformada por *Warnstorfia laculosa* (=*Calliergidium austro-stramineum,* también = *Calliergon sarmentosum*) (Bonner 1989, en Heap 1994). En zonas con mejor desagüe se encuentra *Sanionia uncinata* (=*Drepanocladus uncinatus*) y *Polytrichastrum alpinum* (=*Polytrichum alpinum*). Las terrazas costeras y algunas mesetas más altas tienen rodales extensos de la macroalga nitrófila foliosa *Prasiola crispa,* característica de zonas enriquecidas con excrementos de animales, que, según se ha observado, reemplaza las asociaciones de musgos y líquenes dañadas por los lobos marinos (Bonner 1989, en Heap, 1994).

Las seis especies de líquenes descritas a la fecha en el cabo Shirreff son *Caloplaca sp, Umbilicaria antarctica, Usnea antarctica, U. fasciata, Xanthoria candelaria* y *X. elegans*. Las especies fruticosas *Umbilicaria antarctica, Usnea antarctica* y *U. fasciata* crecen densamente en las caras de los acantilados y en la cúspide de rocas empinadas (Bonner 1989, en Heap, 1994). Los líquenes crustosos de colores amarillo y naranja brillantes *Caloplaca spp, Xanthoria candelaria* y *X. elegans* son comunes debajo de las colonias de aves, y están presentes también entre las especies fruticosas. Se desconoce la identidad de la única especie de hongos registrada.

No se ha descrito la fauna de invertebrados en el cabo Shirreff.

Ecología microbiana

Entre el 11 y 21 de enero de 2010 se realizaron estudios de campo sobre la ecología microbiana en el cabo Shirreff, y los resultados se compararon con las comunidades microbianas presentes en la península Fildes, isla Rey Jorge (isla 25 de mayo). El estudio se proponía evaluar la influencia de los diferentes microhabitantes sobre la biodiversidad, y las habilidades metabólicas de las comunidades bacterianas encontradas en el cabo Shirreff y en la península Fildes (INACH, 2010).

Aves reproductoras

La avifauna del cabo Shirreff es diversa, con diez especies que se sabe se reproducen en la Zona, además de varias especies no reproductoras. En la Zona se reproducen pingüinos de barbijo (*Pygoscelis antarctica*) y pingüinos de pico rojo (*P. papua*). No se ha observado que los pingüinos de Adelia (*P. adeliae*) se reproduzcan en el cabo ni en la isla San Telmo, si bien están ampliamente distribuidos en la región. Se encontraron pequeñas colonias de pingüinos de barbijo y de pico rojo en el litoral noreste y noroeste en la península del cabo Shirreff (Mapa 3). Se ha recopilado información sobre colonias de pingüinos de barbijo y de pico rojo durante todas las campañas de verano a partir de la temporada 1996-1997, incluyendo su éxito reproductivo, su demografía, alimentación y comportamiento en el agua y de búsqueda de alimento (por ejemplo, en Hinke *et al.* 2007; Pietrzak *et al.* 2009, y Polito *et al.* 2015). Durante la temporada estival de 2009-1010 se etiquetaron en el cabo Shirreff pingüinos de barbijo y de pico rojo con transmisores satelitales con el fin de observar su comportamiento hibernal.

En el Cuadro 1 se presentan los datos disponibles sobre cantidades de pingüinos. En la temporada 2015-2016 existían 19 subcolonias reproductoras activas en el cabo Shirreff, con un total de 655 nidos de pingüinos de pico rojo y 3302 de pingüinos de barbijo (datos inéditos de la RVMA de EE. UU.), si bien el número de colonias y su composición reveló cierta variabilidad interanual. Desde fines de los años 1990 hasta 2004, la cantidad de pingüinos de barbijo en cabo Shirreff disminuyó en forma considerable, en tanto las poblaciones de pingüinos de pico rojo no revelaron una tendencia perceptible (Hinke *et al.* 2007). La tendencia a disminuir de los pingüinos de barbijo ha continuado, y las cuentas de nidos para ambas especies de pingüinos alcanzó su punto más bajo en 11 años entre 2007 y 2008 debido a las malas condiciones meteorológicas (Chisholm *et al.* 2008; Miller y Trivelpiece 2008). Entre 2008 y 2009 el éxito poblacional y reproductivo de ambas especies, de barbijo y de pico rojo, en el cabo Shirreff aumentó considerablemente en comparación con la temporada anterior, si bien los nidos de pingüinos de barbijo se mantuvieron 30 % bajo el promedio del lugar (Pietrzak *et al.* 2009). Las tendencias disímiles entre las poblaciones de pingüinos de barbijo y de pico rojo en el cabo Shirreff se atribuyen a una mayor tasa de mortalidad invernal sufrida por los pingüinos de barbijo (Hinke *et al.* 2007) y a la mayor flexibilidad en los patrones de alimentación demostrada por los de pico rojo (Miller *et al.* 2009).

En general, los pingüinos de barbijo anidan en los taludes más altos del cabo Shirreff, si bien se reproducen también en promontorios pequeños cerca de la costa. Los pingüinos de pico rojo tienden a reproducirse en laderas menos empinadas y promontorios redondeados. En el período de cría la búsqueda de alimentos en ambas especies de pingüinos queda confinada a la región de las plataformas a aproximadamente entre 20 y 30 kilómetros fuera del cabo Shirreff (Miller y Trivelpiece 2007). Durante las temporadas 2010-2011 y 2012-2013 se pusieron a prueba sistemas aéreos no tripulados para ayudar en el cálculo de la abundancia de pingüinos (Goebel *et al.* 2015).

En la Zona se reproducen muchas otras especies (Mapa 3), si bien los datos sobre números no son constantes. En todo el litoral de la Zona hay abundancia de nidos de gaviotas cocineras (*Larus dominicanus*) y de skúas pardas (*Catharacta antarctica*). En 2000 se observaron respectivamente 25 y 22 parejas reproductoras de estas especies, (RVMA de E. UU., nota personal, 2000). Entre 2007 y 2008 se identificaron 24 parejas de skúas en el cabo Shirreff y cerca del farallón Mercury, 23 de las cuales eran skúas pardas (*Catharacta loennbergi*) y una pareja era un híbrido de skúa parda y skúa polar (*C. maccormicki*). Durante la temporada 2006–2007 se observaron en el cabo Shirreff cincuenta y seis nidos de gaviotas cocineras. El éxito reproductivo de las skúas y gaviotas cocineras se ha monitoreado con regularidad durante las últimas temporadas estivales en los lugares de anidamiento en las zonas circundantes del cabo Shirreff (Chisholm *et al.* 2008; Pietrzak *et al.* 2009).

Las palomas antárticas (*Chionis alba*) anidan en dos lugares: se observó una pareja que anidaba en la costa occidental de la península del cabo Shirreff y una segunda pareja reproductora entre las rocas de la playa septentrional de la isla San Telmo, cerca de un sitio de reproducción de lobos finos antárticos (Torres, nota personal, 2002). En varios lugares se reproducen gaviotines antárticos (*Sterna vittata*), los que, según se ha observado, varían según el año. A partir de la temporada 1990-1991 se ha avistado una colonia pequeña de aproximadamente 11 parejas de cormoranes antárticos (*Phalacrocorax* [*atriceps*] *bransfieldensis*) que se reproducen en las rocas Yeco, en la costa occidental de la península (Torres, 1995). Petreles dameros (*Daption capense*) se reproducen en acantilados en la costa occidental de la Zona. Se avistaron 14 parejas en enero de 1993, nueve en enero de 1994, tres en enero de 1995 y ocho en 1999. También se reproducen petreles de Wilson (*Oceanites oceanicus*) en la costa occidental de la Zona, y se ha observado que se reproducen petreles de vientre negro (*Fregetta tropica*) cerca del campamento, en la costa oriental. Una cantidad considerable de petreles gigantes comunes no reproductores (*Macronectes giganteus*) frecuentan la Zona en el verano, y es incorrecto un informe sobre la existencia de una colonia reproductora en la península (Bonner 1989, en Heap 1994) (Torres, nota personal, 2002). Otras especies de aves observadas, pero que no se reproducen en la Zona, son los pingüinos de frente dorada (*Eudyptes chrysolophus*), los pingüinos rey (*Aptenodytes patagonicus*), el pingüino emperador (*Aptenodytes forsteri*), petreles de las nieves (*Pagadroma nivea*), playeros de rabadilla blanca (*Calidris fuscicollis*), cisnes de cuello negro (*Cygnus melanocorypha*) y garzas bueyeras (*Bubulcus ibis*) (Torres, 1995; Olavarría *et al.*, 1999). Otras aves observadas mientras buscan alimento cerca del cabo Shirreff incluyen el albatros de ceja negra (*Thalassarche melanophris*) y el albatros de cabeza gris (*T. chrysostoma*), aunque aún no se ha observado a ninguna de estas dos especies dentro de la Zona (Cox *et al.* 2009).

Cuadro 1: Cantidades de pingüinos de barbijo (*Pygoscelis antarctica)* y pingüinos de pico rojo (*P. papua*) en el cabo Shirreff.

Año	Pingüinos de barbijo (parejas)	Pingüinos de pico rojo (parejas)	Fuente
1958).	2000 (N3[1])	200-500 (N1[1])	Croxall y Kirkwood, 1979
1981	2164 (A4)	843 (A4)	Sallaberry y Schlatter, 1983 [2]
1987	5200 (A3)	300 (N4)	Woehler, 1993
1997	6907 (N1)	682 (N1)	Hucke-Gaete *et al.* 1997a
1999/00	7744 (N1)	922 (N1)	Información de RVMA de EE. UU., Carten *et al.* 2001
2000-2001	7212 (N1)	1043 (N1)	Información de RVMA, Taft *et al.* 2001
2001-2002	6606	907	Información de RVMA, Saxer *et al.* 2003
2002-2003	5868 (A3)	778 (A3)	Información de RVMA, Shill *et al.* 2003
2003-2004	5636 (N1)	751 (N1)	Información de RVMA de EE. UU., Antolos *et al.* 2004
2004-2005	4907 (N1)	818 (N1)	Información de RVMA de EE. UU., Miller *et al.* 2005
2005-2006	4849 (N1)	807 (N1)	Información de RVMA de EE. UU., Leung *et al.* 2006
2006-2007	4544 (N1)	781 (N1)	Información de RVMA de EE. UU., Orben *et al.* 2007
2007-2008	3032 (N1)	610 (N1)	Información de RVMA de EE. UU., Chisholm *et al.* 2008
2008-2009	4026 (N1)	879 (N1)	Información de RVMA de EE. UU., Pietrzak *et al.* 2009
2009-2010	4339 (N1)	802 (N1)	Información de RVMA de EE. UU., Pietrzak *et al.* 2011
2010-2011	4127 (N1)	834 (N1)	Información de RVMA de EE. UU., Mudge *et al.* 2014
2011-2012	4100 (N1)	829 (N1)	Datos no publicados de RVMA de EE. UU.
2012-2013	4200 (N1)	853 (N1)	Datos no publicados de RVMA de EE. UU.
2013-2014	3582 (N1)	839 (N1)	Datos no publicados de RVMA de EE. UU.
2014-2015	3464 (N1)	721 (N1)	Datos no publicados de RVMA de EE. UU.
2015-2016	3302 (N1)	655 (N1)	Datos no publicados de RVMA de EE. UU.

1. El código alfanumérico se refiere al tipo de recuento, como en Woehler (1993).
2. En los datos informados no se especificaron especies. Se supuso que el número más alto hacía referencia a los pingüinos de barbijo. Los datos corresponden a individuos, y la cifra se redujo a la mitad para derivar las "parejas" del cuadro.

Mamíferos reproductores

El cabo Shirreff (incluyendo la isla San Telmo) es actualmente el lugar donde se alberga la colonia reproductora más extensa que se conoce de lobos finos antárticos en la región de la Península Antártica. Los lobos finos antárticos antes abundaban en las islas Shetland del Sur, pero entre 1820 y 1824 se los extinguió localmente con la caza. Posteriormente volvieron a avistarse en el cabo Shirreff el 14 de enero de 1958, cuando se encontraron 27 animales, incluidas siete crías (Tufft, 1958). El 31 de enero de 1959, en la temporada siguiente, se registró un grupo de siete machos adultos, una hembra y un cachorro macho, junto a un cachorro macho muerto (O'Gorman, 1961). Una segunda hembra llegó tres días después y a mediados de marzo había 32 lobos finos antárticos. Hacia el año 2002, la población de lobos antárticos finos en el cabo Shirreff (sin incluir la isla San Telmo) había aumentado a 14 842 ejemplares (incluyendo 6453 cachorros), con una población total (incluyendo la isla San Telmo) de 21 190 ejemplares (incluyendo 8577 cachorros) (Hucke-Gaete *et al.* 2004). Todavía debe publicarse información más actualizada sobre las cantidades de lobos finos antárticos. Sin embargo la cantidad actual de lobos finos antárticos en el cabo Shirreff se mantiene por debajo de las magnitudes anteriores a la explotación, y no existe claridad si estas cantidades recobrarán sus niveles poblacionales previos (Hucke-Gaete *et al.* 2004).

Los sitios de reproducción de lobos finos antárticos en el cabo Shirreff se concentran en torno al litoral de la mitad septentrional de la península (Mapa 3) En la isla San Telmo la reproducción se concentra en ambos extremos de la isla, y es común que las crías se encuentren cerca del centro (Torres 1995). Desde 1991 se han efectuado seguimientos de largo plazo de los lobos finos antárticos en el cabo Shirreff con la finalidad principal de estudiar su éxito reproductivo en relación a su disponibilidad frente a los predadores, su variabilidad medioambiental y los impactos producidos por el hombre (Osman *et al.* 2004). Los investigadores han estudiado diversos aspectos de la colonia de lobos finos, incluyendo el de la producción de cachorros, depredación y crecimiento, comportamiento de las hembras en cuanto a asistencia y hábitos de alimentación, zambullidas y búsqueda de alimentos (Goebel *et al.* 2014). Se realizaron análisis genéticos con el fin de investigar la recolonización de los lobos finos antárticos en el cabo Shirreff a partir de la supuesta población de origen en Georgia del Sur, hallándose diferencias genéticas muy significativas, lo que indica que incluso las poblaciones relictas pueden recuperarse sin perder la diversidad genética (Bonin *et al.* 2013). La colonia de lobos finos antárticos en el cabo Shirreff se utilizó además en el análisis genético de cachorros gemelos, cuya incidencia es escasa entre los pinnípedos (Bonin *et al.* 2012).

Durante la temporada 2010-2011, el programa de RVMA de EE. UU. informó de una reducción de 14 % en la producción de cachorros en relación con la temporada estival anterior (Goebel *et al.* 2014). La producción de cachorros en el cabo Shirreff fue especialmente baja durante las temporadas 2007-2008, 2008-2009, 2009-1010 y 2010-2011, con una baja de dos dígitos en todas estas, muy probablemente debido a las condiciones invernales poco favorables y a un cambio en la demografía con un aumento en las focas hembras mayores, lo que generó tasas de reproducción más bajas y una mortalidad más elevada (Goebel *et al.* 2008, 2009, 2011, 2014). Durante las últimas temporadas, se ha estudiado la tasa de crecimiento de los cachorros de los lobos finos antárticos dentro de la Zona en relación con el apareamiento, la temporada de reproducción y la asistencia y búsqueda de alimentos de las madres (Vargas *et al.* 2009, McDonald *et al.* 2012a, 2012b). También se han realizado estudios sobre las dinámicas poblacionales, y los resultados demuestran que sin el impacto descendente de la predación, es probable el aumento de la población de la colonia de lobos finos antárticos, pese a los efectos ascendentes del cambio climático (Schwarz *et al.* 2013).

En octubre se reproduce un número pequeño de elefantes marinos del Sur en varias playas de la costa oriental (RVMA de EE. UU., nota personal, 2000; Torres, nota personal 2002). El 2 de noviembre de 1999 se contaron 34 cachorros en playas al sur del cerro Cóndor (RVMA de EE. UU., información no publicada). Durante la temporada 2008-2009, nacieron en total 40 cachorros de elefantes marinos del sur cerca del cabo Shirreff (Goebel *et al.* 2009). Durante la temporada 2010-2011, nació cerca del cabo Shirreff un total de 31 cachorros (Goebel *et al.* 2014).

También hay grupos de elefantes marinos del sur no reproductores, mientras que en varias playas se encuentran animales aislados, principalmente crías. La mayor cantidad de elefantes marinos del sur observada durante la temporada 2010-2011 en el cabo Shirreff fue de 221 ejemplares (Goebel *et al.* 2014). Se ha estudiado, por medio de satélites de seguimiento de animales registrados, el comportamiento de búsqueda de alimentos de los elefantes marinos del sur en el cabo Shirreff, y este ha sido analizado en relación con las propiedades físicas de la columna de agua (Huckstadt *et al.* 2006; Goebel *et al.* 2009). Se encontró que las focas buscaban alimento en lugares tan alejados como el mar de Amundsen, y se observó que un ejemplar viajó 4700 km en dirección oeste de la Península Antártica.

En la península del cabo Shirreff se han observado focas de Weddell, focas leopardo y focas cangrejeras, las cuales están sujetas a programas de seguimiento (O'Gorman 1961; Bengtson *et al.* 1990; Oliva *et al.* 1988; Torres 1995; Goebel, nota personal, 2015). Durante la temporada 2010-2011 la mayor cantidad observada de focas de Weddell ascendió a 48 ejemplares, 19 ejemplares de focas leopardo y 2 ejemplares de focas cangrejeras (Goebel *et al.* 2014). En 2001-2002 se inició el seguimiento de la predación de la población de cachorros de lobos finos antárticos y se registró durante la temporada antártica 2003-2004 (Vera *et al.*, 2004). Se han cotejado los trayectos de las focas leopardo en el cabo Shirreff con cámaras de video de alta definición, GPS y registradores de tiempo y profundidad para observar su rango de búsqueda de alimento y sus estrategias de caza (Krause *et al.* 2015). Las observaciones del comportamiento alimentario de las focas leopardo y los estudios de supervivencia de los cachorros sugieren que consumen hasta la mitad de todos los cachorros de lobos finos antárticos nacidos en la Zona cada año (Goebel *et al.* 2008, 2009). Además de cachorros de lobos finos y pingüinos, se descubrió que las focas leopardo cazaban dos especies de peces demersales (*Gobionotothen gibberifrons y Notothenia coriiceps*), y que escarbaban en restos de lobos finos y pingüinos (Krause *et al.* en impresión). En el cabo Shirreff se suelen recolectar muestras de ADN de cuatro especies de focas, las que se conservan en los archivos de ADN del Centro de Ciencia Pesquera del Suroeste (Goebel *et al.* 2009). Durante las temporadas estivales de 2009-2010, 2010-2011, 2011-2012, y 2014/15, los investigadores registraron lobos finos antárticos además de focas de Wedell y focas leopardo con marcas archivo con el fin de observar su comportamiento durante el período invernal (Goebel *et al.* 2014). Se realizaron estudios basados en sistemas aéreos no tripulados (UAS) en 2010-2011 y en 2012-2013, los cuales lograron calcular con éxito la abundancia y el tamaño de las focas (Goebel *et al.* 2015).

Se ha registrado una cantidad de patrones de color sumamente escasos en los cachorros de lobos finos marinos dentro de la Zona. Se documentó por primera vez lobos finos antárticos moteados o de colores claros, y una foca de Wedell albina representó el primer caso confirmado de albinismo entre las focas de Weddell, leopardo, de Ross y cangrejeras (Acevedo *et al.* 2009a, 2009b). En diciembre de 2005 se avistó un lobo fino subantártico macho entre los lobos finos antárticos en el cabo Shirreff, que se encuentra a más de 4000 km de la colonia subantártica de lobos finos más cercana (Torres *et al.* 2012).

Se han observado ballenas jorobadas (*Megaptera novaeangliae*) en la zona de alta mar inmediatamente al noreste de la Zona (Cox *et al.* 2009).

Medio marino y ecosistema

El fondo marino en torno a la península del cabo Shirreff tiene una pendiente relativamente moderada desde la costa, con profundidades de alrededor de 50 m a 2-3 km de la costa y de unos 100 m a 6-11 km (mapa 1). Esta cresta submarina relativamente poco profunda y amplia se extiende al noroeste aproximadamente 24 km antes de caer de manera más abrupta en el borde de la plataforma continental. La cresta tiene aproximadamente 20 km de ancho y está flanqueada por ambos lados por cañones que alcanzan profundidades de cerca de 300 a 400 m. Hay abundancia de macroalgas en la zona intercotidal. La lapa *Nacella concinna* es común, al igual que en otras partes de las islas Shetland del Sur.

Las aguas profundas del cabo Shirreff se han identificado como una de las áreas con densidad de biomasa de Kril antártico consistentemente elevada en el área de las islas Shetland del Sur, aunque las poblaciones totales de kril fluctúan en forma importante con el transcurrir del tiempo (Hewitt *et al.* 2004; Reiss *et al.* 2008). Se han estudiado la distribución espacial, la demografía, la densidad y el tamaño del kril y de los enjambres de kril en la región de la costa adyacente del cabo Shirreff, básicamente mediante sondeos acústicos además de un vehículo submarino autónomo (AUV) (Reiss *et al.* 2008; Warren *et al.* 2005). Los sondeos acústicos del medio marino en costa adyacente indican que en esta zona el kril es más abundante hacia el sur y sudeste del cabo Shirreff y en los márgenes de los dos cañones submarinos, los que se piensa son una fuente de agua rica en nutrientes que puede aumentar la productividad en la zona que rodea el cabo Shirreff (Warren *et al.* 2006, 2007). El arrastre en la costa adyacente indicó que los organismos identificados en los sondeos acústicos eran principalmente eufaciáceos, *Euphausia superba, Thysanoessa macrura* y *Euphausia frigida*, y que podían incluir además quetognatos, salpas, sinóforos, pez laval, mictófidos and anfípodos (Warren *et al.* 2007).

El medio marino adyacente al cabo Shirreff se identificó como principal lugar común de alimentación para los pingüinos que habitan en el lugar, especialmente durante los períodos de reproducción, cuando el aprovisionamiento de los polluelos limita el rango de búsqueda de alimentos (Cox *et al.* 2009). Los lobos finos antárticos y los pingüinos del cabo Shirreff dependen fuertemente del kril. Se sabe que los lugares de búsqueda de alimentos coinciden con las zonas de cosecha comercial de kril, y los cambios en la profusión, tanto de depredadores como del kril, se asocian al cambio climático. Es por eso que la investigación en el cabo Shirreff tiene por objeto el seguimiento de la abundancia de kril en combinación con las poblaciones depredadoras y éxito reproductivo a fin de evaluar los efectos de la pesca comercial, así como también la variabilidad y el cambio climático en el ecosistema.

Como parte de la investigación realizada dentro de la cuadrícula de sondeo de RVMA de EE. UU se han realizado en la región de la costa adyacente al cabo Shirreff numerosos estudios sobre el medio marino. Estos estudios incluyen la investigación de diversos aspectos del medio marino, incluyendo oceanografía física, condiciones ambientales, distribución del fitoplancton y productividad, distribución y biomasa del kril y la distribución y densidad de las aves y mamíferos marinos (RVMA de EE. UU., 2008, 2009).

Reseña histórica

Luego del descubrimiento de las islas Shetland del Sur en 1819, la caza intensiva de focas en el cabo Shirreff entre 1820 y 1824 exterminó casi todas las poblaciones de lobos finos antárticos y elefantes marinos del Sur (Smith y Simpson, 1987). En enero de 1821 se dejó constancia de 60 a 75 cazadores de focas británicos que vivían en el cabo Shirreff, los que tomaron 95 000 cueros durante la temporada 1821-1822 (O'Gorman 1963). Perduran indicios de la ocupación de estos cazadores de focas: existen las ruinas de al menos la cabaña de uno de ellos en la región noroeste de la península y se han registrado en varias de las playas restos de sus caseríos (D. Torres, A. Aquayo y J. Acevedo, nota personal, 2010). En la costa de varias bahías se encuentran vigas de madera y secciones de las embarcaciones naufragadas pertenecientes a los cazadores. Otros indicios de la caza de focas incluyen restos de cocinas, trozos de botellas de vidrio, un arpón de madera y una figura tallada en hueso (Torres y Aguayo, 1993). Fildes (1821) informó que los cazadores encontraron palos y un cepo de ancla de la embarcación española San Telmo en la playa Media Luna aproximadamente en la época en que se perdió la embarcación. Esta se hundió en el paso Drake, a 62°S aproximadamente, el 4 de septiembre de 1819, con 644 personas a bordo (Headland 1989; Pinochet de la Barra 1991). Estas probablemente hayan sido las primeras personas que perecieron en la Antártida y, hasta la actualidad, el incidente continúa siendo la pérdida de vidas más importante que se conoce al sur de 60°S. Para conmemorar esta pérdida, se erigió un montículo de piedras en la costa noroeste de la península del cabo Shirreff, el cual se designó como Monumento Histórico n.° 59 (Mapa 3).

En las proximidades de las instalaciones del campamento actual se encontraron los restos de otro campamento (Torres y Aguayo 1993). A partir de escrituras encontradas en los artículos hallados en el sitio, se cree que el campamento es de origen ruso y que data de 1940-1950, si bien aún resta por determinar con precisión su origen. Los artículos encontrados comprenden partes de una antena, cables eléctricos, herramientas, botas, clavos, elementos de batería, alimentos enlatados, municiones y una caja de madera cubierta con una pirámide de piedras. En esta caja se encontraron varias notas en ruso, que datan de visitas posteriores (Torres 2007).

En enero de 1985 se encontró un cráneo humano en la playa Yámana (Torres, 1992) y se determinó que pertenecía a una mujer joven (Constantinescu y Torres, 1995). En enero de 1987 se encontró parte de un fémur humano en la superficie del terreno cercano, en el interior de la playa Yámana. Después de un examen minucioso de la superficie, no se encontraron en esa oportunidad otros restos. No obstante, en enero de 1991 se encontró otra parte de un fémur muy cerca del sitio del hallazgo anterior (1987). En enero de 1993 se realizó un relevamiento arqueológico de la zona pero no se encontraron nuevos restos humanos. Las muestras originales se remontan a los últimos 175 años BP aproximadamente, y se conjeturó que pertenecen a una sola persona (Torres 1999).

Actividades e impacto de los seres humanos

La actividad humana en los tiempos modernos en el cabo Shirreff se ha limitado en gran medida a la ciencia. Durante las tres últimas décadas, la población de lobos finos antárticos en las Islas Shetland del Sur aumentó hasta alcanzar un nivel en el cual el marcado y otros tipos de actividades de investigación podrían llevarse a cabo sin poner en peligro la existencia y el aumento de la población local. En 1965 comenzaron los estudios chilenos en el cabo Shirreff (Aguayo y Torres, 1966, 1967), con un programa más intensivo iniciado por los científicos chilenos en 1982, incluido un programa continuo de marcado de lobos finos antárticos (Cattan *et al.* 1982; Torres 1984; Oliva *et al.* 1987). Varios investigadores estadounidenses han realizado estudios de pinnípedos y aves marinas en el cabo Shirreff y la isla San Telmo desde el período 1986-1987 (Bengtson *et al.* 1990).

Los estudios del CEMP en el cabo Shirreff comenzaron a mediados de los años ochenta, iniciados por científicos chilenos y estadounidenses. En 1994, el cabo Shirreff se designó localidad del CEMP con objeto de lograr su protección contra daños o alteraciones que pudieran afectar de manera negativa el seguimiento del CEMP en el largo plazo. Como parte del CEMP, en estudios a largo plazo, se realizan la evaluación y el seguimiento de la ecología de la alimentación, el crecimiento, la situación, el éxito reproductivo, el comportamiento, las tasas demográficas y la abundancia de pinnípedos y aves marinas que se reproducen en la Zona. Los resultados de estos estudios se compararán con datos ambientales, datos de muestreos realizados frente a la costa y estadísticas de pesquerías con el propósito de detectar posibles relaciones causa-efecto entre las pesquerías de kril y las poblaciones de pinnípedos y aves marinas.

En las campañas de verano correspondientes a las temporadas entre 1998 y 2001 se detectaron anticuerpos brucelares y contra el virus del herpes en muestras de tejidos tomadas de lobos finos antárticos en el cabo Shirreff, y también se detectaron anticuerpos brucelares en tejido de focas de Weddell (Blank *et al.* 1999; Blank *et al.* 2001a y b). En la temporada antártica 2003-2004 se iniciaron estudios sobre la mortalidad debida a enfermedades de los cachorros de lobos finos antárticos (Torres y Valdenegro, 2004). El enteropatogénico *Escherichia coli* (EPEC) se registró en muestras de lobos finos antárticos del cabo Shirreff, y dos de los 33 cachorros muestreados resultaron positivos para el patógeno. Estos hallazgos representaron los primeros informes de EPEC registrados en la fauna silvestre antártica y en pinnípedos, desconociéndose los efectos del patógeno en ella (Hernández *et al.* 2007).

Torres y Gajardo (1985) informaron por primera vez sobre desechos de plástico en el cabo Shirreff, y a partir de 1992 se han realizado de manera sistemática estudios para el seguimiento de los desechos marinos (Torres y Jorquera, 1995). Los desechos continúan siendo un problema en el lugar, y hasta la fecha científicos chilenos han retirado más de 1,5 toneladas de material de la zona (D. Torres, A. Aguayo y J. Acevedo, nota personal, 2010). En estudios recientes se encontró una gran cantidad de artículos, en su mayoría de plástico, pero que incluían también residuos vegetales de embarcaciones, tambores metálicos de petróleo, vainas de escopetas y una antena. Por ejemplo, el relevamiento de la temporada 2000-2001 registró un total de 1774 artículos, casi 98 % de los cuales era de material plástico, y el resto estaba compuesto por vidrio, metal y papel. Es significativo que 34 % de los artículos de plástico encontrados en 2000-2001 fueran correas de embalaje, lo cual representa aproximadamente 589 correas. De estas, 40 estaban sin cortar y otras 48 estaban anudadas a un aro. Muchos de los artículos encontrados en este estudio estaban manchados de petróleo y algunos artículos de plástico estaban parcialmente quemados. En el cabo Shirreff se han observado con frecuencia lobos finos antárticos enredados en desechos marinos (Torres 1990; Hucke-Gaete *et al.* 1997c; Goebel *et al.* 2008, 2009), principalmente en aparejos de pesca tales como cuerdas de nailon, fragmentos de red y correas de embalaje. Entre 1987 y 1997 se tomó nota de 20 lobos finos antárticos con "collares" producto de estos desechos. También se han encontrado fibras plásticas en nidos de gaviotas cocineras y pingüinos de barbijo (Torres y Jorquera, 1992), así como de palomas antárticas (Torres y Jorquera, 1994).

Las aguas que circundan el cabo Shirreff representan una importante zona de pesca de kril. No existe información específica sobre captura en el cabo Shirreff, pero hay estadísticas de pesca publicadas para la subárea estadística 48.1 de la CCRVMA, dentro de la cual se encuentra esta Zona. En 2008-2009, se capturaron 33 970 toneladas de kril antártico (*Euphausia superba*) en la subárea 48.1 en comparación con un promedio de 32 993 toneladas anuales capturadas durante el periodo que va desde 1999-2000 a 2008-2009 (CCRVMA 2010). El 10 de octubre de 2010, la pesca de kril en la subárea 48.1 fue cerrada por el resto de la temporada de pesca 2009-2010 (1º de diciembre 2009 - 30 noviembre 2010) debido a que la captura alcanzó el 99.9 % del límite anual para la subárea (155 000 toneladas). En 2012-2013, 2013-2014 y 2014-2015 (datos provisionales) respectivamente, se capturaron 153 830, 146 191 y 153 946 t, y la actividad pesquera se cerró cada uno de estos años debido a los límites de captura (CCRVMA 2015; 2015b). Las naciones con actividad de pesca de kril registradas dentro de la subárea durante el último tiempo incluyen a Chile, China, Corea, Estados Unidos, Japón, Noruega, Polonia, Ucrania, Uruguay y Vanuatu. La pesca de kril ocurre por lo general entre diciembre y agosto, ocurriendo las capturas más elevadas por lo general entre marzo y mayo. Otras especies capturadas en cantidades muy inferiores incluyeron *Champsocephalus gunnari*, *Champsocephalus gunnari*, *Nototheniops nybelini*, *Notothenia coriiceps*, *Notolepis* spp, *Notothenia gibberifrons*, *Notothenia neglecta*, *Notothenia rossii*, *Pseudochaenichthys georgianus* y *Chaenocephalus aceratus* (CCRVMA 2010).

6 (ii) Acceso a la Zona

Se puede llegar a la Zona en lancha, en aeronave o cruzando el hielo marino en vehículo o a pie.
Históricamente, en las islas Shetland del Sur la formación estacional de hielo marino se produce a comienzos de abril y persiste hasta principios de diciembre, si bien más recientemente estas islas pueden estar libres de hielo todo el año como resultado del calentamiento regional.

No se recomienda el acceso por aire, y las restricciones rigen para todas las rutas y sitios de aterrizaje durante el periodo comprendido entre el 1° de noviembre y el 31 de marzo inclusive. La información correspondiente a estas restricciones se proporcionan en la Sección 7(ii), a continuación, y aquellas relativas a la zona de acceso en helicóptero figuran en la Sección 6(v).

Se identificaron dos radas en las cercanías de la Zona (Mapa 2), y cuando el acceso a la Zona se hace por mar, el desembarco de lanchas debería hacerse a través de una de las ubicaciones definidas en la Sección 7(ii). Los indicadores de estado del mar se hallan por lo general entre 1 y 4 m, y disminuyen a medida que se acerca a la costa o la llanura del cabo Shirreff (Warren *et al.* 2006, 2007).

Cuando las condiciones del hielo marino lo permiten, se puede llegar a la Zona por el hielo marino, a pie o en vehículo. Sin embargo, se permitirá el uso de vehículos dentro de la Zona solamente en la sección costera entre la playa El Módulo y los campamentos chileno y estadounidense, y para seguir la ruta de acceso que se muestra en el Mapa 3 para permitir el reabastecimiento de la cabaña para observación de aves y situaciones de emergencia (véase más información en la Sección 7(ii)).

6(iii) Ubicación de estructuras dentro de la Zona y en sus proximidades

Se ha establecido un campamento semipermanente de investigación que funciona solo en verano en la costa oriental de la península del cabo Shirreff, el que está ubicado en la base del cerro Cóndor (62°28.249' S, 60°46.283' O) (Mapa 3). Las instalaciones del campamento permanecen *in situ* durante todo el año. En 2015, el campamento conocido como Estación de Campaña cabo Shirreff (EE.UU.) consistía en cuatro pequeñas edificaciones y una dependencia (Krause nota personal, 2015). El campamento Dr. Guillermo Mann-Fischer (Chile) está ubicada a unos 50 m del campamento de EE. UU., y está compuesto por una cabaña principal, un laboratorio, un depósito, un iglú hecho de fibra de vidrio, una dependencia y un generador eólico (D. Torres, A. Aguayo y J. Acevedo, nota personal, 2010). El iglú chileno de fibra de vidrio se instaló originalmente en 1990-1991, en tanto el campamento de Estados Unidos fue establecido en 1996-1997. También hay presencia de áreas destinadas a depósito, y en las cercanías se erigen estacionalmente tiendas de campaña según se requiera. En el campamento de EE. UU. se construyó un cobertizo para un vehículo todo terreno (ATV), y una unidad de contención secundaria para uso durante el verano y almacenamiento del ATV durante el invierno. El lugar se seleccionó para que quedara dentro de la planta de la estación actual y para evitar interferir con los desplazamientos de las focas. Como alojamiento adicional para científicos visitantes, se dispone de un "refugio contra el clima" en el cabo Shirreff, y cuando se necesita, este se instala sobre un área de 10 metros al sur del campamento de Estados Unidos.

Dos estaciones meteorológicas automáticas se montaron en el exterior de los edificios actuales en el cabo Shirreff. Hay dos estaciones receptoras remotas que se usan en estudios de seguimiento de focas guardadas dentro de una caja (90x60x100cm) que está ubicada al este del lugar A para el aterrizaje de helicópteros, en las laderas al noreste del cerro Cóndor y al noreste del cerro Toqui (véase el Mapa 3).

En la playa El Módulo, cerca de los campamentos chileno y estadounidense, hay un marcador de límites que informa que la Zona está protegida y que se prohíbe el acceso. Durante la temporada 2015-2016, este letrero necesitaba reparación, y se prevé la instalación de un nuevo letrero durante la temporada 2016-2017 (Krause, nota personal, 2015). Aparte de ese marcador, los límites de la zona protegida no llevan marca alguna.

Cerca de los campamentos de Estados Unidos y Chile se encontraron restos de un campamento que se cree que son de origen ruso. En otras partes de la península se encuentran indicios esporádicos de campamentos de cazadores de focas del siglo XIX (Smith y Simpson, 1987; Torres, 1993; Stehberg y Lucero, 1996). En el cerro Gaviota, en la costa noroeste, se erigió un montículo de piedras (Monumento Histórico n.° 59) a manera de conmemoración de la pérdida de quienes viajaban a bordo de la embarcación San Telmo en 1819 (Mapa 3). En 1998-1999 científicos de Estados Unidos instalaron una cabaña de 5x7 m para la observación de aves y situaciones de emergencia (62°27.653' S, 60°47.404' O) en la ladera septentrional del cerro Enrique, sobre la playa Bahamonde, en las proximidades de las colonias de pingüinos (Mapa 3).

6(iv)   Ubicación de las zonas protegidas en las cercanías

Las zonas protegidas más cercanas al cabo Shirreff son la península Byers (ZAEP n.° 126), localizada aproximadamente a 20 km al sudoeste; Puerto Foster (ZAEP n.° 145, Isla Decepción) y otras partes de la Isla Decepción (ZAEP n.° 140), que se encuentran casi 30 km al sur; y la "bahía Chile" (bahía Discovery) (ZAEP n.° 144), aproximadamente 30 km al este en la isla Greenwich (mapa 1).

6(v)   Áreas especiales al interior de la Zona

Hay un área designada como zona restringida hacia el norte y oeste de la Zona debido a su alta concentración de vida silvestre. Las restricciones rigen sólo para el acceso por aire, y prohíben el sobrevuelo por debajo de 610 m (~2000 pies), a menos que se haya autorizado específicamente por medio de un permiso. La zona restringida está definida como la zona al norte de 62°28' S (Mapa 2), y al oeste de 60°48' O y norte de 62°29' S.

Se definió una zona de acceso en helicóptero (Mapa 2), la cual rige para las aeronaves que ingresen a la Zona y que accedan a los sitios de aterrizaje designados. La zona designada para el acceso de helicópteros se extiende desde el casquete glacial de la isla Livingston, avanzando 1200 m (~ 0,65 mn) hacia el norte desde el borde del hielo permanente a lo largo del perfil de serranía principal de la península hacia el cerro Selknam. La ruta de acceso para helicópteros se extiende luego hacia el este unos 300 m (~0,15 mn) (hacia el sitio B de aterrizaje de helicópteros en paso Ancho y luego unos 400 m (~0,23 mn) más hacia el este hacia la cima del cerro Cóndor, cerca del sitio de aterrizaje de helicópteros. El límite sur de la zona designada para acceso en helicóptero coincide con el límite austral de la Zona.

7.   Condiciones para la expedición de permisos

7(i) Condiciones generales para la expedición de permisos

Se prohíbe el acceso a la Zona excepto con un permiso expedido por una autoridad nacional competente. Las condiciones para la expedición de permisos de ingreso a la Zona son las siguientes:

- sólo con fines de estudios científicos en conexión con el CEMP, o con propósitos científicos, educativos, arqueológicos o históricos convincentes que no puedan realizarse en otro sitio; o
- con fines de gestión indispensables concordantes con los objetivos del Plan de Gestión tales como inspección, mantenimiento o examen;
- las actividades permitidas no deberán poner en peligro los valores ecológicos, científicos, educativos, arqueológicos o históricos de la Zona;
- toda actividad de gestión deberá respaldar los objetivos del Plan de Gestión;
- que las acciones permitidas sean compatibles con el presente Plan de gestión;
- que se lleve el permiso, o una copia de este, dentro de la Zona;
- que se presente un informe de la visita a la autoridad que figure en el permiso;
- que el permiso sea expedido por un período determinado.

7 (ii) Acceso a la Zona y desplazamientos en su interior o sobre ella

Se ingresará a la Zona en lancha, helicóptero, a pie, o en vehículo. Las personas que ingresen a la Zona no pueden transitar a pie más allá de las inmediaciones del lugar de aterrizaje o desembarco, a menos que estén autorizados por medio de un permiso.

Acceso en lancha

El acceso en lancha se realizará en cualquiera de los siguientes lugares (Mapa 2):

1. la costa oriental de la península en la playa El Módulo, 300 m al norte del campamento, donde un canal profundo ofrece un acceso relativamente fácil;

2. el extremo norte de la playa Media Luna, en la costa oriental de la península;

3. el extremo norte de la playa Yámana, en la costa occidental (posible solamente durante la pleamar);

4. y la costa septentrional en la playa Alcázar, cerca de la cabaña para observación de aves y situaciones de emergencia;

5. el extremo sur de la playa septentrional en la isla San Telmo.

Se permite el acceso en lancha por otros lugares de la costa, siempre que sea compatible con los propósitos para los cuales se haya otorgado el permiso. Se han encontrado dos radas cerca de la Zona: 1600 metros al nordeste del campamento principal y aproximadamente 800 metros al norte de la isla San Telmo (Mapa 2). Siempre que sea posible los visitantes deberán evitar el desembarco en lugares donde haya presencia de colonias de pinnípedos o de aves marinas o cerca de la costa.

Acceso y sobrevuelo de aeronaves

Habida cuenta de la presencia generalizada de pinnípedos y aves marinas en la península del cabo Shirreff durante la temporada de cría (1 de noviembre al 31 de marzo), se recomienda enfáticamente evitar el acceso a la Zona por medio de aeronaves. Cuando fuera posible y, de preferencia, se utilizará una lancha para el acceso. Todas las restricciones al acceso por aeronave y al sobrevuelo estipuladas en este plan se aplicarán durante el período que va del 1 de noviembre al 31 de marzo inclusive, cuando las aeronaves pueden volar y aterrizar dentro de la Zona ciñéndose al estricto acatamiento de las siguientes condiciones:

1) Las aeronaves mantendrán una distancia horizontal y vertical de 610 m (~ 2000 pies) de los límites de la Zona Antártica Especialmente Protegida (Mapa 2), a menos que su ingreso se haga en los sitios de aterrizaje designados en la zona destinada a aterrizaje de helicópteros, o hayan sido autorizados expresamente por medio de un permiso;

2) Se prohíbe el sobrevuelo de la Zona restringida por debajo de 610 m (~2000 pies), a menos que se haya autorizado específicamente por medio de un permiso. La zona restringida está definida como la zona al norte de 62°28' S, o al norte de 62°29' S y oeste de 60°48' O (Mapa 2), e incluye las zonas con mayor concentración de vida silvestre;

3) Se permite el aterrizaje de helicópteros en dos lugares designados (Mapa 2). Los lugares para aterrizaje y sus coordenadas son las siguientes:

   (A) en una pequeña superficie plana ~150 m al noroeste de la cima del cerro Cóndor (50 m, o ~150 pies) (60°46.438'O, 62°28.257'S), que es el lugar de aterrizaje preferido para la mayoría de los fines, y

   (B) en la zona plana amplia del paso Ancho (25 m), situado entre el cerro Cóndor y el cerro Selknam (60°46.814'O, 62°28.269'S).

4) La aproximación de aeronaves a la Zona debería seguir en el mayor grado posible la zona de acceso de helicópteros. La ruta designada para la aproximación de helicópteros se extiende desde el casquete glacial de la isla Livingston, avanzando 1200 m (~ 0,65 mn.) hacia el norte desde el borde del hielo permanente a lo largo del perfil de serranía principal de la península hacia el cerro Selknam (50 m, o ~150 pies). La zona designada para el acceso de helicópteros se extiende luego hacia el este unos 300 m (~ 0,15 millas náuticas) hacia paso Ancho, donde está ubicado el sitio de aterrizaje B, y otros 400 m adicionales (~0,23 mn) hacia el este de la cima del cerro Cóndor (elevación - = 50 m, o ~150 pies), cerca del sitio de aterrizaje A. Las aeronaves deberían evitar el sobrevuelo de la cabaña y las zonas de playa en el sector oriental del cerro Cóndor.

5) Los ingresos preferidos hacia la zona designada para el acceso de helicópteros son desde el sur, atravesando el casquete glacial permanente de la isla Livingston, desde el sudoeste en la dirección desde la bahía Barclay y desde el sudeste en la dirección desde la bahía Hero (Mapa 1 y Mapa 2).

6) Las condiciones meteorológicas que suelen prevalecer en el cabo Shirreff consisten en un techo bajo de nubes, especialmente en las proximidades del casquete glacial permanente, lo que puede dificultar la distinción desde el aire de la definición del suelo con nieve y hielo. El personal en el terreno que tal vez informe sobre las condiciones locales antes de la aproximación de la aeronave debe saber que para seguir las directrices para el acceso se necesita como mínimo una base de nubes de 150 m (500 pies) sobre el nivel medio del mar en la zona de aproximación del casquete glacial de la isla Livingston;

7) Se prohíbe el uso de granadas de humo para indicar la dirección del viento en la Zona, salvo que sea absolutamente necesario por razones de seguridad, y toda granada que se use deberá ser retirada.

Acceso y utilización de vehículos

Se podrá ingresar en vehículos por tierra hasta el límite de la Zona. Se podrá ingresar en vehículos sobre hielo marino hasta la costa dentro de la Zona. Se permite el uso de vehículos únicamente sobre el suelo cubierto de nieve:

- en la zona costera entre la playa El Módulo y los campamentos chileno y estadounidense (Mapa 3); y

- para permitir el reabastecimiento anual de la cabaña para observación de aves y situaciones de emergencia, por la ruta designada (véase el Mapa 3), lo que debería hacerse antes del 15 de noviembre durante la temporada, siempre y cuando toda la ruta se encuentre cubierta por nieve a una profundidad de por lo menos 40 cm, a fin de reducir a un mínimo la posibilidad de que se produzcan daños en el suelo y en la vegetación subyacentes (Felix y Raynolds 1989). Debe considerarse con mucha prudencia el traslado hacia la zona después del 15 de noviembre debido a la posibilidad de perturbar a los lobos finos hembras adultos, que suelen llegar al lugar en esa época del año. Cada temporada se permiten solamente dos viajes de reabastecimiento en vehículo hacia la cabaña de emergencia. Debe inspeccionarse la ruta, y cuando se encuentre sin nieve, debe comprobarse cualquier evidencia que indique si el uso de vehículos ha causado daños en la vegetación. Si se observasen daños, se debe suspender el uso de vehículos con fines de reabastecimiento hasta que se haya realizado una revisión de esta norma.

Se prohíbe el uso de vehículos en otros sectores de la Zona.

Acceso a pie y circulación dentro de la Zona

Con la excepción del uso restringido de vehículos descrito anteriormente, el desplazamiento por tierra dentro de la zona deberá hacerse a pie. Está prohibido que los pilotos y la tripulación, u otras personas que lleguen a la Zona en aeronaves, lanchas o vehículos, se desplacen a pie más allá de la cercanía inmediata del sitio de su aterrizaje o de las instalaciones o cabañas, salvo que se haya autorizado especialmente mediante un permiso. Los visitantes deberán desplazarse con cuidado para reducir al mínimo las perturbaciones del suelo, de la flora y de la fauna, caminando sobre terreno nevado o rocoso si es posible, pero con cuidado de no dañar los líquenes. La circulación a pie deberá limitarse al mínimo necesario para alcanzar los objetivos de las actividades permitidas y se deberá hacer todo lo posible para reducir al mínimo los efectos.

7(iii) Actividades que pueden llevarse a cabo dentro de la zona

- Investigaciones científicas que no pongan en peligro los valores de la Zona, en especial aquellos relacionados con el CEMP;
- Actividades indispensables de gestión, incluida la observación;
- Actividades con fines educativos (como documentales fotográficos, de audio o escritos o la producción de recursos o servicios educativos) que no puedan realizarse en otro lugar
- Actividades que tengan por objeto la protección de los recursos históricos al interior de la Zona.
- Investigación arqueológica que no ponga en peligro los valores de la Zona.

7(iv) Instalación, modificación o desmantelamiento de estructuras

- No se podrán erigir estructuras en la Zona excepto por las que se especifiquen en un permiso.
- Las instalaciones principales del campamento se limitarán a la superficie dentro de un radio de 200 m de los campamentos chileno y estadounidense existentes (Mapa 3). Se construirán pequeñas paranzas, casamatas o pantallas temporales para facilitar el estudio científico de la fauna;
- Todas las estructuras, el equipo científico o los señalizadores que se instalen en la Zona deberán estar autorizados en un permiso y llevar claramente el nombre del país, el nombre del investigador principal y el año de su instalación. Todos estos artículos deberán estar confeccionados de materiales que presenten un riesgo mínimo de daño para la fauna o de contaminación de la Zona;
- La instalación (incluyendo la selección del lugar), el mantenimiento, la modificación o desmantelamiento de las estructuras deberá efectuarse de una forma que reduzca a un mínimo la perturbación de la flora y la fauna, preferentemente evitando la temporada de cría principal (1 de noviembre al 1 de marzo);
- El desmantelamiento de estructuras o equipos específicos para los cuales el permiso haya expirado debe ser responsabilidad de la autoridad que haya expedido el permiso original, y debe ser una condición para el otorgamiento del Permiso.

7(v) Ubicación de los campamentos

Se permite acampar a una distancia de 200 m de las instalaciones de los campamentos chileno y estadounidense, en la costa oriental de la península del cabo Shirreff (Mapa 3). Los campamentos temporales destinados al apoyo de los trabajos en terreno en los islotes San Telmo se permiten en el extremo septentrional de la playa Yámana (Mapa 3). Puede utilizarse la cabaña para la observación de aves de Estados Unidos en las laderas septentrionales del cerro Enrique (60°47'28" O, 62°27'41" S) para campamentos nocturnos temporales con fines de investigación, si bien no debe utilizarse para campamentos semipermanentes. Se permite acampar en la isla San Telmo cuando sea necesario para fines congruentes con los objetivos del Plan. La ubicación preferida del campamento es el extremo sur de la playa septentrional de la isla. Se prohíbe acampar en otras partes al interior de la Zona.

7(vi) Restricciones relativas a los materiales y organismos que puedan introducirse en la Zona

- No deben ingresarse en la Zona animales, material vegetal o microorganismos vivos, así como tampoco tierra, en forma deliberada, y se deben tomar las precauciones indicadas a continuación para evitar su introducción accidental;
- A fin de mantener los valores ecológicos y científicos de la Zona los visitantes deben tener precauciones especiales relativas a cualquier tipo de introducciones. Causa especial preocupación la introducción de agentes patógenos, microbios, invertebrados o plantas provenientes de otros lugares de la Antártida, incluidas las estaciones, o de regiones fuera de la Antártida. Los visitantes deberán cerciorarse de que el equipo de muestreo y los marcadores llevados a la Zona estén limpios. En la medida de lo posible, antes de ingresar en la Zona se deberá limpiar minuciosamente el calzado y demás equipos que se usen en la Zona o que se lleve a esta (incluidas las mochilas, los bolsos y las tiendas de campaña);
- Las aves de corral preparadas deberán estar libres de toda enfermedad o infección antes de ser enviadas a la Zona. Si se introducen en la Zona como alimento, toda parte o desecho de estas aves deberá retirarse de la Zona en su totalidad, e incinerarse o hervirse el tiempo suficiente para eliminar cualquier bacteria o virus que pueda causar infecciones;
- No se podrán llevar herbicidas o plaguicidas a la Zona.
- Cualquier otro producto químico, incluidos radionúclidos o isótopos estables, que se introduzca con los fines científicos o de gestión especificados en el permiso deberá ser retirado de la Zona cuando concluya la actividad para la cual se haya expedido el permiso o con anterioridad;
- No se deberá almacenar combustibles, alimentos u otros materiales en la Zona, salvo que esté autorizado en el permiso con fines científicos o de gestión determinados;
- Todos los materiales introducidos en la Zona podrán permanecer allí durante un período expreso únicamente, deberán ser retirados a más tardar cuando concluya dicho período y deberán ser almacenados y manipulados con métodos que reduzcan al mínimo el riesgo de introducción en el medio ambiente.

- Si se produce alguna fuga que pueda arriesgar los valores de la Zona, se recomienda extraer el material únicamente si es improbable que el impacto de dicho retiro sea mayor que el de dejar el material *in situ*.

7(vii) Recolección de flora y fauna autóctonas o su alteración perjudicial

Se prohíbe la toma de ejemplares de la flora o la fauna autóctonas y la intromisión perjudicial en ellas, excepto con un permiso especial en conformidad con el Artículo 3 del Anexo II otorgado específicamente para ese propósito por la autoridad nacional correspondiente. Se deberá consultar con los programas de investigación del CEMP que se estén llevando a cabo en la Zona antes de que se otorguen otros Permisos para la recolección o interferencia perjudicial de animales.

7(viii) Recolección o traslado de materiales que el titular del permiso no haya llevado a la Zona

- Se podrá recolectar o retirar material de la Zona únicamente de conformidad con un permiso, y dicho material deberá limitarse al mínimo necesario para fines de índole científica o de gestión.
- Otros materiales de origen humano susceptibles de comprometer los valores de la Zona y que no hayan sido ingresados a esta por el Titular del Permiso, y que claramente no posean valor histórico, o que no estén comprendidos en otro tipo de autorización, podrán ser retirados salvo que el impacto de su extracción probablemente sea mayor que el efecto de dejar el material *in situ*: En tal caso, se deberá informar a las autoridades nacionales pertinentes.
- No debe alterarse, dañarse, eliminarse, ni destruirse ningún material que tenga probablemente valores arqueológicos, históricos o patrimoniales importantes. Todos esos artefactos deben registrarse y ser derivados a la autoridad correspondiente para que se decida sobre su conservación o retiro. La reubicación o retiro de artefactos con fines de preservación, protección o con objeto de restablecer la exactitud histórica se permite sólo mediante autorización.
- Se deberá notificar a la autoridad pertinente sobre cualquier cosa que se retire de la Zona que no haya sido introducida por el titular del permiso.

7(ix) Eliminación de desechos

Todos los desechos deberán ser retirados de la Zona, con excepción de los desechos humanos, que podrán retirarse de la Zona o verterse en el mar.

7(x) Medidas que puedan requerirse para garantizar el continuo cumplimiento de los objetivos del Plan de Gestión

1) Se podrán conceder permisos para acceder a la Zona con la finalidad de realizar actividades de seguimiento biológico y de inspección de la Zona que abarquen la recogida de muestras para su análisis o examen o tomar medidas de protección.
2) Todo sitio que se utilice para actividades de vigilancia a largo plazo, y que sea vulnerable a perturbaciones accidentales, deberá estar debidamente marcado.
3) Antes de iniciar su trabajo, y para evitar la interferencia con las actividades de investigación y vigilancia de largo plazo o la posible repetición de los esfuerzos, las personas que planifican nuevos proyectos dentro de la Zona deberían consultar con los programas establecidos que operan en el cabo Shirreff, como por ejemplo, los de Chile y Estados Unidos.
4) Considerando el hecho de que el muestreo geológico representa un impacto permanente y acumulativo, los visitantes que tomen muestras geológicas de la Zona deberán llenar un registro que describa el tipo geológico, la cantidad y el lugar de las muestras tomadas, el cual deberá como mínimo depositarse en el Centro Nacional de Datos Antárticos o el Directorio Maestro Antártico.

7(xi) Requisitos relativos a los informes

- Las Partes deberán cerciorarse de que el titular principal de cada permiso expedido presente a la autoridad pertinente un informe en el cual se describan las actividades realizadas. Dichos informes deberán incluir, según corresponda, la información señalada en el formulario de informe de la visita contenido en la Guía para la Preparación de Planes de Gestión para las Zonas Antárticas Especialmente Protegidas.

- Las Partes deberán llevar un registro de dichas actividades y, en el intercambio anual de información, deberán presentar descripciones resumidas de las actividades realizadas por las personas bajo su jurisdicción, y estos deben ser lo suficientemente pormenorizados como para que se pueda evaluar la eficacia del Plan de gestión. Siempre que sea posible, las Partes deberían depositar los originales de los mencionados informes originales, o una copia de estos, en un archivo de acceso público a fin de mantener un registro del uso, para fines de revisión del Plan de Gestión y también para fines de la organización del uso científico de la Zona.

- En los casos en que ello no estuviera incluido en el permiso, se debería avisar a las autoridades pertinentes sobre toda actividad realizada, medida adoptada o material vertido que no se haya retirado.

8. Documentación de apoyo

Acevedo, J., Vallejos, V., Vargas, R., Torres, J.P. & Torres, D. 2002. Informe científico. ECA XXXVIII (2001/2002). Proyecto INACH 018 "Estudios ecológicos sobre el lobo fino antártico, Arctocephalus gazella", cabo Shirreff, isla Livingston, Shetland del Sur, Antártica. Ministerio de Relaciones Exteriores, Instituto Antártico Chileno. N° Ingreso 642/710, 11.ABR.2002.

Acevedo, J., Aguayo-Lobo, A. & Torres, D. 2009a. Albino Weddell seal at Cape Shirreff, Livingston Island, Antarctica. Polar Biology 32(8):1239-43.

Acevedo, J., Aguayo-Lobo, A. & Torres, D. 2009b. Rare piebald and partially leucistic Antarctic fur seals, Arctocephalus gazella, at Cape Shirreff, Livingston Island, Antarctica. Polar Biology 32:831. 41-45.

Agnew, A.J. 1997. Review: the CCAMLR Ecosystem Monitoring Programme. Ciencia antártica 9(3): 235-242.

Puri, A., 1978. The present status of the Antarctic fur seal Arctocephalus gazella at the South Shetland Islands. Polar Record 19, 44 167-176.

Aguayo, A. & Torres, D. 1966. A first census of Pinnipedia in the South Shetland Islands and other observations on marine mammals. In: SCAR / SCOR / IAPO / IUBS Symposium on Antarctic Oceanography, Santiago, Chile, 13-16 September 1966, Section 4: Coastal Waters: 166-168.

Aguayo, A. & Torres, D. 1967. Observaciones sobre mamíferos marinos durante la Vigésima Comisión Antártica Chilena. Primer censo de pinípedos en las Islas Shetland del Sur. Revta. Biol. Mar., 13(1): 1-57.

Aguayo, A. & Torres, D. 1993. Análisis de los censos de Arctocephalus gazella efectuados en el Sitio de Especial Interés Científico No. 32, isla Livingston, Antártica. Serie Científica Instituto Antártico Chileno 43: 87-91.

Antolos, M., Miller, A.K. & Trivelpiece, W.Z. 2004. Seabird research at Cape Shirreff, Livingston Island, Antarctica 2003-2004. In Lipsky, J. (ed.) AMLR (Antarctic Marine Living Resources) 2003-2004 Field Season Report, Ch. 7. Antarctic Ecosystem Research Division, Southwest Fisheries Science Center, La Jolla, California.

Bengston, J.L., Ferm, L.M., Härkönen, T.J. & Stewart, B.S. 1990. Abundance of Antarctic fur seals in the South Shetland Islands, Antarctica, during the 1986/87 austral summer. In: Kerry, K. and Hempel, G. (Eds). Proceedings of the Third SCAR Symposium on Antarctic Biology. Springer-Verlag, Berlin: 265-270.

Blank, O., Retamal, P., Torres D. & Abalos, P. 1999. First record of Brucella spp. antibodies in Arctocephalus gazella and Leptonychotes weddelli from Cape Shirreff, Livingston Island, Antarctica. (SC-CAMLR-XVIII/BG/17.) CCAMLR Scientific Abstracts 5.

Blank, O., Retamal, P., Abalos, P. & Torres, D. 2001a. Additional data on anti-Brucella antibodies in Arctocephalus gazella from Cape Shirreff, Livingston Island, Antarctica. CCAMLR Science 8: 147-154.

Blank, O., Montt, J.M., Celedón M. & Torres, D. 2001b. Herpes virus antibodies in Arctocephalus gazella from Cape Shirreff, Livingston Island, Antarctica. WG-EMM- 01/59.

Bonin, C.A., Goebel, M.E., O'Corry-Crowe, G.M., & Burton, R.S. 2012. Twins or not? Genetic analysis of putative twins in Antarctic fur seals, Arctocephalus gazella, on the South Shetland Islands. Journal of Experimental Marine Biology and Ecology 412: 13–19. doi:10.1016/j.jembe.2011.10.010

Bonin, C.A., Goebel, M.E., Forcada, J., Burton, R.S., & Hoffman, J.I. 2013. Unexpected genetic differentiation between recently recolonized populations of a long-lived and highly vagile marine mammal. Ecology and Evolution: 3701–3712. doi:10.1002/ece3.732

Bonner, W.N. Smith, R.I.L., 1984c. (eds. 1985. Conservation areas in the Antarctic. SCAR, Cambridge. 59-63.

Carten, T.M., Taft, M., Trivelpiece W.Z. & Holt, R.S. 2001. Seabird research at Cape Shirreff, Livingston Island, Antarctica, 1999/2000. In Lipsky, J. (ed.) AMLR (Antarctic Marine Living Resources) 1999-2000 Field Season Report, Ch. 7. Antarctic Ecosystem Research Division, Southwest Fisheries Science Center, La Jolla, California.

Cattan, P., Yánez, J., Torres, D., Gajardo, M. & Cárdenas, J. 1982. Censo, marcaje y estructura poblacional del lobo fino antártico Arctocephalus gazella (Peters, 1875) en las islas Shetland del Sur, Chile. Serie Científica Instituto Antártico Chileno 29: 31-38.

PNC, 1997. Management plan for the protection of Cape Shirreff and the San Telmo Islands, South Shetland Islands, as a site included in the CCAMLR Ecosystem Monitoring Program. In: Schedule of Conservation Measures in force 1996/97 season. 51-64.

PNC, 2010. IGY Bulletin 22: 2000-2009. CCRVMA, Hobart, Australia.

PNC, 2015. CCAMLR Statistical Bulletin 27. CCRVMA, Hobart, Australia.

MOST 2015b. Informe de la Vigésima Octava Reunión del Comité para la Hobart, Australia 19 -30 226 2015 CCAMLR, Hobart,

Chisholm, S.E., Pietrzak, K.W., Miller, A.K. & Trivelpiece, W.Z. 2008. Seabird research at Cape Shirreff, Livingston Island, Antarctica 2007-2008. In Van Cise, A.M. (ed.) AMLR (Antarctic Marine Living Resources) 2007-2008 Field Season Report, Ch. 5. Antarctic Ecosystem Research Division, Southwest Fisheries Science Center, La Jolla, California.

Constantinescu, F. & Torres, D. 1995. Análisis bioantropológico de un cráneo humano hallado en cabo Shirreff, isla Livingston, Antártica. Ser. Cient. PARTE 45: 89-99.

Cox, M.J., Demer, D.A., Warren, J.D., Cutter, G.R. & Brierley, A.S. 2009. Multibeam echosounder observations reveal interactions between Antarctic krill and air-breathing predators. Marine Ecology Progress Series, 262, 19378. 199-209.

Croxall, J.P. & Kirkwood, E.D. 1979. *The distribution of penguins on the Antarctic Peninsula and the islands of the Scotia Sea.* British Antarctic Survey, Cambridge, Reino Unido

Everett, K.R. 1971. Observations on the glacial history of Livingston Island. *Arctic* 24 (1): 41-50.

Felix, N.A. & Raynolds, M.K. 1989. The role of snow cover in limiting surface disturbance caused by winter seismic exploration. *Arctic* 42(1): 62-68.

Fildes, R. 1821. A journal of a voyage from Liverpool towards New South Shetland on a sealing and sea elephant adventure kept on board Brig Robert of Liverpool, Robert Fildes, 13 August - 26 December 1821. MS 101/1, Scott Polar Research Institute, Cambridge.

Goebel, M.E., Rutishauser, M., Parker, B., Banks, A., Costa, D.P., Gales, N. & Holt, R.S. 2001a. Pinniped research at Cape Shirreff, Livingston Island, Antarctica, 1999/2000. In Lipsky, J. (ed.) AMLR (Antarctic Marine Living Resources) 1999-2000 Field Season Report, Ch. 8. Antarctic Ecosystem Research Division, Southwest Fisheries Science Center, La Jolla, California.

Goebel, M.E., Parker, B., Banks, A., Costa, D.P., Pister, B. & Holt, R.S. 2001b. Pinniped research at Cape Shirreff, Livingston Island, Antarctica, 2000/2001. In Lipsky, J. (ed.) AMLR (Antarctic Marine Living Resources) 2000-01 Field Season Report, Ch. 8. Antarctic Ecosystem Research Division, Southwest Fisheries Science Center, La Jolla, California.

Goebel, M.E., McDonald, B.I., Freeman, S., Haner, R., Spear, N. & Sexton, S. 2008. Pinniped Research at Cape Shirreff, Livingston Island, 2008/09. AMLR 2007-2008 Field Season Report. Objectives, Accomplishments and Tentative Conclusions. Southwest Fisheries Science Center Antarctic Ecosystem Research Group. La Jolla, California

Goebel, M.E., Krause, D., Freeman, S., Burner, R., Bonin, C., Vasquez del Mercado, R., Van Cise, A.M. & Gafney, J. 2009. Pinniped Research at Cape Shirreff, Livingston Island, Antarctica, 2008/09. AMLR 2008-2009 Field Season Report. Objectives, Accomplishments and Tentative Conclusions. Southwest Fisheries Science Center Antarctic Ecosystem Research Group. La Jolla, California

Goebel, M.E., Burner, R., Buchheit, R., Pussini, N., Krause, D., Bonin, C., Vasquez del Mercado, R. & Van Cise, A.M. 2011. Pinniped Research at Cape Shirreff, Livingston Island, Antarctica. In Van Cise, A.M. (ed.) AMLR (Antarctic Marine Living Resources) 2009-2010 Field Season Report, Ch. 6. Antarctic Ecosystem Research Division, Southwest Fisheries Science Center, La Jolla, California.

Goebel, M.E., Pussini, N., Buchheit, R., Pietrzak, K., Krause, D., Van Cise, A.M. & Walsh, J. 2014. Pinniped Research at Cape Shirreff, Livingston Island, Antarctica. In Walsh, J.G. (ed.) AMLR (Antarctic Marine Living Resources) 2010-2011 Field Season Report, Ch. 8. Antarctic Ecosystem Research Division, Southwest Fisheries Science Center, La Jolla, California.

Goebel, M.E., Perryman, W.L., Hinke, J.T., Krause, D.J., Hann, N.A., Gardner, S., & LeRoi, D.J. 2015. A small unmanned aerial system for estimating abundance and size of Antarctic predators. Polar Biology 38: 619-30.

Garcia, M., Aguayo, A. & Torres, D. 1995. Aspectos conductuales de los machos de lobo fino antártico, *Arctocephalus gazella* en cabo Shirreff, isla Livingston, Antártica, durante la fase de apareamiento. *Serie Científica Instituto Antártico Chileno* 45: 101-112.

Harris, C.M. 2001. Revision of management plans for Antarctic protected areas originally proposed by the United States of America and the United Kingdom: Field visit report. Field visit report. Internal report for the National Science Foundation, US, and the Foreign and Commonwealth Office, UK. Environmental Research and Assessment, Cambridge.

Headland, R. 1989. *Chronological list of Antarctic expeditions and related historical events.* Cambridge University Press, Cambridge.

Heap, J. (ed.) 1994. *Manual del Sistema del Tratado Antártico* 8th Edn. U.S. Department of State, Washington.

Hobbs, G.J. 1968. The geology of the South Shetland Islands (La geología de las islas Shetland del Sur): V. IV The geology of Livingston Island. British Antarctic Survey Scientific Report 47.

Henadez, J., Prado, V., Torres, D., Waldenström, J., Haemig, P.D. & Olsen, B. 2007. Enteropathogenic *Escherichia coli* (EPEC) in Antarctic fur seals *Arctocephalus gazella.* Polar Biology 30(10):1227-29.

Hewitt, R.P., Kim, S., Naganobu, M., Gutierrez, M., Kang, D., Taka, Y., Quinones, J., Lee Y.-H, Shin, H.-C., Kawaguchi, S., Emery, J.H., Demer, D.A. & Loeb, V.J. 2004. Variation in the biomass density and demography of Antarctic krill in the vicinity of the South Shetland Islands during the 1999/2000 austral summer. Deep-Sea Research II 51: 1411-1419.

Hinke, J.T., Salwicka, K., Trivelpiece, S.G., Watters, S.G., & Trivelpiece, W.Z. 2007. Divergent responses of *Pygoscelis* penguins reveal a common environmental driver. Oecologia 153: 845-855.

Hucke-Gaete, R., Acevedo, J., Osman, L., Vargas, R., Blank, O. & Torres, D. 2001. Informe científico. ECA XXXVII (2000/2001). Proyecto 018 "Estudios ecológicos sobre el lobo fino antártico, Arctocephalus gazella", cabo Shirreff, isla Livingston, Shetland del Sur, Antártica.

Hucke-Gaete, R., Torres, D., Aguayo, A. & Vallejos, V. 1998. Decline of Arctocephalus gazella population at SSSI No. 32, South Shetlands, Antarctica (1997/98 season): a discussion of possible causes. WG-EMM-9817. August 1998. Kochin. 10 16-19)

Hucke-Gaete, R, Torres, D. & Vallejos, V. 1997a. Population size and distribution of *Pygoscelis antarctica* and *P. papua* at Cape Shirreff, Livingston Island, Antarctica (1996/97 Season). CCAMLR WG-EMM-97/62.

Hucke-Gaete, R, Torres, D., Vallejos, V. & Aguayo, A. 1997b. Population size and distribution of *Arctocephalus gazella* at SSSI No. 32, Livingston Island, Antarctica (1996/97 Season). CCAMLR WG-EMM-97/62.

Hucke-Gaete, R, Torres, D. & Vallejos, V. 1997c. Entanglement of Antarctic fur seals, *Arctocephalus gazella*, by marine debris at Cape Shirreff and San Telmo Islets, Livingston Island, Antarctica: 1998-1997. *Serie Científica Instituto Antártico Chileno* 47: 123-135.

Hucke-Gaete, R., Osman, L.P., Moreno, C.A. & Torres, D. 2004. Examining natural population growth from near extinction: the case of the Antarctic fur seal at the South Shetlands, Antarctica. Polar Biology 27:835. 304-311)

Huckstadt, L., Costa, D. P., McDonald, B. I., Tremblay, Y., Crocker, D. E., Goebel, M. E. & Fedak, M. E. 2006. Habitat Selection and Foraging Behavior of Southern Elephant Seals in the Western Antarctic Peninsula. American Geophysical Union, Fall Meeting 2006, abstract #OS33A-1684.

INACH (Instituto Antártico Chileno) 2010. Chilean Antarctic Program of Scientific Research 2009-2010. Chilean Antarctic Institute Research Projects Department. Santiago, Chile.

Kawaguchi, S., Nicol, S., Taki, K. & Naganobu, M. 2006. Fishing ground selection in the Antarctic krill fishery: Trends in patterns across years, seasons and nations. *CCAMLR Science*, 13: 117-141.

Krause, D. J., Goebel, M. E., Marshall, G. J., & Abernathy, K. (2015). Novel foraging strategies observed in a grow ing leopard seal (*Hydrurga leptonyx*) population at Livingston Island, Antarctic Peninsula. *Animal Biotelemetry*, **3**:24.

Krause, D.J., Goebel, M.E., Marshall. G.J. & Abernathy, K. *In Press*. Summer diving and haul-out behavior of leopard seals (*Hydrurga leptonyx*) near mesopredator breeding colonies at Livingston Island, Antarctic Peninsula. *Marine Mammal Science*.Leppe, M., Fernandoy, F., Palma-Heldt, S. & Moisan, P 2004. Flora mesozoica en los depósitos morrénicos de cabo Shirreff, isla Livingston, Shetland del Sur, Península Antártica, in Actas del 10° Congreso Geológico Chileno. CD-ROM. Resumen Expandido, 4pp. Universidad de Concepción. Concepción. Chile*

Leung, E.S.W., Orben, R.A. & Trivelpiece, W.Z. 2006. Seabird research at Cape Shirreff, Livingston Island, Antarctica 2005-2006. In Lipsky, J. (ed.) AMLR (Antarctic Marine Living Resources) 2005-2006 Field Season Report, Ch. 9. Antarctic Ecosystem Research Division, Southw est Fisheries Science Center, La Jolla, California.

McDonald, B.I., Goebel, M.E., Crocker, D.E., & Costa, D.P. 2012a. Dynamic influence of maternal and pup traits on maternal care during lactation in an income breeder, the Antarctic fur seal. *Physiological and Biochemical Zoology* **85**(3):000-000.

McDonald, B.I., Goebel, M.E., Crocker, D.E. & Costa, D.P. 2012. Biological and environmental drivers of energy allocation in a dependent mammal, the Antarctic fur seal. *Physiological and Biochemical Zoology* **85**(2):134-47.

Miller, A.K., Leung, E.S.W. & Trivelpiece, W.Z. 2005. Seabird research at Cape Shirreff, Livingston Island, Antarctica 2004-2005. In Lipsky, J. (ed.) AMLR (Antarctic Marine Living Resources) 2004-2005 Field Season Report, Ch. 7. Antarctic Ecosystem Research Division, Southw est Fisheries Science Center, La Jolla, California.

Miller, A.K. & Trivelpiece, W.Z. 2007. Cycles of *Euphausia superba* recruitment evident in the diet of Pygoscelid penguins and net trawls in the South Shetland Islands, Antarctica. Polar Biology 30(12):1615-1623.

Miller, A.K. & Trivelpiece, W.Z. 2008. Chinstrap penguins alter foraging and diving behavior in response to the size of their principle prey, Antarctic krill. *Marine Biology* **154**: 201-208.

Miller, A.K., Karnovsky, N.J. & Trivelpiece, W.Z. 2008. Flexible foraging strategies of gentoo penguins *Pygoscelis papua* over 5 years in the South Shetland Islands, Antarctica. *Marine Biology* **156**: 2527-2537.

Mudge, M.L., Larned, A., Hinke, J. & Trivelpiece, W.Z. 2014. Seabird research at Cape Shirreff, Livingston Island, Antarctica 2010-2011. In Walsh, J.G. (ed.) AMLR (Antarctic Marine Living Resources) 2010-2011 Field Season Report, Ch. 7. Antarctic Ecosystem Research Division, Southw est Fisheries Science Center, La Jolla, California.

O'Gorman, F.A. 1961. Fur seals breeding in the Falkland Islands Dependencies. *Nature* **192**: 914-16.

O'Gorman, F.A. 1963. The return of the Antarctic fur seal. *New Scientist* **20**: 374-76.

Olavarría, C., Coria, N., Schlatter, R., Hucke-Gaete, R., Vallejos, V., Godoy, C., Torres D. & Aguayo, A. 1999. Cisnes de cuello negro, *Cygnus melanocoripha* (Molina, 1782) en el área de las islas Shetland del Sur y península Antártica. *Serie Científica Instituto Antártico Chileno* **49**: 79-87.

Oliva, D., Durán, R, Gajardo, M. & Torres, D. 1987. Numerical changes in the population of the Antarctic fur seal *Arctocephalus gazella* at tw o localities of the South Shetland Islands. *Serie Científica Instituto Antártico Chileno* **36**: 135-144.

Oliva, D., Durán, R, Gajardo, M. & Torres, D. 1988. Population structure and harem size groups of the Antarctic fur seal *Arctocephalus gazella* Cape Shirreff, Livingston Island, South Shetland Islands. Meeting of the SCAR Group of Specialists on Seals, Hobart, Tasmania, Australia. *Biomass Report Series* 59: 39.

Orben, R.A., Chisholm, S.E., Miller, S.K. & Trivelpiece, W.Z. 2007. Seabird research at Cape Shirreff, Livingston Island, Antarctica 2006-2007. In Lipsky, J. (ed.) AMLR (Antarctic Marine Living Resources) 2006-2007 Field Season Report, Ch. 7. Antarctic Ecosystem Research Division, Southw est Fisheries Science Center, La Jolla, California.

Osman, L.P., Hucke-Gaete, R, Moreno, C.A., & Torres, D. 2004. Feeding ecology of Antarctic fur seals at Cape Shirreff, South Shetlands, Antarctica. Polar Biology 27:832. 92-98.

Palma-Heldt, S., Fernandoy, F., Quezada, I. & Leppe, M 2004. Registro Palinológico de cabo Shirreff, isla Livingston, nueva localidad para el Mesozoico de Las Shetland del Sur, in V Simposio Argentino y I Latinoamericano sobre Investigaciones Antárticas CD-ROM. Resumen Expandido N° 104GP. Buenos Aires, Argentina.

Palma-Heldt, S., Fernandoy, F., Henríquez, G. & Leppe, M 2007. Isla Livingston, Islas Shetland del Sur Contribution to the understanding of the evolution of the southern Pacific Gondw ana margin. U.S. Geological Survey and The National Academies; USGS OF-2007-1047, Extended Abstract 100.

Pietrzak, K.W., Breeden, J.H, Miller, A.K & Trivelpiece, W.Z. 2009. Seabird research at Cape Shirreff, Livingston Island, Antarctica 2008-2009. In Van Cise, A.M. (ed.) AMLR (Antarctic Marine Living Resources) 2008-2009 Field Season Report, Ch. 6. Antarctic Ecosystem Research Division, Southw est Fisheries Science Center, La Jolla, California.

Pietrzak, K.W., Mudge, M.L. & Trivelpiece, W.Z. 2011. Seabird research at Cape Shirreff, Livingston Island, Antarctica 2009-2010. In Van Cise, A.M. (ed.) AMLR (Antarctic Marine Living Resources) 2009-2010 Field Season Report, Ch. 5. Antarctic Ecosystem Research Division, Southw est Fisheries Science Center, La Jolla, California.Pinochet de la Barra, O. 1991. El misterio del "San Telmo". ¿Náufragos españoles pisaron por primera vez la Antártida? *Revista Historia* (Madrid), **16** (18): 31-36.

Polito, M.J., Trivelpiece, W.Z., Patterson, W.P., Karnovsky, N.J., Reiss, C.S., & Emslie, S.D. 2015. Contrasting specialist and generalist patterns facilitate foraging niche partitioning in sympatric populations of Pygoscelis penguins. Marine Ecology Progress Series, 262, 19519. 221-37.

Reid, K., Jessop, M.J., Barrett, M.S., Kaw aguchi, S., Siegel, V. & Goebel, M.E. 2004. Widening the net: spatio-temporal variability in the krill population structure across the Scotia Sea. *Deep-Sea Research* II **51**: 1275-1287)

Reiss, C. S., Cossio, A. M, Loeb, V. & Demer, D. A. 2008. Variations in the biomass of Antarctic krill (Euphausia superba) around the South Shetland Islands, 1996–2006. *ICES Journal of Marine Science* **65**: 497-508.

Sallaberry, M. & Schlatter, R. 1983. Estimacíon del número de pingüinos en el Archipiélago de las Shetland del Sur. *Serie Científica Instituto Antártico Chileno* **30**: 87-91.

Saxer, I.M, Scheffler, D.A. & Trivelpiece, W.Z. 2003. Seabird research at Cape Shirreff, Livingston Island, Antarctica 2001-2002. In Lipsky, J. (ed.) AMLR (Antarctic Marine Living Resources) 2001-2002 Field Season Report, Ch. 6. Antarctic Ecosystem Research Division, Southw est Fisheries Science Center, La Jolla, California.

Schw arz, L.K, Goebel, M.E., Costa, D.P., & Kilpatrick, A.M. 2013. Top-dow n and bottom-up influences on demographic rates of Antarctic fur seals Arctocephalus gazella. Journal of Animal Ecology 82: 5454. 903-11.

Shill, L.F., Antolos, M. & Trivelpiece, W.Z. 2003. Seabird research at Cape Shirreff, Livingston Island, Antarctica 2002-2003. In Lipsky, J. (ed.) AMLR (Antarctic Marine Living Resources) 2002-2003 Field Season Report, Ch. 8. Antarctic Ecosystem Research Division, Southwest Fisheries Science Center, La Jolla, California.

Smellie, J.L., Pallàs, R.M., Sàbata, F. & Zheng, X. 1996. Age and correlation of volcanism in central Livingston Island, South Shetland Islands: K-Ar and geochemical constraints. *Journal of South American Earth Sciences* **9** (3/4): 265-272.

Smith, R.I.L., 1984c. & Simpson, H.W. 1987. Early Nineteenth Century sealers' refuges on Livingston Island, South Shetland Islands. British Antarctic Survey Bulletin, 74: 81-91. 49-72.

Stehberg, R. & V. Lucero, 1996. Excavaciones arqueológicas en playa Yámana, cabo Shirreff, isla Livingston, Shetland del Sur, Antártica. *Serie Científica Instituto Antártico Chileno* 46: 59-81.

Taft, M.R., Saxer, I.M. & Trivelpiece W.Z 2001. Seabird research at Cape Shirreff, Livingston Island, Antarctica, 2000/2001. In Lipsky, J. (ed.) AMLR (Antarctic Marine Living Resources) 2000-01 Field Season Report, Ch. 7. Antarctic Ecosystem Research Division, Southwest Fisheries Science Center, La Jolla, California.

Torres, D. 1984. Síntesis de actividades, resultados y proyecciones de las investigaciones chilenas sobre pinípedos antarcticos. *Boletín Antártico Chileno* **4**(1): 33-34.

Torres, D. 1990. Collares plásticos en lobos finos antárticos: Otra evidencia de contaminación. *Boletín Antártico Chileno* **10** (1): 20-22.

Torres, D. 1992. ¿Cráneo indígena en cabo Shirreff? Un estudio en desarrollo. *Boletín Antártico Chileno* **11** (2): 2-6.

Torres, D. 1994. Synthesis of CEMP activities carried out at Cape Shirreff. Report to CCAMLR WG-CEMP 94/28.

Torres, D. 1995. Antecedentes y proyecciones científicas de los estudios en el SEIC No. 32 y Sitio CEMP «Cabo Shirreff e islotes San Telmo», isla Livingston, Antártica. *Serie Científica Instituto Antártico Chileno* **45**: 143-169.

Torres, D. 1999. Observations on ca. 175-Year Old Human Remains from Antarctica (Cape Shirreff, Livingston Island, South Shetlands). *International Journal of Circumpolar Health* **58**: 72-83.

Torres. 2007 Evidencias del uso de armas de fuego en cabo Shirreff. *Boletín Antártico Chileno*, **26** (2): 22.

Torres, D. & Aguayo, A. 1993. Impacto antrópico en cabo Shirreff, isla Livingston, Antártica. *Serie Científica Instituto Antártico Chileno* **43**: 93-108.

Torres, D. & Gajardo, M. 1985. Información preliminar sobre desechos plásticos hallados en cabo Shirreff, isla Livingston, Shetland del Sur, Chile. *Boletín Antártico Chileno* **5**(2): 12-13.

Torres, D. & Jorquera, D. 1992. Analysis of Marine Debris found at Cape Shirreff, Livingston Island, South Shetlands, Antarctica. SC-CAMLR/BG/7, 12 pp. CCAMLR, Hobart, Australia.

Torres, D. & Jorquera, D. 1994. Marine Debris Collected at Cape Shirreff, Livingston Island, during the Antarctic Season 1993/94. CCMALR-XIII/BG/17, 10 pp. 18 October 1994. Hobart, Australia

Torres, D. & Jorquera, D. 1995. Línea de base para el seguimiento de los desechos marinos en cabo Shirreff, isla Livingston, Antártica. *Serie Científica Instituto Antártico Chileno* **45**: 131-141.

Torres, D., Jaña, R., Encina, L. & Vicuña, P. 2001. Cartografía digital de cabo Shirreff, isla Livingston, Antártica: un avance importante. *Boletín Antártico Chileno* **20** (2): 4-6.

Torres, D.E & Valdenegro V. 2004. Nuevos registros de mortalidad y necropsias de cachorros de lobo fino antártico, Arctocephalus gazella, en cabo Shirreff, Isla Livingston, Antártica. *Boletín Antártico Chileno* **23** (1).

Torres, D., Vallejos, V., Acevedo, J., Hucke-Gaete, R. & Zarate, S. 1998. Registros biologicos atípico en cabo Shirreff, isla Livingston, Antártica. *Boletín Antártico Chileno* **17** (1): 17-19.

Torres, D., Vallejos, V., Acevedo, J., Blank, O., Hucke-Gaete, R. & Tirado, S. 1999. Actividades realizadas en cabo Shirreff, isla Livingston, en temporada 1998/99. *Boletín Antártico Chileno* **18** (1): 29-32.

Torres, T. 1993. Primer hallazgo de madera fósil en cabo Shirreff, isla Livingston, Antártica. *Serie Científica Instituto Antártico Chileno* **43**: 31-39.

Torres, D., Acevedo, J., Torres, D.E., Vargas, R., & Aguayo-Lobo, A. 2012. Vagrant Subantarctic fur seal at Cape Shirreff, Livingston Island, Antarctica. Polar Biology 35:833. 469-473.

Tufft, R. 1958. Preliminary biology report Livingston Island summer survey. Unpublished British Antarctic Survey report, BAS Archives Ref. AD6/2D/1957/N2.

U.S. AMLR 2008. AMLR 2007-2008 Field Season Report. Objectives, Accomplishments and Tentative Conclusions. Southwest Fisheries Science Center Antarctic Ecosystem Research Group. October 2008.

U.S. AMLR 2009. AMLR 2008-2009 Field Season Report. Objectives, Accomplishments and Tentative Conclusions. Southwest Fisheries Science Center Antarctic Ecosystem Research Group. May 2009.

Vargas, R., Osman, L.P. & Torres, D. 2009. Inter-sexual differences in Antarctic fur seal pup growth rates: evidence of environmental regulation? Polar Biology 32(8):1177-86.

Vallejos, V., Acevedo, J., Blank, O., Osman, L. & Torres, D. 2000. Informe científico - logístico. ECA XXXVI (1999/2000). Proyecto 018 "Estudios ecológicos sobre el lobo fino antártico, Arctocephalus gazella", cabo Shirreff, archipiélago de las Shetland del Sur, Antártica. Ministerio de Relaciones Exteriores, Instituto Antártico Chileno. Nº Ingreso 642/712, 19 ABR.2000.

Vallejos, V., Osman, L., Vargas, R., Vera, C. & Torres, D. 2003. Informe científico. ECA XXXIX (2002/2003). Proyecto INACH 018 "Estudios ecológicos sobre el lobo fino antártico, Arctocephalus gazella", cabo Shirreff, isla Livingston, Shetland del Sur, Antártica. Ministerio de Relaciones Exteriores, Instituto Antártico Chileno.

Vera, C., Vargas, R. & Torres, D. 2004. El impacto de la foca leopardo en la población de cachorros de lobo fino antártico en cabo Shirreff, Antártica, durante la temporada 2003/2004. *Boletín Antártico Chileno* **23** (1).

Warren, J., Sessions, S., Patterson, M. Jenkins, A., Needham, D. & Demer, D. 2005. Nearshore Survey. AMLR 2004-2005 Field Season Report. Objectives, Accomplishments and Tentative Conclusions. Southwest Fisheries Science Center Antarctic Ecosystem Research Group. La Jolla, California

Warren, J., Cox, M., Sessions, S. Jenkins, A., Needham, D. & Demer, D. 2006. Nearshore acoustical survey near Cape Shirreff, Livingston Island. AMLR 2005-2006 Field Season Report. Objectives, Accomplishments and Tentative Conclusions. Southwest Fisheries Science Center Antarctic Ecosystem Research Group. La Jolla, California

Warren, J., Cox, M., Sessions, S. Jenkins, A., Needham, D. & Demer, D. 2007. Nearshore acoustical survey near Cape Shirreff, Livingston Island. AMLR 2006-2007 Field Season Report. Objectives, Accomplishments and Tentative Conclusions. Southwest Fisheries Science Center Antarctic Ecosystem Research Group. La Jolla, California

Woehler, E.J. (ed.) 1993. *The distribution and abundance of Antarctic and sub-Antarctic penguins.* SCAR, Cambridge.

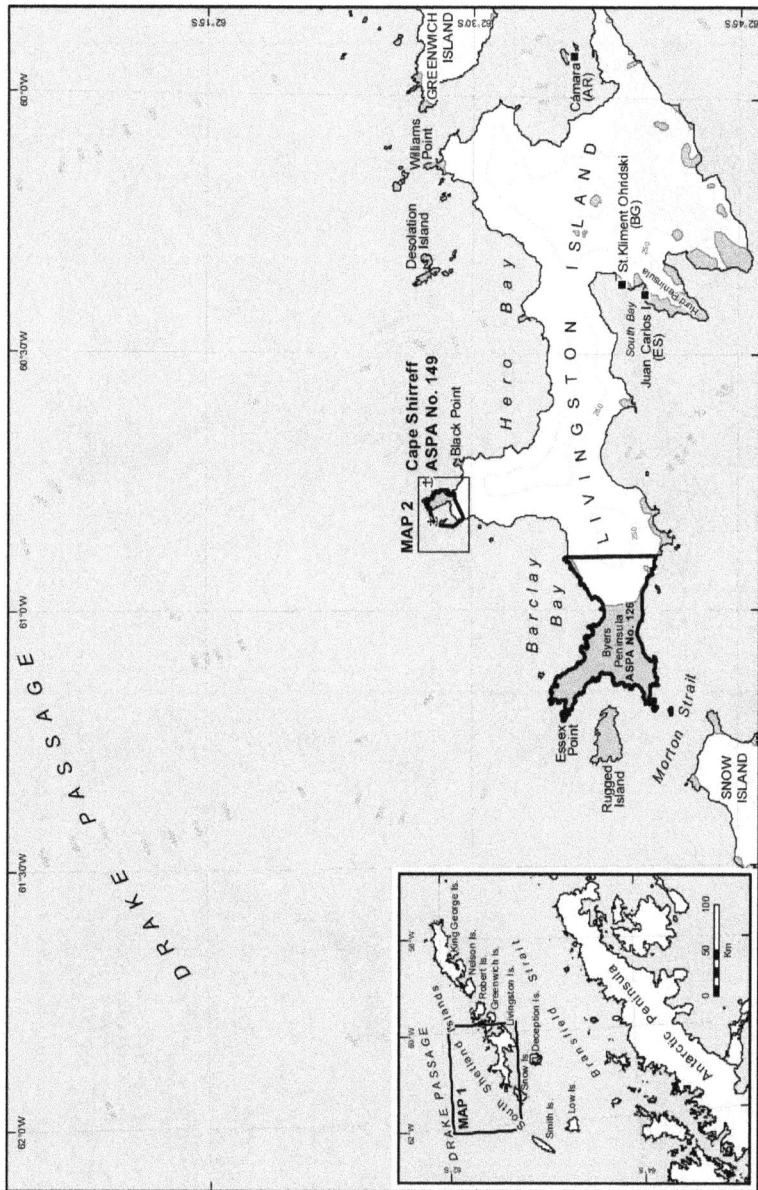

Map 1: ASPA No. 149 - Cape Shirreff & San Telmo Island - Regional overview

Informe final de la XXXIX RCTA

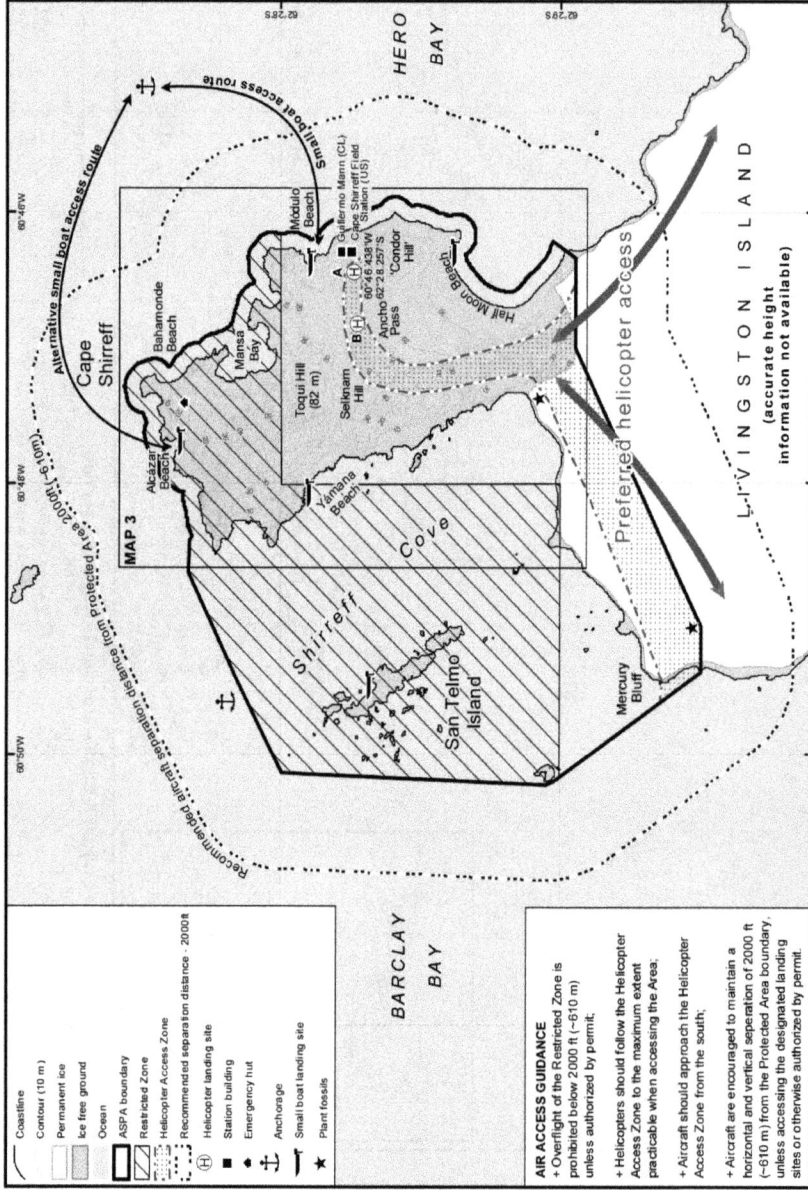

Map 2: ASPA No. 149 Cape Shirreff & San Telmo Island - boundary and access guidelines

Legend:
- Coastline
- Contour (10 m)
- Permanent ice
- Ice free ground
- Ocean
- ASPA boundary
- Restricted Zone
- Helicopter Access Zone
- Recommended separation distance - 2000 ft
- (H) Helicopter landing site
- Station building
- Emergency hut
- Anchorage
- Small boat landing site
- ★ Plant fossils

AIR ACCESS GUIDANCE
+ Overflight of the Restricted Zone is prohibited below 2000 ft (~610 m) unless authorized by permit;

+ Helicopters should follow the Helicopter Access Zone to the maximum extent practicable when accessing the Area;

+ Aircraft should approach the Helicopter Access Zone from the south;

+ Aircraft are encouraged to maintain a horizontal and vertical separation of 2000 ft (~610 m) from the Protected Area boundary, unless accessing the designated landing sites or otherwise authorized by permit.

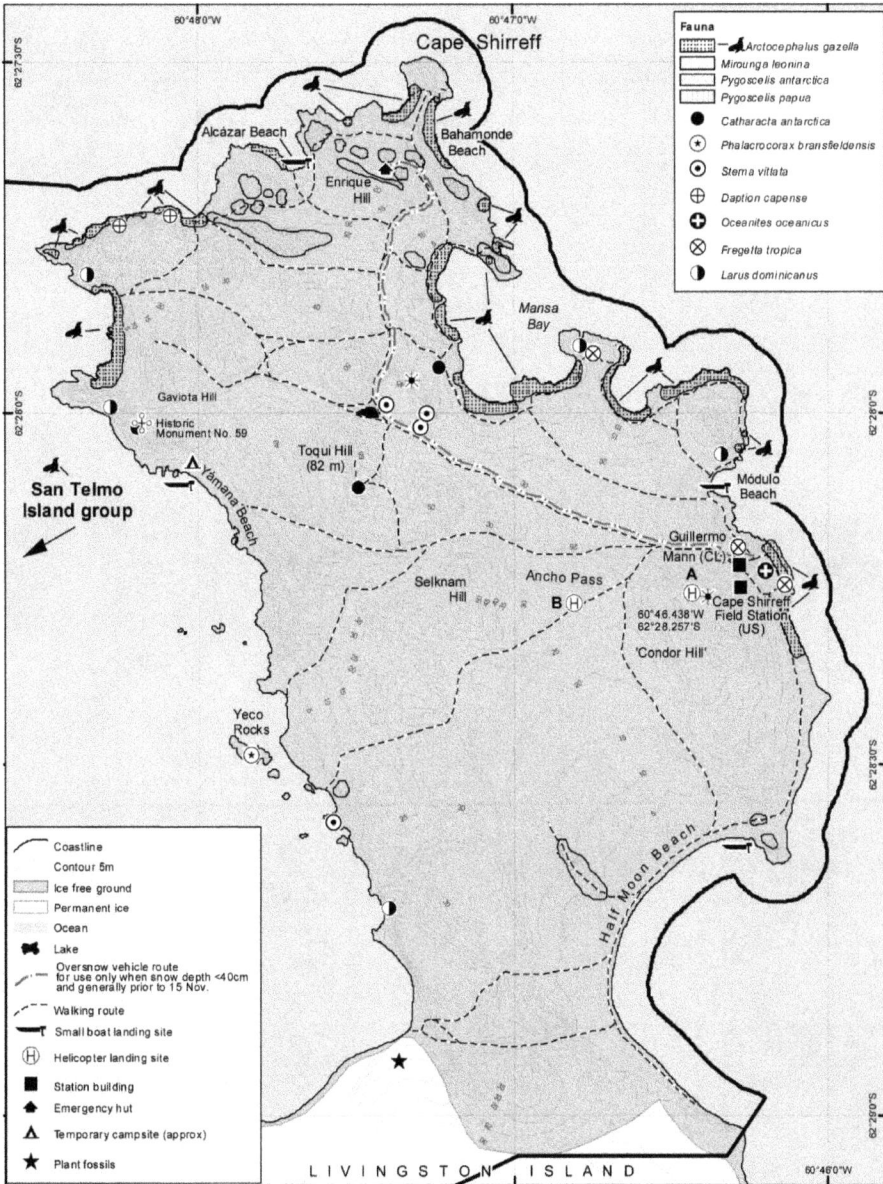

Map 3: ASPA No. 149 - Cape Shirreff & San Telmo Island - wildlife & human features

Plan de Gestión para la Zona Antártica Especialmente Protegida n.° 167,

ISLA HAWKER, TIERRA DE LA PRINCESA ISABEL

Introducción

La Isla Hawker (68°38'S, 77°51'E, Mapa A) se ubica 7 km al sudoeste de la estación Davis, en los Cerros Vestfold, Costa Ingrid Christensen, Tierra de la Princesa Isabel, Antártida Oriental. La isla se designó como Zona Antártica Especialmente Protegida (ZAEP) n.° 167 en virtud de la Medida 1 (2006), a raíz de una propuesta formulada por Australia, principalmente para proteger la colonia reproductora más austral de petreles gigantes comunes (*Macronectes giganteus*) (Mapa B). Se aprobó un Plan de gestión revisado para la Zona en virtud de la Medida 9 (2011). La Zona es uno de los únicos cuatro puntos de reproducción de petreles gigantes comunes que se conoce en la costa de la Antártida Oriental, todos los cuales se designaron como Zona Antártica Especialmente Protegida: ZAEP n.° 102, Islas Rookery, bahía Holme, Tierra de Mac Robertson (67°36'S, 62°53'E), cerca de la estación Mawson; ZAEP n.° 160, islas Frazier, Tierra de Wilkes (66°13'S, 110°11'E), cerca de la estación Casey; y ZAEP n.° 120, punta Géologie, Tierra de Adelia (66°40'S, 140°01'E), cerca de Dumont d'Urville. La Isla Hawker también alberga colonias reproductoras de pingüinos de Adelia (*Pygocelis adeliae*), skúas antárticas (*Catharacta maccormicki*) y petreles dameros (*Daption capense*). En ocasiones, se acercan al lugar elefantes marinos del sur (*Mirounga leonina*).

1. Descripción de los valores que requieren protección

La población total de petreles gigantes comunes en la Antártida Oriental representa menos del 1 % de la población reproductora mundial. El cálculo de las poblaciones reproductoras es problemático, ya que es posible que las aves estén ocupando un lugar de nidificación en el momento en que se realiza la observación, pero que no se reproduzcan durante la temporada. En la actualidad, existen aproximadamente 280 nidos ocupados en la Antártida Oriental, que incluyen alrededor de 40 nidos en la isla Hawker (2014), 2 nidos en la isla Giganteus (grupo de la islas Rookery) (2015), aproximadamente 230 nidos en las islas Frazier (2013) y alrededor de 8 nidos en la punta Géologie (2005). Los petreles gigantes comunes también se reproducen en el sur del Océano Índico y el Océano Atlántico, además de la Península Antártica.

La colonia de petreles gigantes comunes de la isla Hawker se descubrió en diciembre de 1963. En esa época se encontraron entre 40 y 50 nidos, "algunos con huevos", pero no está claro cuántos de esos nidos estaban ocupados. Desde 1963 hasta 2007, se llevaron a cabo conteos intermitentes de huevos o polluelos en varias etapas del ciclo de reproducción. Debido a la variabilidad en la calendarización de los conteos y la inconsistencia de las unidades para realizarlos, no es posible establecer una tendencia de largo plazo para esta población. Anteriormente se informó de cifras bajas para esta colonia debido a que solo se registró la cantidad de polluelos anillados en un año determinado, en lugar de su cantidad total.

Los petreles gigantes comunes son vulnerables a las perturbaciones de sus nidos. A mediados de la década de 1980 se introdujeron restricciones para las actividades permitidas cerca de las estaciones australianas, incluida la prohibición del anillamiento.

En las islas Shetland del Sur y las islas Orcadas del Sur, es posible que la captura incidental de petreles gigantes comunes en las pesquerías con palangre que operan en el Océano Austral haya contribuido a la disminución de la población observada. No se han realizado observaciones similares en la Antártida Oriental.

La Unión Internacional para la Conservación de la Naturaleza (UICN, 2016) considera a los petreles gigantes comunes como una especie "Menos afectada". Sin embargo, los datos censales obtenidos en diversas ubicaciones tienen décadas de antigüedad y no se tiene certeza sobre el tamaño y la tendencia mundial de la población. La Isla Hawker también alberga colonias reproductoras de pingüinos de Adelia, skúas antárticas y petreles dameros. En ocasiones, elefantes marinos del sur se acercan a las playas del sur.

2. Finalidades y objetivos

La gestión de la ZAEP de la isla Hawker aspira a:

- Proteger a la colonia reproductora de petreles gigantes comunes y demás vida silvestre.

- Evitar la intervención humana innecesaria a fin de no degradar los valores de la zona o crear riesgos considerables para los mismos;

- permitir las investigaciones científicas del ecosistema, en especial de la avifauna, y del medio físico, siempre que sean indispensables y que no puedan realizarse en otro lugar;

- reducir al mínimo la posibilidad de introducción de agentes patógenos que puedan causar enfermedades en las poblaciones de aves de la Zona;

- reducir al mínimo la perturbación de los petreles gigantes por los seres humanos;

- permitir el uso de la Zona como zona de referencia para futuros estudios comparativos con otras poblaciones reproductoras de petreles gigantes;

- proteger los valores de la isla Hawker como zona de referencia para futuros estudios comparativos con otras poblaciones reproductoras de petreles gigantes;

- prevenir o reducir al mínimo la posibilidad de introducción de plantas, animales y microbios no autóctonos en la isla Hawker;

- permitir la recopilación regular de datos sobre el estado de las poblaciones y las características demográficas conexas de las distintas especies de aves; y

- permitir visitas con fines de gestión que sean concordantes con los objetivos del Plan de gestión.

3. Actividades de gestión

Para proteger los valores de la Zona se realizarán las siguientes actividades de gestión:

- se permitirán visitas de investigación para evaluar la situación y las tendencias de población de la colonia de petreles gigantes comunes y demás vida silvestre. Cuando sea posible, se dará preferencia a las actividades y metodologías que reduzcan al mínimo la perturbación de la colonia de reproducción (por ejemplo, uso de cámaras automáticas).

- se realizarán las visitas necesarias a la Zona (preferiblemente no menos de una vez cada cinco años) para determinar si continúa sirviendo a los fines para los cuales fue designada, y para garantizar que las medidas de gestión sean adecuadas.

- de ser posible, se deberá visitar la Zona fuera de la temporada de reproducción de los petreles gigantes comunes, es decir, durante el período comprendido desde mediados de abril hasta mediados de septiembre), para evaluar si sigue cumpliendo el propósito para el cual se le designó, y para garantizar que las actividades de gestión son adecuadas.

- se deberá producir información sobre la ubicación de la ZAEP de la isla Hawker en la que se establezcan las restricciones que se aplican, y deberá poner a disposición copias del presente Plan de Gestión en las estaciones cercanas. Se deberá proporcionar el Plan de Gestión y material informativo a los buques que visiten las inmediaciones, y

- el Plan de Gestión deberá ser revisado al menos una vez cada cinco años.

4. Período de designación

La designación abarca un período indeterminado.

5. Mapas

Mapa A: Zona Antártica Especialmente Protegida n.° 167, isla Hawker, Cerros Vestfold, Costa Ingrid Christensen, Antártida Oriental.

Mapa B: Zona Antártica Especialmente Protegida n.° 167, isla Hawker, Cerros Vestfold, Costa Ingrid Christensen, Antártida Oriental: topografía y distribución de la fauna.

Especificaciones cartográficas:

> Proyección: Zona UTM 49
> Nivel de referencia horizontal: WGS84

6. Descripción de la Zona

6 (i) Coordenadas geográficas, señalizadores de límites y características naturales

La isla Hawker se ubica a 68°38'S, 77°51'E, a unos 300 metros frente a la costa de los Cerros Vestfold. Los Cerros Vestfold son una zona libre de hielo con una forma aproximadamente triangular compuesta de 512 km^2 de roca madre, escombros glaciales lagos y lagunas. Los Cerros Vestfold están delimitados por la meseta de hielo al este, el glaciar Sørsdal al sur y la bahía Prydz al oeste. Contiene cerros bajos (altura máxima de 158 m en el cerro Boulder) y valles en los que penetran profundamente fiordos y lagos. Varias islas bordean la costa de los Cerros Vestfold y la isla Hawker está situada al sudoeste, entre la isla Mule y la península Mule.

La isla Hawker es de forma irregular y tiene poca elevación (su elevación máxima alcanza casi los 40 m), tiene dos cordones montañosos paralelos que corren de norte a sur, y terminan en dos penínsulas pequeñas en el sur. Una tercera península se ubica directamente al oeste, y termina en un cerro de 40 m con acantilados que caen hasta el mar con orientación oeste y sur. Existen varios lagos pequeños de agua dulce situados entre los cordones montañosos del sector norte de la isla, y algunos lagos pequeños ubicados en los terrenos más planos del sector oriental. En su máxima extensión, la isla mide 2 km de norte a sur y 1,7 km de este a oeste.

La ZAEP de la isla Hawker comprende la zona terrestre completa de la isla Hawker, con el límite costero en la marca de bajamar (Mapa B). La superficie total de la ZAEP de la isla Hawker es de aproximadamente 1,9 km^2. No existen indicadores de límites.

Dominios Medioambientales y Regiones Biogeográficas de Conservación Antártica

Según su clasificación en el Análisis de Dominios Ambientales de la Antártida (Resolución 3 [2008]), la isla Hawker se encuentra en el ambiente T, *Geológico del litoral de la Antártida oriental.*

Según su clasificación en las Regiones Biogeográficas de Conservación Antártica (Resolución 6 [2012]), la Zona se encuentra en la Región Biogeográfica 7, Antártida Oriental.

Historia humana

El primer avistamiento registrado de los Cerros Vestfold ocurrió el 9 de febrero de 1931 y lo realizó Douglas Mawson, durante el viaje BANZARE del *"Discovery"*. Cuatro años más tarde, el 20 de febrero de 1935, el Capitán Klarius Mikkelsen del buque cisterna *Thorshavn* (Lars Christensen Company), avistó los cerros y desembarcó en la zona. Bautizó con nombres de su provincia, en Noruega, muchas de las características de la Zona y de los Cerros Vestfold. Mikkelsen visitó nuevamente los Cerros Vestfold a principios de 1937, mientras llevaba a cabo una exploración aérea de la costa.

En enero de 1939, el explorador estadounidense, Lincoln Ellsworth, y su asesor Australiano, Sir Hubert Wilkins, fueron los siguientes visitantes registrados de la zona, a bordo de la motonave *Wyatt Earp*. Ellsworth voló alrededor de 400 km tierra adentro. A principios de 1947, el *USS Currituck* visitó la Costa Ingrid Christensen como parte de la Operación Highjump. Se realizaron vuelos fotográficos para explorar el litoral.

La primera Expedición Nacional Australiana de Investigación Antártica (ANARE) a la zona estuvo liderada por el Dr Phillip Law a bordo del *Kista Dan*, y llegó a los Cerros Vestfold el 1 de marzo de 1954. Durante enero de 1956, los miembros de la Expedición Antártica Soviética desembarcaron en la Costa Ingrid Christensen en su preparación para el Año Geofísico Internacional, y establecieron la estación Mirny, 595 km hacia el este. Australia estableció la estación Davis en los Cerros Vestfold en 1957. La isla Hawker recibió su nombre en honor a A.C. Hawker, un supervisor de radiocomunicaciones de la estación Davis en 1957.

Clima

Los datos meteorológicos se circunscriben casi por completo a las observaciones realizadas desde la estación Davis, 7 km al noroeste de la isla Hawker. La zona de los Cerros Vestfold cuenta con un clima marítimo polar frío, seco y con viento. En el verano, las temperaturas promedio varían entre los -1 °C y los +3 °C y entre los -14°°C y los -21°°C en invierno. Desde 1957 hasta 2015, la temperatura máxima que se registró en la estación Davis fue de +13 °C, mientras que la temperatura mínima que se registró fue de -41.8° °C, el 27 de abril de 1998. Durante el año, se producen largos períodos de condiciones relativamente tranquilas y buenas. Por lo general, los vientos son leves, con un promedio anual que bordea los 20 km/h. Se pueden levantar vientos y ventiscas violentas con poco aviso en cualquier momento del año, y en 1972 se registraron ráfagas de más de 200 km/h. Las nevadas promedian 78 mm al año, y la mayor proporción de acumulación anual es resultado de nieve acarreada por el viento. Además de varios bancos con capas de hielo permanente, los Cerros Vestfold se encuentran prácticamente libres de hielo durante el verano, y levemente cubiertos en invierno. Las mayores precipitaciones pluviales registradas en Davis fueron de 55,6 mm en 2013. El registro ilustra las variaciones climáticas estacionales que se esperan para las latitudes altas, pero en promedio, la estación Davis en más cálida que otras estaciones antárticas en latitudes similares. Esto se ha atribuido al "oasis rocoso", resultado del albedo de las superficies rocosas, que es más bajo en comparación con el hielo, por lo que se absorbe y se vuelve a irradiar una mayor cantidad de energía solar.

Características geológicas

Los Cerros Vestfold están compuestos por gneiss arqueanos, sobre los cuyas depresiones se encuentran sedimentos pliocenos y cuaternarios, delgados y a menudo fosilíferos. El estrato cenozoico más antiguo de los Cerros Vestfold es la Formación Sørsdal del Plioceno medio, la que contiene diversa flora y fauna marina fósil. Otros estratos cenozoicos más recientes dan cuenta de la glaciación reiterativa y varias transgresiones y regresiones marinas. Las tres principales litologías que conforman los Cerros Vestfold son, en orden cronológico, el paragneis de Chelnock, el gneis de Mossel y el gneis del lago Crooked. Esto se repite en unidades desde el este por el este-nordeste hasta el oeste por el oeste-sudoeste. Estas cuentan con incrustaciones de grupos de contravetas máficas con una orientación aproximada norte-sur. Las contravetas son una de las principales características de los Cerros Vestfold. La isla Hawker comprende una extensión del gneis del lago Crooked en la porción norte de la península Mule, sobre la ensenada Laternula. Al igual que los gneis arqueanos de los cerros Vestfold, el gneis del lago Crooked en la isla Hawker presenta contravetas distintivas de dolerita del proterozoico medio a inferior.

Petrel gigante común

En la isla Hawker, la colonia de petreles gigantes comunes se ubica en un terreno con una ligera pendiente, alrededor de 20 m sobre el nivel del mar, en el extremo norte de la isla (Mapa B). Desde su descubrimiento en 1963-1964, se ha observado el uso de la misma zona durante la reproducción.

La temporada de reproducción de los petreles gigantes comunes en la isla Hawker comienza entre fines de septiembre y principios de octubre, y los huevos se ponen durante la segunda mitad de octubre. Luego de un período de incubación de 60 días, la eclosión comienza durante la segunda mitad de diciembre. La eclosión continúa durante un período de tres a cuatro semanas, hasta mediados de enero. Los pichones dejan la colonia entre fines de marzo y principios de mayo, entre 14 y 16 semanas tras la eclosión. En imágenes capturadas durante todo el año por las cámaras automáticas, se observa una cantidad pequeña de aves presentes fuera de la temporada de reproducción. Por esto se estableció el requisito de que las visitas a la Zona en cualquier momento del año se realicen de manera tal que se garantice una mínima perturbación.

A mediados de la década de 1980, se implementó una estrategia de gestión para las tres ubicaciones de reproducción de los petreles gigantes comunes en las inmediaciones de las estaciones australianas, a fin de reducir a un mínimo la perturbación por parte humana. Anteriormente, la División Antártica Australiana había restringido las visitas a una cada tres a cinco años, y se implementaron férreos controles administrativos sobre todas las demás visitas. En esta época, este nivel de visitas se consideraba un acuerdo adecuado, teniendo en cuenta el riesgo de perturbación de las aves y la necesidad de obtener importantes datos sobre la población. Sin embargo, este régimen de gestión afectó los niveles de visitas necesarios para evaluar la situación y las tendencias de la población, y aparentemente no tuvo beneficios importantes para el éxito reproductivo de los petreles gigantes comunes. Con el desarrollo de nueva tecnología (cámaras automáticas), en la actualidad se puede obtener algo de información detallada con una presencia humana escasa o nula durante el período de reproducción.

Durante la temporada de reproducción 2013-2014, en alguna etapa estuvieron ocupados 43 nidos, pero no todos los adultos que los supervisaban intentaron reproducirse. En febrero de 2014, había al menos 23 polluelos bien desarrollados. Algunos nidos no se encuentran dentro del campo de visión de las cámaras automáticas, por lo que es posible que la cantidad de polluelos haya sido ligeramente superior.

Otras aves

Los pingüinos de Adelia se reproducen a lo largo de línea costera de los Cerros Vestfold y en 27 islas frente a la costa, incluida la isla Hawker. El cálculo más reciente de la cantidad total de pingüinos de Adelia en la costa de los Cerros Vestfold y las islas frente a la costa se realizó en 2009-2010, y se estimó recientemente en 330 000 casales. La colonia de pingüinos de Adelia de la isla Hawker se ubica actualmente en las inmediaciones de una pequeña colina que está en un punto intermedio en el lado occidental de la isla, y en 2009-2010 se estimó en 5000 casales. Se han producido cambios históricos en la ocupación de las zonas de las subcolonias. Algunas zonas que anteriormente se encontraban ocupadas ya no lo están. Se trata de algo habitual entre las poblaciones de pingüinos de Adelia en la región Davis. Al igual que en otros sitios de reproducción en la región de Davis, los primeros pingüinos de Adelia suelen aparecer en la zona a mediados de octubre y los huevos se ponen unas cuatro semanas después. El intervalo entre la puesta del primer huevo y el segundo es de entre 2 y 4 días. El período de incubación varía entre 32 y 35 días. Los últimos adultos con muda de plumaje suele abandonar la isla Hawker hacia fines de marzo.

Se registró una pequeña colonia de petreles dameros en la isla Hawker, en la punta austral de la península sudoccidental. Los petreles dameros no están presentes en la Zona durante el invierno. En octubre regresan a sus lugares de nidificación, ponen huevos desde fines de noviembre hasta principios de diciembre y los polluelos mudan sus plumajes a fines de febrero y principios de marzo.

Focas

Las focas de Weddell se reproducen en los fiordos de los Cerros Vestfold y, en ocasiones, cerca de la parte sudeste de la isla Hawker. Las focas comienzan a aparecer a fines de septiembre y principios de octubre. El nacimiento de los cachorros ocurre entre mediados de octubre hasta fines de noviembre. Durante todo el verano, las focas de Weddell en fase de muda continúan frecuentando el hielo marino firme y ocasionalmente visitan la tierra. La mayor parte de la población local permanece en la región del hielo marino cercana a los Cerros Vestfold durante todo el verano. Grupos no reproductores de elefantes marinos del sur (*Mirounga leonina*) se congregan durante los meses de verano en las cercanías de la península sudoccidental de la isla Hawker. Sus zonas de muda contienen depósitos de pelaje y excremento que se han acumulado durante varios miles de años y pueden considerarse como zonas vulnerables.

Vegetación

La flora de los Cerros Vestfold se compone de al menos 82 especies de algas terrestres, seis especies de musgo y al menos 23 especies de líquenes. Los líquenes y los musgos se distribuyen de manera principal en el sector oriental o tierra adentro, y sus patrones de distribución reflejan la disponibilidad de nieve acarreada por el viento, el tiempo transcurrido desde la exposición del sustrato de la meseta de hielo, el tiempo transcurrido desde la última glaciación, la elevación y la proximidad respecto a las aguas salinas. Se ha notado una presencia muy escasa de líquenes o musgos hacia el límite costero afectado por la sal, incluida la isla Hawker, donde el terreno bajo se encuentra densamente cubierto por depósitos de arena y morrena.

Las algas terrestres se encuentran muy extendidas y son los principales productores primarios de los Cerros Vestfold. Se informó de la presencia de algas sublíticas (o hipolíticas) en la isla Hawker, en desarrollo en las superficies inferiores de las rocas de cuarzo transparente que se encuentran parcialmente enterradas en el suelo. Las algas dominantes, cianobacterias, en especial de la especie oscillatoriacea, *Chroococcidiopsis sp.*, y *Aphanothece sp.* aparecen más frecuentemente junto a las especies clorofitas, *cf. Desmococcus sp. A* y *Prasiococcus calcarius*. El alga edáfica *Prasiola crispa* se presenta como filamentos parecidos a una lámina arrugada en las descargas de derretimiento, y por lo general se asocia con la diatomea *Navicula muticopsis* y con algas oscilatoriáceas. Se informó de la presencia de liquen ornitocoprófilo, *Candelariella flava*, en la isla Hawker, asociado con los sitios de nidificación de las aves marinas.

Invertebrados

En 1981 se realizó en los Cerros Vestfold un extenso estudio de los tardígrados terrestres (invertebrados acuáticos segmentados de ocho patas), en el cual se recuperaron cuatro géneros y cuatro especies de tardígrados. Aunque no se recuperaron tardígrados del sitio de muestra de la isla Hawker, se ha sugerido que, debido a que se recuperaron dos especies de tardígrados (*Hypsibius allisonii* y *Macrobiotus fuciger [?]*) de Walkabout Rocks, es posible que se encuentren en otras zonas costeras de ecología similar asociadas con la *Prasiola crispa*. El ácaro *Tydeus erebus* se asocia con los sitios de reproducción de los pingüinos de Adelia de la isla.

6 (ii) Acceso a la Zona

Según el estado del hielo marino, es posible acercarse a la Zona en vehículos, lanchas o aeronaves, todos los cuales deben permanecer fuera de la Zona. No hay sitios de desembarco designados dentro de la Zona.

El acceso en lancha se debe realizar a través de un sitio que permita las distancias mínimas de separación con respecto la vida silvestre y que, dentro de lo posible, se encuentre separado por una característica geográfica, como una serranía baja, a fin de reducir a un mínimo la perturbación durante el acercamiento.

6(iii) Ubicación de estructuras dentro de la Zona y en sus proximidades

No hay estructuras permanentes dentro de la Zona ni en sus proximidades. Se instalaron de manera provisoria tres cámaras automáticas cerca de la colonia de petreles gigantes comunes con el propósito de realizar el seguimiento constante de la población.

6(iv) Ubicación de las zonas protegidas en las cercanías

La Zona Antártica Especialmente Protegida n.° 143, Llanura Marine (68°36'S, 78°07'E) se ubica aproximadamente a 8 km al este.

6(v) Áreas especiales al interior de la Zona

No hay áreas especiales dentro de la Zona.

7. Condiciones para la expedición de permisos

7(i)   Condiciones generales

Se prohíbe el acceso a la Zona excepto con un permiso expedido por una autoridad nacional competente. Las condiciones para la expedición de permisos de ingreso a la Zona son las siguientes:

- que el permiso se expida por razones científicas convincentes, que no puedan atenderse en otro lugar, en especial para el estudio científico de la avifauna y el ecosistema de la Zona, o con fines de gestión esenciales y compatibles con los objetivos del plan, como inspecciones, o tareas de mantenimiento o revisión;
- que las acciones permitidas no pongan en peligro los valores de la Zona;

- las acciones permitidas deben ser compatibles con el Plan de Gestión;

- se deberá llevar el permiso, o una copia autorizada de este, dentro de la Zona;

- se deberá presentar un informe de la visita a la autoridad que figure en el permiso;

- los permisos tendrán un plazo de validez expreso; y

- la autoridad nacional correspondiente será informada sobre cualquier actividad o medida que no estuviera comprendida en el permiso.

7 (ii) Acceso a la Zona y desplazamientos en su interior o sobre ella

- Se prohíbe la circulación de vehículos en la Zona. Dentro de la Zona se podrá circular a pie solamente.

- El acceso a los límites de la ZAEP de la isla Hawker podrá realizarse en embarcaciones o vehículos, según las condiciones de la temporada. Las lanchas que se usen para llegar a las islas deberán permanecer en la costa. Solo el personal que deba realizar trabajo científico o de gestión en la Zona podrá abandonar el sitio de desembarco o estacionamiento. Las cuatrimotos u otros vehículos terrestres que se usen para llegar a la Zona no se podrán llevar hacia el interior de la Zona. Los vehículos deberán permanecer en el hielo marino, a más de 200 m del borde de la colonia de petreles gigantes comunes (véase el Cuadro 1).

- En el Cuadro 1 se establecen las distancias mínimas (más cercanas) de aproximación a la vida silvestre. Si se observan perturbaciones de la vida silvestre, se deberá aumentar la distancia de separación, o modificar la actividad hasta que no se presenten perturbaciones visibles. Solo se permitirán excepciones cuando se haya autorizado una distancia de aproximación más cercana mediante un permiso.

- Las personas autorizadas en virtud de un permiso a acercarse a los petreles gigantes comunes para obtener datos de censo o datos biológicos deberán mantener la mayor distancia de separación práctica. No podrán acercarse más de lo necesario para obtener datos de censo o biológicos de los petreles gigantes comunes que se encuentren anidando y en ningún caso podrán acercarse a menos de 20 m.

- Se puede reducir la perturbación si se dejan los vehículos tan alejados del sitio como sea posible, la aproximación se realiza de manera lenta y silenciosa, y se usa la topografía para disimular el acercamiento.

- A fin de reducir la perturbación de la fauna silvestre, se deberá mantener el nivel de ruido en un mínimo, incluida la comunicación verbal. Se prohíbe el uso de herramientas de motor y toda otra actividad que pueda generar ruido importante y perturbar con ello a las aves nidificantes en la Zona durante el período de reproducción de los petreles gigantes comunes (desde mediados de septiembre hasta mediados de abril).

- Se prohíbe el sobrevuelo de la isla durante la temporada de reproducción del petrel gigante común, excepto cuando sea imprescindible para propósitos científicos o de gestión y se autorice mediante un permiso. Dichos sobrevuelos deberán efectuarse a una altura de 930 m (3050 pies) como mínimo en el caso de los helicópteros monomotores y aeronaves de ala fija, y de 1500 m (5000 pies) como mínimo en el caso de los helicópteros bimotores;

- Se prohíbe el aterrizaje de aeronaves en un radio de 930 m de una concentración de vida silvestre en el caso de los helicópteros monomotores y aeronaves de ala fija, y de 1500 m (5000 pies) de una concentración de vida silvestre en el caso de los helicópteros bimotores.

- Se prohíbe el sobrevuelo de la Zona, incluidos los vehículos aéreos no tripulados, excepto para propósitos científicos o de gestión, con la autorización de un permiso.

- La ropa, en especial todo el calzado y la ropa exterior, y el equipo de campo deberán limpiarse minuciosamente antes de ingresar a la Zona.

Cuadro 1: Distancia de aproximación mínima que debe mantenerse al acercarse a pie a la fauna de la isla Hawker

Especie	Distancias (m)		
	Personas a pie/esquí (a menos que se autorice una distancia de aproximación más cercana mediante un permiso)	**Todos los vehículos** **Esquíes Quad o motonieve** **Hagglund, etc.**	**Embarcación pequeña**
Petreles gigantes	100 m	No se permiten dentro de la Zona. El estacionamiento debe hacerse en el hielo marino y a no menos de 200 m de las colonias de vida silvestre.	Las embarcaciones deben mantenerse a 200 m de distancia de la vida silvestre durante el tránsito y no deben desembarcar a menos de 50 m de la vida silvestre, en especial en el caso de la colonia de pingüinos de Adelia en la costa oriental. Se debe proceder con cautela cuando se esté cerca de la isla.
Pingüino emperador en reproducción o muda	50 m		
Todos los demás animales y aves en reproducción	15 m		
Focas o aves no reproductoras	5 m		

7(iii) Actividades que pueden llevarse a cabo dentro de la Zona, incluyendo restricciones de tiempo y lugar

Las actividades que se realicen dentro del período de reproducción del petrel gigante común (16 de septiembre al 14 de abril) solo se permitirán si dichas actividades no son invasivas y existen razones convincentes que indican que no pueden llevarse a cabo durante los períodos no reproductivos. Cuando sea factible, las actividades no relacionadas con los petreles gigantes comunes se deberán restringir a las zonas fuera del alcance visual del sitio de reproducción de los petreles gigantes comunes.

Se podrán llevar a cabo las siguientes actividades dentro de la Zona si se autorizan en un permiso:

- actividades de investigación científica que no se puedan realizar en ningún otro lugar, en concordancia con las disposiciones de este Plan de Gestión;

- actividades de gestión indispensables, entre ellas la vigilancia; y

- recolección de muestras, que deberían limitarse al mínimo necesario para los programas de investigación aprobados.

7(iv) Instalación, modificación o desmantelamiento de estructuras

- Se prohíbe erigir estructuras o instalaciones permanentes.

- Las estructuras o equipos temporales, incluidas las cámaras, solo se podrán erigir dentro de la Zona si lo autoriza un permiso.

- Se podrán construir refugios temporarios pequeños, paranzas, casamatas o pantallas para facilitar los estudios científicos.

- La instalación (incluida la selección del sitio), el mantenimiento, la modificación y el retiro de estructuras o equipos deberán efectuarse de manera tal que reduzca al mínimo la perturbación de las aves reproductoras.

- Todos los equipos científicos o señalizadores instalados dentro de la Zona deben estar claramente identificados por país, nombre del principal investigador u organismo nacional, el año de instalación y la fecha prevista de desmantelamiento.

- Los hitos, carteles o estructuras instaladas en la Zona con fines científicos o de gestión deberán estar bien sujetos y mantenerse en buen estado, y serán retirados con el respaldo de un permiso cuando ya no sean necesarios. Todos estos artículos deberán estar confeccionados de materiales que presenten un riesgo mínimo de daño para la vida silvestre o de contaminación de la Zona;

7(v) Ubicación de los campamentos

- Se prohíbe acampar en la Zona salvo en una situación de emergencia. De ser posible, los campamentos de emergencia deberán evitar las zonas de concentración de vida silvestre.

7(vi) Restricciones relativas a los materiales y organismos que puedan introducirse en la Zona

- No se podrá almacenar combustible en la Zona. Se permite el reabastecimiento de combustible en los sitios de desembarco en lancha. Se puede llevar una pequeña cantidad de combustible al interior de la Zona para una cocina de emergencia, y debe manipularse de manera tal que se reduzca a un mínimo el riesgo de su introducción accidental al medioambiente.

- No se dejarán depósitos de alimentos u otros suministros en la Zona después de la temporada durante la cual se necesiten.

- Se prohíbe llevar a la Zona productos derivados de aves, entre ellos alimentos desecados que contengan huevo en polvo.

- No se podrán llevar herbicidas ni plaguicidas a la Zona.

- Cualquier otro producto químico que se introduzca con fines científicos indispensables especificados en un permiso deberá retirarse de la Zona al concluir la actividad para la cual se haya expedido el permiso, o antes. Se prohíbe el uso de radionucleidos o isótopos estables.

- Se prohíbe la introducción deliberada de animales, material vegetal o microorganismos en la Zona, y se deben tomar precauciones para evitar su introducción accidental. Todo el equipo y la ropa, en especial el calzado, deberán limpiarse minuciosamente antes de ingresar a la Zona.

- Todos los materiales introducidos en la Zona podrán permanecer allí durante un período determinado únicamente, deberán ser retirados cuando concluya dicho período, o antes, y deberán ser almacenados y manipulados con métodos que reduzcan al mínimo el riesgo de impacto ambiental.

7(vii) Toma de, o intromisión perjudicial sobre la flora y fauna autóctonas

- Se prohíbe la toma de ejemplares de flora y fauna autóctonas y la intromisión perjudicial en ellas, a menos que lo autorice específicamente un permiso. Tal permiso deberá estipular claramente los límites y condiciones de dichas actividades, las cuales, excepto en un caso de emergencia, solo deberán ocurrir si se cuenta con la aprobación de un comité de ética animal pertinente. En caso de toma de animales o intromisión perjudicial, como norma mínima, se hará de acuerdo con el Código de conducta del SCAR para el uso de animales con fines científicos en la Antártida.

- Las investigaciones ornitológicas se limitarán a actividades que no sean invasivas y que no perturben a las aves marinas reproductoras presentes en la Zona. Se dará prioridad a los relevamientos, incluidas las fotografías aéreas para el censo de población.

- Se evitará la perturbación de los petreles gigantes comunes o de la vida silvestre en todo momento. Los visitantes deben estar alerta ante cambios en el comportamiento de la vida silvestre, en especial los cambios de postura o vocalización. Si las aves comienzan a mostrar indicios de querer abandonar el nido, todas las personas deben retroceder inmediatamente.

7(viii) Recolección o retiro de materiales que el titular del permiso no haya llevado a la Zona

- Se podrá recolectar o retirar material de la Zona únicamente de conformidad con un permiso, y dicho material debería limitarse al mínimo necesario para fines de índole científica o de gestión.

- Todo material de origen humano que pueda comprometer los valores de la Zona, que no haya sido llevado allí por el titular del permiso o que no esté comprendido en otro tipo de autorización, podrá ser retirado salvo que el impacto de su extracción pueda ser mayor que el efecto de dejar el material *in situ*. En tal caso se deberá notificar a la autoridad nacional pertinente y recibir su aprobación antes de su retiro.

7(ix) Eliminación de desechos

Todos los desechos, incluso los desechos humanos, deberán ser retirados de la Zona.

7(x) Medidas que podrían requerirse para garantizar el continuo cumplimiento de los objetivos del Plan de Gestión

- Se deberán obtener datos de GPS para los sitios específicos de observación a largo plazo a fin de asentarlos en el Centro de Datos Antárticos de Australia o el Sistema del Directorio de Datos Antárticos, a través de la autoridad nacional que corresponda.

- Es posible que se concedan permisos para ingresar a la Zona con el fin de llevar a cabo observaciones biológicas, inspecciones de la Zona y actividades de gestión que pueden incluir la recolección de muestras para su análisis o revisión, y la construcción o el mantenimiento de equipo y estructuras científicas temporales y postes señalizadores u otras medidas de protección.

- Cuando sea factible, y al menos una vez cada cinco años, se realizará en la Zona un censo de los petreles gigantes comunes. Podrán realizarse censos de otras especies siempre que no se ocasione una perturbación adicional a los petreles gigantes comunes.

- Cuando sea factible, las actividades no relacionadas con los petreles gigantes comunes se deberán restringir a las zonas fuera del alcance visual de su sitio de reproducción.

- Los visitantes deberán tomar precauciones especiales para evitar la introducción de organismos no autóctonos. Causa especial preocupación la introducción de agentes patógenos, microbios o vegetación provenientes de suelos, flora y fauna de otros lugares de la Antártida, incluidas las estaciones de investigación, o de regiones fuera de la Antártida. A fin de reducir al mínimo el riesgo de introducción de especies no autóctonas, antes de ingresar en la Zona los visitantes deberán limpiar meticulosamente el calzado y todo el equipo que vaya a usarse en la Zona, en especial el equipo de muestreo y los señalizadores.

7(xi) Requisitos relativos a los informes

Los informes de las visitas suministrarán en la forma de texto y mapas información pormenorizada sobre todos los datos censales y la ubicación de las nuevas colonias o nidos no documentados anteriormente, además de un breve resumen de las conclusiones de la investigación, copias de las fotografías relevantes tomadas de la Zona, y comentarios que indiquen las medidas que se tomaron para garantizar el cumplimiento de las condiciones expresadas en el permiso.

El informe puede aportar recomendaciones relevantes a la gestión de la Zona, en especial con respecto a si los valores para los cuales se designó la Zona se están protegiendo de manera adecuada y si las medidas de gestión son eficaces.

El informe se debe presentar a la autoridad nacional pertinente que emitió el permiso lo más pronto posible después de la realización de la visita a la ZAEP y antes de que transcurran seis meses tras la realización de la visita. Se deberá entregar una copia del informe a la autoridad que emitió el permiso y a la Parte responsable del desarrollo del Plan de Gestión (Australia, División Antártica Australiana) (en caso de que se no se trate de la misma Parte), para efectos de revisión del Plan de Gestión. Dichos informes deberán incluir, según corresponda, la información señalada en el formulario del Informe de visita contenido en la Guía para la Preparación de Planes de Gestión para las Zonas Antárticas Especialmente Protegidas. Las Partes deberán llevar un registro de dichas actividades y, en el intercambio anual de información, presentar descripciones resumidas de las actividades realizadas por las personas bajo su jurisdicción, suficientemente pormenorizadas como para que se pueda determinar la eficacia del Plan de Gestión.

8. Documentación de apoyo

Algunos de los datos utilizados en este documento, o todos ellos, se obtuvieron del **Centro Australiano de Datos Antárticos (IDN Node AMD/AU)**, que forma parte de la División Antártica Australiana (Commonwealth de Australia).

Adamson, D.A. and Pickard, J. (1986): Cainozoic history of the Vestfold Hills, In Pickard, J., ed. *Antarctic Oasis, Terrestrial environments and history of the Vestfold Hills*. Sydney, Academic Press, 63–97.

Adamson, D.A. and Pickard, J. (1986): Physiology and geomorphology of the Vestfold Hills, In Pickard, J., ed. *Antarctic oasis: terrestrial environments and history of the Vestfold Hills*. Sydney, Academic Press, 99–139.

ACAP (Agreement on the Conservation of Albatrosses and Petrels) (2012) *Species assessments: southern giant petrel Macronectes giganteus*. <www.acap.aq/en/acap-species/288-southern-giant-petrel/file>, downloaded 19 September 2012.

ANARE (1968): Unpublished data.

Australian Antarctic Division (2010): Environmental Code of Conduct for Australian Field Activities, Territories, Environment and Treaties Section, Australian Antarctic Division.

Birdlife International (2000): *Threatened birds of the world*. Barcelona and Cambridge U. K, Lynx Edicions and Birdlife International.

BirdLife International (2011): *Macronectes giganteus*, In: IUCN 2011, 2011 IUCN Red List of Threatened Species, <http://www.iucnredlist.org/>, Downloaded on 17 January2011.

BirdLife International (2011): Species fact sheet: *Macronectes giganteus*, <http://www.birdlife.org/> Downloaded on 17 January 2011.

Cooper, J., Woehler, E., Belbin, L. (2000): Guest editorial, Selecting Antarctic Specially Protected Areas: Important Bird Areas can help, *Antarctic Science* 12: 129.

DSEWPC (Department of Sustainability, Environment, Water, Population and Communities) (2011a): *Background Paper: Population status and threats to albatrosses and giant petrels listed as threatened under Environment Protection and Biodiversity Conservation Act 1999*<http://www.environment.gov.au/resource/national-recovery-plan-threatened-albatrosses-and-giant-petrels-2011%E2%80%942016> Downloaded on 10 February 2016.

DSEWPC (Department of Sustainability, Environment, Water, Population and Communities) (2011b): *National recovery plan for threatened albatrosses and giant petrels: 2011-2016*, <http://www.environment.gov.au/biodiversity/threatened/publications/recovery/albatrosses-and-giant-petrels.html>, Downloaded on 10 February 2016.

Fabel, D., Stone, J., Fifield, L.K. and Cresswell, R.G. (1997): Deglaciation of the Vestfold Hills, East Antarctica; preliminary evidence from exposure dating of three subglacial erratics. In RICCI, C.A., ed. *The Antarctic region: geological evolution and processes*, Siena: Museo Nazionale dell'Antartide, 829–834.

Garnett ST, Szabo JK and Dutson G (2011). *The action plan for Australian birds 2010*. CSIRO Publishing.

Gore, D.B. (1997): Last glaciation of Vestfold Hills; extension of the East Antarctic ice sheet or lateral expansion of Sørsdal Glacier. *Polar Record*, 33: 5–12.

Hirvas, H., Nenonen, K. and Quilty, P. (1993): Till stratigraphy and glacial history of the Vestfold Hills area, East Antarctica, *Quaternary International*, 18: 81–95.

IUCN (International Union for Conservation of Nature) (2001): *IUCN Red List Categories: Version 3.1*, IUCN Species Survival Commission, <www.iucnredlist.org>. Downloaded on 25 January 2016.

IUCN (International Union for Conservation of Nature) (2015): *IUCN Red List of Threatened Species*. Version 2015.4<www.iucnredlist.org>. Downloaded on 25 January 2016.

Jouventin, P., Weimerskirch, H. (1991): Changes in the population size and demography of southern seabirds: management implications, in: Perrins, C.M., Lebreton, J.D. and Hirons, G.J.M. *Bird population studies: Relevance to conservation and management.* Oxford University Press: 297-314.

Johnstone, Gavin W.; Lugg, Desmond J., and Brown, D.A. (1973): The biology of the Vestfold Hills, Antarctica. Melbourne, Department of Science, Antarctic Division, *ANARE Scientific Reports*, Series B(1) Zoology, Publication No. 123.

Law P. (1958): Australian Coastal Exploration in Antarctica, *The Geographical Journal CXXIV*, 151-162.

Leishman, M.R. and Wild, C. (2001): Vegetation abundance and diversity in relation to soil nutrients and soil water content in Vestfold Hills, East, *Antarctic Science*, 13(2): 126-134

Micol, T., Jouventin, P. (2001): Long-term population trends in seven Antarctic seabirds at Point Géologie (Terre Adélie), Human impact compared with environmental change, *Polar Biology* 24: 175-185.

Miller, J.D. et al. (1984): A survey of the terrestrial Tardigrada of the Vestfold Hills, Antarctica, In Pickard, J., ed. *Antarctic Oasis, Terrestrial environments and history of the Vestfold Hills.* Sydney, Academic Press, 197-208.

Orton, M.N. (1963): Movements of young Giant Petrels bred in Antarctica, *Emu* 63: 260.

Patterson D.L., Woehler, E.J., Croxall, J.P., Cooper, J., Poncet, S., Fraser, W.R. (2008): Breeding distribution and population status of the Northern Giant Petrel *Macronectes halli* and the southern giant petrel *M. Giganteus, Marine Ornithology* 36: 115-124.

Pickard, J. ed., (1986): *Antarctic oasis: terrestrial environments and history of the Vestfold Hills.* Sydney, Academic Press.

Puddicombe, R.A.; and Johnstone, G.W. (1988): Breeding season diet of Adélie penguins at Vestfold Hills, East Antarctica, In *Biology of the Vestfold Hills*, Antarctica, edited by J.M. Ferris, H.R. Burton, G.W. Johnstone, and I.A.E. Bayly.

Rounsevell, D.E., and Horne, P.A. (1986): Terrestrial, parasitic and introduced invertebrates of the Vestfold Hills. *Antarctic oasis; terrestrial environments and history of the Vestfold Hills*, Sydney: Academic Press, 309-331.

Southwell C., Emmerson L., McKinlay J., Newberry K., Takahashi A., Kato A., Barbraud C., DeLord K., Weimerskirch H. (2015) Spatially extensive standardized surveys reveal widespread, multi-decadal increase in East Antarctic Adélie penguin populations. PLoS ONE 10(10): e0139877. doi:10.1371/journal.pone.0139877

Stattersfield, A.J., Capper, D.R. (eds.) (2000): Threatened Birds of the World. Lynx Editions, Barcelona.

Terauds, A., Chown, S.L., Morgan, F., Peat, H.J., Watts, D.J., Keys, H., Convey, P., and Bergstrom, D.M. (2012): Conservation biogeography of the Antarctic, *Diversity and Distributions* Vol. 18. 726-741.

Wienecke, B., Leaper, R., Hay, I., van den Hoff, J. (2009): Retrofitting historical data in population studies: southern giant petrels in the Australian Antarctic Territory, *Endangered Species Research* Vol. 8: 157-164.

Woehler, E.J., Cooper, J., Croxall, J.P., Fraser, W.R., Kooyman, G.L., Miller, G.D., Nel, D.C., Patterson, D.L., Peter, H-U, Ribic, C.A., Salwicka, K., Trivelpiece, W.Z., Wiemerskirch, H. (2001): *A Statistical Assessment of the Status and Trends of Antarctic and Subantarctic Seabirds,* SCAR/CCAMLR/NSF, 43 pp.

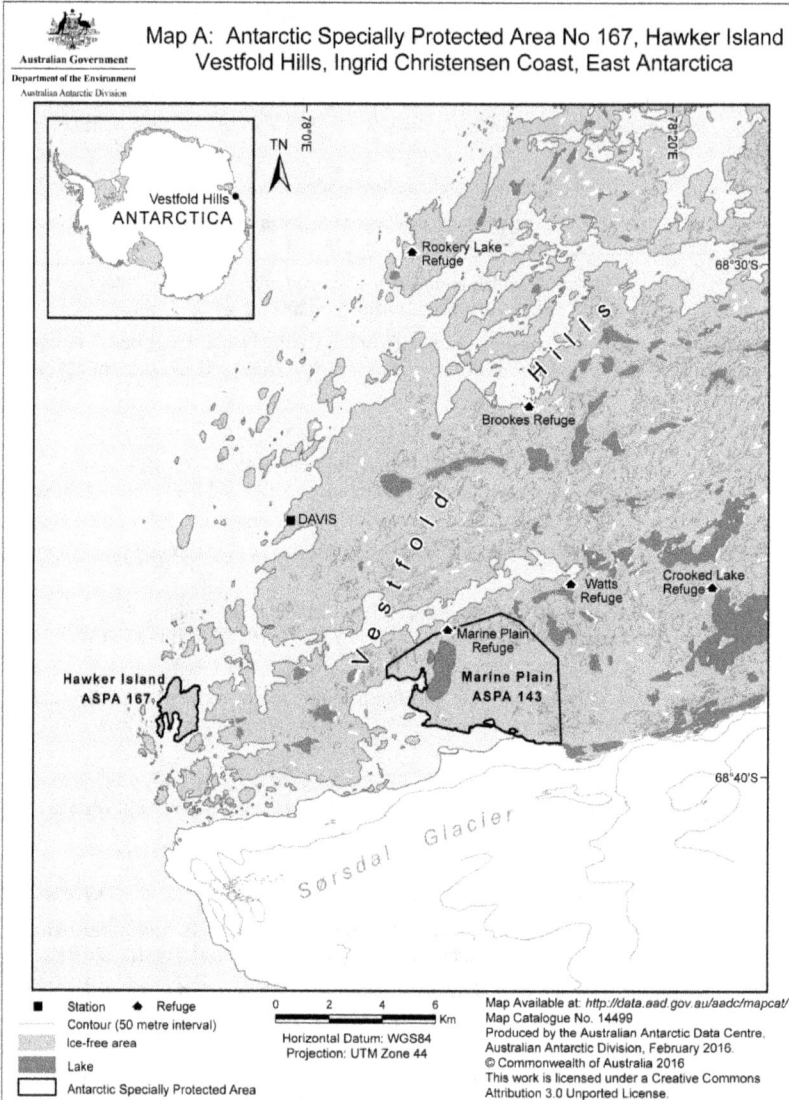

Map A: Antarctic Specially Protected Area No 167, Hawker Island Vestfold Hills, Ingrid Christensen Coast, East Antarctica

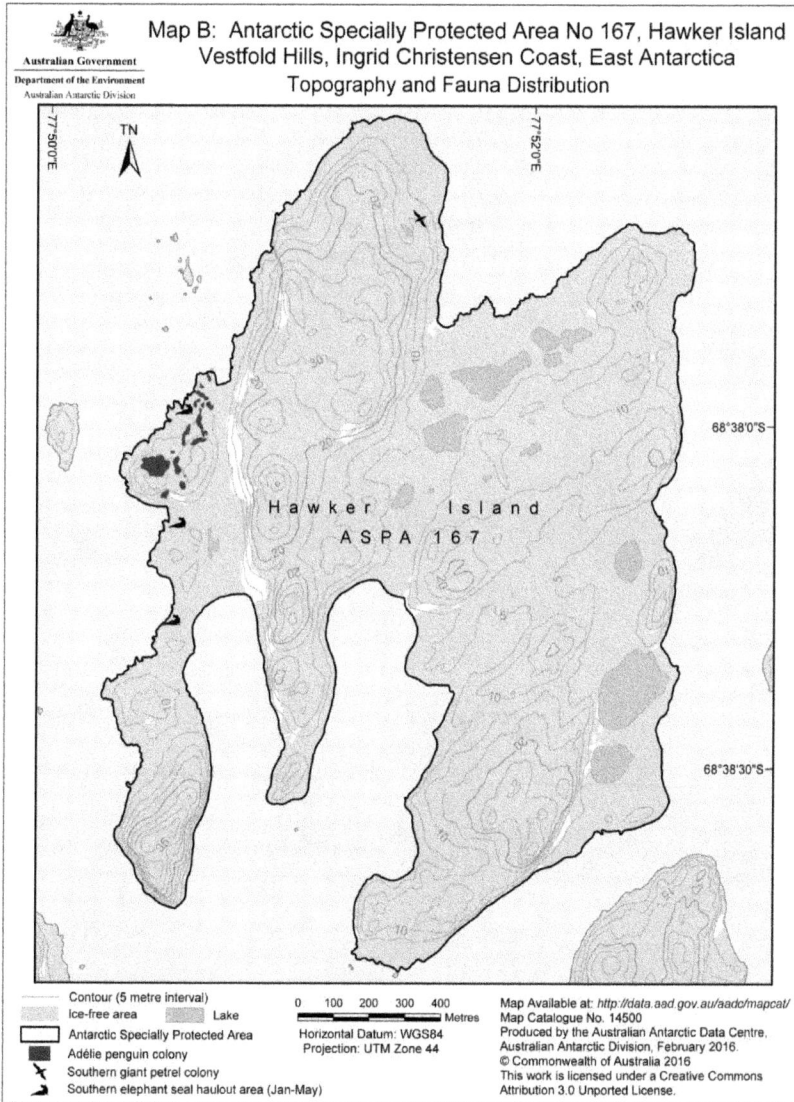

Map B: Antarctic Specially Protected Area No 167, Hawker Island
Vestfold Hills, Ingrid Christensen Coast, East Antarctica
Topography and Fauna Distribution

Informe final de la XXXIX RCTA

PARTE III

Informes y discursos de apertura y cierre

1. Discursos de apertura y cierre

Discurso de bienvenida del Ministro de Relaciones Exteriores, Heraldo Muñoz Valenzuela con motivo de la inauguración de la XXXIX Reunión Consultiva del Tratado Antártico

Santiago, 23 de mayo de 2016

(Vocativos)

En primer lugar, quiero dar la bienvenida a los representantes de la comunidad antártica internacional con motivo de esta Trigésimo novena Reunión Consultiva del Tratado Antártico (RCTA) y de la decimonovena Reunión del Comité para la Protección del Medio Ambiente.

Estos encuentros se efectúan exactamente 50 años después de la última reunión consultiva regular que tuvo lugar en Santiago – en 1966 -, y a 55 años de la entrada en vigor del Tratado Antártico. En poco más de medio siglo, el Sistema del Tratado Antártico se ha afianzado como un modelo exitoso de colaboración internacional protegiendo a este continente de diferendos y conflictos internacionales presentes en otras áreas de nuestro planeta. Este es un patrimonio que debemos valorar y cuidar, evitando que eventuales diferencias incidan de manera negativa en la labor de este foro multilateral.

Este régimen internacional ha evolucionado considerablemente desde su creación. Cada paso que hemos dado, ya sea en la conservación de sus recursos marinos y terrestres, o a través del establecimiento de

instrumentos de protección del medio ambiente, lo hemos hecho con creatividad, y movidos por la convicción colectiva de que los propósitos y principios del Sistema del Tratado Antártico tienen un valor extraordinario y merecen ser cautelados.

Deseo aprovechar esta instancia para compartir algunas breves reflexiones que nos hacemos como país y que estimo pueden ser de interés en las deliberaciones que tendrán lugar durante los próximos 8 días de reunión:

Colaboración internacional efectiva ante los grandes desafíos actuales

La colaboración internacional en el continente antártico, en particular en el ámbito científico, tiene una larga historia que se remonta mucho antes del Tratado Antártico. Este Tratado formalizó jurídicamente lo que ya era una práctica, siendo el Año Geofísico Internacional 1957- 1958 el mejor ejemplo de ello. A partir de la entrada en vigor del Tratado se establece un marco que exige el intercambio de información científica. La *Declaración sobre la cooperación antártica* con ocasión del quincuagésimo aniversario de la entrada en vigor del Tratado Antártico el año 2011, fue una clara manifestación reciente de la voluntad de las Partes a seguir desarrollando esta cooperación.

Pero los desafíos, así como el número de países adherentes y las Partes Consultivas del Tratado, han crecido y creemos que la interacción entre nosotros sigue siendo insuficiente. Existe una gran concentración de estaciones que albergan la ciencia en el área de la Península Antártica, pero esta capacidad instalada es insuficientemente utilizada y la coordinación entre los programas nacionales es aún parcial. Creemos necesario que las Partes busquen fórmulas que incentiven una mayor cooperación en la ciencia, pero también en el uso de la logística existente.

Sin duda, una mayor coordinación podría traer beneficios significativos: un aumento del número de proyectos científicos a través de la reducción de los costos de operación de los programas nacionales; mayor sinergia entre los distintos proyectos de investigación y, además, una reducción de la huella humana en el continente, evitando eventualmente la construcción de nuevas instalaciones.

En este sentido, Chile está efectuando un enorme esfuerzo para apoyar el desarrollo de la ciencia en la Antártica Occidental. Uno de los proyectos emblemáticos de nuestro programa nacional es la contrucción del *Centro Antártico Internacional* en la ciudad de Punta Arenas. Con una inversión cercana a los 40 millones de dólares, albergará oficinas, laboratorios y facilidades logísticas, a tan solo dos horas de vuelo del Continente antártico.

Próximamente se lanzará un proceso de licitación internacional de este nuevo centro que esperamos esté en funcionamiento a más tardar en 2019. Este proyecto no sólo está orientado a proporcionar una infraestructura de excelencia a la comunidad científica nacional. También queremos abrir estas facilidades a nuestros socios internacionales, haciendo uso de la posición geográfica privilegiada de nuestro país y su cercanía al Continente Blanco.

A lo anterior se suma el importante esfuerzo anual de nuestro país, para atender tanto la importante plataforma logística de que dispone en la península Antártica, como a los 21 programas antárticos nacionales que en la última temporada pasaron por Punta Arenas. Nuestra logística constituye, de una forma u otra, una colaboración efectiva a la comunidad antártica internacional.

También reconocemos que la Antártica es un lugar privilegiado de observación de distintos fenómenos de interés y preocupación mundial, entre ellos el cambio climático. La Península Antártica ha registrado un aumento de 3 grados de temperatura en los últimos 50 años. Ello puede parecer marginal, pero representa 5 veces más que el promedio del planeta. Los cambios producto del efecto invernadero que se perciben en esta región inciden directamente en el clima continental de Chile y el mundo, por lo tanto, su estudio es vital para todo el planeta.

Ningún país por si solo es capaz de estudiar efectivamente estos fenómenos de impacto y significancia global. Se requiere de una colaboración internacional reforzada para ello y Chile está dispuesto a cooperar y poner a disposición su plataforma científica para estos efectos.

Una Antártica limpia, pero útil a la Humanidad

La conservación y protección de los ecosistemas antárticos, tanto terrestres como marinos, son y continuarán siendo una prioridad para Chile. Nuestro país fue particularmente activo en la negociación del Protocolo al Tratado Antártico sobre Protección del Medio Ambiente firmado en Madrid en 1991. No es coincidencia que nuestra Política Antártica Nacional -documento que establece las grandes orientaciones de nuestro quehacer antártico-, fue redactado tan solo un año después de la entrada en vigor del protocolo. En ese momento se estimó necesario adaptar nuestra acción a la evolución del Sistema de Tratado Antártico, insertando el tema de protección medioambiental dentro de nuestras prioridades nacionales.

Han pasado 16 años desde la aprobación de nuestra Política Antártica Nacional y el Sistema del Tratado Antártico ha seguido evolucionando. Es por ello que nuestro máximo órgano nacional en materia antártica, el Consejo de Política Antártica, el cual tengo el honor de presidir, aprobó un mandato para la actualización de esta política nacional. Esta nueva formulación debe necesariamente reforzar los aspectos de protección medioambiental tomando en cuenta la evolución de esta materia desde la entrada en vigor del Protocolo de Protección al Medio Ambiente. Este proceso de actualización debe estar concluido antes de fines del presente año.

Esta decisión es el resultado de un análisis detallado de las fortalezas, deficiencias y oportunidades que ofrece el quehacer antártico chileno. De este análisis interinstitucional surge el documento "*Chile en la Antártica: visión estratégica al 2035*" que nos proporciona más de un centenar de propuestas de acción que buscan reforzar nuestra condición de país con proyección polar. El tema medioambiental tiene un lugar privilegiado en esa estrategia.

En la protección del medioambiente y en la medición del cambio climático y la acidificación de los océanos, se requiere ser proactivo y creativo. Una de las prioridades de Chile para el Océano Austral es la creación de un sistema representativo de Áreas Marinas Protegidas (AMP) alrededor del Continente antártico. Con este fin nuestro país está trabajando, en conjunto con Argentina, en una propuesta de AMP para la Península Antártica y el Sur del Mar de Scotia. Además, Chile apoya las dos propuestas que están actualmente siendo discutidas en la Comisión para la Conservación de Recursos Vivos Marinos Antárticos: una presentada por Estados Unidos y Nueva Zelandia para la región del Mar de Ross, y otra impulsada por Australia, Unión Europea y Francia para la región Antártica Oriental. Asimismo, apoyamos el proceso liderado por Alemania para la creación de una propuesta de AMP en la Región del Mar de Weddell.

Nuestra política antártica nacional en materia medioambiental se resume en el siguiente lema, acuñado por el Embajador Oscar Pinochet de la Barra cuando dirigía el Instituto Antártico Chileno: "***Una Antártica limpia,*** *pero útil*". La protección y conservación medioambiental debe ir de la mano con actividades que benefician al hombre. No es un equilibrio fácil de establecer, pero es a lo que incansablemente debemos aspirar.

Preservación del patrimonio histórico

Al hablar de cooperación ante los grandes desafíos que hoy enfrenta nuestro planeta y la necesidad de minimizar el impacto del hombre sobre los ecosistemas antárticos, estamos dibujando una agenda de futuro. Sin embargo, es preciso recordar que nuestros países están unidos también por una historia compartida, rica en hazañas, donde ante las inclemencias del clima y la geografía, se requería lo mejor del ser humano para conquistar estas tierras frías y lejanas.

Un ejemplo que hoy recordamos, fue la hazaña del rescate de la tripulación de la Expedición del Endurance por parte de Chile (Capitán Luis Pardo), hace exactamente 100 años. Hemos querido ofrecerles una exhibición novedosa en la sede de esta conferencia, que es el resultado de un intenso trabajo conjunto entre la Dirección de Bibliotecas, Archivos y Museos (DIBAM), el Museo Marítimo Nacional, la Armada de Chile y nuestra Cancillería. Ahí podrán seguir día a día el desarrollo de esta expedición, realizada en 1916 en condiciones que hoy son difíciles de imaginar.

Recordar nuestra historia común es importante. Por esa razón la protección de sitios históricos en la Antártica es un trabajo que requiere nuestra atención. Nos alegramos que este año a través de una propuesta conjunta entre el Reino Unido, Chile y la *International Association of Antarctica Tour Operators* (IAATO) se estén proponiendo nuevas directrices para visitantes a Point Wild en Isla Elefante, escenario del hundimiento del Endurance. Propuestas como ésta buscan el cuidado de lugares de importancia histórica. Es también en este contexto que valoramos la información proporcionada este año por Francia con respecto a la reinstalación de una placa conmemorativa del viaje del *Pourquoi Pas* en la Isla Petermann. Estas acciones, con un fuerte contenido histórico, son relevantes en el contexto de la presencia del hombre en el Continente antártico.

Palabras finales

El próximo lunes tendremos la oportunidad de encontrarnos nuevamente con motivo de la celebración de los 25 años de la firma del Protocolo al Tratado Antártico sobre Protección al Medio Ambiente. Esa ocasión será propicia para referirme más extensamente a este instrumento internacional, cuya negociación se inició aquí en Chile en dos reuniones especiales del Tratado, en noviembre y diciembre del año 1990, en Viña del Mar. Nos alegramos poder celebrar este importante aniversario en nuestro país.

Con este motivo realizaremos el lunes próximo un grupo de trabajo especial de la Reunión Consultiva del Tratado Antártico, el que tendrá una estructura de Simposio y en cuyo marco se efectuará un balance de lo alcanzado desde la entrada en vigor de este Protocolo y se analizarán en conjunto, los desafíos presentes y futuros en materia medioambiental en el continente antártico.

Les deseo mucho éxito en sus deliberaciones y su trabajo, así como una provechosa y placentera estadía en nuestro país. Cuidemos nuestra Antártica.

Muchas gracias.

2. Informes de Depositarios y Observadores

Informe del Gobierno Depositario del Tratado Antártico y su Protocolo de conformidad con la Recomendación XIII-2

Documento de información presentado por Estados Unidos

Este informe cubre los acontecimientos relativos al Tratado Antártico y al Protocolo al Tratado Antártico sobre Protección del Medio Ambiente.

Durante el año pasado, ha habido una adhesión al Tratado. Islandia depositó su instrumento de adhesión al Tratado el 13 de octubre de 2015. No hubo adhesiones al Protocolo en el último año. En total, el Tratado cuenta con cincuenta y tres (53) Partes, y el Protocolo, con treinta y siete (37).

Los siguientes países notificaron que han designado personas declaradas como árbitros de conformidad con el Artículo 2 (1) del programa del Protocolo:

Bulgaria	Sra. Guenka Beleva	30 de julio de 2004
Chile	Emb. María Teresa Infante	Junio de 2005
	Emb. Jorge Berguño	Junio de 2005
	Dr. Francisco Orrego	Junio de 2005
Finlandia	Emb. Holger Bertil Rotkirch	14 de junio de 2006
India	Profesor Upendra Baxi	6 de octubre de 2004
	Sr. Ajai Saxena	6 de octubre de 2004
	Dr. N. Khare	6 de octubre de 2004
Japón	Juez Shunji Yanai	18 de julio de 2008
Rep. de Corea	Profesor Park Ki Gab	21 de octubre de 2008
Estados Unidos	Profesor Daniel Bodansky	1 de mayo de 2008
	Sr. David Colson	1 de mayo de 2008

Se adjuntan los listados de las Partes del Tratado y el Protocolo, y de las Recomendaciones/Medidas y sus aprobaciones.

Fecha de la medida más reciente: 13 de octubre de 2015

El Tratado Antártico

Realizado: Washington, 1 de diciembre de 1959

Entrada de vigor: 23 de junio de 1961
En conformidad con el Artículo XIII, el Tratado estaba sujeto a la ratificación por parte de los Estados signatarios y abierto a la adhesión de cualquier Estado que sea Miembro de las Naciones Unidas, o de cualquier otro Estado que pueda ser invitado a adherirse al Tratado con el consentimiento de todas las Partes Contratantes cuyos representantes estén facultados a participar en las reuniones previstas en el artículo IX del Tratado; los instrumentos de ratificación y los de adhesión serán depositados ante el Gobierno de los Estados Unidos de América. Una vez depositados los instrumentos de ratificación por todos los Estados signatarios, el presente Tratado entrará en vigor para dichos Estados y para los Estados que hayan depositado sus instrumentos de adhesión. En lo sucesivo, el Tratado entra en vigor para cualquier Estado adherente una vez que haya depositado su instrumento de adhesión.

Leyenda: (sin marcas) = ratificación; a = adhesión; d = sucesión; w = renuncia o acción equivalente

Participante	Firma	Consentimiento vinculante		Otra acción	Notas
Alemania		5 de febrero, 1979	a		1
Argentina	1 de diciembre, 1959	23 de junio, 1961			
Australia	1 de diciembre, 1959	23 de junio, 1961			

[1] La Embajada de la República Federal de Alemania en Washington hizo llegar al Departamento de Estado norteamericano una nota diplomática, fechada el 02 de octubre de 1990, que reza lo siguiente:

"La Embajada de la República Federal de Alemania saluda al Ministerio de Relaciones Exteriores y tiene el honor de informar al Gobierno de Estados Unidos de Norteamérica, en su calidad de Gobierno depositario del Tratado Antártico, que, a través de la adhesión de la República democrática Alemana a la República Federal Alemana que entrara en vigor el 03 de octubre de 1990, ambos estados alemanes habrán de unirse para formar un solo estado soberano que, en su calidad de Parte Contratante del Tratado Antártico, seguirá vinculado por las cláusulas del Tratado y sujeto a aquellas recomendaciones aprobadas en las quince reuniones consultivas aprobadas por la República Federal de Alemania. A partir de la fecha de la unidad Alemana, la República Federal de Alemania fungirá bajo la denominación "Alemania" en el marco del Sistema Antártico.
"La Embajada agradecerá al Gobierno de los Estados Unidos de Norteamérica de tener a bien informar a todas las Partes Contratantes del Tratado Antártico del contenido de la presente nota.
"La Embajada de la República Federal de Alemania aprovecha esta oportunidad para renovar al Ministerio de Relaciones Exteriores de los Estados Unidos de Norteamérica su más alta consideración."

Antes de la unificación, el 19 de noviembre de 1974, la República Democrática Alemana depositó un instrumento de adhesión al Tratado, acompañado por una declaración y su traducción al inglés del Ministerio de Relaciones Exteriores norteamericano que reza lo siguiente:

"La República Democrática Alemana considera que el Artículo XIII, párrafo 1, del Tratado no es congruente con el principio de que todos los Estados que se orientan en sus políticas por los propósitos y principios de la Carta de las Naciones Unidas tienen el derecho de ser Parte a los tratados que afectan los intereses de todos los Estados".

Por consiguiente, el 5 de febrero de 1979, la República Federal de Alemania depositó un instrumento de adhesión acompañado de una declaración y su traducción al inglés proporcionada por la Embajada de la República Federal de Alemania, que dice lo siguiente:

"Estimado Sr. Secretario:
"En conexión con el depósito con fecha de hoy, del instrumento de adhesión al Tratado Antártico suscrito en Washington el 1 de diciembre de 1959, tengo el honor de declarar en representación de la República Federal de Alemania que con efecto a partir del día en que el Tratado entre en vigor para la República Federal de Alemania aplicará también para Berlín (Occidental) sujeto a los derechos y responsabilidades de la Republica de Francia, el Reino Unido de Gran Bretaña e Irlanda del Norte y los Estados Unidos de Norteamérica incluyendo aquellos relacionados con el desarme y desmilitarización.
"Acepte, Excelencia, la expresión de mi más alta consideración".

Austria		25 de agosto, 1987	a		
Belarús		27 de diciembre, 2006	a		
Bélgica	1 de diciembre, 1959	26 de julio, 1960			
Brasil		16 de mayo, 1975	a		
Bulgaria		11 de septiembre, 1978	a		
Canadá		4 de mayo, 1988	a		
Chile	1 de diciembre, 1959	23 de junio, 1961			
China		8 de junio, 1983	a		
Colombia		31 de enero, 1989	a		
Cuba		16 de agosto, 1984	a		
Dinamarca		20 de mayo, 1965	a		
Ecuador		15 de septiembre, 1987	a		
España		31 de marzo, 1982	a		
Estados Unidos	1 de diciembre, 1959	18 de agosto, 1960			
Estonia		17 de mayo, 2001	a		
Federación de Rusia	1 de diciembre, 1959	2 de noviembre, 1960			2
Finlandia		15 de mayo, 1984	a		
Francia	1 de diciembre, 1959	16 de septiembre, 1960			
Grecia		8 de enero, 1987	a		
Guatemala		31 de julio, 1991	a		
Hungría		27 de enero, 1984	a		
India		19 de agosto, 1983	a		
Islandia		13 de octubre, 2015	a		
Italia		18 de marzo, 1981	a		
Japón	1 de diciembre, 1959	4 de agosto, 1960			
Kazajstán		27 de enero, 2015	a		
Malasia		31 de octubre, 2011	a		
Mónaco		31 de mayo, 2008	a		
Mongolia		23 de marzo, 2015	a		
Noruega	1 de diciembre, 1959	24 de agosto, 1960			
Nueva Zelandia	1 de diciembre, 1959	1 de noviembre, 1960			
Países Bajos		30 de marzo, 1967	a		3

[2] El tratado fue suscrito y ratificado por la ex Unión de Repúblicas Soviéticas Socialistas. Mediante una nota fechada el 13 de enero de 1992, la Federación de Rusia informó al Gobierno de los Estados Unidos que "sigue gozando de los derechos y cumpliendo con las obligaciones derivados de los acuerdos internacionales firmados por la Unión de Repúblicas Soviéticas Socialistas."

[3] El instrumento de adhesión al Tratado de los Países Bajos establece que el acceso es para el Reino en Europa, Suriname y las Antillas Holandesas.

Suriname se convirtió en un estado independiente el 25 de noviembre de 1975.

La Real Embajada de los Países Bajos en Washington transmitió al Departamento de Estado una nota diplomática, con fecha del 9 de enero de 1986, que reza lo siguiente:

"La Embajada del Reino de los Países Bajos saluda al Departamento de Estado y tiene el honor de solicitar la atención del Departamento sobre lo siguiente, en relación con la capacidad del Departamento como depositario [del Tratado Antártico].
"Efectivo el 1 de enero de 1986, la isla de Aruba –anteriormente parte de las Antillas Holandesas– obtuvo autonomía interna como país dentro del Reino de los Países Bajos. Por consiguiente, a partir del 1 de enero de 1986, el Reino de los Países Bajos está conformado por tres países, a saber: los Países Bajos propiamente dichos, las Antillas Holandesas y Aruba.

País		Fecha				
Pakistán		1 de marzo, 2012	a			
Papúa Nueva Guinea		16 de marzo, 1981	d			4
Perú		10 de abril, 1981	a			
Polonia		8 de junio, 1961	a			
Portugal		29 de enero, 2010	a			
Reino Unido	1 de diciembre, 1959	31 de mayo, 1960				
Rep. Popular Democrática de Corea		21 de enero, 1987	a			
República Checa		1 de enero, 1993	d			5
República de Corea		28 de noviembre, 1986	a			
República de Eslovaquia		1 de enero, 1993	d			6
Rumania		15 de septiembre, 1971	a			7

"Puesto que el evento mencionado anteriormente afecta solo a un cambio en las relaciones constitucionales al interior del Reino de los Países Bajos, y que el Reino como tal, de acuerdo con la legislación internacional, seguirá siendo el sujeto con el que se pacten los tratados, el cambio anteriormente mencionado no tendrá consecuencias en la legislación internacional relativa a tratados pactados por el Reino, cuya aplicación se extienda a las Antillas Holandesas, incluida Aruba.
"Estos tratados, por lo tanto, seguirán siendo aplicables para Aruba en su nuevo estado como país autónomo dentro del Reino de los Países Bajos, efectivo el 1 de enero de 1986".
"Consecuentemente el [Tratado Antártico] del que forma parte el Reino de los Países Bajos, y que [ha] sido ampliado a las Antillas Holandesas, se aplicará a partir del 1 de enero de 1986 a los tres países del Reino de los Países Bajos.
"La Embajada apreciaría que las otras partes interesadas sean notificadas de lo anterior.
"La Embajada del Reino de los Países Bajos aprovecha esta oportunidad para renovar al Departamento de Estado las garantías de su mayor consideración".

La Embajada del Reino de los Países Bajos en Washington transmitió al Departamento de Estado una nota diplomática, con fecha del 6 de octubre de 2010, que en la parte correspondiente dice lo siguiente:

"En la actualidad, el Reino de los Países Bajos está conformado por tres partes: los Países Bajos, las Antillas Holandesas y Aruba. Las Antillas Holandesas son las islas de Curazao, San Martín, Bonaire, San Eustaquio y Saba.
"Con efecto a partir del 10 de octubre de 2010, las Antillas Holandesas dejan de existir como parte del Reino de los Países Bajos. A partir de esa fecha, el Reino estará conformado por cuatro partes: los Países Bajos, Aruba., Curazao y San Martín. Curazao y San Martín disfrutarán de un gobierno interno autónomo dentro del Reino, al igual que Aruba y hasta el 10 de octubre de 2010, las Antillas Holandesas.
"Estos cambios son una modificación de las relaciones constitucionales internas en el Reino de los Países Bajos. El Reino de los Países Bajos permanecerá en consecuencia como sujeto de legislación internacional con el que se concluirán los acuerdos. La modificación de la estructura del Reino no afectará por lo tanto la validez de los acuerdos internacionales ratificados por el Reino para las Antillas Holandesas; y estos acuerdos seguirán aplicándose a Curazao y San Martín.
"Las otras islas que hasta ahora han formado parte de las Antillas Holandesas –Bonaire, San Eustaquio y Saba– serán parte de los Países Bajos, constituyendo así "la parte caribeña de los Países Bajos". Los acuerdos que se aplican actualmente a las Antillas Holandesas seguirán aplicándose a estas islas, no obstante, el Gobierno de los Países Bajos será ahora responsable de implementar estos acuerdos".

4 Fecha de depósito de notificación de sucesión por Papúa Nueva Guinea; vigente a partir de 16 de septiembre de 1975, fecha de su independencia.

5 Fecha efectiva de sucesión de la República Checa. Checoslovaquia depositó un instrumento de adhesión al Tratado el 14 de junio de 1962. El 31 de diciembre de 1992, a la medianoche, Checoslovaquia dejó de existir y fue sucedida por dos estados separados e independientes, la República Checa y la República de Eslovaquia

6 Fecha efectiva de sucesión de la República de Eslovaquia Checoslovaquia depositó un instrumento de adhesión al Tratado el 14 de junio de 1962. El 31 de diciembre de 1992, a la medianoche, Checoslovaquia dejó de existir y fue sucedida por dos estados separados e independientes, la República Checa y la República de Eslovaquia

7 El instrumento de adhesión de Rumania al Tratado fue acompañado por una nota del Embajador de la República Socialista de Rumania ante los Estados Unidos de América, fechada el 15 de septiembre de 1971, que reza lo siguiente:
"Estimado Sr. Secretario:

Sudáfrica	1 de diciembre, 1959	21 de junio, 1960			
Suecia		24 de abril, 1984	a		
Suiza		15 de noviembre, 1990	a		
Turquía		24 de enero, 1996	a		
Ucrania		28 de octubre, 1992	a		
Uruguay		11 de enero, 1980	a		8
Venezuela		24 de marzo, 1999	a		

"Al presentarle el instrumento de adhesión de la República socialista de Rumania al Tratado Antártico, firmado en Washington el 01 de diciembre de 1959, tengo el honor de informar a usted lo siguiente:
'El Consejo de Estado de la República Socialista de Rumania señala que las cláusulas contenidas en el primer párrafo del Artículo XIII del Tratado Antártico no son conformes con el principio según el cual los tratados multilaterales cuyos objetivos y metas atañen a la comunidad internacional en su conjunto deberían quedar abiertos a la participación universal.'
"Solicito a usted tenga la gentileza, señor Ministro, de trasmitir a las partes concernidas el texto del instrumento de adhesión rumano al Tratado Antártico así como el texto de la presente carta que contiene la declaración del Gobierno rumano mencionada anteriormente.
"Aprovecho esta oportunidad para renovar a usted, señor Ministro, mi más alta consideración".

El Secretario de Estado de Estados Unidos hizo circular copias de la carta del embajador y del instrumento de adhesión al Tratado por parte de Rumania a las partes al Tratado Antártico con una nota circular fechada el 01 de octubre de 1971.

[8] El instrumento de adhesión al Tratado por parte de Uruguay vino acompañado por una declaración y su traducción al inglés del Departamento de Estado norteamericano que dice lo siguiente:
"El Gobierno de la República Oriental del Uruguay considera que, a través de su adhesión al Tratado Antártico firmado en Washington (Estados Unidos de Norteamérica) el 01 de diciembre de 1959, colabora en afirmar los principios por los cuales se usa a la Antártida exclusivamente con fines pacíficos, de prohibir toda explosión nuclear o eliminación de desechos radioactivos en la zona, el respeto por la libertad de la investigación científica en la Antártida al servicio de la humanidad y el principio de la cooperación internacional para lograr estos objetivos, los cuales han quedado fijados en dicho Tratado.
"En el contexto de estos principios Uruguay propone, a través de un procedimiento basado en el principio de igualdad jurídica, el establecimiento de un estatuto general y definitivo sobre la Antártida en el cual, respetando los derechos de los Estados tal como han quedado conformados en derecho internacional, los intereses de todos los Estados participantes y de la comunidad internacional en su conjunto se consideren equitativamente.
"La decisión del Gobierno uruguayo de adherir al Tratado Antártico está basada no solamente en los intereses que, al igual que todos los miembros de la comunidad internacional, tiene Uruguay en la Antártida, sino también en un interés especial directo y sustantivo que surge de su ubicación geográfica, del hecho de que su línea costera atlántica se encuentra frente al continente Antártico, de la influencia resultante en su clima, ecología y biología marina, de los vínculos históricos que se remontan a las primeras expediciones que fueran a explorar ese continente y sus aguas y de sus obligaciones asumidas de conformidad con el Tratado interamericano de asistencia recíproca, el cual incluye una parte del territorio Antártico en la zona descrita en el Artículo 4, en virtud del cual Uruguay comparte la responsabilidad de defender la región.
"Al comunicar su decisión de adherir al Tratado Antártico, el Gobierno de la República Oriental del Uruguay declara que hace una reserva de sus derechos en la Antártida de conformidad con el derecho internacional."

PROTOCOLO AL TRATADO ANTÁRTICO SOBRE PROTECCIÓN DEL MEDIOAMBIENTE

Suscrito en Madrid el 4 de octubre de 1991*

Estado	Fecha de Firma	Fecha del depósito de la ratificación, aceptación (A) o aprobación (AA)	Fecha del depósito de adhesión	Fecha de entrada en vigor	Fecha aceptación ANEXO V**	Fecha de entrada en vigor del Anexo V
PARTES CONSULTIVAS						
Alemania	oct 4, 1991	nov 25, 1994		ene 14, 1998	nov 25, 1994 (A) / sep 1, 1998 (B)	may 24, 2002
Argentina	oct 4, 1991	oct 28, 1993 [3]		ene 14, 1998	sep 8, 2000 (A) / ago 4, 1995 (B)	may 24, 2002
Australia	oct 4, 1991	abr 6, 1994		ene 14, 1998	abr 6, 1994 (A) / jun 7, 1995 (B)	may 24, 2002
Bélgica	oct 4, 1991	abr 26, 1996		ene 14, 1998	abr 26, 1996 (A) / oct 23, 2000 (B)	may 24, 2002
Brasil	oct 4, 1991	ago 15, 1995		ene 14, 1998	may 20, 1998 (B)	may 24, 2002
Bulgaria			abr 21, 1998	may 21, 1998	may 5, 1999 (AB)	may 24, 2002
Chile	oct 4, 1991	ene 11, 1995		ene 14, 1998	mar 25, 1998 (B)	may 24, 2002
China	oct 4, 1991	ago 2, 1994		ene 14, 1998	ene 26, 1995 (AB)	may 24, 2002
Ecuador	oct 4, 1991	ene 4, 1993		ene 14, 1998	may 11, 2001 (A) / nov 15, 2001 (B)	may 24, 2002
España	oct 4, 1991	jul 1, 1992		ene 14, 1998	dic 8, 1993 (A) / feb 18, 2000 (B)	may 24, 2002
Estados Unidos	oct 4, 1991	abr 17, 1997		ene 14, 1998	abr 17, 1997 (A) / may 6, 1998 (B)	may 24, 2002
Federación de Rusia	oct 4, 1991	ago 6, 1997		ene 14, 1998	jun 19, 2001 (B)	may 24, 2002
Finlandia	oct 4, 1991	nov 1, 1996 (A)		ene 14, 1998	nov 1, 1996 (A) / abr 2, 1997 (B)	may 24, 2002
Francia	oct 4, 1991	feb 5, 1993 (AA)		ene 14, 1998	abr 26, 1995 (B) / nov 18, 1998 (A)	may 24, 2002
India	jul 2, 1992	abr 26, 1996		ene 14, 1998	may 24, 2002 (B)	may 24, 2002
Italia	oct 4, 1991	mar 31, 1995		ene 14, 1998	may 31, 1995 (A) / feb 11, 1998 (B)	may 24, 2002
Japón	sep 29, 1992	dic 15, 1997 (A)		ene 14, 1998	dic 15, 1997 (AB)	may 24, 2002
Noruega	oct 4, 1991	jun 16, 1993		ene 14, 1998	oct 13, 1993 (B)	may 24, 2002
Nueva Zelanda	oct 4, 1991	dic 22, 1994		ene 14, 1998	oct 21, 1992 (B)	may 24, 2002
Países Bajos	oct 4, 1991	abr 14, 1994 (A) [6]		ene 14, 1998	mar 18, 1998 (B)	may 24, 2002
Perú	oct 4, 1991	mar 8, 1993		ene 14, 1998	mar 8, 1993 (A) / mar 17, 1999 (B)	may 24, 2002
Polonia	oct 4, 1991	nov 1, 1995		ene 14, 1998	sep 20, 1995 (B)	may 24, 2002
Reino Unido	oct 4, 1991	abr 25, 1995 [5]		ene 14, 1998	may 21, 1996 (B)	may 24, 2002
Rep. Checa [1,2]	ene 1, 1993	ago 25, 2004 [4]		sep 24, 2004	abr 23, 2014 (B)	

Informe Final de la XXXIX RCTA

Rep. de Corea	jul 2, 1992	ene 2, 1996	ene 14, 1998	jun 5, 1996 (B)	may 24, 2002
Sudáfrica	oct 4, 1991	ago 3, 1995	ene 14, 1998	jun 14, 1995 (B)	may 24, 2002
Suecia	oct 4, 1991	mar 30, 1994	ene 14, 1998	mar 30, 1994 (A) abr 7, 1994 (B)	may 24, 2002
Ucrania		may 25, 2001	jun 24, 2001	may 25, 2001 (A)	may 24, 2002
Uruguay	oct 4, 1991	ene 11, 1995	ene 14, 1998	may 15, 1995 (B)	may 24, 2002

**Lo siguiente denota fechas relacionadas ya sea
con la aceptación del Anexo V o con la aprobación de la Recomendación XVI-10
(A) Aceptación del Anexo V (B) Aprobación de la Recomendación XVI-10

172

Estado	Fecha de Firma	Ratificación Aceptación o Aprobación	Fecha del depósito de adhesión	Fecha de entrada en vigor	Fecha de Aceptación ANEXO V**	Fecha de en vigor del Anexo V
PARTES NO CONSULTIVAS						
Austria	oct 4, 1991					
Belarús	oct 4, 1991		jul 16, 2008	ago 15, 2008		
Canadá	oct 4, 1991	nov 13, 2003		dic 13, 2003		
Colombia						
Cuba	jul 2, 1992					
Dinamarca						
Estonia						
Grecia	oct 4, 1991	may 23, 1995		ene 14, 1998		
Guatemala						
Hungría	oct 4, 1991					
Malasia						
Mónaco			jul 1, 2009	jul 31, 2009		
Pakistán			mar 1, 2012	mar 31, 2012		
Papua Nueva Guinea						
Portugal			sep 10, 2014	oct 10, 2014		
Rep. de Eslovaquia[1,2]	ene 1, 1993					
Rep. Pop. Dem. de Corea	oct 4, 1991					
Rumania	oct 4, 1991	feb 3, 2003		mar 5, 2003	feb 3, 2003	mar 5, 2003
Suiza	oct 4, 1991					
Turquía						
Venezuela			ago 1, 2014	ago 31, 2014		

* Suscrito en Madrid el 4 de octubre de 1991; en lo sucesivo en Washington hasta el 3 de octubre de 1992.
El Protocolo entrará en vigor inicialmente el trigésimo día siguiente a la fecha de depósito de los instrumentos de ratificación, aceptación, aprobación o adhesión de todos los Estados que sean Partes Consultivas del Tratado Antártico en la fecha en que se haya adoptado este Protocolo. (Artículo 23)

** Aprobado en Bonn el 17 de octubre de 1991 en la XVI Reunión de las Partes Consultivas del Tratado Antártico.

1. Firmado por las Repúblicas Federales Checa y Eslovaca el 2 de octubre de 1992 – Checoslovaquia acepta la jurisdicción de la Corte Internacional de Justicia y Tribunal de Arbitraje para la resolución de disputas en conformidad con lo establecido en el Artículo 19, párrafo 1. El 31 de diciembre de 1992, a la medianoche, Checoslovaquia dejó de existir y fue sucedida por dos estados separados e independientes, la República Checa y la República de Eslovaquia

2. Fecha efectiva de sucesión con respecto a la firma de Checoslovaquia, sujeta a ratificación por parte de las Repúblicas Checa y Eslovaca.

Informe Final de la XXXIX RCTA

3. Acompañada de una declaración con traducción informal proporcionada por la Embajada de Argentina, que reza así: "La República de Argentina declara que dado que el Protocolo al Tratado Antártico sobre Protección del Medio Ambiente es un Acuerdo Complementario del Tratado Antártico, y que su Artículo 4 respeta totalmente lo dispuesto por el Artículo IV, inciso 1, párrafo A) de dicho Tratado, ninguna de sus estipulaciones deberá interpretarse o aplicarse como afectando sus derechos, fundados en títulos jurídicos, actos de posesión, contigüidad y continuidad geológica en la región comprendida al sur del paralelo 60, en la que ha proclamado y mantiene su soberanía".

4. Acompañada de una declaración con traducción informal proporcionada por la Embajada de la República Checa, que reza así: "La República Checa acepta la jurisdicción de la Corte Internacional de Justicia y el Tribunal de Arbitraje para el establecimiento de disputas de acuerdo con el Artículo 19, párrafo 1 del Protocolo al Tratado Antártico sobre Protección del Medio Ambiente, hecho en Madrid el 4 de octubre de 1991".

5. Ratificación en nombre del Reino Unido de Gran Bretaña e Irlanda del Norte, el Bailiazgo de Jersey, el Bailiazgo de Guernsey, la isla de Man, Anguilla, Bermuda, el Territorio Antártico Británico, las islas Caimán, las islas Malvinas (Falkland Islands), Montserrat, Santa Helena y sus dependencias, las islas Georgias y Sándwich del Sur, las islas Turcas y Caicos, y las islas Vírgenes Británicas.

6. La aceptación es para el Reino en Europa. Al momento de la aceptación, el Reino de los Países Bajos declaró que escoge ambos medios medios para la resolución de las disputas mencionados en el Artículo 19, párrafo 1 del Protocolo, esto es, La Corte internacional de Justicia y el Tribunal de Arbitraje.

El 27 de octubre de 2004, el Reino de los Países Bajos depositó un instrumento, fechado el 15 de octubre, en el que declara que el Reino de los Países Bajos acepta el Protocolo para las Antillas Holandesas con una declaración que confirma que escoge ambos medios medios mencionados en el Artículo 19, párrafo 1, del Protocolo para la resolución de disputas.

La Embajada del Reino de los Países Bajos en Washington transmitió al Departamento de Estado una nota diplomática, con fecha del 6 de octubre de 2010, que en la parte correspondiente, dice lo siguiente:

"En la actualidad, el Reino de los Países Bajos está conformado por tres partes: los Países Bajos, las Antillas Holandesas y Aruba. Las Antillas Holandesas son las islas de Curazao, San Martín, Bonaire, San Eustaquio y Saba.

"Con efecto a partir del 10 de octubre de 2010, las Antillas Holandesas dejarán de existir como parte del Reino de los Países Bajos. A partir de esa fecha, el Reino estará conformado por cuatro partes: los Países Bajos, Aruba, Curazao y San Martín. Curazao y San Martín disfrutarán de un gobierno interno autónomo dentro del Reino, al igual que Aruba y hasta el 10 de octubre de 2010, las Antillas Holandesas. "Estos cambios son una modificación de las relaciones constitucionales internas en el Reino de los Países Bajos. El Reino de los Países Bajos permanecerá, en consecuencia, como sujeto de legislación internacional con el que se concluirán los acuerdos. Por lo tanto, la modificación de la estructura del Reino no afectará la validez de los acuerdos internacionales ratificados por el Reino para las Antillas Holandesas; y estos acuerdos seguirán aplicándose a Curazao y San Martín.

"Las otras islas que hasta ahora han formado parte de las Antillas Holandesas –Bonaire, San Eustaquio y Saba– serán parte de los Países Bajos, constituyendo así 'la parte caribeña de los Países Bajos'. Los acuerdos que se aplican actualmente a las Antillas Holandesas seguirán aplicándose a estas islas; no obstante, el gobierno de los Países Bajos será entonces responsable de implementar estos acuerdos".

El 16 de octubre de 2014, el Reino de los Países Bajos depositó un instrumento, fechado el 3 de septiembre de 2014, en el que declara que el Reino de los Países Bajos aprueba el Anexo V al Protocolo en lo que se refiere a la parte caribeña de los Países Bajos (las islas Bonaire, San Eustaquio y Saba).

Departamento de Estado,

Washington, 21 de abril de 2016.

174

Aprobación, notificada al Gobierno de los Estados Unidos de América, de las medidas relativas a la promoción de los principios y objetivos del Tratado Antártico

	9 Recomendaciones aprobadas en la Séptima Reunión (Wellington, 1972) Aprobada	14 Recomendaciones aprobadas en la Octava Reunión (Oslo, 1975) Aprobada	6 Recomendaciones aprobadas en la Novena Reunión (Londres, 1977) Aprobada	9 Recomendaciones aprobadas en la Décima Reunión (Washington, 1979) Aprobada	3 Recomendaciones aprobadas en la Décima Primera Reunión (Buenos Aires, 1981) Aprobada	8 Recomendaciones aprobadas en la Décima Segunda Reunión (Canberra, 1983) Aprobada
Alemania (1981)+	TODAS excepto 5	TODAS excepto 2 y 5	TODAS	TODAS	TODAS	TODAS
Argentina	TODAS	TODAS	TODAS	TODAS	TODAS	TODAS
Australia	TODAS	TODAS	TODAS	TODAS	TODAS	TODAS
Bélgica	TODAS	TODAS	TODAS	TODAS	TODAS	TODAS
Brasil (1983)+	TODAS excepto 5	TODAS	TODAS	TODAS	TODAS	TODAS
Bulgaria (1998)+						
Chile	TODAS	TODAS	TODAS	TODAS	TODAS	TODAS
China (1985)+	TODAS excepto 5	TODAS	TODAS	TODAS	TODAS	TODAS
Ecuador (1990)+						
EE. UU.	TODAS	TODAS	TODAS	TODAS	TODAS	TODAS
España (1988)+	TODAS	TODAS	TODAS	TODAS excepto 1 y 9	TODAS excepto 1	TODAS
Finlandia (1989)+						
Francia	TODAS	TODAS	TODAS	TODAS	TODAS	TODAS
India (1983)+	TODAS	TODAS	TODAS	TODAS excepto 1 y 9	TODAS	TODAS
Italia (1987)+	TODAS excepto 5	TODAS	TODAS	TODAS excepto 1 y 9		TODAS
Japón	TODAS	TODAS	TODAS	TODAS	TODAS	TODAS
Noruega	TODAS	TODAS	TODAS	TODAS	TODAS	TODAS
Nueva Zelandia	TODAS	TODAS	TODAS	TODAS	TODAS	TODAS
Países Bajos (1990)+	TODAS	TODAS	TODAS excepto 3	TODAS excepto 9	TODAS excepto 2	TODAS
Perú (1989)+	TODAS	TODAS	TODAS	TODAS	TODAS	TODAS
Polonia (1977)+	TODAS	TODAS	TODAS	TODAS	TODAS	TODAS
Reino Unido	TODAS	TODAS	TODAS	TODAS	TODAS	TODAS
Rep. Checa (2014)+	4 y 6-8	1, 4, 6-10, 12 y 14	1 y 2	1-3 y 8	TODAS excepto 2	TODAS excepto 3-5
Rep. de Corea (1989)+	TODAS	TODAS	TODAS	TODAS	TODAS	TODAS
Rusia	TODAS	TODAS	TODAS	TODAS	TODAS	TODAS
Sudáfrica	TODAS	TODAS	TODAS	TODAS	TODAS	TODAS
Suecia (1988)+						
Uruguay (1985)+	TODAS	TODAS	TODAS	TODAS	TODAS	TODAS

* IV-6, IV-10, IV-12 y V-5 rescindidas por VIII-2

*** Aceptada como directriz interina

+ Año en que obtuvo carácter Consultivo. Dicho Estado necesita aceptar las Recomendaciones o Medidas para que entren en vigor a partir de ese año.

Informe Final de la XXXIX RCTA

Aprobación, notificada al Gobierno de los Estados Unidos de América, de las medidas relativas a la promoción de los principios y objetivos del Tratado Antártico

	16 Recomendaciones aprobadas en la Décima Tercera Reunión (Bruselas, 1985) Aprobada	10 Recomendaciones aprobadas en la Décima Cuarta Reunión (Río de Janeiro, 1987) Aprobada	22 Recomendaciones aprobadas en la Décima Quinta Reunión (París, 1989) Aprobada	13 Recomendaciones aprobadas en la Décima Sexta Reunión (Bonn, 1991) Aprobada	4 Recomendaciones aprobadas en la Décima Séptima Reunión (Venecia, 1992) Aprobada	1 Recomendación aprobada en la Décima Octava Reunión (Kioto, 1994) Aprobada
Alemania (1981)+	TODAS	TODAS	TODAS excepto 3, 8, 10, 11 y 22	TODAS	TODAS	TODAS
Argentina	TODAS	TODAS	TODAS	TODAS	TODAS	TODAS
Australia	TODAS	TODAS	TODAS	TODAS	TODAS	TODAS
Bélgica	TODAS	TODAS	TODAS	TODAS	TODAS	TODAS
Brasil (1983)+	TODAS	TODAS	TODAS	XM-10	TODAS	TODAS
Bulgaria (1998)+			TODAS	XM-10		
Chile	TODAS	TODAS	TODAS	TODAS	TODAS	TODAS
China (1985)+	TODAS	TODAS	TODAS	TODAS	TODAS	TODAS
Ecuador (1990)+			TODAS excepto 1-4, 10 y 11)	XM-10		
EE. UU.	TODAS	TODAS	TODAS excepto 1-4, 10 y 11)	TODAS	TODAS	TODAS
España (1988)+	TODAS	TODAS	TODAS	TODAS	TODAS	TODAS
Finlandia (1989)+			TODAS	TODAS	TODAS	TODAS
Francia	TODAS	TODAS	TODAS	TODAS	TODAS	TODAS
India (1983)+	TODAS	TODAS	TODAS	TODAS	TODAS	TODAS
Italia (1987)+	TODAS	TODAS	TODAS	TODAS	TODAS	TODAS
Japón	TODAS	TODAS	TODAS	TODAS excepto 1, 3-9,12 y 13	TODAS excepto 1, 2 y 4	TODAS
Noruega	TODAS	TODAS	TODAS	TODAS	TODAS	TODAS
Nueva Zelandia	TODAS	TODAS	TODAS	TODAS	TODAS	TODAS
Países Bajos (1990)+	TODAS	TODAS excepto 9	TODAS excepto 22	TODAS	TODAS	TODAS
Perú (1989)+			TODAS excepto 22	TODAS excepto 13	TODAS	TODAS
Polonia (1977)+	TODAS	TODAS	TODAS	TODAS	TODAS	TODAS
Reino Unido	TODAS	TODAS	TODAS excepto 3, 4, 8, 10 y 11, 2, 5, 12-19 y 21	TODAS excepto 4, 6, 8 y 9, 1, 2, 5-6 y 10-12	TODAS	TODAS
Rep. Checa (2014)+	1-3, 5-6, 8, 11 y 15-16	TODAS excepto 2	TODAS excepto 1-11, 16, 18 y 19	TODAS excepto 12	TODAS excepto 2	TODAS
Rep. de Corea (1989)+	TODAS	1, 3, 5, 7-8 y 10	TODAS	TODAS	TODAS excepto 1	TODAS
Rusia	TODAS	TODAS	TODAS	TODAS	TODAS	TODAS
Sudáfrica	TODAS	TODAS	TODAS	TODAS	TODAS	TODAS
Suecia (1988)+		TODAS	TODAS	TODAS	TODAS	TODAS
Uruguay (1985)+	TODAS	TODAS	TODAS	TODAS	TODAS	TODAS

---

* IV-6, IV-10, IV-12 y V-5 rescindidas por VIII-2

*** Aceptada como directriz interina

+ Año en que obtuvo carácter Consultivo. Dicho Estado necesita aceptar las Recomendaciones o Medidas para que entren en vigor a partir de ese año.

Aprobación, notificada al Gobierno de los Estados Unidos de América, de las medidas relativas a la promoción de los principios y objetivos del Tratado Antártico

	5 Medidas aprobadas en la Novena Reunión (Seúl, 1995)	2 Medidas aprobadas en la Vigésima Reunión (Utrecht, 1996)	5 Medidas aprobadas en la Vigésima Primera Reunión (Christchurch, 1997)	2 Medidas aprobadas en la Vigésima Segunda Reunión (Tromso, 1998)	1 Medida aprobadas en la Vigésima Tercera Reunión (Lima, 1999)
	Aprobada	**Aprobada**	**Aprobada**	**Aprobada**	**Aprobada**
Alemania (1981)+	TODAS	TODAS	TODAS	TODAS	TODAS
Argentina	TODAS	TODAS	TODAS	TODAS	TODAS
Australia	TODAS	TODAS	TODAS	TODAS	TODAS
Bélgica	TODAS	TODAS	TODAS	TODAS	TODAS
Brasil (1983)+	TODAS	TODAS	TODAS	TODAS	TODAS
Bulgaria (1998)+					
Chile	TODAS	TODAS	TODAS	TODAS	TODAS
China (1985)+	TODAS	TODAS	TODAS	TODAS	TODAS
Ecuador (1990)+					
EE. UU.	TODAS	TODAS	TODAS	TODAS	TODAS
España (1988)+	TODAS	TODAS	TODAS	TODAS	TODAS
Finlandia (1989)+	TODAS	TODAS	TODAS	TODAS	TODAS
Francia	TODAS	TODAS	TODAS	TODAS	TODAS
India (1983)+	TODAS	TODAS	TODAS	TODAS	TODAS
Italia (1987)+	TODAS	TODAS	TODAS	TODAS	TODAS
Japón	TODAS excepto 2 y 5	TODAS excepto 1	TODAS excepto 1-2 y 5		
Noruega	TODAS	TODAS	TODAS		
Nueva Zelanda	TODAS	TODAS	TODAS	TODAS	TODAS
Países Bajos (1990)+	TODAS	TODAS	TODAS	TODAS	TODAS
Perú (1989)+	TODAS	TODAS	TODAS	TODAS	TODAS
Polonia (1977)+	TODAS	TODAS	TODAS	TODAS	TODAS
Reino Unido	TODAS	TODAS	TODAS	TODAS	TODAS
Rep. Checa (2014)+	TODAS excepto 1 y 2	TODAS excepto 1	TODAS excepto 1 y 2	TODAS excepto 1	
Rep. de Corea (1989)+	TODAS	TODAS	TODAS	TODAS	TODAS
Rusia	TODAS	TODAS	TODAS	TODAS	TODAS
Sudáfrica	TODAS	TODAS	TODAS	TODAS	TODAS
Suecia (1988)+	TODAS	TODAS	TODAS	TODAS	TODAS
Uruguay (1985)+	TODAS	TODAS	TODAS	TODAS	TODAS

"+Año en que obtuvo carácter Consultivo. Dicho Estado necesita aceptar las Recomendaciones o Medidas para que entren en vigor a partir de ese año.

Informe Final de la XXXIX RCTA

Aprobación notificada al Gobierno de los Estados Unidos de América de las medidas
relativas a la promoción de los principios y objetivos del Tratado Antártico

	2 Medidas aprobadas en la Duodécima Reunión Especial (La Haya, 2000) **Aprobada**	3 Medidas aprobadas en la Vigésima Cuarta Reunión (San Petersburgo, 2001) **Aprobada**	1 Medida aprobada en la Vigésima Quinta Reunión (Varsovia, 2002) **Aprobada**	3 Medidas aprobadas en la Vigésima Sexta Reunión (Madrid, 2003) **Aprobada**	4 Medidas aprobadas en la Vigésima Séptima Reunión (Ciudad de Cabo, 2004) **Aprobada**
Alemania (1981)+	TODAS	TODAS	TODAS	TODAS	XXVII-1*, XXVII-2*, XXVII-3**
Argentina		TODAS		XXVI-1*, XXVI-2*, XXVI-3**	XXVII-1*, XXVII-2*, XXVII-3**, XXVII-4
Australia	TODAS	TODAS	TODAS	XXVI-1*, XXVI-2*, XXVI-3**	XXVII-1*, XXVII-2*, XXVII-3**, XXVII-4
Bélgica	TODAS	TODAS	TODAS	TODAS	TODAS
Brasil (1983)+	TODAS	TODAS	TODAS	TODAS	XXVII-1, XXVII-2, XXVII-3
Bulgaria (1998)+				XXVI-1*, XXVI-2*, XXVI-3**	TODAS
Chile	TODAS	TODAS	TODAS	TODAS	XXVII-1*, XXVII-2*, XXVII-3**
China (1985)+	TODAS	TODAS	TODAS	TODAS	TODAS
Ecuador (1990)+			.	XXVI-1*, XXVI-2*, XXVI-3**	XXVII-1*, XXVII-2*, XXVII-3**
EE. UU.	TODAS	TODAS	.	XXVI-1*, XXVI-2*, XXVI-3**	XXVII-1*, XXVII-2*, XXVII-3**
España (1988)+			.	XXVI-1*, XXVI-2*, XXVI-3**	XXVII-1*, XXVII-2*, XXVII-3**
Finlandia (1989)+	TODAS	TODAS	.	XXVI-1*, XXVI-2*, XXVI-3**	XXVII-1*, XXVII-2*, XXVII-3**, XXVII-4
Francia	TODAS excepto RCETA XII-2	TODAS		XXVI-1*, XXVI-2*, XXVI-3**	XXVII-1*, XXVII-2*, XXVII-3**, XXVII-4
India (1983)+	TODAS	TODAS	TODAS	XXVI-1*, XXVI-2*, XXVI-3**	XXVII-1*, XXVII-2*, XXVII-3**
Italia (1987)+		TODAS	.	XXVI-1*, XXVI-2*, XXVI-3**	XXVII-1*, XXVII-2*, XXVII-3**
Japón		TODAS	.	TODAS	XXVII-1*, XXVII-2*, XXVII-3**, XXVII-4
Noruega		TODAS	.	XXVI-1*, XXVI-2*, XXVI-3**	XXVII-1*, XXVII-2*, XXVII-3**
Nueva Zelanda	TODAS	TODAS	TODAS	TODAS	XXVII-1*, XXVII-2*, XXVII-3**, XXVII-4
Países Bajos (1990)+	TODAS	TODAS	TODAS	TODAS	XXVII-1*, XXVII-2*, XXVII-3**
Perú (1989)+	TODAS	TODAS	TODAS	XXVI-1*, XXVI-2*, XXVI-3**	XXVII-1*, XXVII-2*, XXVII-3**
Polonia (1977)+		TODAS	TODAS	TODAS	TODAS
Reino Unido	TODAS excepto RCETA XII-2	TODAS excepto XXIV-3	TODAS	TODAS	XXVII-1*, XXVII-2*, XXVII-3**, XXVII-4
Rep. Checa (2014)+	TODAS	TODAS	TODAS	TODAS	TODAS
Rep. de Corea (1989)+	TODAS	TODAS	.	XXVI-1*, XXVI-2*, XXVI-3**	XXVII-1*, XXVII-2*, XXVII-3**
Rusia	TODAS	TODAS	TODAS	XXVI-1*, XXVI-2, XXVI-3**	XXVII-1*, XXVII-2*, XXVII-3**
Sudáfrica	TODAS	TODAS	TODAS	TODAS	TODAS
Suecia (1988)+	TODAS	TODAS	TODAS	TODAS	XXVII-1*, XXVII-2*, XXVII-3**
Ucrania (2004)+					XXVII-1*, XXVII-2*, XXVII-3**
Uruguay (1985)+	TODAS	TODAS	.	XXVI-1*, XXVI-2*, XXVI-3	XXVII-1*, XXVII-2*, XXVII-3**, XXVII-4

+Año en que se obtuvo carácter Consultivo. Dicho Estado necesita aceptar las Recomendaciones o Medidas para que entren en vigor a partir de ese año.

* Se consideró que los Planes de Gestión anexos a la presente Medida habían sido aprobados de conformidad con el Artículo 6(1) del Anexo V al Protocolo al Tratado Antártico sobre Protección del Medio Ambiente y que la Medida no especificaba otro método de aprobación.

** El listado revisado y actualizado de los Sitios y Monumentos Históricos anexo a la Medida se consideró aprobado de conformidad con el Artículo 8(2) del Anexo V al Protocolo al Tratado Antártico sobre Protección del Medio Ambiente y se consideró que la Medida no especificaba otro método de aprobación.

Aprobación, notificada al Gobierno de los Estados Unidos de América, de las medidas relativas a la promoción de los principios y objetivos del Tratado Antártico

	5 Medidas aprobadas en la Vigésima Octava Reunión (Estocolmo, 2005)	4 Medidas aprobadas en la Vigésima Novena Reunión (Edimburgo, 2006)	3 Medidas aprobadas en la Trigésima Reunión (Nueva Delhi, 2007)	14 Medidas aprobadas en la Trigésima Primera Reunión (Kiev, 2008)
	Aprobada	Aprobada	Aprobada	Aprobada
Argentina	XXVIII-2 *, XXVIII-3 *, XXVIII-4 *, XXVIII-5 **	XXIX-1 *, XXIX-2 *, XXIX-3 **, XXIX-4 ***	XXX-1 *, XXX-2 *, XXX-3 **	XXXI-1 - XXXI-14 *
Alemania (1981)+	XXVIII-2 *, XXVIII-3 *, XXVIII-4 *, XXVIII-5 **	XXIX-1 *, XXIX-2 *, XXIX-3 **, XXIX-4 ***	XXX-1 *, XXX-2 *, XXX-3 **	XXXI-1 - XXXI-14 *
Australia	XXVIII-1, XXVIII-2 *, XXVIII-3 *, XXVIII-4 *, XXVIII-5 **	XXIX-1 *, XXIX-2 *, XXIX-3 **, XXIX-4 ***	XXX-1 *, XXX-2 *, XXX-3 **	XXXI-1 - XXXI-14 *
Bélgica	TODAS excepto la Medida 1	TODAS	TODAS	XXXI-1 - XXXI-14 *
Brasil (1983)+	TODAS excepto la Medida 1	XXIX-1 *, XXIX-2 *, XXIX-3 **, XXIX-4 ***	XXX-1 *, XXX-2 *, XXX-3 **	XXXI-1 - XXXI-14 *
Bulgaria (1998)+	XXVIII-2 *, XXVIII-3 *, XXVIII-4 *, XXVIII-5 **	XXIX-1 *, XXIX-2 *, XXIX-3 **, XXIX-4 ***	XXX-1 *, XXX-2 *, XXX-3 **	XXXI-1 - XXXI-14 *
Chile	TODAS excepto la Medida 1	XXIX-1 *, XXIX-2 *, XXIX-3 **, XXIX-4 ***	XXX-1 *, XXX-2 *, XXX-3 **	XXXI-1 - XXXI-14 *
China (1985)+	XXVIII-2 *, XXVIII-3 *, XXVIII-4 *, XXVIII-5 **	XXIX-1 *, XXIX-2 *, XXIX-3 **, XXIX-4 ***	XXX-1 *, XXX-2 *, XXX-3 **	XXXI-1 - XXXI-14 *
Ecuador (1990)+	XXVIII-2 *, XXVIII-3 *, XXVIII-4 *, XXVIII-5 **	XXIX-1 *, XXIX-2 *, XXIX-3 **, XXIX-4 ***	XXX-1 *, XXX-2 *, XXX-3 **	XXXI-1 - XXXI-14 *
EE. UU.	XXVIII-2 *, XXVIII-3 *, XXVIII-4 *, XXVIII-5 **	XXIX-1 *, XXIX-2 *, XXIX-3 **, XXIX-4 ***	XXX-1 *, XXX-2 *, XXX-3 **	XXXI-1 - XXXI-14 *
España (1988)+	XXVIII-1, XXVIII-2 *, XXVIII-3 *, XXVIII-4 *, XXVIII-5 **	XXIX-1 *, XXIX-2 *, XXIX-3 **, XXIX-4 ***	XXX-1 *, XXX-2 *, XXX-3 **	XXXI-1 - XXXI-14 *
Finlandia (1989)+	XXVIII-1, XXVIII-2 *, XXVIII-3 *, XXVIII-4 *, XXVIII-5 **	XXIX-1 *, XXIX-2 *, XXIX-3 **, XXIX-4 ***	XXX-1 *, XXX-2 *, XXX-3 **	XXXI-1 - XXXI-14 *
Francia	XXVIII-2 *, XXVIII-3 *, XXVIII-4 *, XXVIII-5 **	XXIX-1 *, XXIX-2 *, XXIX-3 **, XXIX-4 ***	XXX-1 *, XXX-2 *, XXX-3 **	XXXI-1 - XXXI-14 *
India (1983)+	XXVIII-2 *, XXVIII-3 *, XXVIII-4 *, XXVIII-5 **	XXIX-1 *, XXIX-2 *, XXIX-3 **, XXIX-4 ***	XXX-1 *, XXX-2 *, XXX-3 **	XXXI-1 - XXXI-14 *
Italia (1987)+	XXVIII-2 *, XXVIII-3 *, XXVIII-4 *, XXVIII-5 **	XXIX-1 *, XXIX-2 *, XXIX-3 **, XXIX-4 ***	XXX-1 *, XXX-2 *, XXX-3 **	XXXI-1 - XXXI-14 *
Japón	XXVIII-2 *, XXVIII-3 *, XXVIII-4 *, XXVIII-5 **	XXIX-1 *, XXIX-2 *, XXIX-3 **, XXIX-4 ***	XXX-1 *, XXX-2 *, XXX-3 **	XXXI-1 - XXXI-14 *
Noruega	XXVIII-1, XXVIII-2 *, XXVIII-3 *, XXVIII-4 *, XXVIII-5 **	XXIX-1 *, XXIX-2 *, XXIX-3 **, XXIX-4 ***	XXX-1 *, XXX-2 *, XXX-3 **	TODAS
Nueva Zelandia	XXVIII-1, XXVIII-2 *, XXVIII-3 *, XXVIII-4 *, XXVIII-5 **	XXIX-1 *, XXIX-2 *, XXIX-3 **, XXIX-4 ***	XXX-1 *, XXX-2 *, XXX-3 **	XXXI-1 - XXXI-14 *
Países Bajos (1990)+	TODAS	TODAS	TODAS	TODAS
Perú (1989)+	XXVIII-1, XXVIII-2 *, XXVIII-3 *, XXVIII-4 *, XXVIII-5 **	XXIX-1 *, XXIX-2 *, XXIX-3 **, XXIX-4 ***	XXX-1 *, XXX-2 *, XXX-3 **	XXXI-1 - XXXI-14 *
Polonia (1977)+	TODAS	TODAS	TODAS	XXXI-1 - XXXI-14 *
Reino Unido	XXVIII-1, XXVIII-2 *, XXVIII-3 *, XXVIII-4 *, XXVIII-5 **	XXIX-1 *, XXIX-2 *, XXIX-3 **, XXIX-4 ***	XXX-1 *, XXX-2 *, XXX-3 **	XXXI-1 - XXXI-14 *
Rep. Checa (2014)+	TODAS excepto la Medida 1	TODAS	TODAS	TODAS excepto la Medida 8
Rep. de Corea (1989)+	XXVIII-2 *, XXVIII-3 *, XXVIII-4 *, XXVIII-5 **	XXIX-1 *, XXIX-2 *, XXIX-3 **, XXIX-4 ***	XXX-1 *, XXX-2 *, XXX-3 **	XXXI-1 - XXXI-14 *
Rusia	XXVIII-2 *, XXVIII-3 *, XXVIII-4 *, XXVIII-5 **	XXIX-1 *, XXIX-2 *, XXIX-3 **, XXIX-4 ***	XXX-1 *, XXX-2 *, XXX-3 **	XXXI-1 - XXXI-14 *
Sudáfrica	TODAS	TODAS	TODAS	XXXI-1 - XXXI-14 *
Suecia (1988)+	XXVIII-1, XXVIII-2 *, XXVIII-3 *, XXVIII-4 *, XXVIII-5 **	XXIX-1 *, XXIX-2 *, XXIX-3 **, XXIX-4 ***	XXX-1 *, XXX-2 *, XXX-3 **	XXXI-1 - XXXI-14 *
Ucrania (2004)+	XXVIII-2 *, XXVIII-3 *, XXVIII-4 *, XXVIII-5 **	XXIX-1 *, XXIX-2 *, XXIX-3 **, XXIX-4 ***	XXX-1 *, XXX-2 *, XXX-3 **	XXXI-1 - XXXI-14 *
Uruguay (1985)+	XXVIII-2 *, XXVIII-3 *, XXVIII-4 *, XXVIII-5 **	XXIX-1 *, XXIX-2 *, XXIX-3 **, XXIX-4 ***	XXX-1 *, XXX-2 *, XXX-3 **	XXXI-1 - XXXI-14 *

"+Año en que obtuvo carácter Consultivo. Dicho Estado necesita aceptar las Recomendaciones o Medidas para que entren en vigor a partir de ese año.

* Se consideró que los Planes de Gestión anexos a la Medida se habían aprobado de conformidad con el Artículo 6(1) del Anexo V al Protocolo al Tratado Antártico sobre Protección del Medio Ambiente y que la Medida no especificaba otro método de aprobación.

** El listado revisado y actualizado de los Sitios y Monumentos Históricos anexo a la Medida se consideró aprobado de conformidad con el Artículo 8(2) del Anexo V al Protocolo al Tratado Antártico sobre Protección del Medio Ambiente y se consideró que la Medida no especificaba otro método de aprobación.

*** La modificación del Apéndice A al Anexo II del Protocolo al Tratado Antártico sobre Protección del Medio Ambiente se consideró aprobada de conformidad con el Artículo 9(1) del Anexo II al Protocolo al Tratado Antártico sobre Protección del Medio Ambiente y la Medida no especificaba otro método de aprobación.

Informe Final de la XXXIX RCTA

Aprobación, notificada al Gobierno de los Estados Unidos de América, de las medidas relativas a la promoción de los principios y objetivos del Tratado Antártico

	16 Medidas aprobadas en la Trigésima Segunda Reunión (Baltimore, 2009) Aprobada	16 Medidas aprobadas en la Trigésima Tercera Reunión (Punta del Este, 2010) Aprobada	12 Medidas aprobadas en la Trigésima Cuarta Reunión (Buenos Aires, 2011) Aprobada	11 Medidas aprobadas en la Trigésima Quinta Reunión (Hobart, 2012) Aprobada	21 Medidas aprobadas en la Trigésima Sexta Reunión (Bruselas, 2013) Aprobada
Argentina	XXXII-1 - XXXII-13* y XXXII-14**	XXXIII-1 - XXXIII-14* y XXXIII-15**	XXXIV-1 - XXXIV-10* y XXXIV-11 - XXXIV-12**	XXXV-1 - XXXV-10* y XXXV-11**	XXXVI-1 - XXXVI-17* y XXXVI-18 - XXXVI-21**
Alemania (1981)+	XXXII-1 - XXXII-13* y XXXII-14**	XXXIII-1 - XXXIII-14* y XXXIII-15**	XXXIV-1 - XXXIV-10* y XXXIV-11 - XXXIV-12**	XXXV-1 - XXXV-10* y XXXV-11**	XXXVI-1 - XXXVI-17* y XXXVI-18 - XXXVI-21**
Australia	XXXII-1 - XXXII-13* y XXXII-14**; XXXII-15	XXXIII-1 - XXXIII-14* y XXXIII-15**	XXXIV-1 - XXXIV-10* y XXXIV-11 - XXXIV-12**	XXXV-1 - XXXV-10* y XXXV-11**	XXXVI-1 - XXXVI-17* y XXXVI-18 - XXXVI-21**
Bélgica	XXXII-1 - XXXII-13* y XXXII-14**	XXXIII-1 - XXXIII-14* y XXXIII-15**	XXXIV-1 - XXXIV-10* y XXXIV-11 - XXXIV-12**	XXXV-1 - XXXV-10* y XXXV-11**	XXXVI-1 - XXXVI-17* y XXXVI-18 - XXXVI-21**
Brasil (1983)+	XXXII-1 - XXXII-13* y XXXII-14**	XXXIII-1 - XXXIII-14* y XXXIII-15**	XXXIV-1 - XXXIV-10* y XXXIV-11 - XXXIV-12**	XXXV-1 - XXXV-10* y XXXV-11**	XXXVI-1 - XXXVI-17* y XXXVI-18 - XXXVI-21**
Bulgaria (1998)+	XXXII-1 - XXXII-13* y XXXII-14**	XXXIII-1 - XXXIII-14* y XXXIII-15**	XXXIV-1 - XXXIV-10* y XXXIV-11 - XXXIV-12**	XXXV-1 - XXXV-10* y XXXV-11**	XXXVI-1 - XXXVI-17* y XXXVI-18 - XXXVI-21**
Chile	XXXII-1 - XXXII-13* y XXXII-14**	XXXIII-1 - XXXIII-14* y XXXIII-15**	XXXIV-1 - XXXIV-10* y XXXIV-11 - XXXIV-12**	XXXV-1 - XXXV-10* y XXXV-11**	XXXVI-1 - XXXVI-17* y XXXVI-18 - XXXVI-21**
China (1985)+	XXXII-1 - XXXII-13* y XXXII-14**	XXXIII-1 - XXXIII-14* y XXXIII-15**	XXXIV-1 - XXXIV-10* y XXXIV-11 - XXXIV-12**	XXXV-1 - XXXV-10* y XXXV-11**	XXXVI-1 - XXXVI-17* y XXXVI-18 - XXXVI-21**
Ecuador (1990)+	XXXII-1 - XXXII-13* y XXXII-14**	XXXIII-1 - XXXIII-14* y XXXIII-15**	XXXIV-1 - XXXIV-10* y XXXIV-11 - XXXIV-12**	XXXV-1 - XXXV-10* y XXXV-11**	XXXVI-1 - XXXVI-17* y XXXVI-18 - XXXVI-21**
EE. UU.	XXXII-1 - XXXII-13* y XXXII-14**	XXXIII-1 - XXXIII-14* y XXXIII-15**	XXXIV-1 - XXXIV-10* y XXXIV-11 - XXXIV-12**	XXXV-1 - XXXV-10* y XXXV-11**	XXXVI-1 - XXXVI-17* y XXXVI-18 - XXXVI-21**
España (1988)+	XXXII-1 - XXXII-13* y XXXII-14**; XXXII-16	XXXIII-1 - XXXIII-14* y XXXIII-15**	XXXIV-1 - XXXIV-10* y XXXIV-11 - XXXIV-12**	XXXV-1 - XXXV-10* y XXXV-11**	XXXVI-1 - XXXVI-17* y XXXVI-18 - XXXVI-21**
Finlandia (1989)+	XXXII-1 - XXXII-13* y XXXII-14**; XXXII-15	XXXIII-1 - XXXIII-14* y XXXIII-15**	XXXIV-1 - XXXIV-10* y XXXIV-11 - XXXIV-12**	XXXV-1 - XXXV-10* y XXXV-11**	XXXVI-1 - XXXVI-17* y XXXVI-18 - XXXVI-21**
Francia	XXXII-1 - XXXII-13* y XXXII-14**	XXXIII-1 - XXXIII-14* y XXXIII-15**	XXXIV-1 - XXXIV-10* y XXXIV-11 - XXXIV-12**	XXXV-1 - XXXV-10* y XXXV-11**	XXXVI-1 - XXXVI-17* y XXXVI-18 - XXXVI-21**
India (1983)+	XXXII-1 - XXXII-13* y XXXII-14**	XXXIII-1 - XXXIII-14* y XXXIII-15**	XXXIV-1 - XXXIV-10* y XXXIV-11 - XXXIV-12**	XXXV-1 - XXXV-10* y XXXV-11**	XXXVI-1 - XXXVI-17* y XXXVI-18 - XXXVI-21**
Italia (1987)+	XXXII-1 - XXXII-13* y XXXII-14**; XXXII-15	XXXIII-1 - XXXIII-14* y XXXIII-15**	XXXIV-1 - XXXIV-10* y XXXIV-11 - XXXIV-12**	XXXV-1 - XXXV-10* y XXXV-11**	XXXVI-1 - XXXVI-17* y XXXVI-18 - XXXVI-21**
Japón	XXXII-1 - XXXII-13* y XXXII-14**; XXXII-15	XXXIII-1 - XXXIII-14* y XXXIII-15**	XXXIV-1 - XXXIV-10* y XXXIV-11 - XXXIV-12**	XXXV-1 - XXXV-10* y XXXV-11**	XXXVI-1 - XXXVI-17* y XXXVI-18 - XXXVI-21**
Noruega	XXXII-1 - XXXII-13* y XXXII-14**	XXXIII-1 - XXXIII-14* y XXXIII-15**	XXXIV-1 - XXXIV-10* y XXXIV-11 - XXXIV-12**	XXXV-1 - XXXV-10* y XXXV-11**	XXXVI-1 - XXXVI-17* y XXXVI-18 - XXXVI-21**
Nueva Zelandia	XXXII-1 - XXXII-13* y XXXII-14**	TODAS	XXXIV-1 - XXXIV-10* y XXXIV-11 - XXXIV-12**	XXXV-1 - XXXV-10* y XXXV-11**	XXXVI-1 - XXXVI-17* y XXXVI-18 - XXXVI-21**
Países Bajos (1990)+	XXXII-1 - XXXII-13* y XXXII-14**; XXXII-15 - XXXII-16	XXXIII-1 - XXXIII-14* y XXXIII-15**	XXXIV-1 - XXXIV-10* y XXXIV-11 - XXXIV-12**	XXXV-1 - XXXV-10* y XXXV-11**	XXXVI-1 - XXXVI-17* y XXXVI-18 - XXXVI-21**
Perú (1989)+	XXXII-1 - XXXII-13* y XXXII-14**	XXXIII-1 - XXXIII-14* y XXXIII-15**	XXXIV-1 - XXXIV-10* y XXXIV-11 - XXXIV-12**	TODAS	XXXVI-1 - XXXVI-17* y XXXVI-18 - XXXVI-21**
Polonia (1977)+	XXXII-1 - XXXII-13* y XXXII-14**	XXXIII-1 - XXXIII-14* y XXXIII-15**	XXXIV-1 - XXXIV-10* y XXXIV-11 - XXXIV-12**	XXXV-1 - XXXV-10* y XXXV-11**	XXXVI-1 - XXXVI-17* y XXXVI-18 - XXXVI-21**
Reino Unido	XXXII-1 - XXXII-13* y XXXII-14**; XXXII-15 - XXXII-16	TODAS	TODAS	TODAS	TODAS
Rep. Checa (2014)+	TODAS excepto 2 y 16	XXXIII-1 - XXXIII-14* y XXXIII-15**	XXXIV-1 - XXXIV-10* y XXXIV-11 - XXXIV-12**	XXXV-1 - XXXV-10* y XXXV-11**	XXXVI-1 - XXXVI-17* y XXXVI-18 - XXXVI-21**
Rep. de Corea (1989)+	XXXII-1 - XXXII-13* y XXXII-14**	XXXIII-1 - XXXIII-14* y XXXIII-15**	XXXIV-1 - XXXIV-10* y XXXIV-11 - XXXIV-12**	XXXV-1 - XXXV-10* y XXXV-11**	XXXVI-1 - XXXVI-17* y XXXVI-18 - XXXVI-21**
Rusia	XXXII-1 - XXXII-13* y XXXII-14**	XXXIII-1 - XXXIII-14* y XXXIII-15**	XXXIV-1 - XXXIV-10* y XXXIV-11 - XXXIV-12**	XXXV-1 - XXXV-10* y XXXV-11**	XXXVI-1 - XXXVI-17* y XXXVI-18 - XXXVI-21**
Sudáfrica	XXXII-1 - XXXII-13* y XXXII-14**	XXXIII-1 - XXXIII-14* y XXXIII-15**	XXXIV-1 - XXXIV-10* y XXXIV-11 - XXXIV-12**	XXXV-1 - XXXV-10* y XXXV-11**	XXXVI-1 - XXXVI-17* y XXXVI-18 - XXXVI-21**
Suecia (1988)+	XXXII-1 - XXXII-13* y XXXII-14**	XXXIII-1 - XXXIII-14* y XXXIII-15**	XXXIV-1 - XXXIV-10* y XXXIV-11 - XXXIV-12**	XXXV-1 - XXXV-10* y XXXV-11**	XXXVI-1 - XXXVI-17* y XXXVI-18 - XXXVI-21**
Ucrania (2004)+	XXXII-1 - XXXII-13* y XXXII-14**	XXXIII-1 - XXXIII-14* y XXXIII-15**	XXXIV-1 - XXXIV-10* y XXXIV-11 - XXXIV-12**	XXXV-1 - XXXV-10* y XXXV-11**	XXXVI-1 - XXXVI-17* y XXXVI-18 - XXXVI-21**
Uruguay (1985)+	XXXII-1 - XXXII-13* y XXXII-14**; XXXII-15	XXXIII-1 - XXXIII-14* y XXXIII-15**	XXXIV-1 - XXXIV-10* y XXXIV-11 - XXXIV-12**	XXXV-1 - XXXV-10* y XXXV-11**	XXXVI-1 - XXXVI-17* y XXXVI-18 - XXXVI-21**

+Año en que se obtuvo carácter Consultivo. Dicho Estado necesita aceptar las Recomendaciones o Medidas para que entren en vigor a partir de ese año.

* Se consideró que los Planes de Gestión anexos a la presente Medida habían sido aprobados de conformidad con el Artículo 6(1) del Anexo V al Protocolo al Tratado Antártico sobre Protección del Medio Ambiente y que la Medida no especificaba otro método de aprobación.

** Las modificaciones y/o adiciones a la lista de Sitios y Monumentos Históricos se consideraron aprobadas de conformidad con el Artículo 8(2) del Anexo V al Protocolo del Medio Ambiente y se consideró que la Medida no especificaba otro método de aprobación.

	16 Medidas aprobadas en la Trigésima Sexta Reunión (Brasilia, 2014) Aprobada	19 Medidas aprobadas en la Trigésima Octava Reunión (Sofía, 2015) Aprobada
Alemania (1981)+	XXXVII-1 - XXXVII-16*	XXXVIII-1 - XXXVIII-18* y XXXVIII-19**
Argentina	XXXVII-1 - XXXVII-16*	XXXVIII-1 - XXXVIII-18* y XXXVIII-19**
Australia	XXXVII-1 - XXXVII-16*	XXXVIII-1 - XXXVIII-18* y XXXVIII-19**
Bélgica	XXXVII-1 - XXXVII-16*	XXXVIII-1 - XXXVIII-18* y XXXVIII-19**
Brasil (1983)+	XXXVII-1 - XXXVII-16*	XXXVIII-1 - XXXVIII-18* y XXXVIII-19**
Bulgaria (1998)+	XXXVII-1 - XXXVII-16*	XXXVIII-1 - XXXVIII-18* y XXXVIII-19**
Chile	XXXVII-1 - XXXVII-16*	XXXVIII-1 - XXXVIII-18* y XXXVIII-19**
China (1985)+	XXXVII-1 - XXXVII-16*	XXXVIII-1 - XXXVIII-18* y XXXVIII-19**
Ecuador (1990)+	XXXVII-1 - XXXVII-16*	XXXVIII-1 - XXXVIII-18* y XXXVIII-19**
EE. UU.	XXXVII-1 - XXXVII-16*	XXXVIII-1 - XXXVIII-18* y XXXVIII-19**
España (1988)+	XXXVII-1 - XXXVII-16*	XXXVIII-1 - XXXVIII-18* y XXXVIII-19**
Finlandia (1989)+	XXXVII-1 - XXXVII-16*	XXXVIII-1 - XXXVIII-18* y XXXVIII-19**
Francia	XXXVII-1 - XXXVII-16*	XXXVIII-1 - XXXVIII-18* y XXXVIII-19**
India (1983)+	XXXVII-1 - XXXVII-16*	XXXVIII-1 - XXXVIII-18* y XXXVIII-19**
Italia (1987)+	XXXVII-1 - XXXVII-16*	XXXVIII-1 - XXXVIII-18* y XXXVIII-19**
Japón	XXXVII-1 - XXXVII-16*	XXXVIII-1 - XXXVIII-18* y XXXVIII-19**
Noruega	XXXVII-1 - XXXVII-16*	XXXVIII-1 - XXXVIII-18* y XXXVIII-19**
Nueva Zelandia	XXXVII-1 - XXXVII-16*	XXXVIII-1 - XXXVIII-18* y XXXVIII-19**
Países Bajos (1990)+	XXXVII-1 - XXXVII-16*	XXXVIII-1 - XXXVIII-18* y XXXVIII-19**
Perú (1989)+	XXXVII-1 - XXXVII-16*	XXXVIII-1 - XXXVIII-18* y XXXVIII-19**
Polonia (1977)+	XXXVII-1 - XXXVII-16*	XXXVIII-1 - XXXVIII-18* y XXXVIII-19**
Reino Unido	XXXVII-1 - XXXVII-16*	XXXVIII-1 - XXXVIII-18* y XXXVIII-19**
Rep. Checa (2014)+	XXXVII-1 - XXXVII-16*	XXXVIII-1 - XXXVIII-18* y XXXVIII-19**
Rep. de Corea (1989)+	XXXVII-1 - XXXVII-16*	XXXVIII-1 - XXXVIII-18* y XXXVIII-19**
Rusia	XXXVII-1 - XXXVII-16*	XXXVIII-1 - XXXVIII-18* y XXXVIII-19**
Sudáfrica	XXXVII-1 - XXXVII-16*	XXXVIII-1 - XXXVIII-18* y XXXVIII-19**
Suecia (1988)+	XXXVII-1 - XXXVII-16*	XXXVIII-1 - XXXVIII-18* y XXXVIII-19**
Ucrania (2004)+	XXXVII-1 - XXXVII-16*	XXXVIII-1 - XXXVIII-18* y XXXVIII-19**
Uruguay (1985)+	XXXVII-1 - XXXVII-16*	XXXVIII-1 - XXXVIII-18* y XXXVIII-19**

*+Año en que obtuvo carácter Consultivo. Dicho Estado necesita aceptar las Recomendaciones o Medidas para que entren en vigor a partir de ese año.

* Se consideró que los Planes de Gestión anexos a la presente Medida habían sido aprobados de conformidad con el Artículo 6(1) Anexo V al Protocolo al Tratado Antártico sobre Protección del Medio Ambiente y que la Medida no especificaba otro método de aprobación.

** Las modificaciones y/o adiciones a la lista de Sitios y Monumentos Históricos se consideraron aprobadas de conformidad con el Artículo 8(2) del Anexo V al Protocolo al Tratado Antártico sobre Protección del Medio Ambiente y se consideró que la Medida no especificaba otro método de aprobación.

Despacho del Asistente del Asesor jurídico en asuntos relativos a los tratados
Departamento de Estado
Washington, 21 de abril de 2016.

Informe del Gobierno Depositario de la Convención para la Conservación de los Recursos Vivos Marinos Antárticos (CCRVMA)

Documento de información presentado por Australia

Resumen

En su calidad de país Depositario de la Convención sobre la Conservación de los Recursos Vivos Marinos Antárticos de 1980, Australia presenta un informe.

Antecedentes

Australia, como país Depositario de la *Convención sobre la Conservación de los Recursos Vivos Marinos Antárticos* de 1980 ("la Convención"), se complace en informar ante la Trigésima Novena Reunión Consultiva del Tratado Antártico (XXXIX RCTA) sobre la situación de la Convención.

Australia notifica a las Partes del Tratado Antártico que, desde la Trigésima Octava Reunión Consultiva del Tratado Antártico (XXXVIII RCTA), no ha habido actividad del país Depositario.

En la Base de datos de los tratados australianos publicada en Internet, hay disponible una copia de la lista de estado de situación para la Convención, a la que se puede acceder a través de la siguiente dirección:

http://www.austlii.edu.au/au/other/dfat/treaty_list/depository/CCAMLR.html

También es posible acceder a lista de estado de situación solicitándola a la Secretaría de Tratados del Departamento de Asuntos Exteriores y Comercio del Gobierno de Australia. Las solicitudes pueden cursarse a través de misiones diplomáticas de Australia.

Informe del Gobierno Depositario del Acuerdo sobre la Conservación de Albatros y Petreles (ACAP)

Documento de información presentado por Australia

Resumen

En su calidad de país Depositario del *Acuerdo sobre la Conservación de Albatros y Petreles* de 2001, Australia presenta un informe.

Antecedentes

Australia, como país Depositario del *Acuerdo sobre la Conservación de Albatros y Petreles* de 2001 ("el Acuerdo"), se complace en informar a la Trigésima Novena Reunión Consultiva del Tratado Antártico (XXXIX RCTA) sobre la situación del Acuerdo.

Australia notifica a las Partes del Tratado Antártico que, desde la Trigésima Octava Reunión Consultiva del Tratado Antártico (XXXVIII RCTA), no ha habido nuevas adhesiones al Acuerdo.

En la Base de datos de los tratados australianos publicada en Internet, hay disponible una copia de la lista de estado de situación para el Acuerdo, a la que se puede acceder a través de la siguiente dirección:

http://www.austlii.edu.au/au/other/dfat/treaty_list/depository/consalbnpet.html

También es posible acceder a lista de estado de situación solicitándola a la Secretaría de Tratados del Departamento de Asuntos Exteriores y Comercio del Gobierno de Australia. Las solicitudes pueden cursarse a través de misiones diplomáticas de Australia.

Informe presentado por el Reino Unido en calidad de Gobierno Depositario de la Convención para la Conservación de las Focas Antárticas (CCFA) en virtud de la Recomendación XIII-2, párrafo 2 (D)

Partes de la Convención y nuevas adhesiones

El Reino Unido, en su calidad de Gobierno Depositario de la Convención para la Conservación de las Focas Antárticas (CCFA), no ha recibido solicitudes de adhesión a la Convención, como tampoco ningún instrumento de adhesión, desde el informe anterior (XXXVIII RCTA, Documento de Información IP 5).

Se adjunta al presente informe la lista de los países signatarios originales de la Convención y de aquellos que se adhirieron posteriormente (Anexo A).

Informe anual de la CCFA correspondiente a la temporada 2014/2015

En el Anexo B las Partes Contratantes de la CCFA enumeran todas las capturas y matanzas de focas antárticas durante el período de referencia, que va desde el 1 de marzo de 2014 al 28 de febrero de 2015. Todas las capturas informadas se realizaron con fines de investigación científica.

Próximo informe anual de la CCFA

El Reino Unido desea recordar a las Partes Contratantes de la CCFA que el intercambio de información al que se hace referencia en el Párrafo 6(a) del Anexo de la Convención para el periodo del informe entre el 1 de marzo de 2015 y el 29 de febrero de 2016 está previsto para el **30 de junio de 2016.** Las Partes de la CCFA deben enviar sus informes, incluso si no hay nada que declarar, tanto al Reino Unido como al SCAR. El Reino Unido también quiere alentar a todas las Partes Contratantes de la CCFA a presentar sus informes de manera oportuna.

El informe de la CCFA para el período 2015-2016 será presentado durante la XL RCTA una vez transcurrido el plazo para el intercambio de información, en junio de 2016.

Partes de la Convención para la Conservación de Focas Antárticas (CCFA)

Londres, 1 de junio al 31 de diciembre de 1972; la Convención entró en vigor el 11 de marzo de 1978.

Estado	Fecha de firma	Fecha de depósito (de la ratificación o aceptación)
Argentina*	9 de junio de 1972	7 de marzo de 1978
Australia	5 de octubre de 1972	1 de julio de 1987
Bélgica	9 de junio de 1972	9 de febrero de 1978
Chile*	28 de diciembre de 1972	7 de febrero de 1980
Estados Unidos de América	28 de junio de 1972	19 de enero de 1977
Francia**	19 de diciembre de 1972	19 de febrero de 1975
Japón	28 de diciembre de 1972	28 de agosto de 1980
Noruega	9 de junio de 1972	10 de diciembre de 1973
Reino Unido**	9 de junio de 1972	10 de septiembre 1974***
Rusia****	9 de junio de 1972	8 de febrero de 1978
Sudáfrica	9 de junio de 1972	15 de agosto de 1972

Adhesiones

Estado	Fecha de depósito del instrumento de adhesión
Alemania	30 de septiembre de 1987
Brasil	11 de febrero de 1991
Canadá	4 de octubre de 1990
Italia	2 de abril de 1992
Pakistán	25 de marzo de 2013
Polonia	15 de agosto de 1980

* Declaración o reserva
** Objeción
*** El instrumento de ratificación incluía las Islas del Canal de la Mancha y la Isla de Man
**** Ex URSS

Informe anual de la CCFA para la temporada 2014-2015

Sinopsis del informe de acuerdo con el Artículo 5 y el Anexo de la Convención: Captura y matanza de focas durante el período entre el 1 de marzo de 2014 y el 28 de febrero de 2015.

Parte contratante	Focas antárticas capturadas	Focas antárticas muertas
Alemania	0	0
Argentina	248 (a)	2 (b)
Australia	0	0
Bélgica	0	0
Brasil	0	0
Canadá	0	0
Chile	0	0
Estados Unidos de América	2926 (d)	9 (e)
Francia	87 (c)	0
Italia	0	0
Japón	0	0
Noruega	0	0
Pakistán	No se recibió información	No se recibió información
Polonia	0	0
Reino Unido	0	0
Rusia	No se recibió información	No se recibió información
Sudáfrica	0	0

Todas las capturas informadas fueron con fines de investigación científica.

(a) **Elefantes marinos del sur:** 8 crías, 56 crías y adultos, 15 crías y adultos recapturados, 100 cachorros. **Focas leopardo:** 14 adultos. **Focas de Weddell:** 32 adultos. **Focas cangrejeras:** 23 adultos.

(b) 1 **foca leopardo** adulta y 1 **foca cangrejera** adulta murieron en cautividad de manera accidental debido a un problema fisiológico en particular relativo a su reacción a los anestésicos.

(c) **Focas de Weddell:** 2 machos adultos, 35 hembras adultas, 25 cachorros machos, 25 cachorros hembras.

(d) **Lobos finos antárticos:** 90 adultos/crías, 592 cachorros (sexo desconocido). **Focas leopardo:** 18 adultos/crías. **Elefantes marinos del sur:** 14 adultos/crías, 10 cachorros (sexo desconocido). **Focas de Weddell:** 20 adultos/crías, 26 cachorros (sexo desconocido), 289 hembras adultas, 86 machos adultos, 1176 adultos/crías solo para observación, 5 adultos (sexo desconocido) solo para observación, 2 crías hembras, 1 cría macho, 278 cachorros hembras y 313 cachorros machos. **Focas cangrejeras:** 4 adultos/crías; 2 adultos/crías, solo para observación.

(e) **Lobos finos antárticos:** 2 machos adultos y 2 hembras adultas. **Elefantes marinos del sur:** 4 cachorros (sexo desconocido). **Focas de Weddell:** 1 hembra adulta. Todos encontrados muertos en la costa, sin haber sido manipulados.

Informe del Observador de la CCRVMA

Informe de la Trigésima Cuarta Reunión de la Comisión

(Hobart, Australia, 19 al 30 de octubre de 2015)

Apertura de la reunión

1.　　La Trigésima Cuarta Reunión Anual de la CCRVMA, celebrada en Hobart, Australia del 19 al 30 de octubre de 2015, fue presidida por el Sr. Dmitry Gonchar (Federación de Rusia).

2.　　La Reunión contó con la participación de tres Miembros, dos Estados adherentes y doce Observadores de organizaciones no gubernamentales o de la industria.

Organización de la Reunión

Situación de la Convención

3.　　Australia, en su carácter de Depositario, informó que la situación de la Convención no había cambiado durante el último periodo entre sesiones.

Implementación y cumplimiento

4.　　La Comisión aprobó el Informe de cumplimiento de la CCRVMA para 2015, en el tercer año de implementación del Procedimiento de Evaluación del Cumplimiento de la CCRVMA.

5.　　También se consideraron los siguientes temas:

- La implementación exitosa de un sistema de observación de buques (VMS) en 2015, la adopción de normas mínimas para las unidades VMS y un aumento en la frecuencia de notificación que, para 2019, regirá en todas las pesquerías, las cuales notificaran datos por intervalos regulares, una vez cada hora.

- Una estrategia de divulgación para incentivar a las Partes no contratantes a cooperar con la CCRVMA en la implementación del Programa de documentación de captura de la austromerluza de la CCRVMA y en los esfuerzos permanentes de dicha comisión para abordar las actividades de pesca ilegal, no declarada y no reglamentada (INDNR) en el Área de la Convención.

- Un acuerdo para brindar información detallada sobre la clasificación de las embarcaciones según las condiciones de hielo a la hora de otorgar licencias.

- La implementación exitosa de un Acuerdo para divulgar datos VMS de la CCRVMA a los 5 CCSM que están a cargo de las operaciones SAR en el Océano Austral a efectos de respaldar los esfuerzos de búsqueda y salvamento (SAR) en el Área de la Convención de la CCRVMA (consultar los debates anteriores sobre SAR en las XXXVI y XXXVII RCTA).

- La ausencia de una lista de embarcaciones de pesca INDNR de las Partes Consultivas para 2015/2016 y la falta de embarcaciones propuestas para integrar la lista de barcos de pesca INDNR de las Partes No Consultivas para 2015/2016.

- La adopción de una Resolución relativa a las operaciones de los barcos sin nacionalidad en el Área de la Convención.

Administración y finanzas

6.　　La Comisión respaldó una labor adicional para analizar oportunidades que generen ingresos y una mayor reducción de costos a fin de asegurar una financiación sostenible. Se observó que, para el período 2014-2018, se espera que las contribuciones evaluadas se mantengan en un crecimiento real nulo siempre que no haya situaciones imprevistas.

Informe del Comité Científico (***un informe más pormenorizado que se centra en los cinco aspectos de interés común para el CPA y el SC-CAMLR, según se identificó en el taller que realizaron ambos comités de manera conjunta en Baltimore en 2009, que será presentado ante la XIX Reunión del CPA por el Presidente del***

Comité Científico de la CCRVMA, Dr. Mark Belchier [Reino Unido]). El CPA también debatirá sobre las conclusiones del segundo taller del CPA y el SC-CAMLR, que tendrá lugar en Punta Arenas inmediatamente antes de la XXXVIII Reunión de la RCTA (19-20 de mayo de 2016). Algunas de las cuestiones generales que consideró el Comité Científico en su última reunión incluyeron:

Recurso kril

7.   Con relación a las capturas realizadas durante la temporada 2014/2015, la captura preliminar total registrada en la Subárea 48.1, cerrada el 28 de mayo de 2015, fue de 154 001 toneladas (el 99 % del límite de 155 000 toneladas); en la Subárea 48.2, fue de 17 100 toneladas; y en la Subárea 48.3, fue de 54 364 toneladas. Las capturas en las Subáreas 48.2 y 48.3 fueron equivalentes al 6 % y al 19 % de los respectivos límites de captura para esas subáreas.

8.   Siete miembros notificaron la pesca del kril por parte de 18 embarcaciones durante la temporada 2015/2016.

9.   La Comisión refrendó la recomendación del Comité Científico respecto de que los índices disponibles de biomasa del kril en el Área 48 no muestran evidencia de cambio sistemático desde 2000. El Comité Científico recomendó que, como el nivel crítico es de menos del 2 % de la biomasa del kril estimada para cada año comprendido entre 2000 y 2011, el nivel crítico actual es adecuado para alcanzar los objetivos que establece el Artículo II de la Convención con relación a la población del kril en el área, pero no busca ordenar los efectos localizados de las pesquerías sobre los depredadores del kril.

10.   La Comisión refrendó la recomendación del Comité Científico sobre la importancia de facilitar investigaciones realizadas en las pesquerías que contribuyan a la gestión por retroalimentación (FBM), incluida la acústica en las pesquerías para contribuir al seguimiento de los ciclos por temporada y por mes en la biomasa del kril. La Comisión, a su vez, refrendó la recomendación del Comité Científico sobre la importancia del uso de los índices del Programa de seguimiento del ecosistema (CEMP) de la CCRVMA, los índices sobre el desempeño de las pesquerías y los datos recopilados como parte del Sistema de Observación Científica Internacional (SISO) de la CCRVMA, como parte de la labor en pos de la FBM.

Recurso peces

11.   En 2014/2015, fueron 13 los Miembros que pescaron austromerluza (austromerluza negra *[Dissostichus eleginoides]* y/o austromerluza antártica *[D. mawsoni]*) en las Subáreas 48.3, 48.4, 48.6, 58.6, 58.7, 88.1 y 88.2 y en las Divisiones 58.4.1, 58.4.2, 58.4.3a, 58.5.1 y 58.5.2. Los Miembros también realizaron pesca de investigación dirigida al *Dissostichus* spp. en la zona cerrada de la Subárea 48.2 y en la División 58.4.4b. La captura total notificada de *Dissostichus* spp fue de 15 795 toneladas. En comparación, la captura total notificada de austromerluza en 2013/2014 fue de 15 232 toneladas.

12.   En 2015, la Secretaría fue cerrando las pesquerías dirigidas al *Dissostichus* spp. a medida que se alcanzaban los límites en las diferentes subáreas: el 1 de febrero cerró la pesquería en la Subárea 88.1; el 14 de febrero, en la Subárea 88.2; el 10 de marzo, en la Subárea 48.6; y el 22 de abril, en la Subárea 48.4. También hubo cierres en las unidades de investigación en pequeña escala (UIPE) en las Subáreas 88.1 y 88.2.

13.   El RU pescó draco rayado *(Champsocephalus gunnari)* en la Subárea 48.3 (277t), mientras que Australia pescó esta especie en la División 58.5.2 (10t) y Francia, en la División 58.5.1 (178t).

Pesquerías nuevas y exploratorias de peces

14.   En 2015/2016, nueve Miembros presentaron notificaciones para la pesca exploratoria del *Dissostichus* spp. a cargo de un total de 18 embarcaciones. A partir de la evidencia aportada por el Comité Científico, la Comisión refrendó esas notificaciones y límites de captura (incluidos los límites de captura secundaria con reglas de traslado asociadas), así como los planes asociados para la realización de investigaciones y estudios a partir de la evidencia aportada por el Comité Científico.

Medidas para evaluar y mitigar la mortalidad incidental

15.   Tras realizar un análisis de los datos de captura secundaria que reveló inconsistencias en la notificación de la captura de especies no objetivo, la Comisión convino en que es fundamental contar con datos precisos sobre la captura

secundaria a fin de que tanto el Comité Científico como la Comisión alcancen los objetivos que establece el Artículo II de la Convención.

16.   La Comisión recibió con agrado la observación según la cual el número de muertes de aves marinas a causa de la captura secundaria durante 2014/2015 había sido el más bajo que se había registrado desde que se comenzó a realizar la observación de la captura secundaria de aves marinas en el Área de la Convención.

Áreas Marinas Protegidas

17.   La Comisión recibió favorablemente la actualización sobre el trabajo preparatorio para la planificación espacial de las Áreas marinas protegidas en (i) la Península Antártica Occidental – Arco de Scotia del Sur, (ii) el mar de Weddell, (iii) el Sistema representativo de AMP en la Antártida Oriental y (iv) la región del mar de Ross.

Cambio climático

18.   La Comisión refrendó la recomendación del Comité Científico respecto de que es fundamental tener en cuenta las consideraciones sobre el cambio climático en la labor que lleva adelante para garantizar se elaboren estudios científicos y se creen series temporales a fin de ofrecer una base científica para para poder realizar análisis a largo plazo que respalden las estrategias de ordenación de la CCRVMA, incluida la FBM relativa al kril.

19.   La Comisión aceptó los Términos de referencia para que un GCI considere estrategias destinadas a integrar, de manera adecuada, el cambio climático en la labor de la CCRVMA.

Construcción de capacidades

20.   La Comisión refrendó la recomendación del Comité Científico con relación a la construcción de capacidades, mediante, por ejemplo, el Programa de becas científicas de la CCRVMA y la invitación a observadores y a expertos para que asistan a las reuniones del Comité Científico y de sus grupos de trabajo. Desde la creación del programa, en 2010, se han otorgado seis becas a beneficiarios de Argentina, Chile, China, Polonia, Rusia y la UE (aunque el beneficiario de Rusia no ha podido hacer uso de su beca aún).

Medidas de conservación

21.   Las medidas de conservación y las resoluciones adoptadas en la XXXIV Reunión de la CCRVMA se publicaron en el sitio web de la CCRVMA (Lista de las Medidas de Conservación Vigentes de 2015/2016).

Áreas marinas protegidas

22.   Nueva Zelandia y EE. UU. presentaron una propuesta revisada para establecer un AMP en la región del Mar de Ross. Australia, Francia y la UE presentaron una propuesta revisada para establecer un Sistema representativo de AMP en la Antártida Oriental, y la UE y Alemania presentaron un informe de estado sobre los avances con relación a la propuesta para la creación de un AMP en el mar de Weddell. La Comisión también consideró una propuesta presentada por la UE y el RU para adoptar una medida de conservación para fomentar y facilitar la investigación científica en las Áreas marinas protegidas que quedan expuestas por el retroceso o de rrumbe de barreras de hielo alrededor de la Península Antártica. La Comisión expresó su interés en considerar estas propuestas en mayor profundidad en sus próximas reuniones.

Implementación de los objetivos de la Convención

Simposio de la CCRVMA

23.   En la XXXIII Reunión de la CCRVMA, la Comisión refrendó una propuesta para celebrar un segundo Simposio de la CCRVMA a fin conmemorar el 35.° aniversario de la firma de la Convención. En la XXXIV Reunión de la CCRVMA se consideraron las conclusiones del simposio celebrado del 5 al 8 de mayo de 2015 e n Santiago, Chile. En dicha reunión se debatió sobre las conclusiones relativas al cambio climático, la relación entre la Comisión y el Comité Científico, las prioridades estratégicas para los próximos cinco años, la relación entre conservación y uso racional, la seguridad marítima, y la relación entre la CCRVMA y otras organizaciones con intereses afines, señalando que la CCRVMA constituye una parte integral del Sistema del Tratado Antártico y que tiene obligaciones relacionadas en materia de cooperación.

Cooperación con las Partes Consultivas del Tratado Antártico

24.   La Comisión recibió informes sobre las conclusiones de la 38.ª Reunión Consultiva del Tratado Antártico.

25.   La Comisión señaló oportunidades para trabajar con el COMNAP durante 2016 en el taller sobre búsqueda y salvamento que se celebrará en asociación con la XXXIX RCTA y el CPA y que se relaciona con el segundo taller conjunto entre el CPA y el SC-CAMLR, que tendrá lugar el 19 y 20 de mayo de 2016 en Punta Arenas, Chile.

Próxima reunión

Elección de autoridades

26.   La Comisión eligió a Alemania para que ocupe la vicepresidencia de las reuniones de la Comisión durante 2016 y 2017.

Próxima reunión

27.   La Trigésima Quinta Reunión de la Comisión se celebrará en Hobart del 17 al 28 de octubre de 2016. La Trigésima Quinta Reunión del Comité Científico se celebrará durante la primera semana de la Reunión de la Comisión, del 17 al 21 de octubre de 2016.

Informe Anual del Comité Científico de Investigación Antártica (SCAR) para el Sistema del Tratado Antártico correspondiente al periodo 2015-2016

1. Antecedentes

El Comité Científico de Investigación Antártica (SCAR) es un organismo científico interdisciplinario no gubernamental perteneciente al Consejo Internacional de Uniones Científicas (CIUC), y observador del Tratado Antártico y la Convención Marco de las Naciones Unidas sobre Cambio Climático, CMNUCC.

La misión del SCAR es (i) actuar como facilitador, coordinador y defensor líder, independiente y no gubernamental de la excelencia de las actividades científicas y de investigación en la Antártida y el Océano Austral, y (ii) brindar asesoramiento independiente, sólido y científico al Sistema del Tratado Antártico y otros organismos a cargo de la elaboración de normativas, incluido el uso de la ciencia para identificar las nuevas tendencias y presentar estos aspectos ante los sectores normativos.

2. Introducción

La investigación científica del SCAR le agrega valor a las iniciativas nacionales al permitir a los investigadores colaborar en programas científicos de gran escala para alcanzar objetivos que no son fáciles de obtener para un país en forma individual. Entre los miembros del SCAR se encuentran actualmente 39 naciones y nueve uniones científicas del CIUC.

El éxito del SCAR depende de la calidad y el sentido oportuno de sus resultados científicos, y del tiempo voluntario que aportan los principales investigadores del mundo. Las descripciones de las actividades y los resultados científicos del SCAR están disponibles en: *http://www.scar.org/*. Este documento debería leerse junto con un Documento de Antecedentes (Documento de Antecedentes BP002) que se presenta en forma separada, que destaca las recientes publicaciones científicas del SCAR desde la última Reunión del Tratado Antártico.

3. Puntos destacados del SCAR (2015-2016)

El SCAR cuenta con varios órganos y programas subsidiarios que se centran en actividades científicas o relacionadas con la ciencia en la región antártica. En este documento destacaremos y proporcionaremos actualizaciones sobre las actividades del SCAR que consideramos son de interés especial para las Partes del Tratado.

Comité Permanente del Sistema del Tratado Antártico (SCATS)
(http://www.scar.org/antarctic-treaty-system/scats)

El SCATS es el órgano encargado de desarrollar asesoramiento científico del SCAR para el Tratado Antártico. Además de proporcionar y coordinar asesoramiento científico para el SCAR, los miembros del SCATS también participan activamente en la investigación. El SCATS actualmente respalda al Portal de Medioambientes Antárticos, donde el Director Ejecutivo del SCATS ocupa un puesto en la junta editorial y el Director Ejecutivo del SCAR ocupa un puesto en el consejo de administración. El SCAR, en colaboración con varios socios, continuó con el desarrollo de la estrategia "Conservación de la Antártida en el siglo XXI".

The Monaco Assessment (El asesoramiento de Mónaco)*(http://www.scar.org/monaco-assessment/document)*

En 2015, el SCAR estuvo representado en la Reunión global sobre biodiversidad y expertos sobre la Antártida llamado " Antarctica and the Strategic Plan for Biodiversity 2011-2020: The Monaco Assessment" (Plan Estratégico para la Diversidad Biológica 2011-2020. El asesoramiento de Mónaco). El propósito central de la reunión fue examinar la medida en la que la conservación de la biodiversidad en la Antártida y el Océano Austral está llevando a cabo el conjunto de expectativas que se acordaron para el mundo como parte del Plan Estratégico para la Biodiversidad 2011-2020. La reunión también tuvo como objetivo proporcionar orientación para tomar acciones que puedan ayudar de manera eficaz a lograr un mayor éxito en la conservación en la Antártida y el Océano Austral. Véase el Documento de Información IP038 presentado por el SCAR y Mónaco, donde se resume este taller.

Southern Ocean Acidification *(Acidificación del océano austral)(http://www.scar.org/ssg/physical-sciences/acidification)*

El SCAR comenzó a realizar una síntesis de la comprensión científica sobre la acidificación del Océano Austral. Se destacó este informe histórico en la XXXVIII RCTA y la XVIII Reunión del CPA, y fue el tema de la Conferencia del Tratado (véase el Documento de Antecedentes BP 001 2015). El informe se presentará en la Conferencia Abierta de Ciencias del SCAR en Kuala Lumpur, Malasia, entre el 22 y el 26 de agosto de 2016.

Seguimiento de la Búsqueda sistemática de los horizontes científicos del SCAR *(http://www.scar.org/horizonscanning/)*

En 2014, la primera búsqueda sistemática de los horizontes científicos en el Océano Austral y el Océano Antártico del SCAR identificó las preguntas científicas más importantes que se pueden abordar durante las próximas dos décadas y más (véase el Documento de Información IP 020 de 2015). Con la colaboración del SCAR, el COMNAP lideró una segunda etapa en el proceso con el Proyecto ARC sobre los desafíos de la hoja de ruta antártica para ayudar a los programas antárticos nacionales a comprender los desafíos y desarrollar maneras de abordarlos, además de compartir las innovaciones o el acceso a la tecnología (véase el Documento de Información IP051, presentado por el COMNAP). El tema de este año de la Conferencia del SCAR abordará tanto las prioridades científicas de la búsqueda sistemática de horizontes científicos del SCAR como los resultados del proyecto ARC, además de analizar los pasos necesarios para abordar dichas prioridades científicas (véase el Documento de Antecedentes BP003).

El cambio climático en la Antártida y el medio ambiente *(http://www.scar.org/ssg/physical-sciences/acce)*

Las propiedades climáticas, físicas y biológicas de la Antártida y del Océano Austral están estrechamente relacionadas con otras partes del medioambiente global mediante los océanos y la atmósfera. En 2009, el SCAR publicó su histórico Informe ACCE sobre el cambio climático y el medioambiente, y desde entonces ha proporcionado actualizaciones anuales. Véase el Documento de Información IP035.

Recomendaciones para actividades dentro de las zonas geotérmicas terrestres

Después de una consulta amplia y extensiva, que incluyó a los órganos subsidiarios pertinentes del SCAR y al COMNAP, se desarrolló el Código de conducta del SCAR para la realización de actividades en los medioambientes geotérmicos terrestres en la Antártida del SCAR (véase el Documento de Información WP023).

Patrimonio geológico y geoconservación *(http://www.scar.org/ssg/geosciences/geoconservation)*

El Grupo de acción sobre conservación y patrimonio geológicos del SCAR se creó para atender las inquietudes cada vez mayores sobre el reconocimiento, la protección y la gestión continua de los sitios de importancia geológica y geomorfológica dentro de la Antártida, incluidos los fósiles. Entre los objetivos se encuentra desarrollar un documento para su entrega en la Reunión del CPA en 2018. Los avances sobre este tema se muestran en el Documento de Información IP031.

El SCAR en la en la 21ª Conferencia de las Partes de la CMNUCC *(http://www.scar.org/srp/ant-era#COP21)*

El SCAR desempeñó una función activa en la histórica 21ª Conferencia de las Partes (COP21) de la Convención Marco de las Naciones Unidas sobre el cambio climático (CMNUCC) 2015, realizada en Paris, al resaltar los cambios en la Antártida que tienen ramificaciones globales y fomentar la ciencia antártica en general. El SCAR se asoció con la Iniciativa Internacional para el Clima de la Críósfera (ICCI) para la realización de dos eventos oficiales durante el Día de la Antártida (1 de diciembre) y promovió la actualización de 2015 del Informe ACCE que se presentó a la XXXVIII RCTA (véase el Documento de Información IP 092 de 2015) y la información sobre el Portal de Medioambientes Antárticos.

Datos y productos del SCAR *(http://www.scar.org/data-products)*

El SCAR fomenta el acceso gratuito y sin restricciones a los datos e información sobre la Antártida mediante archivos libres y accesibles, gestionados por sus comités permanentes sobre Gestión de Datos Antárticos (SCADM) y sobre Información Geográfica de la Antártida (SCAGI). El SCAR también cuenta con varios productos importantes para la comunidad antártica, como Quantarctica, el Catálogo de mapas antárticos y el Atlas Biogeográfico del Océano Austral, entre otros.

Antarctic Sea Ice Underway Observation Platform v2 (***Plataforma de observación del hielo marino de la Antártida en el mar v.2*) *(http://aspect.antarctica.gov.au/)***

Se lanzó el actual método de observación digital del hielo marino, Antarctic Sea Ice Process and Climate (Procesos del Hielo Marino, y Clima de la Antártida) (ASPeCt) v.2. Los viajes realizados entre octubre de 2015 y marzo de 2016 cargaron datos casi en tiempo real, a la espera de la conexión en red desde la embarcación hasta el servidor central, y se implementaron cámaras automáticas en algunos de los cruceros de investigación para capturar imágenes que complementan en la actualidad las observaciones visuales de ASPeCt. Se insta a los buques con destino en la Antártida a que participen de esta recopilación de datos.

Plan Estratégico del SCAR para el periodo 2017-2022 *(http://www.scar.org/about/futureplans)*

El actual Plan Estratégico del SCAR vence a fines de 2016 y se están tomando acciones para el desarrollo de un nuevo plan que satisfaga las necesidades a futuro. El SCAR está realizando consultas amplias durante su desarrollo y da la bienvenida a los comentarios de todos los interesados en la futura dirección de la organización y sus actividades. El nuevo Plan se analizará durante la XXXIV Reunión de Delegados del SCAR en Kuala Lumpur, Malasia, entre el 29 y el 30 de agosto de 2016, y se finalizará más adelante dentro de este año.

Celebración de las mujeres en la investigación antártica *(http://www.scar.org/outreach/women)*

En la década de 1950, la mayoría de los países no permitía que las mujeres trabajaran en la Antártida y había menos mujeres científicas en la región. En la actualidad, las mujeres desempeñan una función de liderazgo e influencia en la investigación antártica. Para ayudar en el reconocimiento de este hecho, el SCAR realizará un evento *Wikibomb* para fomentar y celebrar los logros de las mujeres científicas de la Antártida, mediante el aumento de su presencia en Wikipedia, durante la próxima Conferencia Abierta de Ciencias. El objetivo es aumentar la visibilidad de los ejemplos de las jóvenes investigadoras científicas y estimular a las niñas del todo el mundo a seguir carreras científicas.

4. Becas y premios de SCAR

Con el fin de aumentar la capacidad de todos sus Miembros, el SCAR organiza varios programas de becas y premios (*http://www.scar.org/awards*):

- Las ***becas de SCAR/COMNAP*** se centran en jóvenes investigadores y su objetivo es desarrollar nuevas conexiones y reforzar la capacidad y la cooperación internacional para la investigación antártica. Las becas se anuncian junto con las becas CCRVMA. En 2015, se otorgaron cuatro becas del SCAR, incluidas la beca de biodiversidad Príncipe Alberto II de Mónaco y una beca SCAR/COMNAP. Se realizará un simposio reducido para resaltar las becas SCAR/COMNAP durante la Conferencia Abierta de Ciencias del SCAR 2016. *http://www.scar.org/awards/fellowships*

- El ***Programa de profesor visitante de SCAR*** proporciona a los científicos que se encuentren a la mitad o al final de su carrera profesional la oportunidad de participar en visitas breves a una instalación manejada por los países miembros del SCAR u operada por estos, con el fin de proporcionar capacitación y tutoría. En 2015 se otorgaron dos cátedras para profesores visitantes. *http://www.scar.org/awards/visitingprofs*

  - El ***Premio Tinker-Muse para la ciencia y la política en la Antártida***, facilitado por el SCAR, es un premio sin restricciones de 100 000 USD que se ofrece a personas que trabajan en el campo de la ciencia o las políticas antárticas. Se le entregó a la Dra. Valérie Masson-Delmotte el Premio Tinker-Muse 2015 por su trabajo en la tipificación, cuantificación y comprensión de los cambios pasados en el clima y el ciclo del agua, mediante las transcripción de los datos isotópicos a registros de paleotemperatura. *www.museprize.org*

5. Otras noticias

En un esfuerzo de mejora, se realizó una revisión estructural el año pasado, la cual tuvo como resultado varias recomendaciones para agilizar las reuniones de organización y estructura del SCAR. Este año, 5 de los 6 programas de investigación científica del SCAR también se someterán a una revisión externa, al igual que el Sistema de Observación del Océano Austral (véase el Documento de Información IP032 para obtener una actualización sobre el SOOS). El mismo SCAR se someterá a una revisión del ICSU este año. Para obtener más información, véase *http://www.scar.org/about/reviews*.

En julio de 2015, se nombró a la Dra. Jenny Baeseman como la nueva Directora Ejecutiva del SCAR, en reemplazo del Dr. Mike Sparrow.

6. Reuniones principales del SCAR

- *XII Simposio Internacional sobre las Ciencias de la Tierra Antártica (ISAES) 2015*. 13 al 17 de julio de 2015, Goa, India. *http://www.isaes2015goa.in*

- *XXXIV Conferencia Abierta de Ciencias del SCAR.* 20 al 30 de agosto de 2016, Kuala Lumpur, Malasia. *http://scar2016.com*

- *XII Simposio de Biología del SCAR.* 3 al 9 de julio de 2017, Bruselas, Bélgica.

- *XXXV Reunión del SCAR y Conferencia Abierta de Ciencias*, 15 al 27 de junio de 2018, en Davos, Suiza. La Conferencia Abierta de Ciencias cubrirá ambos polos y se organizará conjuntamente con el Comité Científico Internacional del Ártico (CCIA). *http://www.polar2018.org/*

Informe anual de 2015/2016 del Consejo de Administradores de los Programas Antárticos Nacionales (COMNAP)

El COMNAP es la organización encargada de los Programas antárticos nacionales que reúne, en particular, a las autoridades nacionales responsables, en nombre de sus respectivos gobiernos, de planificar, dirigir y gestionar el apoyo a las actividades científicas realizadas en la Antártida.

El COMNAP es una asociación internacional, formada en septiembre de 1988, cuyos Miembros son los 30 Programas antárticos nacionales de Alemania, Argentina, Australia, Belarús (que se convirtió en Miembro en agosto de 2015), Bélgica, Brasil, Bulgaria, Chile, China, Ecuador, España, Estados Unidos, Federación de Rusia, Finlandia, Francia, India, Italia, Japón, Noruega, Nueva Zelandia, Países Bajos, Perú, Polonia, Reino Unido, República Checa, República de Corea, Sudáfrica, Suecia, Ucrania y Uruguay. En agosto de 2015, los Programas antárticos nacionales de Portugal y Venezuela fueron recibidos en calidad de organizaciones observadoras del COMNAP por un período de tres años.

El propósito del COMNAP es elaborar y promover las mejores prácticas en la gestión del apoyo a la investigación científica en la Antártida. Como organización, el COMNAP se encarga de agregar valor a los esfuerzos de los Programas antárticos nacionales desempeñándose como un foro para desarrollar prácticas que mejoren la efectividad de las actividades de manera responsable con el medio ambiente, facilitando y promoviendo alianzas internacionales, y brindando oportunidades y sistemas para el intercambio de información.

El COMNAP se esfuerza por aportarle al Sistema del Tratado Antártico tanto el asesoramiento objetivo, práctico, técnico y apolítico como el conocimiento de primera mano de la Antártida que aporta el amplio grupo de expertos de los Programas antárticos nacionales. Desde 1988, el COMNAP ha contribuido de manera activa a los debates de la RCTA y el CPA y, hasta la fecha, ha presentado 31 Documentos de trabajo y 102 Documentos de información.

El COMNAP sigue teniendo una estrecha relación de trabajo con otras organizaciones antárticas, particularmente con el SCAR. En agosto de 2015 se realizó una reunión conjunta del Comité Ejecutivo del COMNAP/SCAR en Tromsø. El COMNAP fue invitado como observador a la reunión de la IAATO, y presentó informes ante las reuniones del Foro de operadores de investigaciones árticas (FARO) y el Grupo de trabajo internacional sobre cartografía de hielos (IICWG).

La Reunión General Anual (RGA) del COMNAP se celebró en agosto de 2015 en Tromsø, Noruega, y estuvo a cargo del Instituto Polar Noruego. Se convocaron sesiones subsidiarias sobre energía y tecnología, educación y difusión, y seguridad. El profesor Kazuyuki Shiraishi, del NIPR de Japón, continúa siendo el Presidente de las RGA del COMNMAP hasta que finalice su período de tres años en 2017. Michelle Rogan-Finnemore continúa siendo la Secretaria Ejecutiva. La Universidad de Canterbury, Christchurch, Nueva Zelandia, continúa siendo la sede del COMNAP.

Puntos destacados y logros del COMNAP en 2015/2016

Proyecto sobre los desafíos de la hoja de ruta antártica (ARC) del COMNAP - *completado*

El proyecto ARC del COMNAP, un proyecto de seguimiento de la búsqueda sistemática de los horizontes científicos antárticos del SCAR, exploraba los desafíos relativos a la tecnología, la logística, las operaciones, el financiamiento y la colaboración internacional que es probable que los Programas antárticos nacionales tengan que enfrentar durante la realización de actividades científicas a mediano y largo plazo en la Antártida. Más de 1000 expertos participaron en el proyecto ARC, ya sea respondiendo encuestas en línea, participando en un taller, contribuyendo con documentación técnica actualizada u ofreciendo su pericia para revisar los informes del grupo de redacción o la publicación acerca de los resultados del ARC. Este fue un esfuerzo comunitario, por lo que se agradece a todos los que participaron, pero en especial a Mahlon C. Kennicutt II (profesor emérito de la Universidad de Texas A&M) y a Yeadong Kim (Presidente del KOPRI) por haber sido los coordinadores conjuntos del proyecto ARC. Los resultados del ARC ya se han publicado (véase Documento de información del COMNAP), y véase: www.comnap.aq/Projects/SitePages/ARC.aspx.

Informe del Taller sobre los desafíos del hielo marino - *publicado*

El COMNAP convocó el Taller sobre los desafíos del hielo marino, que fue organizado conjuntamente por la AAD y el ACE CRC y se realizó el 12 y13 de mayo de 2015 en Hobart, Tasmania, Australia. El taller brindó la oportunidad de que las comunidades científicas y de operaciones trataran las tendencias regionales relativas al hielo marino antártico y propusieran maneras técnicas y prácticas de hacer frente a las desafiantes condiciones. El informe

197

(publicado en diciembre de 2015) puede descargarse desde el siguiente enlace: www.comnap.aq/Publications/SitePages/Home.aspx.

Taller sobre medicina a distancia - *convocado*

El Grupo conjunto de expertos sobre biología humana y medicina (JEGHBM) convocó el Taller sobre medicina a distancia para el 27 de agosto de 2016 en Tromsø, Noruega. El objetivo del taller es lograr que los programas antárticos nacionales conozcan una serie de servicios de medicina a distancia y consideren cuáles podrían ser convenientes para sus propias operaciones antárticas. Véase: www.comnap.aq/Groups/medical/SitePages/Home.aspx.

Grupo de trabajo sobre sistemas aéreos no tripulados (GT-UAS) - *establecido*

El GT-UAS fue formado como un subgrupo del Grupo de expertos sobre aeronavegación, y su objetivo es "... reducir el riesgo para las personas, la infraestructura y el medioambiente en la zona del Tratado Antártico, así como posibilitar... el uso de UAS en el área con fines científicos y otros fines en respaldo de la ciencia". El grupo cuenta con expertos de catorce Programas antárticos nacionales de Miembros del COMNAP. Los términos de referencia del GT-UAS incluyen la elaboración de directrices del COMNAP (véase también el Documento de trabajo del COMNAP) y el apoyo a los Programas antárticos nacionales de los Miembros para preparar Procedimientos operativos de UAS específicos para sus propias operaciones antárticas. A su vez, los términos incluyen el intercambio y la comunicación de información relativa al uso de UAS en la zona, de manera colaborativa, con otros miembros de la comunidad antártica.

Catálogo de la infraestructura de las estaciones - *comenzado*

El proyecto EU-PolarNet, llevado a cabo en colaboración con la INTERACT y el COMNAP, incluye la elaboración de un catálogo centrado en la infraestructura ártica y antártica europea. Este proyecto ya incluía a los Miembros europeos del COMNAP, por lo que dicho consejo decidió aprovechar esta oportunidad para ampliarlo a la totalidad de sus Miembros. El Catálogo de infraestructura del COMNAP aportará, por primera vez, información abarcadora y exhaustiva sobre las instalaciones de los Programas antárticos nacionales, la cual será útil para promover colaboraciones, intercambios de científicos y usos compartidos de infraestructuras en el futuro, en el espíritu del Tratado Antártico.

Beca de investigación antártica del COMNAP - *ronda de presentación de solicitudes abierta*

El COMNAP creó la Beca de investigación antártica en 2011 y, desde entonces, ha otorgado seis becas, más otras tres en conjunto con el SCAR. El objetivo de la beca es asistir a investigadores, técnicos e ingenieros que están comenzando su carrera. La beca de 2015 fue otorgada a Alejandro Velasco Castrillon (Universidad de Adelaida, Australia) para que viajara a la Antártida en apoyo a una investigación sobre "Una reevaluación del primer descubrimiento de microfauna limnoterrestre en la región de la ensenada McMurdo". A su vez, se otorgó una beca en conjunto entre el COMNAP y el SCAR a Inka Koch (Universidad de Otago, Nueva Zelandia) para realizar una investigación sobre la "Detección de las capas internas y el grosor del hielo marino en una barrera de hielo antártica través de un radar aéreo de penetración de hielo". La ronda de presentación de solicitudes para la beca de 2016 cierra el 1 de junio de 2016. Tanto el SCAR como el COMNAP también trabajan con la CCRVMA en la promoción de sus becas. Véasehttps://www.comnap.aq/SitePages/fellowships.aspx.

Programa de administradores intermedios - *en período de prueba*

El objetivo de este programa es ayudar a los administradores de los Programas antárticos nacionales ya sea mediante desarrollos en zonas de colaboración internacional y programas de capacitación como compartiendo mejores prácticas con otras oficinas de los Programas antárticos nacionales u otras estaciones de investigación antártica. El personal de los Programas antárticos nacionales de los Miembros del COMNAP puede presentar solicitudes para el programa en cualquier momento del año, las cuales evaluará el Comité Ejecutivo del COMNAP.

Tercer Taller sobre búsqueda y salvamento (SAR) - *próximamente*

El COMNAP coordinará el tercer Taller sobre SAR en apoyo a las operaciones seguras en la región del Tratado Antártico y, conforme lo acordó el COMNAP en respuesta a la Resolución 4 de la RCTA (2013), con el fin de convocar con regularidad talleres para debatir sobre las operaciones SAR y las respuestas ante emergencias en la región. El taller se llevará a cabo el 1 y 2 de junio de 2016 y será organizado por el INACH y la DIRECTEMAR. Expertos de la IAATO, la CCRVMA (la COLTO y la ARK) y el COSPAS-SARSAT fueron invitados a participar. Cuando el informe del taller se encuentre listo, se presentará ante la RCTA. Para más información, véase: https://www.comnap.aq/SitePages/SARWorkshopIII.aspx.

Productos y herramientas del COMNAP

Sitio web sobre búsqueda y salvamento (SAR)   www.comnap.aq/membersonly/SitePages/SAR.aspx

Según lo solicitado en la Resolución 4 de la RCTA (2013), y en consulta con los RCC, el COMNAP creó un sitio web sobre SAR que se actualiza regularmente y cuya revisión tendrá lugar durante el tercer Taller sobre SAR.

Sistema de notificación de accidentes, incidentes y cuasi accidentes (AINMR)
www.comnap.aq/membersonly/AINMR/SitePages/Home.aspx

El Sistema AINMR fue elaborado para contribuir al intercambio de información y está disponible en la sección exclusiva para Miembros del sitio web del COMNAP. El principal objetivo del AINMR consiste en recopilar información sobre hechos que tuvieron o podrían haber tenido consecuencias graves, divulgar lecciones y/o brindar información sobre sucesos nuevos y muy poco frecuentes. En el sitio web, también pueden publicarse y compartirse informes completos sobre accidentes, que podrán ser objeto de debate y revisión. Los Programas antárticos nacionales pueden nutrirse unos de los otros sobre cómo reducir el riesgo de que se produzcan graves consecuencias durante sus actividades antárticas.

Sistema de información de posiciones de buques (SPRS) www.comnap.aq/sprs/SitePages/Home.aspx

El SPRS es un sistema opcional y voluntario para intercambiar información sobre las operaciones de los buques que participan en los Programas antárticos nacionales. Su propósito principal es facilitar la colaboración. Sin embargo, también puede ofrecer una contribución sumamente conveniente para la seguridad, gracias a toda la información del SPRS que se pone a disposición de los RCC como fuente de información adicional para complementar los demás sistemas nacionales e internacionales establecidos. La información sobre las posiciones es enviada por correo electrónico y puede presentarse gráficamente en Google Earth. La revisión del SPRS está en progreso.

Manual de información sobre vuelos antárticos (AFIM)

El AFIM es un manual de información aeronáutica publicado por el COMNAP como herramienta para que las operaciones aéreas en la Antártida sean más seguras, de conformidad con la Resolución 1 (2013). El COMNAP continúa trabajando en la elaboración una versión electrónica del AFIM, que aún solo está disponible en papel. El AFIM sigue actualizándose con la información de los Programas antárticos nacionales.

Manual para los operadores de telecomunicaciones antárticas (ATOM)
www.comnap.aq/membersonly/SitePages/ATOM.aspx

El ATOM es una versión mejorada del manual de prácticas de telecomunicaciones al que se refiere la Recomendación X-3 de la RCTA, *Mejoramiento de las telecomunicaciones en la Antártida y recopilación y distribución de datos meteorológicos antárticos*. Los Miembros del COMNAP y las autoridades del SAR pueden acceder a la versión más reciente (enero de 2016) a través del sitio web del COMNAP.

_____

Para más información, véase www.comnap.aq.

Documento adjunto 1: Funcionarios, proyectos, grupos de expertos y reuniones del COMNAP

Comité Ejecutivo (EXCOM)

El Presidente y los Vicepresidentes del COMNAP son autoridades elegidas del COMNAP. Las autoridades elegidas junto con el Secretario Ejecutivo componen el Comité Ejecutivo del COMNAP de la siguiente manera:

Cargo	Autoridad	Fin del mandato
Presidente	Kazuyuki Shiraishi (NIPR) kshiraishi@nipr.ac.jp	RGA 2017
Vicepresidentes	Hyoung Chul Shin (KOPRI) hcshin@kopri.re.kr	RGA 2016
	John Hall (BAS) jhal@bas.ac.uk	RGA 2016
	José Retamales (INACH) jretamales@inach.cl	RGA 2017
	Rob Wooding (AAD) rob.wooding@aad.gov.au	RGA 2017
	Yves Frenot (IPEV) yves.frenot@ipev.fr	RGA 2017
Secretaria ejecutiva	Michelle Rogan-Finnemore michelle.finnemore@comnap.aq	

Cuadro 1 – Comité Ejecutivo del COMNAP.

Proyectos

Proyecto	Director del proyecto	Funcionario del EXCOM (supervisión)
Manual de información sobre vuelos antárticos (AFIM) – Implementación del formato electrónico	Paul Morin y Brian Stone	John Hall
Desafíos de la hoja de ruta antártica (ARC)	Michelle Rogan-Finnemore	Kazuyuki Shiraishi
Sistema de Información de posiciones de buques (SPRS)	Robb Clifton	Hyoung Chul Shin
Catálogo de la infraestructura de las estaciones	Michelle Rogan-Finnemore	Yves Frenot
Base de datos de proveedores	Simon Trotter	John Hall
Taller sobre medicina a distancia	Jeff Ayton	John Hall

Cuadro 2 – Proyectos del COMNAP actualmente en curso.

Grupo de expertos

Grupo de expertos (tema)	Líder del grupo de expertos	Funcionario del EXCOM (supervisión)
Aeronavegación (incluye el GT-UAS)	Giuseppe Di Rossi y Brian Stone	John Hall
Energía y tecnología	Felix Bartsch y Pavel Kapler	Rob Wooding
Medioambiente	Anoop Tiwari	Hyoung Chul Shin
Medicina	Jeff Ayton	John Hall
Difusión/Educación	Dragomir Mateev	Yves Frenot
Seguridad	Henrik Törnberg (hasta el 31 de enero de 2016) Simon Trotter (desde el 1 de febrero de 2016)	Kazuyuki Shiraishi
Ciencias (incluye el grupo de reflexión para el SOOS)	Robb Clifton	José Retamales
Navegación	Miguel Ojeda	José Retamales
Capacitación	Verónica Vlasich	Yves Frenot

Cuadro 3 – Grupo de expertos del COMNAP.

Reuniones

Realizadas durante los 12 meses pasados

22–24 de agosto de 2015, Taller sobre los desafíos de la hoja de ruta antártica, Instituto Polar Noruego (NPI), Tromsø, Noruega.

25 de agosto de 2015, reunión conjunta del Comité Ejecutivo del COMNAP y el SCAR, Instituto Polar Noruego (NPI), Tromsø, Noruega.

26–28 de agosto de 2015, Reunión General Anual del COMNAP (XXVII RGA del COMNAP), organizada por el Instituto Polar Noruego (NPI), Tromsø, Noruega (incluye sesiones sobre seguridad, energía y tecnología, y educación y difusión, y el taller sobre medicina a distancia del Grupo conjunto de expertos sobre biología humana y medicina).

29 de agosto de 2015, reunión conjunta del Comité Ejecutivo del COMNAP y el SCAR, organizada por el Instituto Polar Noruego (NPI), Tromsø, Noruega.

29 de agosto de 2015, Reunión conjunta del Comité Ejecutivo del COMNAP y el SCAR, organizada por el Instituto Polar Noruego (NPI), Tromsø, Noruega.

Por realizarse en los próximos 12 meses

1–2 de junio de 2016, tercer Taller sobre búsqueda y salvamento (SAR), organizado por el Instituto Antártico Chileno (INACH) y la DIRECTEMAR, Valparaíso, Chile.

16–18 de agosto de 2016, XXVIII Reunión General Anual (RGA) del COMNAP (2016), organizada por el Centro Nacional de Investigaciones Antárticas y Oceánicas (NCAOR), Goa, India.

19–20 de agosto de 2016, simposio "Desafíos de la invernada" del COMNAP (2016), organizado por el Centro Nacional de Investigaciones Antárticas y Oceánicas (NCAOR), Goa, India.

21 de agosto de 2016, reunión conjunta del Comité Ejecutivo del SCAR y el COMNAP, Kuala Lumpur, Malasia.

21–22 de agosto de 2016, Reunión del Grupo conjunto de expertos sobre biología humana y medicina (JEGHBM), Kuala Lumpur, Malasia.

3. Informes de expertos

Informe de la Organización Hidrográfica Internacional (OHI)

Limitaciones en los conocimientos hidrográficos de la Antártida y los consiguientes riesgos para las operaciones científicas y marítimas

Introducción

La Organización Hidrográfica Internacional (OHI) es una organización consultiva intergubernamental y técnica. Se compone de 85 Estados Miembros. Normalmente, cada Estado está representado por el Director de su Servicio Hidrógrafo nacional.

La OHI coordina a nivel mundial el establecimiento de normas de datos hidrográficos y el suministro de servicios hidrográficos en apoyo de la seguridad de la navegación y de la protección y el uso sostenido del medio ambiente marino. El objetivo principal de la OHI es asegurar que todos los mares, océanos y aguas navegables mundiales sean levantados y cartografiados.

¿Qué es la Hidrografía?

La Hidrografía trata sobre la medición y la descripción de las características físicas de los océanos, mares, zonas costeras, lagos y ríos. Un levantamiento hidrográfico identifica la forma y la naturaleza del fondo marino y los peligros que contiene, junto con una comprensión del impacto de las mareas en la profundidad y en el movimiento del agua. Este conocimiento apoya todas las actividades marinas, incluyendo el transporte, el desarrollo económico, la seguridad y la defensa, los estudios científicos y la protección del medio ambiente.

Importancia de la Hidrografía en la Antártida

La información hidrográfica es un requisito previo fundamental para el desarrollo de las actividades humanas exitosas y ambientalmente sostenibles en los mares y los océanos. Desgraciadamente, hay poca o ninguna información hidrográfica en un cierto número de lugares del mundo, especialmente en la Antártida.

En esta región en particular, en la que los buques pueden hacer frente a las condiciones climáticas más severas, cualquier varada debida a una ausencia de levantamientos o de cartografía náutica adecuados puede tener graves consecuencias. Desgraciadamente, la varada de buques que operan fuera de las rutas en las que se ha navegado previamente en la Antártida es bastante común.

El Código Polar, adoptado por la Organización Marítima Internacional (OMI) en el 2014, incluye importantes precauciones con respecto a la hidrografía y a la cartografía náutica.

Tal y como se menciona, el Código Polar:

> ... *"considera peligros que pueden traducirse en niveles más altos de riesgo por la probabilidad mayor de que se produzcan, por la gravedad mayor de sus consecuencias o por ambos motivos (...)*

y observa en particular:

> *...la lejanía y la **posible falta de información y de datos hidrográficos** precisos y completos, la menor disponibilidad de ayudas a la navegación y marcas en el mar, con la consiguiente mayor probabilidad de que se produzcan varadas agravadas por la lejanía, las limitaciones en cuanto a los medios SAR disponibles, los retrasos en la respuesta a emergencias y una capacidad de comunicación limitada, con la posibilidad de que esto afecte a la respuesta al suceso ... "*

La mayoría de los estudios científicos y una comprensión del medio ambiente marino se benefician significativamente de un conocimiento de la naturaleza y la forma del fondo marino y del movimiento del agua causado por las mareas. Por lo tanto, la ausencia de un tal conocimiento hidrográfico en la mayoría de las aguas antárticas, particularmente en las regiones costeras y de aguas de menor profundidad, debe comprometer muchos esfuerzos científicos que se están llevando a cabo bajo los auspicios de la RCTA y de los Estados Miembros.

Estado de la Hidrografía y de la Cartografía en la Antártida

El estado de los levantamientos hidrográficos y la cartografía náutica en la Antártida plantea graves riesgos para la seguridad de la navegación, y también obstaculiza la realización de la mayoría de las actividades que tienen lugar en los mares y océanos circundantes.

Más del 90% de las aguas antárticas siguen sin levantar. Hay grandes zonas sin cartografiar y, cuando existen cartas, tienen una utilidad limitada a causa de la ausencia de información completa o fidedigna relativa a la profundidad.

Los levantamientos hidrográficos en aguas antárticas son costosos y problemáticos. Esto es debido a condiciones del mar hostiles e impredecibles, a cortas temporadas para efectuar levantamientos y al largo proceso logístico implicado en el apoyo a buques y equipos.

Según los requisitos internacionales de la OMI (Seguridad de la Vida humana en el Mar - SOLAS), ahora se requieren Cartas Náuticas Electrónicas (ENCs) para la navegación en todos los buques de pasajeros y en un número creciente de embarcaciones de otro tipo - todos ellos están operando en aguas antárticas. Hasta ahora, se ha publicado sólo la mitad de alrededor de 170 ENCs que han sido identificadas por la Comisión Hidrográfica de la OHI sobre la Antártida (CHA de la OHI) como necesarias para la navegación en la región.

La producción de ENCs para la Antártida se ve seriamente obstaculizada por la ausencia de datos, el mal estado de las cartas de papel correspondientes que están destinadas a sustituir y las prioridades en materia de producción y financieras de aquellos Estados que se han ofrecido voluntarios para hacer las ENCs; en el 2014 se han producido sólo 10 ENCs, y sólo cinco[9] en el 2015.

El estado de la hidrografía y de la cartografía náutica está disponible en el sitio web de la OHI como un servicio SIG interactivo (*www.iho.int* > *Committees&WG* > *Hydrographic Commission on Antarctica* > *Miscellaneous* > *IHO GIS for Antarctica).*

Comisión Hidrográfica de la OHI sobre la Antártida

La CHA de la OHI se dedica a mejorar la calidad, la cobertura y la disponibilidad de cartografía náutica y de otra información y servicios hidrográficos que cubren la región. La CHA cuenta con 23 Estados Miembros de la OHI (Alemania, Argentina, Australia, Brasil, Chile, China, Ecuador, España, Estados Unidos, Federación de Rusia, Sudáfrica, Uruguay, Venezuela), de los cuales todos han adherido al Tratado Antártico y por lo tanto están Francia, Grecia, India, Italia, Japón, Noruega, Nueva Zelanda, Perú, Reino Unido, República de Corea, también representados directamente en la RCTA. Colombia ha indicado recientemente su intención de convertirse en miembro de plenos derechos de la CHA de la OHI.

La CHA de la OHI intenta trabajar en estrecha colaboración con organizaciones de las partes asociadas como la COMNAP, la IAATO, SCAR, la OMI y la COI. Sin embargo, a excepción del logrado trabajo con la IAATO, no se han llevado a cabo programas cooperativos ni paquetes que utilicen buques de oportunidad o bien otros recursos con el fin de mejorar los datos hidrográficos en zonas de navegación críticas.

El año pasado se informó a la RCTA que la 14ª reunión de la CHA de la OHI había sido pospuesta, debido al bajo nivel de inscripciones por parte de los Estados Miembros y las Organizaciones Observadoras. Esto es una triste evidencia de la baja prioridad que los gobiernos han estado atribuyendo a la mejora de los conocimientos hidrográficos y batimétricos en la región. El 18 de Febrero se publicó una carta de invitación a participar en la 14ª reunión de la CHA de la OHI, que se celebrará en Ecuador, del 30 de Junio al 2 de Julio del 2016. Aprovechamos esta oportunidad para recordar a los Miembros de la CHA de la OHI y a las organizaciones de las partes asociadas que se esperaban las inscripciones de los participantes antes del 15 de Abril del 2016, por lo tanto se invita a aquellas partes interesadas que no lo hayan hecho aún a inscribirse inmediatamente.

---

[9] Argentina (1), Chile (1), RU (3).

Formas y Medios de mejorar la Hidrografía y la Cartografía Náutica en la Antártida

La OHI ha informado regularmente sobre el nivel nada satisfactorio de conocimientos hidrográficos en la Antártida desde la XXXI RCTA (Kiev, 2008) y sobre los riesgos inherentes que ello implica para todas las actividades marítimas que tienen lugar alrededor del continente. La OHI ha indicado reiteradamente el requisito de obtener apoyo al más alto nivel político si las cosas tuviesen que mejorarse significativamente.

Es gratificante que la última reunión (XXXVII RCTA) adoptase la Resolución 5 (2014) sobre el fortalecimiento de la cooperación en materia de levantamientos hidrográficos y de cartografía de las aguas antárticas. Sin embargo, a excepción de los importantes levantamientos llevados a cabo en el Estrecho de Gerlache en el 2015, ha habido muy poco impacto o m ejora perceptibles en la situación indicada previamente. Sólo puede esperarse que esto mejorará después de que la CHA de la OHI se reúna a mediados de año en Ecuador, donde se espera finalizar un análisis complete de la evaluación de los riesgos del continente. Se invita a todas las partes interesadas de la RCTA a participar en la reunión como un medio para identificar las prioridades y los riesgos y de coordinar sus actividades en materia de levantamientos hidrográficos y de cartografía.

Recomendación para su Consideración por la RCTA

La OHI invita a la RCTA a animar a las Partes a participar en la próxima reunión de la CHA en Ecuador, del 30 de Junio al 2 de Julio, y a contribuir eficazmente a sus actividades en conformidad con la Resolución 5 (2014).

Informe anual de la OMM de 2015-2016

La Organización Meteorológica Mundial[10] (OMM) es una agencia especializada de las Naciones Unidas que cuenta con 191 Territorios y Estados miembros. Es el portavoz autorizado del sistema de la ONU en lo que respecta al estado y el comportamiento de la atmósfera terrestre, su interacción con los océanos, el clima que produce y la distribución resultante de los recursos hídricos.

Las actividades de la OMM en materia de observación, investigación y servicios polares y de alta montaña promueven y coordinan programas pertinentes que realizan naciones y grupos de naciones en regiones antárticas, árticas y de alta montaña. Estas actividades se conectan con todos los programas de la OMM, como la Vigilancia Meteorológica Mundial (VMM), y con otros programas afines de distintas partes del mundo, lo que cubre las necesidades y los requisitos globales de observación, investigación y servicios meteorológicos en las regiones polares y de alta montaña[11].

En mayo de 2015, el Congreso Meteorológico Mundial aprobó las actividades polares y de alta montaña como una de las siete prioridades de la OMM para el período 2016-2019. Estas actividades, que incluyen la interacción con el Sistema del Tratado Antártico, están dirigidas por el Panel de expertos del Consejo Ejecutivo de la OMM sobre observaciones, investigaciones y servicios polares y de alta montaña (EC-PHORS).

En enero de 2016, el Dr. Petteri Taalas fue designado Secretario General de la OMM. Tras su paso por el Instituto de Meteorología de Finlandia y por el Panel sobre observaciones, investigaciones y servicios polares y de alta montaña, él ha sido una eminencia en el campo de las ciencias criosféricas durante muchos años.

La Vigilancia de la Criósfera Global (VCG) es fundamental para las iniciativas polares de la OMM, y el componente de observación de la VCG es uno de los cuatro sistemas de observación principales incluidos en los Sistemas Mundiales Integrados de Observación de la OMM. CryoNet es el componente principal de observación de la VCG. Numerosas estaciones en la Red de Observación Antártica están identificadas como sitios CryoNet. En reconocimiento de la importancia de la VCG, la OMM está en proceso de establecer una Oficina del Proyecto VCG en la Secretaría. La VCG también se tratará en un documento que se presentará al Tratado en el futuro.

En colaboración con varios socios, la OMM está implementando el Sistema Mundial Integrado de Predicciones Polares (GIPPS), una iniciativa que mejorará radicalmente nuestra capacidad predictiva en todas las escalas temporales y que profundizará nuestro conocimiento sobre el tiempo y el clima polares.

El Año de la Predicción Polar (YOPP) es una iniciativa afín que cubre el período 2017-2019 y se centra en el año 2018. Su objetivo es mejorar las capacidades de predicción ambiental a través de un período de intensa observación, modelado, predicción, verificación y actividades para educar y comprometer a las personas. Véase el Documento de información IP 15.

Desde su creación en 2009, el EC-PHORS ha orientado sus actividades hacia la creación de servicios de información adaptados a una amplia gama de intereses polares. La OMM está analizando el desarrollo de centros de excelencia, denominados Centros meteorológicos polares regionales, que generen datos climáticos de manera operativa (véase el Documento de información IP 14).

La OMM se complace en presentar varios documentos adicionales sobre sus actividades a fin de informar e involucrar a la RCTA en ese respecto. Algunos de esos documentos son *WMO Climate-related Activities in the Antarctic Region* (Actividades de la OMM relativas al clima en la región antártica), *The Antarctic Observing Network* (La Red de Observación Antártica), *The Polar Challenge* (El desafío polar), *Polar Regional Climate Centres and Polar Climate Outlook Fora* (Centros meteorológicos polares regionales y Foros polares de perspectivas climáticas) e *Year of Polar Prediction* (El Año de la Predicción Polar).

---

[10] www.wmo.int

[11] https://www.wmo.int/pages/prog/www/polar/index_en.html

La OMM está comprometida a trabajar en pos de los servicios y las investigaciones sobre el tiempo y el clima antárticos en una colaboración mutuamente beneficiosa con las Partes del Tratado.

Conclusiones recientes del IPCC sobre el cambio climático y próximas actividades relacionadas

Resumen

La contribución del Grupo de Trabajo I al Quinto informe de evaluación (AR5) del IPCC concluyó con un alto grado de certeza que la capa de hielo antártico está perdiendo masa, con una tasa promedio de pérdida de hielo durante el período 2002 - 2011 por encima de la experimentada con anterioridad. Se estima que esta última pérdida de hielo antártico equivale a la del aumento en el nivel del mar en torno a los 0,2 a 0,61 mm al año. También concluyó que las plataformas de hielo flotantes que se encuentran alrededor de la Península Antártica continuaron su tendencia a largo plazo de retroceso y colapso parcial en respuesta los cambios en la temperatura de la atmósfera. Informó además sobre el adelgazamiento de la plataforma de hielo en la región del mar de Amundsen en la Antártida occidental. Si bien presenta cierta heterogeneidad regional, la extensión anual del hielo marino en torno a la Antártida aumentó aproximadamente entre 0,13 y 0,2 millones de km2 cada década entre 1979 y 2012, lo que implica que en los próximos años se experimentará una disminución de las aguas abiertas.

A continuación, se describen algunos resultados del próximo Sexto Informe de Evaluación (AR6) generado por el IPCC, que incluye los Informes Especiales.

Algunas conclusiones claves del AR5

En sus evaluaciones periódicas, el IPCC presta particular atención a la criósfera debido al papel fundamental que desempeña en el sistema climático de la Tierra debido a su impacto sobre el balance energético de superficie, el ciclo del agua, el intercambio gaseoso de superficie y el nivel del mar. El Grupo de Trabajo I del AR5 evaluó los recientes cambios producidos en los componentes de la criósfera en diferentes regiones que incluyen la Antártida y las áreas oceánicas circundantes12, a qué pueden atribuirse dichos cambios13, y elaboró una proyección de los futuros cambios en la criósfera14 y su contribución prevista con respecto a los cambios en el nivel del mar15.

---

[12] Vaughan, D.G., J.C. Comiso, I. Allison, J. Carrasco, G. Kaser, R. Kwok, P. Mote, T. Murray, F. Paul, J. Ren, E. Rignot, O. Solomina, K. Steffen y T. Zhang, 2013: Observaciones: Criósfera, en: Climate Change 2013: The Physical Science Basis. Contribution of Working Group I to the Fifth Assessment Report of the Intergovernmental Panel on Climate Change [Cambio climático 2013: bases físicas. Contribución del Grupo de Trabajo I al Quinto Informe de Evaluación del Grupo Intergubernamental de Expertos sobre Cambio Climático] (Stocker, T.F., D. Qin, G.-K. Plattner, M. Tignor, S.K. Allen, J. Boschung, A. Nauels, Y. Xia, V. Bex y P.M. Midgley [eds.]). Cambridge University Press, Cambridge, United Kingdom and New York, NY, EE. UU.

[13] Bindoff, N.L., P.A. Stott, K.M. AchutaRao, M.R. Allen, N. Gillett, D. Gutzler, K. Hansingo, G. Hegerl, Y. Hu, S. Jain, I.I. Mokhov, J. Overland, J. Perlwitz, R. Sebbari y X. Zhang, 2013: Detection and Attribution of Climate Change: from Global to Regional [Detección y atribuciones del cambio climático: desde lo mundial a lo regional] en: Climate Change 2013: The Physical Science Basis. Contribution of Working Group I to the Fifth Assessment Report of the Intergovernmental Panel on Climate Change [Cambio climático 2013: bases físicas. Contribución del Grupo de Trabajo I al Quinto Informe de Evaluación del Grupo Intergubernamental de Expertos sobre Cambio Climático] (Stocker, T.F., D. Qin, G.-K. Plattner, M. Tignor, S.K. Allen, J. Boschung, A. Nauels, Y. Xia, V. Bex y P.M. Midgley [eds.]). Cambridge University Press, Cambridge, United Kingdom and New York, NY, EE. UU.

[14] Collins, M., R. Knutti, J. Arblaster, J.-L. Dufresne, T. Fichefet, P. Friedlingstein, X. Gao, W.J. Gutowski, T. Johns, G. Krinner, M. Shongwe, C. Tebaldi, A.J. Weaver y M. Wehner, 2013: Long-term Climate Change: Projections, Commitments and Irreversibility [El cambio climático en el largo plazo: proyecciones, compromisos e irreversibilidad]. En: Climate Change 2013: The Physical Science Basis. Contribution of Working Group I to the Fifth Assessment Report of the Intergovernmental Panel on Climate Change [Cambio climático 2013: bases físicas. Contribución del Grupo de Trabajo I al Quinto Informe de Evaluación del Grupo Intergubernamental de Expertos sobre Cambio Climático] (Stocker, T.F., D. Qin, G.-K. Plattner, M. Tignor, S.K. Allen, J. Boschung, A. Nauels, Y. Xia, V. Bex y P.M. Midgley [eds.]). Cambridge University Press, Cambridge, United Kingdom and New York, NY, USA.

[15] Church, J.A., P.U. Clark, A. Cazenave, J.M. Gregory, S. Jevrejeva, A. Levermann, M.A. Merrifield, G.A. Milne, R.S. Nerem, P.D. Nunn, A.J. Payne, W.T. Pfeffer, D. Stammer y A.S. Unnikrishnan, 2013: Sea Level Change [Cambio en el nivel del mar]. En: Climate Change 2013: The Physical Science Basis. Contribution of Working Group I to the Fifth Assessment Report of the Intergovernmental Panel on Climate Change [Cambio climático 2013: bases físicas.

Se trató el asunto de la pérdida de masa de la capa de hielo antártico, y se informó que las mayores pérdidas, que compensan el aumento de las precipitaciones, se produjeron en el extremo norte de la Península Antártica, donde el colapso de varias plataformas de hielo durante las últimas décadas ha desencadenado la aceleración de los glaciares de desagüe, y en el mar de Amundsen en la Antártida Occidental1. Los cambios en torno al mar de Amundsen se asocian al adelgazamiento de las plataformas de hielo y a la elevada temperatura de las corrientes oceánicas que da como resultado el adelgazamiento de los glaciares. Las tendencias estacionales en la concentración del hielo marino que se muestran en la Figura 1 (adaptación de la Figura 4.7 del GTI sobre el AR51) revelan importantes tendencias de distintos signos cerca de los bordes de hielo. Se encontraron tendencias marcadamente ascendentes en torno al meridiano de cambio de fecha en el Mar de Ross en todas las estaciones del año, y en torno al meridiano de Greenwich hacia el oeste en dirección al Mar de Weddell durante el verano y otoño (Figuras 1 d y e). En torno a los mares de Amundsen y Bellingshausen se encontraron tendencias negativas durante el verano y el otoño.

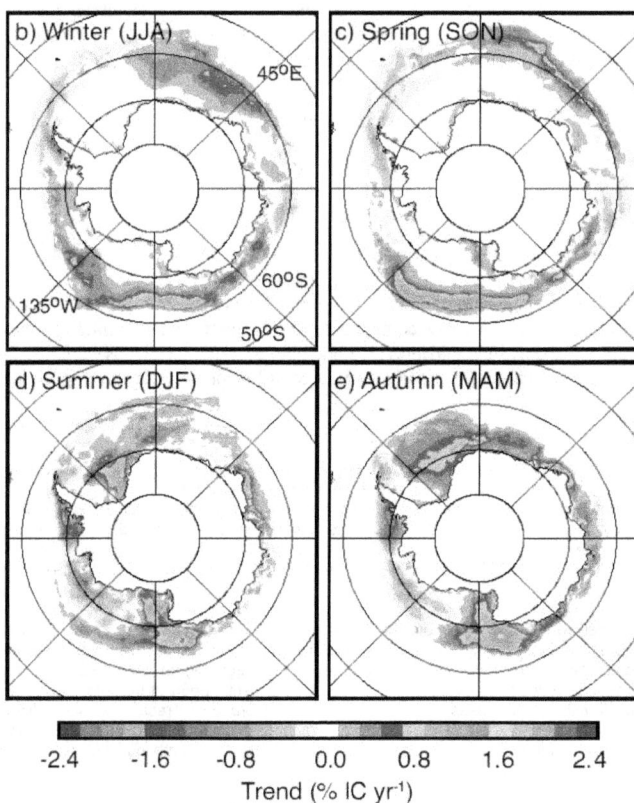

Figura 1: Tendencias estacionales (1979 a 2012) en la concentración del hielo durante el invierno (b), la primavera (c), el verano (d), y el otoño (e) australes. Fuente: Grupo de Trabajo I sobre el Quinto informe de evaluación (AR5) del IPCC.

Contribución del Grupo de Trabajo I al Quinto Informe de Evaluación del Grupo Intergubernamental de Expertos sobre Cambio Climático] (Stocker, T.F., D. Qin, G.-K. Plattner, M. Tignor, S.K. Allen, J. Boschung, A. Nauels, Y. Xia, V. Bex y P.M. Midgley [eds.]). Cambridge University Press, Cambridge, United Kingdom y New York, NY, EE. UU.

Hacia fines del siglo 21 (2081-2100), los modelos CMIP5 16 prevén una disminución en la extensión del hielo marino en el Océano Austral, la mayor proyectada bajo el escenario RCP8.5 de febrero3.

Resultados del próximo Sexto Informe de Evaluación (AR6)

Informe especial sobre el impacto del calentamiento global de 1,5 °C

La Conferencia de las Partes (CoP) de la Convención Marco de las Naciones Unidas sobre Cambio Climático (CMNUCC) en su 21.a sesión, en París, Francia (30 de noviembre al 11 de diciembre de 2015), invitó al IPCC a proporcionar en 2018 un Informe Especial (IE) sobre el impacto del calentamiento global de 1,5 °C por encima de los niveles preindustriales y las vías de emisiones de gases de efecto invernadero asociadas. En su 43.a sesión (Nairobi, Kenia, 11 al 13 de abril de 2016), el Panel del IPCC Panel decidió aceptar la invitación de la CMNUCC y trabajar en la preparación del IE sobre esta materia en el contexto del fortalecimiento de la respuesta mundial hacia la amenaza del cambio climático, desarrollo sostenible y las iniciativas para erradicar la pobreza. La reunión para determinar los objetivos se realizará en Ginebra entre el 15 y el 17 de agosto de 2016.

Otros informes especiales

El Panel del IPCC en su 43.a sesión aprobó además la preparación de otros dos informes especiales:

> 1) un informe especial sobre cambio climático, desertificación, degradación del suelo, manejo sustentable del terreno, seguridad alimentaria y flujos de gases de efecto invernadero en ecosistemas terrestres, y

> 2) un informe especial sobre cambio climático, océanos y criósfera.

La reunión para determinar los objetivos para estos informes especiales se realizará a principios de 2017.

Los copresidentes del Grupo de Trabajo (GT) sobre el AR6, en su comentario acerca del informe especial sobre cambio climático, océanos y criósfera, recalcaron que, si bien muchos aspectos del cambio climático y los océanos, y el cambio climático y la criósfera (con el nivel del mar como un tema en común) se habían abordado con cierta profundidad en el AR5, se habían observado deficiencias en cuanto a un enfoque integrado entre los distintos grupos de trabajo en relación con el abordaje de asuntos relevantes, que abarcan desde el aumento del nivel del mar, los fenómenos meteorológicos extremos, los impactos en el ecosistema, las consecuencias socioeconómicas, la función del océano en las estrategias de mitigación de problemas específicos planteados a nivel regional y sus implicancias (como por ejemplo la rápida urbanización de las zonas litorales). Se espera que el informe especial, que proporcionará una plataforma de integración para todos los GT, abarque las diversas cuencas marítimas y oceánicas de todo el mundo, y que, junto con la criósfera, aborde el mayor componente del sistema climático terrestre, el mayor espacio de vida en la tierra, con un amplio rango de implicaciones para la sociedad y socioeconómicas.

---

[16] Proyecto de Intercomparación de Modelos Acoplados, fase 5

Informe de la Coalición Antártica y del Océano Austral

1.   *Introducción*

La ASOC se complace en estar en Santiago con motivo de la XXXIX Reunión Consultiva del Tratado Antártico. En el presente informe, se describe brevemente el trabajo realizado por la ASOC en el curso del año pasado y se destacan algunos aspectos fundamentales para esta RCTA.

La Secretaría de la ASOC tiene su sede en Washington DC, EE. UU., y su sitio web es http://www.asoc.org. La ASOC cuenta con 24 grupos de miembros plenos distribuidos en diez países, además de grupos de apoyo en estos y varios países más. Las campañas de la ASOC son llevadas a cabo por equipos de expertos provenientes de varios países del Tratado Antártico.

2.   *Actividades intersesionales*

Desde la XXXVIII RCTA, la ASOC y los representantes de sus grupos miembros han participado activamente en los debates intersesionales llevados a cabo en los foros de la RCTA y el CPA, los que incluyen un GCI sobre valores sobresalientes en el medio marino antártico, un examen de los lineamientos para la evaluación del impacto ambiental en la Antártida, le revisión de un proyecto de CEE, la planificación de un simposio para la celebración del 25° Aniversario del Protocolo sobre Protección del Medio Ambiente, y el trabajo de desarrollo de un enfoque estratégico en torno al turismo.

La ASOC y los representantes de sus grupos miembros asistieron a varias reuniones relativas a la protección medioambiental de la Antártida, incluidas, entre otras, la XXXIV Reunión de la CCRVMA, reuniones de la Organización Marítima Internacional relativas al Código Polar, y la Reunión de la IAATO.

La ASOC es además miembro del Fondo de Investigación de la Vida Silvestre Antártica (AWR). Este Fondo proporcionó $ 250 000 destinados al financiamiento de tres proyectos científicos de investigación de los ecosistemas antárticos marinos.

3.   *Documentos presentados en la XXXIX RCTA*

La ASOC presentó a la XXXIX RCTA seis Documentos de Información, y fue copatrocinadora de otro documento. Estos documentos abordan temas medioambientales fundamentales, e incluyen recomendaciones que ayudarán a la RCTA y al CPA a lograr una más eficaz protección y conservación medioambiental en la Antártida.

The Future of Antarctica Forum [Foro El futuro de la Antártida] (Documento de Información IP 41)
La ASOC, junto a una serie de participantes en actividades antárticas, participó en el foro El futuro de la Antártida, que ofreció una oportunidad única para debatir sobre formas colaborativas mediante las cuales podría garantizarse en el futuro la protección y conservación de la Antártida.

Antarctic Climate Change, Ice Sheet Dynamics and Irreversible Thresholds: ATCM Contributions to the IPCC and Policy Understanding [El cambio climático antártico, la dinámica de la capa de hielo antártica y umbrales irreversibles: Contribuciones de la RCTA al GIECC y conceptos normativos comunes] (Documento de Información IP 78)
En este documento, la ASOC recomienda que el CPA, en conjunto con el SCAR, examinen una estrategia óptima para contribuir al informe especial previsto sobre los océanos y la criosfera del Grupo Intergubernamental de Expertos sobre el Cambio Climático (GIECC), quizás a través de la elaboración de un estudio sintetizado de la dinámica y las proyecciones de la capa de hielo antártica en respuesta al cambio climático. Es posible que las Partes deban además considerar la realización de esfuerzos conjuntos con los organismos de investigación del Ártico, y alentar a los equipos nacionales de investigación para que pongan a disposición en forma oportuna sus nuevas conclusiones para su inclusión en el Informe Especial.

An Unprecedented Achievement: 25 Years of the Environmental Protocol [Un logro sin precedentes: 25 años del Protocolo de Protección del Medioambiente] (Documento de Información IP 79)
Para el 25 aniversario del Protocolo de Madrid sobre Protección del Medioambiente, la ASOC alienta a las

PCTA a que reflexionen sobre el valor global y los enormes beneficios que ha tenido el Protocolo para el continente antártico y para la pacífica gobernanza de la Antártida, entre los que se incluye la prohibición de la actividad minera. El documento además recomienda formas de seguir adelante con la implementación del Protocolo, que incluyen la ampliación de la red de zonas protegidas, el fortalecimiento del proceso de evaluación de impacto ambiental a fin de incluir la consideración de los impactos acumulativos, y la planificación del desarrollo de actividades humanas en el continente antártico.

A Systematic Approach to Designating ASPAs and ASMAs [Una metodología sistemática para el diseño de ZAEP y ZAEA] (Documento de Información IP 80)
En este documento, la ASOC ofrece recomendaciones preliminares basándose en los procesos sistemáticos de planificación de la conservación, y la forma de ampliar el sistema de zonas protegidas en virtud del Protocolo con el fin de cumplir con los requisitos establecidos en el Anexo V, Artículos 3 y 4. También analiza los beneficios que podría tener este sistema para avanzar en los debates sobre la gestión del turismo, un asunto que ha estado sometido a debate por la RCTA desde hace muchos años sin que se produzcan cambios sustantivos.

Antarctic Climate Change Report Card [Tarjeta informativa del cambio climático antártico] (Documento de Información IP 81)
En este documento, la ASOC presenta su Tarjeta informativa del cambio climático antártico, que resume los descubrimientos científicos y los eventos relacionados con el cambio climático en la Antártida debido a causas antropogénicas, y ofrece recomendaciones para la RCTA sobre normativas, que incluyen el que las PCTA dejen en claro su compromiso relativo al financiamiento de investigación sobre el cambio climático y la acidificación de los océanos.

Progress on the Polar Code [Progresos logrados en relación con el Código Polar] (Documento de Información IP 82)
En este documento la ASOC ofrece una breve actualización sobre los progresos logrados respecto a la protección del Océano Austral frente a los riesgos asociados a los buques que operan en la región. Además, identifica una serie de asuntos que aún falta por tratar, que incluyen una ampliación del Código a fin de cubrir los buques no sujetos al Convenio SOLAS, tales como las embarcaciones pesqueras y los yates privados. La ASOC recomienda a las Partes que aumenten la protección del medioambiente antártico a través de la elaboración de medidas complementarias relativas a los derrames de petróleo y a la introducción de especies no autóctonas.

ASOC's update on Marine Protected Areas in the Southern Ocean [Actualización de la ASOC sobre las áreas marinas protegidas en el Océano Austral] (Documento de Información IP 83)
En este documento, la ASOC ofrece sus puntos de vista sobre los recientes debates de la CCRVMA sobre las AMP, fundamentalmente como una ayuda para los miembros y participantes de la RCTA y del CPA y para quienes no hayan participado en dichos debates.

4. *Comentarios finales*

En el transcurso del año pasado, la ASOC se unió a muchos y variados socios que incluyeron a la IAATO, el SCAR, la CCRVMA, la Coalición de pescadores legítimos de austromerluza (COLTO) y el Fondo de Investigación de la Vida Silvestre Antártica (AWR) para realizar un amplio trabajo de identificación de las fortalezas y debilidades de los actuales procedimientos y prácticas del Sistema del Tratado Antártico, proponiendo algunas soluciones para dichas deficiencias. La ASOC valora su participación junto a esos grupos, así como junto a las Partes del Tratado Antártico.

Informe de la Asociación Internacional de Operadores Turísticos Antárticos 2015-2016

En virtud del Artículo III (2) del Tratado Antártico

Introducción

La Asociación Internacional de Operadores Turísticos Antárticos (IAATO) tiene el agrado de informar a la RCTA XXXIX sobre sus actividades, en virtud del Artículo III (2) del Tratado Antártico.

La IAATO continúa concentrando sus actividades en apoyo de su declaración de misión de defender y promover que el sector privado realice viajes a la Antártida que sean seguros y responsables en lo medioambiental, garantizando lo siguiente:
- la gestión diaria y eficaz de las actividades de sus Miembros en la Antártida;
- la difusión educativa, incluida la colaboración científica;
- el desarrollo y la promoción de las mejores prácticas sobre turismo antártico.

La descripción detallada de la IAATO, su declaración de misión, sus principales actividades y sus últimos acontecimientos pueden encontrarse en la *Hoja técnica 2016-2017* y en el sitio web de la IAATO: www.iaato.org.

Cantidad de miembros y visitantes de la IAATO durante 2015-2016

La IAATO se compone de 116 Miembros, Asociados y Afiliados, que representan empresas provenientes del 66 % de los países que son Partes Consultivas del Tratado Antártico. Anualmente, los operadores Miembros de la IAATO transportan ciudadanos de casi todas las Partes de Tratado hacia la Antártida. Desde 2010, la IAATO representa a todas las embarcaciones de pasajeros que operan en aguas antárticas en virtud del Convenio Internacional para la Seguridad de la Vida Humana en el Mar (SOLAS). Sin embargo, durante la temporada 2015-2016, un crucero japonés que no realiza desembarcos, el ASUKA II, navegó por la península a fines de enero de 2016.

Durante la temporada de turismo antártico 2015-2016, el número total de visitantes que viajó con empresas Miembro de la IAATO fue de 38 478, lo que representa un aumento que está apenas por debajo del 5 % con respecto a la temporada anterior. Las cifras de la IAATO no han alcanzado el nivel máximo de la temporada 2007-2008 (46 265), pero la tendencia de los últimos años indica que ha habido un crecimiento lento.

Los detalles de las estadísticas turísticas, incluidas las actividades y nacionalidades, pueden encontrarse en el Documento de información IP112 de la XXXIX RCTA, *IAATO Overview of Antarctic Tourism: 2015-16 Season and Preliminary Estimates for 2016-17* (IAATO, Panorama del turismo antártico: temporada 2015-2016 y cálculos preliminares para 2016-2017). El directorio de Miembros y las estadísticas adicionales sobre las actividades de las organizaciones Miembros de la IAATO pueden encontrarse en www.iaato.org.

Trabajo y actividades recientes

A lo largo del año, se llevaron a cabo las siguientes iniciativas:
- El Programa de observadores Dockside aplicado a los yates de la IAATO. En la actualidad, este es un componente establecido del Programa mejorado de observadores, el cual incluye la realización de observaciones de campo de las operaciones de los Miembros para fomentar las prácticas recomendables. Durante la temporada 2015-2016, la IAATO revisó y actualizó su Campaña de difusión sobre yates, dirigida a los operadores comerciales y privados que no eran Miembros de la

IAATO y que tenían intenciones de visitar la Antártida. Pueden encontrarse detalles sobre la Campaña en www.iaato.org/yachts.

- El Programa de evaluación y certificación en línea de la IAATO correspondiente a la temporada 2015-2016, el cual aprobaron 663 miembros del personal en terreno. La certificación es obligatoria para muchos operadores de la IAATO, y 920 miembros del personal en terreno la han aprobado desde 2012-2013. El Programa de evaluación sigue evolucionando y comprobando los conocimientos del personal sobre el Manual de operaciones en el terreno de la IAATO, el cual se actualiza anualmente e incorpora todos los resultados importantes de la RCTA y el CPA.

- La Conferencia inaugural para el personal en terreno, organizada por la IAATO, en conjunto con su organización hermana en el Ártico, la Asociación de Cruceros Expedicionarios del Ártico (AECO). Esta conferencia, celebrada en septiembre de 2015 en Toronto, Canadá, contó con la presencia de muchos representantes de Partes del Tratado.

- La educación de los Miembros, el personal en terreno y los clientes en lo que respecta a temas sobre ciencia y conservación de la Antártida es un componente importante del trabajo de la IAATO. Durante la temporada 2015-2016, la IAATO aumentó la cantidad de documentos clave y elaboró directrices, procedimientos operativos normalizados e informes, a lo que se suman tres películas animadas, disponibles en diez idiomas, que fueron creadas para respaldar la redacción de los instructivos obligatorios.

- Cada año, la IAATO recibe muchas consultas de parte de personas, yates y grupos privados que se encuentran en varias etapas de la planificación de expediciones a la Antártida. La IAATO les explica el Sistema del Tratado Antártico y los procesos de permisos, y comunica toda información pertinente a las autoridades competentes que puedan estar interesadas.

- Una serie de operadores de embarcaciones de la IAATO continúa mejorando oportunamente la información hidrográfica a modo de prueba. Entre sus iniciativas, se incluyen pruebas multicolaborativas realizadas en conjunto con oficinas hidrográficas y con la AECO. Asimismo, el esquema multicolaborativo que permite que los operadores de la IAATO y la AECO compartan datos históricos de sondeo de profundidades de las regiones polares continúa creciendo en el sector.

- En preparación para la esperada entrada en vigor del Código Polar, que tendrá lugar el 1 de enero de 2017, la IAATO realizó una Reunión de operadores de embarcaciones, *"Para estar listos para el Código Polar"*, en conjunto con Lloyds Register, en Londres, en junio de 2015. Además, la IAATO ahora contribuye al desarrollo de herramientas que ayudan a cumplir con los requisitos del Código, como una base de datos de información sobre hielo y temperatura que sirve de apoyo para las evaluaciones de riesgos realizadas por los operadores.

- En abril de 2016, la IAATO participó en ejercicios de simulación y en un Taller sobre búsqueda y salvamento antárticos coordinados por la contraparte de la IAATO en el hemisferio norte, la AECO, y la Guardia Costera de Islandia. Combinar conocimientos de ambos polos permite intercambiar experiencias, reforzar la seguridad y mejorar las relaciones en todo el sector del turismo polar.

Reunión de la IAATO y participación en otras reuniones durante 2015-2016

La Reunión anual de la IAATO de 2016 se celebrará entre el 2 y el 5 de mayo en Newport, Rhode Island, EE. UU. El presente informe se redactó antes de dicha reunión a fin de cumplir con el plazo para la entrega de Documentos de información; sin embargo, además de las iniciativas mencionadas anteriormente, la reunión incluirá debates sobre los siguientes temas:

- La reestructuración de la membresía en dos categorías simplificadas, a saber: "Operadores" (los responsables legales de las expediciones, y quienes las organizan) y "Asociados" (quienes venden o brindan servicios de apoyo a los "Operadores" y quienes auditan los fondos de la Asociación).

- La revisión y actualización de varias directrices de la IAATO que cubren diversos temas, como la observación de la vida silvestre, las lanchas que operan en las proximidades de hielo y el equipo utilizado en caso de varar en la costa.

- La revisión del proyecto de Directivas sobre vehículos aéreos no tripulados (UAV) de la IAATO a partir de la retroalimentación recibida en temporadas anteriores.
- Propuestas de directrices, incluidas las directrices de actividades y las nuevas directrices de sitios para las islas Yalour y la punta Wild.

Los representantes de las Partes del Tratado siempre están invitados a unirse a cualquiera de las sesiones abiertas durante la Reunión anual de la IAATO y a cualquier taller que se realice con posterioridad.

El personal de la Secretaría de la IAATO y los representantes de los Miembros participaron en las reuniones internas y externas, actuando en colaboración con Programas antárticos nacionales y organizaciones no gubernamentales, científicas, ambientales y del sector. Además de participar en reuniones gubernamentales individuales, la IAATO concurrió a los siguientes eventos:

- La **27ª Reunión anual del Consejo de Administradores de los Programas Antárticos Nacionales (COMNAP)**, Tromsø, Noruega, agosto de 2015. La IAATO atribuye gran importancia a la buena cooperación y colaboración entre sus Miembros y los Programas antárticos nacionales.
- La **Conferencia y Reunión anual de la Asociación de Operadores de Cruceros Expedicionarios del Ártico**, Copenhague, Dinamarca, octubre de 2015.
- El **Foro sobre el futuro de la Antártida**, a bordo de una embarcación Miembro de la IAATO, Akademik Ioffe, One Ocean Expeditions, marzo de 2016.
- La IAATO sigue siendo activa en el desarrollo del Código Polar obligatorio de la **Organización Marítima Internacional** (OMI) en su carácter de asesor de la Asociación Internacional de Líneas de Cruceros (CLIA), y participa en varias reuniones de la OMI.

Observación ambiental

La IAATO continúa proporcionando a la RCTA y al CPA información detallada sobre las actividades de sus Miembros en la Antártida y, además, trabaja en conjunto con instituciones científicas, sobre todo en materia de difusión educativa y observación ambiental a largo plazo. Sus colaboraciones incluyen el Inventario de sitios antárticos, el laboratorio Lynch Lab en la Universidad de Stony Brook y la Sociedad zoológica de Londres/Universidad de Oxford. A su vez, los operadores de la IAATO señalan avistamientos de buques pesqueros para luego informarlos a la CCRVMA, en respaldo de la labor en contra de la pesca INDNR.

La IAATO acoge las oportunidades de colaborar con otras organizaciones.

Incidentes turísticos ocurridos en el período 2015-2016

La IAATO continúa su política de divulgación de los incidentes para garantizar que todos los operadores antárticos comprendan los riesgos y aprendan las lecciones correctas. A continuación, incluiremos una lista de incidentes informados durante la temporada 2015-2016 en los que han estado involucrados operadores de la IAATO:

- El 15 de noviembre de 2015, durante la noche y en las inmediaciones de las islas Shetland del sur, el Ocean Endeavour chocó con hielo, lo que causó daños en el casco del barco. El barco no necesitó auxilio y, con el acuerdo del Estado del pabellón y de la Sociedad de clasificación, se dirigió al puerto de Ushuaia para emprender acciones de reparación.

- El 14 de diciembre de 2015, durante un crucero en Zodiac, diez botes estuvieron ocho horas encallados en el Puerto Lockroy a causa de un banco de hielo de deriva. La IAATO agradece al apoyo brindado por el Fondo Fiduciario para el Patrimonio Antártico del RU en ese momento, el cual, junto con el equipo de seguridad obligatorio, garantizó que los pasajeros estuvieran seguros y cómodos durante el encallamiento.

- El 22 de enero de 2016, Henry Worsley, un ciudadano del RU que intentaba realizar una travesía antártica sin apoyo y en solitario, solicitó que lo recogieran porque se le estaba acabando el tiempo para completar la expedición. Al llegar al campamento Glaciar Unión, y tras ser atendido por el personal médico de Antarctic Logistics and Expeditions, Worsley aceptó viajar a Punta Arenas, Chile, en un vuelo programado para ese mismo día. La investigación posterior realizada por la Clínica Magallanes, Punta Arenas, identificó una peritonitis. Finalmente, Worsley falleció debido a complicaciones derivadas de la infección.

- Durante la temporada 2015-2016, hubo varios incidentes con yates que no eran Miembros de la IAATO en los que operadores de la IAATO respondieron brindando apoyo. Se registraron dos encallamientos: el yate Tarka, frente a la isla Cuverville, y el Angelique II, cerca de la estación Vernadsky.

- Se informó que hubo un derrame de combustible en las cercanías de una estación de un Programa antártico nacional, tras lo cual las autoridades pertinentes hicieron llegar servicios de reparación y limpieza.

- Al momento de redactar el presente informe (22 de abril), se habían informado ocho evacuaciones médicas exitosas de clientes, realizadas ya sea por otros operadores de la IAATO o a través de vuelos de pasajeros desde la isla Rey Jorge (isla 25 de Mayo).

Respaldo a las ciencias y a la conservación

Durante la temporada 2015-2016, los Miembros de la IAATO transportaron de manera económica o gratuita a más de 50 integrantes del personal científico, de respaldo y de conservación, además de sus equipos y provisiones, entre las distintas estaciones, sitios en terreno y puertos de ingreso. Algunas razones por las que se realizaron dichos transportes son:

- traslado de científicos entre las estaciones;
- evacuaciones médicas no urgentes;
- apoyo en terreno para los proyectos de investigación;
- recolección de muestras científicas y de otros datos para los programas de investigación (todos permitidos);
- transporte de equipos científicos hacia las estaciones o desde ellas;
- proyectos de ciencia ciudadana, como HappyWhale.com.

Los informes iniciales indican que los operadores de la IAATO y sus pasajeros también aportaron más de USD 500 000 a organizaciones científicas y de conservación que trabajaron activamente en la zona antártica y subantártica durante 2015 y 2016.

Durante la última década, estas donaciones ascendieron a más de USD 4 millones en total.

Agradecimientos

La IAATO agradece la oportunidad de trabajar en colaboración con las Partes del Tratado Antártico y con el COMNAP, el SCAR, la CCRVMA, la OHI/CHA y la ASOC, entre otros, en pos de la protección a largo plazo de la Antártida.

PARTE IV

Documentos adicionales de la XXXIX RCTA

1. Documentos adicionales

Resumen de la conferencia de SCAR

Resumen de la conferencia del SCAR:
Consideración del futuro de las investigaciones científicas en la Antártida

Jerónimo López-Martínez, Presidente del Comité Científico de Investigación Antártica (SCAR).
Universidad Autónoma de Madrid, España.

La investigación científica en la Antártida aporta un conocimiento crucial sobre procesos globales y, según lo reconoce el Sistema del Tratado Antártico, desempeña un papel fundamental en la gestión de la región. La investigación científica en la Antártica también ofrece oportunidades significativas para cooperar a nivel internacional y para comunicar y enfatizar la importancia de la Antártida y del océano Austral tanto para el público en general como para los sectores normativos.

A fin de respaldar la cooperación internacional y el liderazgo del SCAR en lo referido a las investigaciones realizadas en la Antártida y el océano Austral, y para colaborar a la hora de alcanzar su objetivo de excelencia en materia de ciencia y de asesoramiento científico para los sectores normativos, en 2014 el SCAR organizó el primer Proyecto de búsqueda sistemática de los horizontes científicos del SCAR para la Antártida y el Océano Austral, con el respaldo de la Fundación Tinker, entre otras organizaciones. Esta iniciativa reunió a diferentes actores relacionados a la Antártida, como científicos, sectores normativos, líderes y visionarios, a fin de identificar las inquietudes científicas más importantes que abordarán (o que deberían abordar) las investigaciones que se realicen al menos durante las próximas dos décadas. Esa fue la primera ocasión en que la comunidad antártica internacional ha formulado una visión colectiva por vía de debate, discusión y votación. El resultado fue un acuerdo acerca de las 80 inquietudes científicas más importantes sobre la Antártida, que dio como resultado una ambiciosa "hoja de ruta" que servirá para al menos los próximos veinte años.

La respuesta a estas inquietudes requerirá una financiación sostenida y estable, el acceso irrestricto a la Antártida durante todo el año, la aplicación de tecnólogas emergentes, el fortalecimiento de la protección de la región, el crecimiento de la cooperación internacional y la mejora de la comunicación entre las partes interesadas. A su vez, muchos programas antárticos están atravesando situaciones de presión e incertidumbre en materia presupuestaria.

El Consejo de Administradores de los Programas Antárticos Nacionales (COMNAP) encabezó la segunda fase del proceso con el proyecto de desafíos de la hoja de ruta antártica (ARC), cuyo objetivo era responder el siguiente interrogante: "¿De qué manera podrán los programas antárticos nacionales enfrentar los desafíos asociados a la investigación científica en la Antártida identificados en el Proyecto de búsqueda sistemática de los horizontes científicos?"

La conferencia científica que el SCAR realizará en 2016 ante la RCTA presentará una visión general de este proceso y ofrecerá sus principales conclusiones a los Delegados a partir de los resultados publicados del Proyecto de búsqueda sistemática de los horizontes científicos del SCAR[1,2] y del proyecto ARC[3]. Allí se describirá la manera en que se implementarán las medidas para analizar y lograr las prioridades científicas futuras y para debatir los desafíos asociados. Subrayaremos que es esencial contar con más socios internacionales, expandir los conocimientos compartidos y mejorar la coordinación en materia de financiación de ciencia e infraestructura. Asimismo, reforzaremos, ante los Delegados, la importancia de basarse en evidencia científica a la hora de tomar decisiones y diseñar medidas de conservación. Estos procesos han sido un esfuerzo colectivo de la comunidad antártica, cuyo fundamento fue una amplia cooperación internacional,

---

[1] Kennicutt, M.C. et al. 2014. Polar research: Six priorities for Antarctic science. Nature, 512 (7512), 23-25.

[2] Kennicutt, M.C. et al. 2015. A roadmap for Antarctic and Southern Ocean science for the next two decades and beyond. Antarctic Science 27(1): 3-18.

[3] Kennikutt, M., Kim, Y., Rogan-Finnemore, M. (edit.). 2016. Antarctic Roadmap Challenges. Christchurch, COMNAP.

en el que han participado varios cientos de científicos, administradores y técnicos de decenas de países, con la estrecha cooperación del SCAR y el COMNAP brindada en un marco inspirado por el Tratado Antártico.

Presentaciones realizadas durante el Grupo de Trabajo Especial sobre sobre el 25° Aniversario del Protocolo al Tratado Antártico sobre Protección del Medio Ambiente

Palabras del Honorable Bob Hawke, AC, a la XXXIX RCTA

Me complace estar presente junto a todos ustedes en este día para celebrar el 25° aniversario del Protocolo de Madrid y para aprovechar la oportunidad de acompañar a mi buen amigo y socio colaborador, Michel Rocard, al transmitir este mensaje.

La ratificación del Protocolo de Madrid, en 1991, fue un logro memorable de semejante magnitud que generó cambios inigualables. Después de todo, la década anterior se había dedicado a trabajar en un acuerdo que permitiera la minería y las perforaciones de pozos petroleros en la Antártida.

Habría sido un crimen contra la vida silvestre prístina de este continente salvaje que se lo explotara de esa manera.

En estrecha colaboración, las Partes del Tratado Antártico emprendieron una nueva tarea, cuya prioridad era proteger el singular medioambiente de la Antártida.

La esencia del Protocolo era el avasallador deseo de lograr, cuanto antes, que la Antártida se considerara una reserva natural consagrada a la paz y a la ciencia, y que se prohibiera permanentemente toda actividad minera.

A pesar de la presión y la demanda cada vez mayores que existen en torno a los recursos energéticos naturales del planeta, para mí fue fácil tomar la decisión, y fue la correcta. Este asunto nos llevó muchos años, pero por fin logramos proteger este continente tan singular y frágil.

Como era debido. Después de todo, la Antártida es un lugar extraordinario.

Es el continente más alto, más seco, más ventoso y más frío del mundo. Es una de las maravillas naturales más importantes del mundo, y nunca deberíamos desafiar su mística mágica ni dejar que se pierda, sino que deberíamos buscar aprender de ella.

Es el hogar de criaturas únicas que se han adaptado a sus condiciones extremas y que no se encuentran en ningún otro lugar de la Tierra.

Los tesoros científicos que albergan su hielo, atmósfera y océano reabrirán los registros climáticos y expandirán nuestros conocimientos sobre el cambio climático mundial, uno de los desafíos más grandes para nuestra supervivencia.

Es indiscutible que la Antártida merece la mejor protección contra la sed humana de conquista y explotación.

Como Partes del Tratado Antártico, tenemos el deber colectivo de garantizar esa protección. Esa garantía debería ser inquebrantable.

Con el Protocolo de Madrid, tenemos los medios para lograrlo.

Es para mí un gran placer que 37 Partes del Tratado Antártico hayan firmado el Protocolo. Pero la promesa del Protocolo no se completará hasta que no se unan todas las Partes del Tratado Antártico.

Cuando eso suceda, significará que todos los países que tienen presencia en la Antártida se han comprometido con una misma causa: trabajar juntos para garantizar la protección eterna del continente.

A veces, hay quienes dicen que la prohibición de la minería caduca en 2048. Pero nosotros sabemos mucho del tema. La prohibición no tiene "fecha de vencimiento".

En este día, mientras reflexionamos sobre los Principios del Protocolo, debemos reafirmar nuestro compromiso con la Antártida y, sobre todo, con la prohibición permanente de la minería. Las generaciones futuras no deberían tener dudas acerca del compromiso feroz, contundente e incuestionable que nuestra generación les lega con respecto a la protección de este continente extraordinario.

Por último, quisiera agradecer a Chile por haber sido sede de este importante simposio. También agradezco y aplaudo a todos los delegados presentes en la reunión por su arduo trabajo y su dedicación a la hora de proteger la Antártida.

Les deseo a todos lo mejor en la reunión de este año.

Comentarios acerca de la historia del Protocolo de Protección Ambiental, la visión que hay tras este y su impacto

Evan T. Bloom

Me honra el haber sido invitado al evento que inaugura este Simposio de celebración del 25° Aniversario del Protocolo de Protección del Medioambiente, conocido también como el Protocolo de Madrid. Nos reunimos hoy para hacer un balance de lo que ha logrado el Protocolo, y para considerar su futuro como parte del tema más amplio de avanzar en la protección del medioambiente en la Antártida, lo que constituye una de las más importantes prioridades actuales para todas las Partes del Tratado Antártico.

Hoy, quisiera referirme a la evolución del Protocolo de Madrid, analizar su extraordinario y positivo impacto, y analizar el papel que desempeñan el Protocolo y sus Anexos en la preservación del medioambiente antártico.

Los aquí presentes sabemos muy bien que el medioambiente de la Antártida es singular y extraordinario. Se trata de un espacio natural de vastas proporciones que alberga una gran abundancia de flora y fauna. El que la capa de hielo antártica contenga aproximadamente el 90 % del agua dulce de superficie de nuestro mundo es algo que tiene particular importancia. Los Estados Unidos y otros países han reconocido desde hace tiempo a la Antártida como el principal laboratorio científico del mundo, que ha producido, y sigue produciendo, nociones acerca de algunas de las más fundamentales interrogantes que se plantea hoy en día la humanidad. Para citar solo un ejemplo, el mundo comprende el cambio climático mejor que nunca antes en la historia, y eso en gran parte se debe al registro de las cambiantes condiciones del clima que se observan en la Antártida y que se preservan en el hielo antártico y en sus capas de sedimentos. Es indudable que el valor científico de la Antártida se asocia directamente a la naturaleza prístina de su medioambiente. Es el mismo medioambiente al cual el Protocolo de Madrid ha servido con el fin de proteger y preservar en beneficio de todos.

Tengo la percepción de que todos estamos de acuerdo en que las Partes del Tratado Antártico tomaron una sabia decisión cuando se propusieron negociar y finalmente aprobar el Protocolo del Medioambiente. Esto requirió de un acto de valentía política que impuso dejar atrás un enfoque que se venía negociando durante años. Me refiero al establecimiento de un régimen normativo relativo a la minería, que tenía una inclinación muy diferente. En un principio, mi gobierno fue proclive a dicho enfoque en virtud de la Convención para la Reglamentación de las Actividades sobre Recursos Minerales Antárticos (CRAMRA). Pero la audaz y tal vez heroica decisión tomada por los líderes de países como Australia y Francia, debemos admitirlo, llevaron hacia algo mejor. Una mirada en retrospectiva evidencia la sabiduría subyacente a ese cambio de rumbo.

En ese momento quedó clara la necesidad de un régimen jurídico antártico más centrado en las inquietudes medioambientales. El Tratado Antártico, siendo el importante hito que fue, nunca se concibió como un instrumento para la protección del medioambiente. Fue el primer tratado mundial sobre control de armamento, y sí abordó una serie de importantes asuntos geopolíticos y sobre políticas científicas, pero nada tenía que ver con la protección del medioambiente. El Tratado Antártico estableció un proceso para las reuniones de la Partes Consultivas, el mismo proceso que nos ha reunido este día. A su vez, en esas reuniones se dieron algunos pasos importantes en relación con normativas medioambientales, como por ejemplo, las Medidas convenidas para la conservación de la fauna y flora antárticas. Sin embargo, claramente, se necesitaba más.

En cierto sentido, la Convención sobre la Conservación de los Recursos Marinos Vivos (CCRVMA) fue (y sigue siendo) un instrumento medioambiental. Constituyó uno de los primeros tratados referentes a las actividades pesqueras con el propósito de aplicar un enfoque basado en el ecosistema en la gestión de las pesquerías, y hoy en día podemos observar que la CCRVMA constituye la base para el establecimiento de áreas marinas protegidas, lo cual, por cierto, tiene una importante relación con la protección del medioambiente. Pero si queríamos proteger a la Antártida y a sus ecosistemas dependientes y asociados, se necesitaba algo más, más allá de la CCRVMA, y las Partes del Tratado debieron actuar.

En 1991, a apenas dos años de que la CRAMRA quedara sin efecto, este órgano acordó el Protocolo de Protección del Medio Ambiente, un logro que celebramos hoy. La piedra angular del Protocolo de Madrid es, por cierto, el Artículo 7, que impuso una prohibición a todas las actividades relacionadas con los recursos minerales con excepción de aquellas que tuvieran fines científicos. Este fue un paso decisivo para la protección del medioambiente antártico. Habida cuenta de su importancia, mi delegación propuso en esta Reunión, junto con varios coauspiciadores, una Resolución a través de la cual las Partes Consultivas reiterarían su compromiso con respecto a este esencial elemento del Protocolo. La Resolución recibió un fuerte respaldo, fue acordada por el Grupo de Trabajo 1, y será propuesta para su aprobación durante la sesión plenaria del día miércoles.

Con certeza, el Artículo 7 es solamente una parte, si bien una parte muy importante y reconocida, del Protocolo de Madrid. El Protocolo mismo ofrece un marco para la protección integral del medioambiente antártico y sus ecosistemas dependientes y asociados, al tiempo que designa a la Antártida como una reserva natural consagrada a la paz y a la ciencia. A través de 27 diferentes Artículos y seis diferentes Anexos, el Protocolo trata la contaminación del medio marino, la protección de la fauna y la flora, los requisitos para la evaluación de los impactos al medioambiente, la gestión de los residuos y el establecimiento de zonas protegidas.

Todos nosotros conocemos bastante bien los actuales anexos del Protocolo. El Anexo I exige la realización de una evaluación de impacto ambiental antes de que se lleven a cabo las actividades. El Anexo II se refiere a la protección de los animales y vegetación de la Antártida, y establece restricciones sobre las especies no autóctonas. El Anexo III alienta a las Partes a reducir la cantidad de desechos, e impone requisitos sobre limpieza de los residuos, además de planes y estrategias para la gestión de dichos residuos. Y el Anexo IV prohíbe la descarga de petróleo y otras sustancias que incluyen plásticos y aguas residuales en el mar desde los buques pertenecientes a las Partes del Tratado que operan en la Antártida. En su conjunto, todo esto ha contribuido de manera sustancial a la preservación del medioambiente antártico.

El Anexo V establece la protección y gestión de Zonas Antárticas Especialmente Protegidas, o ZAEP, de Zonas Antárticas Especialmente Administradas, o ZAEA, y de Sitios y Monumentos Históricos. El actual sistema de ZAEP y ZAEA constituye uno de los elementos más importantes del Protocolo. Para los Estados Unidos, es un orgullo haber promovido y apoyado estos instrumentos a través de su Programa Antártico y de sus contribuciones al desarrollo de una lista de verificación para la inspección de las ZAEP y ZAEA. Estos mecanismos que ofrece el Anexo V se han comprobado como uno de los más eficaces instrumentos de preservación del medioambiente, y los Estados Unidos los consideran cruciales para la futura protección de la Antártida.

En este punto, me detendré en el Anexo VI, conocido como el Anexo sobre Responsabilidad. Si bien aún no entra en vigor, este Anexo es un elemento clave del Protocolo, y una tarea de envergadura para las Partes del Tratado en sus esfuerzos por proteger el medioambiente. El Anexo VI tiene su origen en los Artículos 15 y 16 del Protocolo, y se concibió para establecer las responsabilidades de aquellos operadores gubernamentales y no gubernamentales que no hayan cumplido en su respuesta a una emergencia medioambiental. Representa un singular enfoque hacia la responsabilidad, diferente al de otros tratados sobre responsabilidad, y refleja un medio práctico para proteger el medioambiente antártico allí donde hay escasos datos de referencia que permitan evaluar el grado del daño al medioambiente en el mar o en la tierra, o no los hay en absoluto. Es una importante evolución para el derecho internacional, particularmente para el derecho medioambiental internacional. Su ratificación por las Partes Consultivas sigue siendo una importante prioridad para el Sistema del Tratado Antártico.

También deseo hacer notar el importante papel que desempeña el Comité para la Protección del Medio Ambiente (CPA) en el sistema del Tratado. La creación del CPA por el Protocolo señaló la importancia que todos nosotros asignamos a la gestión del medioambiente en virtud del Protocolo de Madrid. El CPA ofrece asesoramiento y formula recomendaciones a las Partes en relación con la implementación de este Protocolo, y en este sentido ha realizado un trabajo sobresaliente. Ha producido los procesos y lineamientos claves que son elementos esenciales de los esfuerzos medioambientales de las Partes del Tratado.

Esto incluye el vanguardista trabajo en la evaluación de los impactos al medioambiente, en la protección de la flora y la fauna, en establecer procedimientos para la protección y gestión de zonas, y mucho más.

Por último, todos nosotros debemos aprovechar esta oportunidad de mirar hacia el futuro y pensar en innovadoras formas de mantener los más elevados niveles de vigilancia y protección del medioambiente. En el futuro solo aumentarán las presiones sobre el medioambiente antártico, y los desafíos son muchos: el cambio climático, las especies no autóctonas, los impactos de las actividades tanto gubernamentales como no gubernamentales. También aumentan las amenazas para el medio marino, y deben atenderse, ya sea a través del Protocolo o de la CCRVMA (en realidad, nos alienta sobremanera la cooperación que existe entre el CPA y el Comité Científico de la CCRVMA).

Los Estados Unidos reiteran su compromiso de seguir trabajando en colaboración con todos los Estados Partes para responder a los asuntos emergentes y prioritarios tales como los impactos acumulativos, para lograr la adecuada reglamentación del turismo y la implementación del Código Polar, en el establecimiento de áreas marinas protegidas, y en materia de cambio climático. En este sentido, el trabajo del CPA sigue siendo crucial para el éxito de los objetivos del Protocolo, y la necesidad del asesoramiento del CPA seguirá aumentando según aumenten los impactos en la Antártida y en sus ecosistemas dependientes y asociados. Es necesario que exploremos mejores formas de trabajar en conjunto para permitirnos más tiempo para el debate centrado en los temas prioritarios durante las reuniones del CPA, de modo que el asesoramiento que se ofrece a la RCTA sea el mejor posible.

El Protocolo de Madrid es un extraordinario logro para la diplomacia internacional. Es un régimen que ha cumplido sus promesas pese a las dificultades aún presentes. Todos nosotros podemos sentir orgullo en el aniversario de este singular acuerdo que ha estado, y sigue estando, al servicio de altos ideales, los cuales materializó en 1991.

Nosotros, los Estados Unidos, felicitamos y expresamos nuestros agradecimientos hacia todos quienes han trabajado tan arduamente en alcanzar este importante logro y esperamos promover la protección permanente de la Antártida para fines pacíficos y científicos en el futuro cercano.

Gracias.

El Protocolo en comparación con otros acuerdos medioambientales mundiales y regionales

Therese Johansen

Introducción

En primer lugar, me gustaría señalar que está claro que el Protocolo y la Antártida, como tales, son absolutamente únicos, y que en muchos sentidos no pueden compararse con ningún otro marco o ámbito en el mundo. Sin embargo, como segundo punto, intentaré realizar algunas comparaciones con contras regiones, y el valor que tiene una metodología regional y ecosistémica para la protección del medioambiente. En tercer lugar, intentaré formular algunas conclusiones sobre la forma en que el Protocolo puede continuar sirviendo también como modelo e inspiración para otras regiones.

Las singulares características del Protocolo Ambiental

El Protocolo y la Antártida, como tales, son únicos. Un tema fundamental es el acuerdo que existe en no estar de acuerdo con las reivindicaciones territoriales mientras el Tratado Antártico esté vigente, y la designación de todo el continente como reserva natural consagrada a la paz y a la ciencia.

El Protocolo sirve como el pilar medioambiental del Sistema del Tratado Antártico, y desde la perspectiva de Noruega, el enumerar los atributos del Protocolo es poner una marca en todas las casillas, donde están presentes todos los elementos más preciados para Noruega, como por ejemplo, su exhaustividad, que cubre todas las actividades humanas, la gestión científica y basada en los conocimientos, y el papel del CPA en la entrega de un sólido asesoramiento científico, un enfoque verdaderamente ecosistémico en el que se pueden tratar como un todo las zonas terrestres y las áreas marinas, la forma en que establece un marco para la cooperación y la coordinación entre los diversos sectores, y el Tratado Antártico que proporciona los principios generales.

Además, la relación de trabajo entre la RCTA, el CPA, la CCRVMA y otros organismos en el contexto de sus respectivos mandatos y áreas de especialización, pero con el objetivo común de lograr el más alto nivel de protección de la Antártida en su conjunto.

También quisiera destacar el papel de las Partes Consultivas en garantizar que la toma de decisiones esté en poder de aquellos Estados con intereses y conocimientos reales acerca de la región. Las Reglas sobre membresía que requieren de pruebas de compromiso hacia la Antártida y la importancia de la gobernanza regional por actores con los mejores conocimientos acerca de la región específica. Eso me lleva hacia la próxima diapositiva, sobre el enfoque regional hacia la protección del medioambiente, y la forma en que las demás regiones tratan los mismos asuntos, en ocasiones inspiradas en forma directa por las lecciones aprendidas dentro del Sistema del Tratado Antártico

El enfoque regional: una comparación con el Océano Atlántico Nororiental

En esta sección, la idea era presentar la forma en que se ha logrado la cooperación y coordinación intersectorial en el Atlántico Nororiental, y cómo se compara con el STA.

La arquitectura institucional del Atlántico Nororiental consiste en la Comisión para la Protección del Medio Marino del Atlántico Nordeste (Convención OSPAR) como pilar medioambiental, la Comisión de Pesquerías del Atlántico Nordeste (CPANE) como el pilar relativo a las pesquerías, la OMI que administra los asuntos relativos a la navegación, la Autoridad Internacional de los Fondos Marinos (ISA) que rige la actividad minera en el lecho marino y los Estados costeros, que abordan los asuntos relativos a las zonas bajo jurisdicción nacional, tales como la contaminación terrestre. La estructura marco para todo esto es, por cierto, el Convenio de las Naciones Unidas sobre el derecho marítimo.

El objetivo de la Convención OSPAR es la protección del medio marino del Atlántico Nororiental a través de la cooperación reforzada entre sus Partes.

Por otro lado, la CPANE administra toda la actividad pesquera dentro de su área de distribución. Al aprobar medidas de gestión, la CPANE debe aplicar un enfoque precautorio y tener debidamente en cuenta el impacto de las pesquerías sobre otras especies y ecosistemas marinos, y sobre la biodiversidad.

En su conjunto, la Convención OSPAR y la CPANE sirven como los vehículos regionales para cumplir con las responsabilidades, objetivos y compromisos globales impuestos por la Convención de las Naciones Unidas sobre el Derecho del Mar y otros instrumentos tales como el Acuerdo de las Naciones Unidas relativo a las poblaciones de peces, la Asamblea General de las Naciones Unidas, y el Convenio sobre la Diversidad Biológica, entre otros.

La Convención OSPAR y la CPANE cooperan estrechamente en temas de interés mutuo. En relación con las actividades humanas que ya están cubiertas por otras organizaciones, el rol de la Convención OSPAR es la mantención del estado medioambiental general y el examen de los impactos adversos, y guarda relación con todas las actividades humanas y sus impactos acumulativos. Si la Convención OSPAR identifica amenazas o impactos adversos como resultado de las actividades humanas que caen dentro del ámbito de competencias de otras organizaciones, esta información se remite a las organizaciones relevantes para que constituyan la base del diseño y aprobación de medidas de gestión. De esta manera, la Convención OSPAR puede poner en marcha decisiones y medidas que rigen las actividades que no están cubiertas en su mandato.

Un ejemplo de la cooperación entre la Convención OSPAR y la CPANE es el establecimiento de zonas acotadas por la CPANE, seguido del establecimiento de AMP por la Convención OSPAR casi en la misma zona, complementándose entre sí y aumentando con ello la protección de dichas zonas.

Este logro no ha sido fácil, y es algo en lo que hemos trabajado durante varios años con objeto de encontrar el equilibrio adecuado y formas prácticas de trabajar en conjunto. Puedo hablar solo a nombre de Noruega, por cierto, pero al menos para nosotros, el Sistema del Tratado Antártico ha servido como inspiración con respecto a la forma de establecer el marco institucional adecuado.

En nuestra opinión, la gestión reforzada de los océanos del mundo depende de este tipo de cooperación y coordinación entre los diversos sectores. Es así como la Convención OSPAR y la CPANE aspiran a cooperar con organizaciones regionales de otros lugares del mundo.

En 2013, la Convención OSPAR suscribió un Memorando de Entendimiento sobre la Protección y el desarrollo del medio marino y las zonas costeras de la región de África Occidental y Central (la Convención Abidjan) centrada en las pesquerías y en la cooperación en asuntos medioambientales entre la Convención OSPAR/CPANE y la Secretaría de Abidjan/Organización de pesquerías regionales de África occidental (SRFC).

Conclusiones

¿Cuáles son las conclusiones que podemos extraer de todo esto? Al menos desde el punto de vista de Noruega, y a excepción de las características únicas y la especial situación de la Antártida, el Protocolo Ambiental y la arquitectura institucional de la Antártida es la regla de oro, y ha sido una inspiración para nuestro enfoque hacia la gestión de nuestros propios remansos, por así decirlo, tales como el Atlántico Nororiental.

Hay muchas lecciones por aprender, especialmente en cuanto a la cooperación y coordinación intersectorial. En este ámbito, la relación entre la RCTA, el CPA, la CCRVMA, la OMI y las autoridades nacionales competentes, entre otros, ha sido puesta a prueba y demostrado su eficacia durante los últimos 25 años.

Es un hecho que este es un campo en el que siempre hay posibilidades de perfeccionamiento, pero yo diría que en la Antártida es mucho lo que se ha logrado, y que hemos puesto en marcha esa estructura para representar la vanguardia en cuanto a protección del medioambiente a medida que avanzamos en nuestro empeño por proteger ese singular continente.

Discurso del Sr. Michel Rocard

Distinguidos Ministros, Señoras y Señores, estimados Delegados,

Lamento no poder acompañarlos en ocasión de la XXXIX Reunión Consultiva del Tratado Antártico. Me he habituado a este importante evento anual, pero estoy envejeciendo. Estoy junto a ustedes en mi espíritu, y lo que es más importante, Francia está bien representada en esta Reunión por una gran delegación.

Lamento aún más mi ausencia este año, ya que Chile, nuestro anfitrión en ocasión de la XXIX RCTA ha tomado la brillante iniciativa de conmemorar el 25.o Aniversario del Protocolo de Madrid, el Protocolo al Tratado Antártico sobre Protección del Medio Ambiente, que se ha vuelto una pieza clave, si es que no la única, del Sistema del Tratado Antártico que Robert Hawke, anterior Primer Ministro de Australia, y yo mismo, en calidad de Primer Ministro de Francia por ese entonces, promovimos y lideramos entre 1989 y 1991.

Agradezco a la Presidencia de Chile por esta iniciativa, y aprovecho la oportunidad para ofrecer mis respetos a nuestros colegas australianos, quienes espero que trasmitan mis mejores deseos a mi amigo Bob.

Debo confesarles algo: nunca he sido muy aficionado a las conmemoraciones ni a la celebración de aniversarios. Ni siquiera de mis propios cumpleaños, que tiendo a olvidar. Cuando se siente pasión por sacar las cosas adelante, y con respecto a la acción política, la escenificación demasiado indulgente y ritualizada de las victorias pasadas contrasta demasiado con las descomunales tareas y urgentes batallas que están por comenzar.

A menos, por supuesto, que la conmemoración sea un incentivo o una convocatoria para la acción concertada. Y es esto precisamente, estimados colegas, lo que deseo tratar en mi breve discurso de este día.

Hace cinco años, en 2011, mientras revisaba el panel del Sistema del Tratado Antártico, descubrí que 14 de las 20 Partes No Consultivas de aquel entonces no habían ratificado el Protocolo de Madrid. Esta situación implicaba que algunas naciones, que habían expresado su interés por la región a través de su adhesión al Tratado de Washington, no habían contraído las responsabilidades colectivas que sustentaban a la comunidad antártica. Esto creaba graves problemas además para el control de las actividades científicas y turísticas realizadas en la zona del Tratado por ciudadanos de estados que no eran Parte al Protocolo.

Tome el teléfono y llamé a mi amigo Robert Hawke, con quien tenía ya una antigua amistad, y le expliqué la situación. Fue así como juntos decidimos aprovechar el simbólico 20.o aniversario del Protocolo de Madrid para proponer que en ocasión de la XXXIV RCTA se volviera a poner en marcha el proceso de ratificación del segundo protocolo del Tratado Antártico. Todos recordamos lo que ocurrió entonces: veinte delegaciones comenzaron a presionar a los gobiernos afectados, lo que finalmente se tradujo en acciones concretas. Gracias a la iniciativa conjunta de la comunidad antártica, las conmemoraciones del 20.o Aniversario del Protocolo de Madrid cobraron una importancia real, aun cuando, debe decirse, el proceso de ratificación se ha desacelerado en cierta medida desde entonces…

Pero esa es, justamente, la función de un evento conmemorativo: el volver a poner en marcha de manera periódica los valores fundamentales en los que se basa una comunidad, reactivarlos incansablemente, crear conciencia tan pronto como se vuelve a instalar la complacencia, hacer que vuelvan a aflorar.

¿Cómo se aplica esto al 25.o Aniversario del Protocolo de Madrid? ¿Qué es lo que esta celebración aspira a iluminar? Cuando se me habló por primera vez de esta celebración, me dije que en el frenesí que nos ha hecho ir desde la conmemoración de un ciclo de diez años a la conmemoración de un ciclo de cinco años de la firma del Protocolo de Madrid, el próximo paso podía ser, ni más ni menos que un Día Internacional de la Antártida.

Es una buena idea, y merece institucionalizarse. Es indudable que algo así contribuirá a aumentar la importancia de la Antártida para la opinión pública, lo que algún día podría influir en el destino de esta zona en cuanto a su singular situación jurídica.

Sobre todo, sentí que este frenesí por las conmemoraciones ocultaba algo, sin duda, las inquietudes de la comunidad antártica en cuanto a una "armonía internacional" instituida por el Tratado en 1959, y consolidada a través del Protocolo de Madrid, que declaró a la Antártida como un territorio consagrado a la paz y a la ciencia, donde se prohíbe toda actividad relativa a los recursos minerales distinta a la investigación científica.

Desde el punto de vista jurídico, la armonía internacional en la Antártida está protegida por el Sistema del Tratado Antártico. Los procedimientos de enmienda al Tratado Antártico de 1959 y al Protocolo de Madrid de 1991 implican la constitución de complejas mayorías, y por lo mismo, garantizan la continuidad de dichos instrumentos jurídicos.

Por cierto, la prohibición de la actividad minera puede replantearse una vez transcurrido el periodo de 50 años a partir de la fecha de entrada en vigor del Protocolo de Madrid, pero no existen motivos para temer a un instrumento jurídico que forjamos en conjunto a través del consenso, y cuya solidez se concibió para resistir los peligros y las incertidumbres de la vida internacional.

Si hay inquietudes a expresar, estas no deberían apuntar al sistema jurídico del Tratado Antártico. Más bien, hay inquietud por los valores que orientan a la comunidad antártica: valores fundamentales que garantizan la cohesión de la comunidad; valores comunes que contribuyen a preservar la armonía internacional en este lugar perdido de nuestro planeta, más allá de las diferencias que separan al mundo.

Recuerden, hace veinticinco años: la comunidad antártica había llegado a consenso sobre una suspensión de la actividad minera que podría modificarse tras 50 años. En ese momento expresé lo siguiente:

"garantizar la protección efectiva de la Antártida sin comprometer las opciones para las futuras generaciones". Como ven, solo podemos temernos a nosotros mismos, y a nuestros hijos, que aprenden de nosotros. Es una enorme responsabilidad. Somos los guardianes del orden internacional en la Antártida, y este orden debe continuar mientras la mayor parte de la comunidad jurídica de la Antártida siga reconociéndose en los valores fundamentales de la Antártida.

Así es, queridos colegas, haciendo caso omiso de la cronología histórica, el Protocolo de Madrid de 1991 se ha impuesto, año tras año, como una pieza clave de la armonía internacional iniciada por el Tratado de 1959, y la suspensión de las actividades mineras representa un valor fundamental del régimen antártico.

Los Estados Unidos estaban en lo cierto cuando propusieron aprovechar el valor simbólico del 25.o Aniversario del Protocolo de Madrid para revigorizar y unir a la comunidad antártica en torno a la declaración de su compromiso a favor de la moratoria a la actividad minera. Francia se unió rápidamente a la iniciativa, tal como lo hizo la gran mayoría de las Partes del Tratado.

Aliento a todas las Partes del Tratado para que apoyen la iniciativa de Estados Unidos que confiere significado a esta conmemoración de los cincuenta años y nos recuerda nuestra responsabilidad colectiva:

Desde los puntos de vista jurídico y político, la existencia de una mayoría de Partes del Tratado unidas en torno a los valores fundamentales del Sistema del Tratado constituye la mejor protección ante las presiones externas e internas que desearían proponer modificaciones al estatus excepcional de la Antártida.

¡Larga vida a la Antártida!

Muchas gracias por su atención. Les deseo una fecunda conferencia.

--- FIN ---

Análisis del Protocolo sobre Protección del Medio Ambiente Antártico y sus anexos

José Retamales

La distinguida especialista argentina Miryam Colacrai, Dra. en Ciencias Sociales y autora de varios libros sobre el Ártico y la Antártida, hace 20 años, en el Boletín Antártico Chileno de Mayo de 1996, describía al "Protocolo al Tratado Antártico sobre Protección del Medio Ambiente como un vital compromiso a la consolidación del régimen antártico".

Partía recordando, en un análisis político global, como los temas de seguridad fueron los que concitaron mayor atención y preocupación de la agenda mundial durante la posguerra y el período de la contención. Luego, como las cuestiones económicas tuvieron en jaque a los setenta y los ochenta y como esto desembocaría en los noventa con el énfasis puesto en la dimensión ambiental.

La firma del Tratado Antártico en 1959 apuntó a la "seguridad" de la región y al establecimiento de un equilibrio entre las Partes. También garantizó la no militarización y la desnuclearización en un doble sentido: desde la seguridad y desde la protección del ambiente.

Una segunda etapa, en los setenta y los ochenta, asignó especial atención a la reglamentación de la explotación de algunos recursos, por medio de Convenciones especiales como la de Focas, la de Recursos Vivos Marinos Antárticos y la correspondiente a Recursos Minerales, cuyo texto fue largamente negociado, pero no contó con la ratificación de todas las Partes para su entrada en vigor.

Esto condujo a que en sucesivas reuniones como la Consultiva en París de 1989, las Consultivas Especiales de Viña del Mar 1990, y aquellas celebradas en abril, junio y octubre de 1991 en Madrid se arribara finalmente a la redacción final del Protocolo. De las diversas propuestas presentadas, triunfó la que impulsaba este tipo de instrumento, que guarda una relación de complementariedad con el Tratado Antártico en lugar de la fórmula de Convenciones -en cierta forma autónomas- que había caracterizado la dinámica de acuerdos anteriores.

En consonancia con la agenda mundial entonces, la adopción del Protocolo sobre Protección del Medio Ambiente, en 1991, no hacía sino ubicar esta temática en el centro de la preocupación y el debate del Sistema del Tratado Antártico.

Es claro que la incorporación del "Protocolo" no significó la incorporación de una temática que fuera extraña al Tratado Antártico. Desde las primeras Reuniones Consultivas y con el propósito de legislar sobre aquellos principios y normas generales que había establecido el Tratado, se tuvo en cuenta lo frágil del ambiente antártico y se elaboraron un importante número de recomendaciones.

El antecedente pionero en dirección a la "protección y conservación de los recursos de la Antártica" fueron las medidas acordadas para la Conservación de la Fauna y la Flora Antárticas el año 1964. Probablemente, el aspecto más significativo de estas medidas es que ellas declararon al ámbito del Tratado Antártico como un "área de conservación especial".

Merece recordarse que los aportes de carácter científico sobre evaluación del impacto ambiental comenzaron durante la década del setenta y su discusión fue el tema central de un importante número de informes y seminarios de expertos internacionales.

Sin embargo, no hay dudas que la ubicación de este tema "al tope de la agenda" se produce a partir de las negociaciones que condujeron a la redacción del "Protocolo al Tratado Antártico sobre Protección del Medio Ambiente".

El Protocolo señala la necesidad de la cooperación internacional, por cuestiones de carácter ambiental, enfatizando que las Partes se consulten entre sí respecto de la selección de emplazamientos de posibles bases, de manera de reducir al máximo el impacto acumulativo que pueda ocasionar una excesiva densidad de instalaciones.

También promueve la realización de expediciones conjuntas y la posibilidad de compartir el uso de bases científicas, con la consiguiente optimización de recursos a través del empleo compartido de medios logísticos así como una disminución del impacto ambiental que toda actividad -en mayor o menor medida- genera.

Las políticas desarrolladas en el Tratado Antártico a partir de los temas discutidos en los 19 años del Comité de Protección Ambiental han permitido sin duda precisar acciones de importancia ambiental.

Sin embargo, ¿cuanto estamos protegiendo o podemos proteger aquello **que no se ve** en la Antártica? Este es sólo un ejemplo de la gran biodiversidad antártica, la *Limacina rangii*, un diminuto caracol que vive en el océano Austral, fotografiado en las aguas de la bahía Fildes. Se trata de un gastrópodo de concha helicoidal, conocido comúnmente como "mariposa de mar".

Una característica de este orden es que el animal desarrolla protuberancias carnosas, pálidas, semitransparentes, que crecen desde su pie hacia ambos lados de su cuerpo y le permiten "volar" en el agua. Sus partes blandas son de un color púrpura oscuro, su caparazón es muy delgada y frágil y un ejemplar adulto mide solo 6 mm. Sus "alas" producen el mucus característico de los caracoles con que su presa es envuelta antes de ser digerida.

A su vez, esta *Limacina rangii* es consumida por gastrópodos pelágicos del grupo llamado "ángeles de mar", como esta *Clione antarctica* que puede medir hasta 30 mm de largo conformando una de las muchas tramas alimenticias del mundo animal.

Este "ángel" pelágico se alimenta exclusivamente en la Antártica de esta "mariposa". Sin una concha protectora, que pierde en estado embrionario, sintetiza un producto químico -la pteroenona- que la hace poco apetecible. A diferencia de la "mariposa", estos "ángeles de mar" pueden también ser encontrados en aguas subantárticas, en grandes cantidades.

Por ello creemos que la comunicación al público en general de los secretos que esconde el océano austral, la vida marina, es muy importante. La ciencia nos permitirá desarrollar cada vez una mayor comprensión de lo que debemos proteger.

El conocido y muy abundante kril antártico, ha demostrado ser capaz de sostener la vida en la Antártica, siendo la base de la cadena trófica austral, desde pequeños pingüinos hasta grandes ballenas. Y además sustenta una industria pesquera en aumento.

Sin embargo, ¿será capaz de sobrevivir a la acidificación del océano austral?

Como sabemos el Protocolo fue diseñado principalmente para proteger el medio ambiente antártico de la presión ambiental generada por la presencia y actividad del hombre EN el continente. El Plan de Trabajo Quinquenal del Comité de Protección Ambiental considera las presiones ambientales derivadas de la introducción de especies no-nativas, turismo, gestión de zonas antárticas protegidas y administradas, del espacio marino, sitios históricos y otros. El Comité también ha formado un grupo de trabajo especialmente en cambio climático.

Pero, con toda probabilidad, los mayores desafíos futuros a la protección del medio ambiente antártico no vendrán de la actividad humana en ese continente sino de la actividad global en el planeta, que se refleja en esa suerte de faro que es el continente blanco.

El artículo cuarto de la Convención Marco de las Naciones Unidas sobre el Cambio Climático, define 9 condiciones que hacen vulnerables a los países a los efectos del cambio climático. Chile cumple con 7 de ellas y a t al efecto un periódico local publicó en su edición del 6 de diciembre recién pasado la figura que se muestra en pantalla.

Quisiera aventurar entonces que el interés de nuevos países por conocer y estudiar la Antártida continuará en aumento, derivado de la preocupación de la opinión pública por los efectos del cambio climático. Esto debería significar nuevos desafíos para el Comité de Protección del Medio Ambiente y el Sistema Antártico en general.

Los efectos del Protocolo sobre Protección del Medio Ambiente Antártico desde el punto de vista de un científico

Aleks Terauds

Objetivos científicos

Existen diversas perspectivas en la comunidad científica respecto de las razones principales por las que los científicos realizan su labor. Sin embargo, también hay algunos aspectos generales compartidos que he intentado contemplar en el presente documento. Comprender el medioambiente y luego utilizar el conocimiento obtenido para informar la gestión es una práctica común. Estas decisiones de gestión pueden implementarse con el fin de proteger el medioambiente, y de esa protección, se desprende la conservación.

No todos los científicos tratan de lograr cada uno de esos objetivos, pero, en términos generales, estos abarcan de alguna manera lo que los científicos intentan alcanzar.

¿Protección contra...?

Creo que vale la pena tocar el tema de contra qué estamos intentando proteger el medioambiente antártico. Si damos un paso atrás, antes de la aprobación del Protocolo en 1991, la Antártida se enfrentaba a numerosas amenazas potenciales. La mayoría de ellas estaban vinculadas a la actividad humana.

No hay duda de que la presencia de personas en la Antártida puede afectar el medioambiente antártico. En términos de efectos directos, la presencia humana es significativa y está en aumento. Sabemos que la minería, una de esas amenazas potenciales, se ha abordado con el establecimiento de una clara prohibición en el Artículo 7 del Protocolo, la cual aporta una capa de protección muy importante y sólida. Asimismo, sabemos que el cambio climático es capaz de interactuar con toda la gama de amenazas e incluso de potenciarlas, lo que podría generar efectos masivos en el medioambiente antártico. Además, existen otras cuestiones particulares, como las especies no autóctonas, sobre las cuales también es sabido que pueden tener efectos considerables.

En el contexto de estas amenazas, tanto potenciales como reales, la importancia de la protección que aporta el Protocolo queda muy clara.

"... una reserva natural consagrada a la paz y la ciencia"

Las palabras "una reserva natural consagrada a la paz y la ciencia" incluidas en el Artículo 2 son uno de los fragmentos más conocidos del Protocolo al Tratado Antártico sobre Protección del Medio Ambiente. Esas palabras capturan el espíritu y la esencia de la protección que el Protocolo otorga a la Antártida. Más importante aún es que dejan muy en claro que la protección del medioambiente es un compromiso con todo el continente. A su vez, constituyen cimientos muy sólidos para la protección del medioambiente antártico, en los cuales se basa el Protocolo con sus Artículos y Anexos subsiguientes.

El alto perfil de esas palabras también demuestra que las personas tienen una gran apreciación de la protección ambiental o, lo que quizás es más importante, que tienen la intención de proteger la Antártica. Como científico, creo que esto es valorable. También cabe destacar que la inclusión de la palabra "ciencia" y su utilización en este documento enlazan las ideas de ciencia y protección del medioambiente en la Antártida.

Esas conexiones tan estrechas se evidencian en la evolución de los grupos del SCAR a lo largo de los últimos 30 años. Unos años antes de que se aprobara el Protocolo, se formó el Grupo de Especialistas en Cuestiones Medioambientales y Conservación. Este grupo ayudó activamente a informar sobre políticas y gestión del medioambiente de la Antártida durante muchos años, hasta que, con el correr del tiempo, se transformó en el Comité Permanente en el Sistema del Tratado Antártico (SCATS) del SCAR, el cual represento en este momento.

Los profesores David Walton y Steven Chown desempeñaron un papel de suma importancia en estos grupos, y el SCATS continúa siendo el responsable de brindar asesoramiento científico al Tratado Antártico en representación del SCAR, con especial énfasis en cuestiones relativas a la protección medioambiental.

Principios medioambientales

El Artículo 3 es uno de los Artículos que más fuerza tiene, desde el punto de vista de un científico. Indica que todas las actividades realizadas en la Antártida deben considerar los posibles impactos que podrían generar en el medioambiente. En este sentido, aporta un primer nivel muy sólido de protección. En combinación con las disposiciones del Anexo 1, es una herramienta muy efectiva para gestionar y proteger el medioambiente antártico.

Desde una perspectiva científica, que el Protocolo se centre en principios medioambientales abre las puertas para que se utilice la ciencia como guía para las actividades. Los Códigos de Conducta del SCAR son un buen ejemplo. Utilizando los mejores conocimientos científicos disponibles, el SCAR ha elaborado varios códigos de conducta para guiar las actividades y contribuir a la protección del medioambiente. Asimismo, el SCAR hace énfasis en la geoconservación, lo que representa otra vía importante para proteger el medioambiente en consonancia con los principios ambientales estipulados en el Protocolo.

Protección de la flora y fauna

El Anexo 2, que trata sobre la protección de la flora y fauna, también contiene algunos elementos de extrema importancia para la protección del medioambiente antártico. Dichos elementos incluyen la regulación y la supervisión de las actividades científicas a través de la exigencia de permisos, así como el requisito de designar especies especialmente protegidas.

Desde la perspectiva de un científico, una vez más haré referencia a algunos ejemplos del SCAR en los que se utilizó la ciencia, junto con los requisitos del Protocolo, según lo señalado en este Anexo, con el propósito de mejorar la protección del medioambiente. El enfoque científico del SCAR ayudó a informar la elaboración de las directrices de observación de la vida silvestre y, más recientemente, señaló una investigación que demostraba que era necesario continuar trabajando para comprender no solo asuntos típicos relativos a la perturbación de la vida silvestre, sino también los posibles efectos de las tecnologías emergentes, como los vehículos aéreos no tripulados (UAV). Si bien los UAV no constituían un problema cuando el Protocolo entró en vigor, actualmente el Protocolo todavía proporciona una base excelente para informar y guiar el uso de esta tecnología.

Especies no autóctonas

Las especies no autóctonas también están identificadas como una amenaza en el Anexo 2. Dicho Anexo prohíbe su introducción deliberada. Sin embargo, como quedó evidenciado en la gran cantidad de proyectos llevados a cabo durante al menos la última década, las introducciones no intencionales han sido un problema y siguen siéndolo. Este desafío puede mitigarse, en cierto modo, con la implementación de prácticas estrictas de bioseguridad, y el SCAR, junto con otros colaboradores, ha utilizado la ciencia para informar y desarrollar esas prácticas.

El proyecto Especies exógenas en la Antártida, una iniciativa relacionada con el Año Polar Internacional de 2007-2008, fue un programa importante en este sentido, y hoy contamos con una buena comprensión de las vías de introducción de especies no autóctonas y con una serie de protocolos de bioseguridad destinados a minimizar el riesgo.

Por lo tanto, una vez más, gracias a la especificación incluida en este Anexo, el Protocolo le ha proporcionado a la ciencia la oportunidad de proteger el medioambiente y de contribuir a logros como la Lista de verificación para los gestores de cadenas de suministro del COMNAP, el Manual sobre especies no autóctonas del CPA y los protocolos de bioseguridad de los Programas Antárticos Nacionales.

Provisión de protección adicional

La provisión de protección adicional estipulada en el Anexo 5 del Protocolo también es un componente clave para la protección del medioambiente. Las Zonas Antárticas Especialmente Protegidas y las Zonas Antárticas Especialmente Administradas ayudan a proteger una serie de valores específicos y han demostrado ser una herramienta efectiva para proteger la biodiversidad, la geodiversidad y otros elementos ambientales importantes. El Anexo, además, proporciona un marco muy claro para poner en práctica la ciencia a la hora de proteger zonas.

El SCAR se centra en el trabajo continuo para informar el establecimiento de una red de zonas protegidas de la Antártida que sea sistemática y esté basada en datos probatorios.

Comité para la Protección del Medio Ambiente

Me gustaría reiterar la importancia del Comité para la Protección del Medio Ambiente. La creación de este comité, en 1998, fue un componente clave del Protocolo, y desde entonces, el comité ha demostrado ser la fuerza motriz del Protocolo y ser muy efectivo al momento de generar cambios.

La relación directa que existe entre el CPA y la ciencia, ya sea a través de las Partes o de observadores, como el SCAR, es uno de los elementos esenciales detrás de su éxito.

Próximas acciones

El SCAR continuará asesorando al CPA sobre cuestiones prioritarias, en consonancia con los requisitos del Protocolo, y se regirá por las prioridades del CPA y por el proyecto de búsqueda sistemática de los horizontes científicos del SCAR para la Antártida y el Océano Austral.

Asimismo, el SCAR seguirá realizando contribuciones científicas congruentes con los principios del Protocolo y aprovechando al máximo las oportunidades para proteger el medioambiente antártico.

Implementación del Protocolo sobre Protección del Medio Ambiente: la perspectiva de un operador acerca de su impacto sobre el apoyo a la ciencia

Yves Frenot, Director del Instituto Polar francés Paul-Emile Victor (IPEV), Vicepresidente del COMNAP

Kazuyuki Shiraishi, Director General del Instituto Nacional de Investigación Polar (NIPR), Presidente del COMNAP

Michelle Rogan-Finnemore, Secretaria ejecutiva del COMNAP

El COMNAP es la asociación internacional de Programas Antárticos Nacionales. Incluye en la actualidad a 30 miembros y 2 O bservadores. Estos 32 programas son responsables de prestar apoyo a las actividades gubernamentales en más de 80 instalaciones dedicadas a la investigación en la Antártida.

La misión del COMNAP es elaborar y promover prácticas recomendables en apoyo de la investigación científica en la Antártida. Es un Observador oficial de la RCTA y del CPA. Al reconocer la importancia de su estatus, el COMNAP se comprometió a apoyar al Sistema del Tratado Antártico a través de la entrega de asesoramiento práctico, técnico y apolítico derivado de la experiencia y de las pericias de los Programas nacionales que están activos en la zona del Tratado.

Los Programas Antárticos Nacionales son también los encargados de aplicar los principios expuestos en el Protocolo de Madrid. De hecho, todos los miembros del COMNAP son países que han refrendado el Protocolo, incluyéndolo en su legislación nacional. Sin embargo, el Protocolo tiene implicaciones directas sobre las actividades de los programas en términos del respaldo que entregan a la ciencia, el mantenimiento de las infraestructuras científicas o la implementación de la logística asociada.

Esta presentación destaca la forma en que el COMNAP contribuye al cumplimiento de los requisitos del Protocolo en tres diferentes formas:
1. Definición de los requisitos que afectan directamente al COMNAP;
2. La forma en que el COMNAP responde ante estos, a t ravés de verificaciones de campo de la factibilidad de las medidas adoptadas; y
3. La entrega de ejemplos sobre la forma en que los programas nacionales implementan dichas orientaciones.

Debido a limitaciones de tiempo, en esta presentación se destacan ejemplos de los Anexos I y III del Protocolo solamente.

Por lo mismo, la primera parte se relaciona con el Anexo I, sobre la evaluación del impacto ambiental (EIA) de las actividades que se realizan en la Antártida. En primer lugar quisiera demostrar la forma en que el COMNAP ha desarrollado los conceptos que figuran en el Anexo I, antes de ofrecer ejemplos de su implementación por los programas nacionales.

Aún antes del primer proyecto del Protocolo, el SCAR y el COMNAP comprendieron la importancia de las EIA y de las actividades de seguimiento. Por medio de sus respectivos grupos sobre medioambiente (Grupo de Expertos en Asuntos Ambientales y de Conservación [GOSEAC] y Red de Responsables del Medio Ambiente Antártico [AEON]), se inició el debate sobre gestión del medioambiente. Cuando se creó el GOSEAC en 1988 al interior del SCAR, los administradores de programas nacionales establecieron rápidamente los vínculos entre los científicos y las organizaciones gubernamentales de apoyo a la ciencia.

La comprensión y desarrollo de prácticas recomendables para la evaluación de impactos al medioambiente, por consiguiente, fue siempre un asunto de la máxima importancia para el COMNAP. En su primera reunión, realizada en Cambridge en 1989, el COMNAP analizó los "[...] roles y responsabilidades de los administradores de programas antárticos nacionales en la implementación de las recomendaciones de la RCTA relativas a la protección del medioambiente. Se le encomendó a un subgrupo la preparación de un taller cuyo fin era el establecimiento de orientaciones prácticas para los procesos de evaluación medioambiental".

El taller se realizó en junio de 1991. Por ese entonces, el COMNAP señaló que "el objetivo de la orientación práctica es proporcionar a los administradores de programas nacionales un mecanismo explícito y conciso para la implementación de los procesos de evaluación del medioambiente", conformándose, con ello, a las recomendaciones de la RCTA. Los resultados del taller, asociados a otros esfuerzos del COMNAP, se presentaron a la XVI RCTA como Directrices prácticas para los procedimientos relacionados con las EIA, y como Directrices para visitantes a la Antártida.

Estas deliberaciones, y más adelante aquellas sostenidas por la red de expertos en asuntos medioambientales del COMNAP, formada en 1999, dieron inicio a lo que sería el comienzo de su trabajo esencial, y que finalmente llevó al establecimiento del Grupo de trabajo intersesional del CPA sobre EIA.

En la actualidad, los programas nacionales han preparado una incontable cantidad de estudios sobre impacto para sus respectivas actividades.
Por ejemplo, de las 41 CEE (ya sea en proyecto o en su versión final) que figuran actualmente en la base de datos de la Secretaría para el periodo entre 1988 y 2015, se prepararon 11 CEE finales relativas a infraestructura y 8 sobre importantes proyectos científicos. Esto es ilustrativo de los considerables recursos que los programas nacionales deben dedicar a su establecimiento de infraestructuras destinadas la investigación en la Antártida, así como la forma en que deben implementar sus actividades a fin de cumplir con las responsabilidades surgidas de dichas CEE.

Segunda parte de la presentación, relativa al Anexo III sobre gestión y eliminación de residuos.

Desde los primeros tiempos de la presencia humana en el 6.° continente, los desechos generados en la Antártida sencillamente se dejaban atrás, ya sea enterrándolos o vertiéndolos en el mar. Afortunadamente, a medida que estas prácticas empezaban a considerarse cada vez menos aceptables, la atención se fue centrando en la forma de manejar y eliminar dichos desechos. El COMNAP participó en estos debates durante sus reuniones anuales, y organizó varios talleres dedicados al asunto.

La gestión de los desechos se analizó de manera directa en la VIII RCTA, cuando se anexó el primer Código de conducta a la Recomendación 11, en 1975. Varios años después, el código fue examinado nuevamente, lo que dio origen a la Recomendación 3 (1989), "Impacto del hombre en el medio ambiente antártico: Eliminación de desechos". El COMNAP comenzó entonces a examinar los asuntos relativos a la gestión de desechos en su primera reunión, de 1989, y elaboró un proyecto de formulario de declaración sobre gestión de desechos que presentó a la XVI RCTA, en 1991, cuyo uso por los programas nacionales se alentó. La información que se recabó sobre las prácticas de las estaciones, y que fue compartida entre todos los operadores, logró considerables avances en la gestión de los desechos. Este enfoque, actualmente en uso, es cuánto más útil, ya que incluye nuevos métodos y tecnologías más eficaces, más económicos, y lo que es más importante, más responsables en términos del medioambiente.

En 2006, el Grupo de Expertos Ambientales del COMNAP organizó un taller sobre la puesta en común de prácticas recomendables de gestión de desechos y limpieza de sitios de actividad pasada. En 2014 se organizó un nuevo taller dedicado a la gestión de aguas residuales en las estaciones antárticas.

Hoy en día ha cambiado de manera radical la mentalidad de los programas nacionales, y resulta inconcebible arrojar alguna cosa por ahí, incluso en los recipientes destinados al efecto, y la clasificación de los desechos se ha vuelto una práctica universal.

Ahora, los residuos domésticos generados en la zona del Tratado se destinan a canales de tratamiento o son manejados de manera tal que se considera prioritario su reciclaje. Muchos programas nacionales dependen de sofisticados procesos que apuntan a reducir el material de embalaje antes de su transporte a la Antártida, y la clasificación de los desechos antes de su retiro desde la zona del Tratado.

El Artículo 1 del Anexo III del Protocolo pone de relieve la importancia de la gestión o la limpieza de sitios donde hay desechos de actividades pasadas, y estipula que "Los sitios terrestres de eliminación de residuos tanto pasados como actuales y los sitios de trabajo de actividades antárticas abandonados serán limpiados por el generador de tales residuos y por el usuario de dichos sitios".

Este aspecto también fue considerado por el COMNAP. El Documento de Trabajo WP 62, que se presentó en la XXXV RCTA, en 2012, enumera 31 ejemplos de limpieza, retiro de desechos, o iniciativas de remediación lideradas por 16 naciones entre 1999 y 2011.

El requisito de reparación o restauración abre el camino a una serie de importantes interrogantes para los directores de programas nacionales, ya que se aplica en forma retroactiva a los desechos heredados de épocas anteriores.

Esto conlleva costos elevados, dificultades de caracter logístico, riesgos para el medioambiente, problemas políticos y relativos a la seguridad asociados a este tipo de limpieza, y el retiro de los desechos de actividades pasadas implica siempre su transporte y eliminación, lo que obliga al uso de combustibles fósiles y al acopio en algún otro lugar del mundo del material extraído, a menos que se descubran nuevos usos o se desarrollen nuevos procesos para su eliminación. Esto es un verdadero desafío para los programas nacionales.

Consideramos que el inquebrantable apoyo a los principios del Protocolo Ambiental constituye la base misma del capital fundamental de la cooperación internacional en la Antártida. No debe sobrevalorarse la importancia de la asociación internacional, pero, si bien el ejemplo supremo de cooperación internacional se expresa en la gestión conjunta de una estación de investigación, puede haber muchas otras formas en que los programas nacionales trabajen en conjunto.

Los resultados de un reciente estudio realizado entre los programas nacionales son el tema del Documento de Información IP 47, que se presentó en 2014 ante la XXXVII RCTA. En ellos se demostró, si acaso hiciera falta alguna prueba, el increíblemente alto nivel de colaboración logística y de intercambio que define la relación entre los programas nacionales, en consonancia con el espíritu del Tratado Antártico. En cuanto a la protección específica del medioambiente antártico, la eficaz colaboración internacional podría resultar ser el mejor mecanismo de apoyo a los principios e ideas del Tratado Antártico y su Protocolo Ambiental.

Los administradores de programas antárticos ahora pueden invocar una variedad de directrices prácticas en las estaciones científicas para ayudarse a diseñar e implementar prácticas ecológicas en sus actividades. Muchas de estas directrices han sido desarrolladas por el COMNAP.

Como organización, el COMNAP está centrado en el futuro, según queda demostrado por sus últimas acciones: se examinaron los desafíos a la conservación en el largo plazo en un taller conjunto con el SCAR realizado en Cambridge en 2013, y el proyecto sobre los "Desafíos de la hoja de ruta antártica (ARC, por sus siglas en inglés) que acaba de completarse, donde se estudiaron los desafíos prácticos y técnicos de las futuras prioridades de investigación identificadas en el Proyecto de búsqueda sistemática de horizontes científicos del SCAR.

Quienes, entre nosotros, tuvieron la suerte de trabajar en la Antártida, sienten pasión por esta región. Todo lo que emprendamos en ella no debe considerarse solamente en términos de la seguridad para el ser humano, sino también del medioambiente.

En nuestra celebración del 25.° Aniversario del Protocolo, debemos mirar especialmente hacia el futuro, de la misma manera en que extraemos lecciones del pasado. Como administradores de los programas antárticos nacionales, tenemos la certeza de que debemos dar forma al futuro de la Antártida. Aquellos de nosotros que tienen el privilegio de trabajar en la zona del Tratado Antártico debemos cerciorarnos de difundir nuestro mensaje. Debemos seguir defendiendo los principios fundamentales del Protocolo Ambiental que han convertido a la Antártida en una reserva natural comprometida por siempre con la paz y con la ciencia.

Y debemos esforzarnos por garantizar que esos principios fundamentales perduren.

Perspectivas de las OANG con relación al Protocolo Ambiental para la Antártida

Dr. Ricardo Roura y Claire Christian

Descripción general

Buen día. En esta presentación, preparada junto con mi colega Claire Christian, abordaré las perspectivas de las organizaciones ambientalistas no gubernamentales (OANG) con relación al Protocolo Ambiental para la Antártida (el Protocolo).

En primer lugar, quisiera agradecer a Chile, país anfitrión de la RCTA, y a Noruega por haber coordinado la planificación del presente simposio para celebrar el 25.° aniversario del Protocolo.

Esta presentación abarcará tres períodos diferentes: el período previo a la firma del Protocolo (antes de 1991), que refleja el compromiso temprano de las OANG con la Antártida y el concepto de "Parque Mundial Antártico". Con respecto a los primeros 25 años (1991-2016), subrayaré los avances que consideramos los más grandes logros y los desafíos vigentes para el Protocolo. Por último, me referiré a los próximos 25 años, para los cuales veo dos modelos diferentes y complementarios para el Protocolo.

"Parque Mundial Antártico" y Protocolo

A finales de la década de 1970 y a lo largo de la década de 1980, las OANG promovieron la idea de un "Parque Mundial Antártico", un concepto poco definido basado en cuatro principios:[4]

Los valores de la vida silvestre son fundamentales.

Proteger íntegramente la flora, la fauna y el medio ambiente.

Consagrar la Antártida a la investigación científica y promover, de ese modo, la cooperación internacional.

Hacer de la Antártida un área de paz donde no haya lugar para las armas nucleares, o de otro tipo, ni para las actividades militares.

Es evidente que los objetivos, la designación y los principios asociados al Protocolo alcanzaron, en distinto grado, algunos de estos principios. El Art. 2 designa a la Antártida "…reserva natural consagrada a la paz y a la ciencia". El Art. 3 establece que "la protección del medio ambiente antártico y los ecosistemas dependientes y asociados, así como del valor intrínseco de la Antártida…" serán consideraciones fundamentales para la planificación y realización de las actividades.

¿Cómo recibió el Protocolo la comunidad ambientalista? Realicé una investigación de archivo y encontré una edición de *ECO*, un periódico producido por OANG al margen de la RCTA, con fecha de octubre de 1991, en consonancia con la XVI RCTA. El artículo de portada sobre el tema lleva el título "Bonn, el día después" y contiene la siguiente evaluación:

"ECO tiene el particular agrado de ver que el Protocolo garantizará que la Antártida no solo quedará exenta de toda actividad minera sino que recibirá protección legal vinculante".[5]

Queda claro que para las OANG no solo era importante la prohibición en sí misma de llevar adelante actividades mineras, sino el hecho de que el Protocolo confiriera estado legal a la protección ambiental, hecho que fue considerado un gran avance. Sin embargo, el artículo también incluye una nota precautoria:

"Si bien valoramos el considerable avance que constituye el Protocolo, queda mucho por hacer en lo que respecta a perfeccionar detalles de dicho documento y ponerlo en práctica".[6]

---

[4] Modificados a partir de los siguientes documentos de Greenpeace International (1990): *Greenpeace Antarctic Expedition - Background Information 89/90.* (archivado por los autores) Ver también: May, John (1989): *The Greenpeace Book of Antarctica. A New View of the Seventh Continent.* Londres: Dorling Kindersley. pp. 158-159

[5] ECO LXXXX, número 1. Bonn, Alemania, 7-18, octubre 1991, p. 1.

[6] Ibid., p.2.

Las OANG de la época reconocían la importancia no solo de completar ciertos aspectos del Protocolo que aún quedaban por resolver (como el Anexo V sobre protección y gestión de zonas), sino de implementar este acuerdo de manera práctica. En efecto, desde entonces, gran parte de la labor de las OANG relativa a la RCTA se ha centrado en la ratificación e implementación del Protocolo.

1991-2016: Grandes logros y desafíos vigentes

Con relación al período 1991-2016, podemos identificar grandes logros del Protocolo, así como desafíos vigentes. Estos aspectos, de hecho, representan los dos extremos en la escala de efectividad del Protocolo.

Algunos de los grandes logros fueron los siguientes:

La protección del medioambiente antártico y del valor intrínseco de la Antártida consagrado como "…consideraciones fundamentales para la planificación y realización…" de todas las actividades pertinentes (Art. 3), incluidos los requisitos de EIA (Art. 8).

La prohibición de las actividades relativas a los recursos minerales (Art. 7).

El establecimiento del Comité para la Protección del Medio Ambiente (CPA) (Art. 11) desde 1998 y las inspecciones centradas en la promoción y observancia del Protocolo (Art. 14). Desde luego, antes de ese entonces existía un régimen de inspección, pero a través del Protocolo se incorporaron aspectos medioambientales también.

Los anexos sobre algunos de los temas clave de las operaciones Antárticas, así como la protección y gestión ambiental.

En el otro extremo de la escala de implementación, sigue habiendo desafíos vigentes para este período. Algunos de los desafíos son los siguientes:

Protección de los valores de la vida silvestres (Art. 3 [1]). Este desafío continúa siendo una idea *a posteriori* para la mayoría de las operaciones, lo que dio como resultado un aumento en la huella humana y una invasión a las zonas silvestres.

Principio/enfoque precautorio implícito. Las actividades deberían planificarse y realizarse a partir de "…una información suficiente, que permita evaluaciones previas… y un juicio razonado sobre…" (Art. 3[2][c]). No obstante, antes de recopilar datos nuevos, podría actuarse con un mayor grado de precaución a la hora de tomar decisiones frente a la ausencia "información suficiente".

Impactos acumulativos (Arts. 3[2][c] & 6). Cada vez existe una mayor comprensión sobre estos impactos y si bien se han conseguido algunos avances en cuanto a la conceptualización de los Lineamientos para EIA, aún no se han tomado medidas en ese sentido. Esto obedece a varios factores, incluida la limitada vigilancia del ecosistema (Art. 3[2][b]).

Compatibilidad en el criterio de observancia (Art. 13) y las normas generales de implementación entre las Partes. A pesar de que la mayoría de los aspectos que hacen al Protocolo se implementan de manera general, existe un vacío crónico entre las normas de implementación que utilizan los operadores.

En suma, ¿qué balance podemos hacer sobre la efectividad del Protocolo a lo largo de los últimos 25 años? Como señalamos más arriba, existen sendos aspectos en la escala de logros: en un extremo, están los logros alcanzados, mientras que en el otro extremo, se ubican los avances que aún deben lograrse, y en el medio, se encuentran algunas cuestiones de implementación. Sin embargo, desde 1991, la Reunión Consultiva del Tratado Antártico se ha centrado con solidez en cuestiones ambientales, con un mayor ímpetu a partir del establecimiento del CPA en 1998, y la implementación del Protocolo ha tenido un papel fundamental en la mayoría de las operaciones antárticas. Además, los conceptos y objetivos que encierra el Protocolo son compartidos con otros organismos que integran el Sistema del Tratado Antártico, como la Convención sobre la Conservación de los Recursos Marinos Vivos Antárticos (CCRVMA).

Cabe destacar que en el artículo del periódico de las OANG publicado en octubre de 1991 se celebraba la firma del Protocolo, pero, a la vez, se planteaban una serie de requisitos adicionales:

"Para que el Protocolo funcione con efectividad, es necesario realizar algunas adiciones vitales que incluyan, por ejemplo, un sistema de sesiones anuales de la Reunión Consultiva del Tratado Antártico (RCTA), una Secretaría global, la negociación de disposiciones en materia de responsabilidad y una estrategia global las zonas protegidas". [7]

Claramente, se ha avanzado en distinto grado con respecto a todas estas adiciones "vitales", aunque en diferente orden cronológico:

Desde 1994, las sesiones de la RCTA se han realizado en forma anual.

El Anexo V entró en vigor en 1998.

Desde 2004, la Secretaría ha funcionado plenamente.

En 2005 se firmó el Anexo VI sobre responsabilidad, aunque aún no ha sido ratificado.

Los próximos 25 años: dos modelos del Protocolo

¿Qué nos deparará el futuro durante los próximos 25 años y más allá? En primer lugar, el necesario mantener los logros alcanzados Y abordar los desafíos vigentes.

Además, existen diversos desafíos emergentes que incluyen, pero no se limitan a, un mayor número de actores y actividades antárticos, una creciente presión medioambiental en el plano continental y marítimo y el cambio climático en la Antártida. Algunos de los nuevos desafíos no necesariamente están comprendidos en la *carta* del Protocolo, por lo que requieren la aplicación de los principios comprendidos en dicho documento para su correcto abordaje. En este sentido, podemos describir dos modelos complementarios en materia de implementación del Protocolo: por un lado, el Protocolo como conjunto de reglas sobre temas específicos y, por otro lado, el Protocolo como principio rector.

El primer modelo (el Protocolo como conjunto de reglas) aborda principalmente preguntas de tipo "¿Cómo?": cómo hacer cosas, por ejemplo, con relación a temas específicos comprendidos en los Anexos del Protocolo, como todo lo relativo a las EIA o la gestión de residuos. El Protocolo, como tal, proporciona un régimen básico de protección ambiental. Sin embargo, para alcanzar los objetivos de protección ambiental a largo plazo según este modelo, el Protocolo debe ser más que la suma de sus partes. Necesita que se lo aplique de manera que nos permita evaluar los temas antárticos "tradicionales" y, a su vez, anticipar asuntos emergentes, lo que un distinguido delegado de Australia acertadamente describió esta mañana como la necesidad de "ver más allá del horizonte" a fin de identificar asuntos emergentes y "tomar medidas antes de que sucedan los hechos".

Esto nos lleva al segundo modelo: el Protocolo como principio rector. A diferencia del primer modelo, que establece reglas específicas para temas específicos, este modelo aborda preguntas de tipo "¿Qué?": "¿qué queremos que suceda o que no suceda?". Permite una mayor flexibilidad a la hora abordar aquellos desafíos que pueden no estar comprendidos en la carta del Protocolo, pero que necesitan ser tratados para alcanzar los objetivos según este modelo.

Poner en práctica este modelo requiere un pensamiento estratégico aplicado a la protección ambiental y otros valores, guiados por la visión del Protocolo para la Antártida como reserva natural consagrada a la paz y a la ciencia, donde los valores ambientales, entre otros, estén sujetos a una protección integral. Además, este modelo requiere una mayor sinergia entre actores, operadores, entidades y los instrumentos del Sistema del Tratado Antártico.

Conclusiones

La aprobación del Protocolo no implica que la Antártida, efectivamente, sea un Parque Mundial, sino que en cierto grado, alcanzó algunos de los numerosos criterios que establecieron las OANG relativos a la Antártida.

---

[7] Ibid., p.2.

Queda claro que los 25 años de implementación del Protocolo han sido exitosos en lo referido a mejorar la protección Antártida. Aún hay desafíos vigentes, que se agravan con los asuntos emergentes que afecten el medioambiente tanto en la actualidad como en el futuro.

En este contexto, no debería considerarse el Protocolo únicamente como un conjunto de reglas sobre temas específicos, por útil que pueda resultar para abordar esos tremas. En todo caso, también debería considerárselo como un principio rector que las Partas del Tratado Antártico puedan utilizar, individual o colectivamente, a la hora de planificar y realizar sus actividades, y de abordar estratégicamente los asuntos emergentes antes de que se produzcan.

Para finalizar, quisiera reiterar que para alcanzar sus objetivos a largo plazo, es necesario aplicar el Protocolo de manera que este último sea más que la suma de sus partes.

Gracias.

Los efectos del Protocolo sobre Protección del Medio Ambiente Antártico desde el punto de vista de la Asociación Internacional de Operadores Turísticos en la Antártida (IAATO)

Kim Crosbie

El Protocolo al Tratado Antártico sobre Protección del Medio Ambiente (Protocolo Ambiental), aprobado en 1991, es memorable por muchas razones, tanto en su legado en materia de conservación de la Antártida como en el contexto más amplio de la gestión ambiental en todo el mundo.

La Asociación Internacional de Operadores de Turismo en la Antártida (IAATO), una asociación miembro dedicada a defender y promover que el sector privado realice viajes a la Antártida que sean seguros y responsables en lo medioambiental, fue fundada el mismo año en que se firmó el Protocolo Ambiental. Por consiguiente, la IAATO también celebra su 25.° aniversario este año.

La conexión entre la IAATO y el Protocolo Ambiental trasciende el simple hecho de que tienen la misma antigüedad. La misión y los objetivos de la IAATO son muy similares al propósito del Protocolo Ambiental. En particular, la IAATO y sus operadores miembros sienten una conexión muy arraigada con el Artículo 3 de los Principios Ambientales, cuyos valores ayudaron a la IAATO a darle forma a su enfoque de que los viajes a la Antártida realizados por el sector privado debían ser seguros y responsables en lo medioambiental. Por ejemplo, los estatutos de la IAATO utilizan palabras tomadas directamente del Artículo 8 del Protocolo Ambiental como piedra angular de la visión de la Asociación, por ejemplo, se establece que "... el turismo antártico es una actividad sostenible y segura que *no causa más que un impacto mínimo o transitorio* en el medioambiente y crea un cuerpo de embajadores para la protección continua de la Antártida".

Si bien hay otros elementos de cada anexo que afectan de manera directa las actividades de los operadores de la IAATO, desde el punto de vista de la Asociación, el elemento clave para que el Protocolo tenga un éxito generalizado depende de su intención de aportar una fórmula que pueda aplicarse a todas las actividades humanas realizadas en la Antártida. El Protocolo se ha esforzado por establecer un estándar que demande a los operadores tomar en consideración las consecuencias de sus acciones en el medioambiente antártico a la hora de planificar sus actividades. Específicamente, el proceso de Evaluación del Impacto Ambiental, descripto en el Anexo I, ha demostrado ser útil como marco común para que los operadores planifiquen sus actividades. En el caso de los operadores turísticos es requisito, combinado con otros acuerdos de la RCTA, como la Recomendación XVIII-1, ha logrado que las actividades de los operadores de la IAATO fueran planificadas, realizadas y luego monitoreadas (mediante la elaboración de informes sobre las actividades) de forma coherente.

Sin embargo, otro éxito memorable del Protocolo, que es evidente para todos los operadores de la IAATO pero que quizás no lo sea tanto para los delegados de la RCTA, es el impacto que los principios del Protocolo han tenido en la conservación mundial desde el punto de vista de la conciencia pública. Cada cliente que viaja con un operador de la IAATO se entera del Protocolo Ambiental durante el instructivo obligatorio que se les da previo a ingresar en la zona. A diferencia de todo continente, a esos visitantes se les enseña cómo comportarse mientras se encuentran en la Antártida a fin de que respeten los principios del Protocolo Ambiental durante su visita. Es probable que esa instrucción —que incluye desde aprender a no perturbar la vida silvestre o a prevenir la introducción involuntaria de especies no autóctonas (en consonancia con el Anexo II, *Conservación de la fauna y flora antárticas*) hasta aprender a no dejar ningún rastro de la visita (Anexo III, *Tratamiento de residuos*) y comprender que algunas zonas tienen una protección especial adicional (Anexo V, *Sistemas de Zonas Protegidas*)— sea la instancia de capacitación más exhaustiva en materia de gestión del medioambiente por la que esas personas hayan pasado.

Desde la creación del Protocolo Ambiental y la IAATO, medio millón de visitantes (nacionales de todas las Partes del Tratado) han visitado el continente y han experimentado las medidas ambientales consagradas en el Protocolo Ambiental. Para muchas de esas personas, aquellas medidas ambientales han servido de inspiración para luego convertirse en embajadores ambientales no solo de la Antártida, sino también del más amplio medioambiente mundial. Por eso, la RCTA debería enorgullecerse con toda razón.

Análisis y reflexiones. Lo que debería aprenderse del Protocolo al Tratado Antártico, y en particular del Anexo VI, en el desarrollo gradual del derecho del régimen marítimo

Rüdiger Wolfrum

I. Introducción

Señoras y señores, es realmente un gran privilegio para mí el entregar la introducción al debate del tema 2 del programa. Hacerlo me trae de vuelta a los primeros años en que se negociaba el Anexo VI según lo requerido por los Artículos 15 y 16 del Protocolo al Tratado Antártico sobre Protección del Medio Ambiente (el Protocolo). Hasta el momento los oradores han sido enfáticos en señalar el positivo efecto que ha tenido el Protocolo para la protección del medioambiente de la Antártida y sus ecosistemas dependientes y asociados. Al mismo tiempo, el Protocolo proporcionó orientaciones y certezas jurídicas para las actividades de los científicos y de los operadores. Por último, podría añadir que el Protocolo y sus Anexos sirvieron como punto de partida para algunos elementos relativos al régimen jurídico que rige las actividades mineras en el lecho marino profundo. En particular los Reglamentos de la Autoridad Internacional de los Fondos Marinos[8] han recibido la influencia del Protocolo Antártico y de sus Anexos. Todo esto es muy comprensible: el papel desempeñado por el Protocolo Antártico y sus Anexos, incluido el Anexo VI, ciertamente tuvieron un caracter pionero con respecto a la preservación del medioambiente al momento de su aprobación.

Me parece, sin embargo, que mi tarea es diferente a la de los anteriores oradores. Me propongo encender el debate en cuanto a si el Protocolo sigue respondiendo de manera adecuada a los actuales desafíos. Estos desafíos tienen raíces diferentes. Hoy en día se sabe más acerca de los cambios o demandas medioambientales, permítanme mencionar tan solo temas como la biodiversidad, el cambio climático, el impacto de la introducción de especies no autóctonas, entre otros, y de igual manera ha sucedido con la intensidad de las actividades que se realizan en la Antártida y en sus ecosistemas dependientes y asociados. El desarrollo del derecho internacional ha reaccionado en consecuencia. El derecho internacional, y en particular, el derecho medioambiental internacional, han ido evolucionando de manera gradual, como puede observarse a partir del desarrollo de los nuevos instrumentos internacionales y también en la jurisprudencia internacional. Al respecto, quisiera destacar en particular los dos dictámenes consultivos entregados por el Tribunal Internacional del Derecho del Mar y su Sala de Controversias de los Fondos Marinos. Ambos órganos revelaron nuevas perspectivas acerca de la responsabilidad por el riesgo o los daños en el medioambiente, y sobre la aplicación y significado del principio precautorio. En un momento regresaré a este punto.

¿Cuáles son los desafíos que enfrenta el régimen jurídico antártico, considerándolo no únicamente desde el punto de vista del Protocolo, sino también desde la perspectiva del derecho internacional en general? Quizás el tiempo reservado al debate podría utlizarse en la identificación de aquellos asuntos que sería conveniente, e incluso obligatorio, mejorar, además del asunto del cambio climático, que ya se ha tratado, y que ciertamente demanda una consideración más profunda.[9]

---

[8] Los reglamentos sobre prospección y exploración de nódulos polimetálicos en la zona (véase en particular el reglamento 32 y las "cláusulas tipo" en el Anexo IV al mismo, el reglamento sobre prospección y exploración de los sulfuros polimetálicos y los reglamentos sobre prospección y exploración de las costras con alto contenido de cobalto en la Zona contienen cláusulas similares relativas a la protección del medioambiente.
[9] Ya en el preámbulo de la Declaración de Santiago acerca del 25° Aniversario de la firma del Protocolo al Tratado Antártico sobre Protección del Medio Ambiente se tratan las inquietudes acerca de los efectos del cambio climático.

II. Desafíos

El ámbito de aplicación del Anexo VI

Como todos sabemos, el ámbito de aplicación del Protocolo, y el de su Anexo VI, no guardan plena coherencia entre sí. El Artículo 2 del Protocolo aspira a la protección del medioambiente antártico y de sus ecosistemas dependientes y asociados, en tanto el Anexo VI se aplica a las emergencias medioambientales en la "zona del Tratado Antártico". Esto quiere decir que los impactos medioambientales en estas zonas, que se produzcan como resultado de emergencias medioambientales en la zona del Tratado Antárico, no estarían cubiertas por el Anexo VI, sino más bien por la ley relevante de los Estados costeros involucrados y las leyes del Estado del pabellón, o por los Reglamentos de la Autoridad Internacional de los Fondos Marinos, si corresponde. Me pregunto si la aplicabilidad de dos conjuntos normativos diferentes es algo adecuado para enfrentar las consecuencias de las emergencias medioambientales (todos esperamos que estas nunca lleguen a producirse), o si siquiera cumplen el objetivo y el propósito del Protocolo. No es casual que el Protocolo se refiera al compromiso de las Partes con respecto a la "protección integral del medioambiente antártico y sus ecosistemas dependientes y asociados", un compromiso que la Declaración de Santiago vuelve a poner de relieve.[10] Estoy consciente de las complejidades que impone la inclusión de los ecosistemas dependientes y asociados dentro de un régimen que cubre, entre otras cosas, las responsabilidades y obligaciones hacia el medioambiente.

Los regímenes de responsabilidad, y esto es igualmente cierto para el Anexo VI al Protocolo, están destinadoa a afianzar la implementación de los compromisos contraídos por las Partes involucradas. La invocación de la responsabilidad es, con certeza, una suerte de último recurso. La posibilidad de la responsabilidad sirve a diversos propósitos que se interrelacionan: tiene un efecto disuasivo y debería garantizar que quienes son responsables de la actividad en cuestión tomen todas las medidas precautorias requeridas. Sin embargo, la responsabilidad por el daño al medioambiente tiene también el efecto de poder aplicarse a la restauración del medioambiente en la medida de lo posible. Para ser más específico, el Anexo VI al Protocolo apunta a disminuir la probabilidad de daños en el medioambiente y a garantizar que en la acción de respuesta se asuman las responsabilidades relativas al costo implicado, a fin de reducir a un mínimo el efecto que tal incidente pudiera haber ocasionado en el medioambiente, al imponer a las Partes el requisito de aprobar leyes que establezcan ciertas condiciones a sus operadores que organizan actividades en la zona del Tratado Antárico.

Existe, no obstante, otro aspecto más. Todo régimen de responsabilidad diseñado específicamente para una situación, como por ejemplo, el del Anexo VI al Protocolo, excluye su aplicabilidad en un espectro más amplio o con normas más estrictas basadas en el derecho internacional consuetudinario. A este respecto, los Artículos 15 y 16 del Protocolo y el Anexo VI se asemejan al Artículo 139 en relación con el Artículo 4, Anexo III, del Convenio de las Naciones Unidas sobre el Derecho Marítimo. Un régimen de responsabilidad con tal alcance existe ya en virtud del derecho internacional general, según se establece en los Proyectos de Artículos de la Comisión de Derecho Internacional (CDI) sobre Responsabilidad internacional. De acuerdo a la establecido por el Tribunal Internacional del Derecho del Mar, basado en su anterior jurisprudencia en cuanto a que los Proyectos de Artículos del CDI establecen que todo hecho internacionalmente ilícito de un Estado comporta la responsabilidad internacional de dicho Estado (Art. 1) y que sobre el estado responsable recae la obligación por la reparación completa del perjuicio ocasionado por el hecho internacionalmente ilícito.[11] El Tribunal señaló además que considera que varios de estos Artículos en proyecto reflejan el derecho internacional consuetudinario.

Lo que quiero decir es que existe un régimen de responsabilidad general en virtud del derecho internacional consuetudinario, que podría derogado por el derecho en materia de tratados. Pero esto no se ha logrado ya que el Anexo VI aún no entra en vigor.

---

[10] Véase la Nota 2.
[11] Véase el Artículo 31 del Proyecto de la CDI que establece en su párrafo 1: La organización internacional responsable está obligada a reparar íntegramente el perjuicio causado por el hecho internacionalmente ilícito. Véase también el Comentario de James Crawford referente a esta Disposición.

Los argumentos tradicionales en contra de lo que he reseñado son los siguientes a) la responsabilidad internacional requiere que haya un perjuicio ocasionado por parte de un Estado; b) que las actividades realizadas en la Antártida por los operadores no son atribuibles a un Estado; c) que la responsabilidad en sentido estricto, según lo contempla el Anexo VI, va más allá del derecho internacional, y d) que no es posible calcular el daño al medioambiente. Ninguno de estos argumentos se sostiene.

Para tener aplicación, el Proyecto de Reglamento de la CDI no requiere que se hayan ocasionado daños por parte del Estado. Los daños, y su cantidad, solamente son relevantes con respecto al cálculo de la responsabilidad. Permítanme presentar un segundo argumento contrario. Con toda seguridad, las actividades realizadas por entidades privadas no son, en principio, atribuibles a un Estado. Sin embargo, ¿son realmente privadas las operaciones en las estaciones de investigación o las expediciones científicas en la Antártida? Este, sin embargo, no es el punto decisivo. Aparte de que las Partes del Tratado Antártico tienen la obligación de promulgar las normas que sean necesarias para la implementación de sus compromisos medioambientales, el no hacerlo constituye un acto ilícito en sí, que claramente puede atribuirse a los Estados involucrados. La Sala de Controversias de los Fondos Marinos del Tribunal Internacional del Derecho del Mar, en su dictamen consultivo, trató este aspecto en particular. En cuanto al tercer argumento en contrario, no es correcto decir que la responsabilidad estricta es la excepción en el derecho internacional. Por último, en cuanto al último punto, el daño al medioambiente puede calcularse basándose en el costo de su restauración. Lor regímenes jurídicos nacionales han elaborado este tipo de programas, y en este sentido existe incluso jurisprudencia internacional aislada.

En síntesis, lo que he dicho es que será necesario implementar los compromisos adquiridos por el Protocolo, considerando los desarrollos con respecto a las normas internacionales sobre responsabilidad de los Estados para responder si el Anexo VI al Protocolo sigue siendo suficiente. En particular, aún no se ha implementado el Artículo 16 del Protocolo. Esto me lleva al último punto de esta presentación.

El párrafo 4 del Preámbulo del Protocolo contiene una referencia al Artículo 16, donde se indica la voluntad de las Partes, "de conformidad con los objetivos de este Protocolo para la protección global del medio ambiente antártico y de los ecosistemas dependientes y asociados, las Partes se comprometen a elaborar normas y procedimientos relacionados con la responsabilidad derivada de daños provocados por actividades que se desarrollen en el área del Tratado Antártico y cubiertas por este Protocolo". Este compromiso aún no se ha cumplido, si bien tomo nota de que se ha renovado a través de la Declaración de Santiago. Hasta ahora, este vacío jurídico quedaría cubierto por las normas de caracter más general del derecho internacional consuetudinario descritas brevemente más atrás. Estas normas podrían superar a aquellas que se prevén para la Antártida, y por lo mismo, demandar medidas por parte de la Reunión Consultiva del Tratado Antártico.

La Autoridad Internacional de los Fondos Marinos, estando en una distinta posición a la de las Partes Consultivas del Tratado Antártico, está en proceso de elaboración de un régimen integral de responsabilidades y obligaciones para el momento en que se inicie la actividad minera con fines económicos (la explotación minera). Esto impondrá nuevas normas, que reflejarán la evolución del derecho internacional consuetudinario al que me referí brevemente. Esto debería ser un incentivo para que las Partes Consultivas cumplan los compromisos adquiridos a través del Protocolo.

Espero, en mi actual calidad de invitado, haber ofrecido algunas ideas para el debate.

Muchas gracias por su atención.

Funcionamiento del Comité para la protección del medio ambiente

Ewan McIvor

Quisiera agradecer a Noruega por sus preparativos para esta sesión especial sobre el 25° Aniversario del Protocolo Ambiental, y agradecer también a Chile por organizar y presidir la Reunión.

Me sentí muy complacido por la invitación a ofrecer una charla acerca del funcionamiento del CPA.

Con certeza, el funcionamiento de un comité puede no ser el más apasionante de los temas.

Pero podría decir que es un tema importante si el comité en cuestión es responsable de entregar asesoramiento sobre la mejor forma de proteger a todo un continente a una comunidad de naciones.

En esta charla reseñaré algunos de lo desafíos que influyen sobre el funcionamiento del CPA, y los aspectos más notables de su metodología de trabajo.

Además pondré de relieve algunas posibilidades para que las Partes ofrezcan su apoyo al trabajo del Comité.

Desafíos

Un claro desafío tiene que ver con la carga de trabajo del Comité, que aumenta de manera constante.

El propósito del Protocolo era aumentar el énfasis sobre la protección del medioambiente, y el CPA se estableció para respaldar ese objetivo.

Durante los últimos 25 años, las Partes han profundizado constantemente su compromiso con la protección de la Antártida. Esto quedó demostrado, entre otras cosas, con el cada vez mayor volumen de propuestas relacionadas con el medioambiente que se presentan a las reuniones anuales del CPA.

Esto es, sin lugar a dudas, algo positivo, pero le impone presión al Comité.

Un nuevo desafío surge del hecho de que los requisitos de gestión del medioambiente no son estáticos en la Antártida.

Para poder ofrecer a las Partes un asesoramiento oportuno, relevante y de alta calidad, el Comité tiene que mantener el ritmo frente a una serie de cambios, que incluyen:

- aumentar la comprensión del estado del medioambiente antártico, la forma en que está cambiando, y la forma en que se prevé que cambiará en el futuro
- los cambios en la naturaleza, ubicación y escala de las actividad humanas
- la necesidad de comprender la interacción de tales actividades con el medioambiente, y las consecuencias de esta interacción
- la mayor comprensión de las implicancias para el medioambiente derivadas de las presiones ejercidas principalmente desde fuera de la región antártica
- la evolución de las prácticas medioambientales en todo el mundo, y también en la Antártida.

El CPA no pierde de vista la necesidad de encontrar soluciones a estos desafíos.

Funcionamiento del CPA

El funcionamiento del CPA ha sido un tema permanente del programa desde su primera Reunión, y el Comité ha dado prioridad a la consideración de las diversas formas de aumentar su eficacia.

Quizás el aspecto más notable de las prácticas de trabajo del Comité es su intensa y regular actividad intersesional.

Desde 1998, más de cuarenta grupos de contacto intersesional han realizado un minucioso trabajo interactivo que en la práctica no habría logrado avanzar si se realizara solamente durante las reuniones anuales.

El Comité además estableció formalmente un órgano subsidiario que, desde 2008, ha agilizado la revisión de los planes de gestión, y que ha producido mejores orientaciones para la aplicación de las disposiciones del Protocolo sobre protección y gestión de zonas.

Puede haber posibilidades para seguir desarrollando este tipo de órganos subsidiarios.

El Comité además coordinó talleres para avanzar en asuntos prioritarios tales como la protección y gestión de zonas, así como la cooperación con el Comité Científico de la CCRVMA.

Si bien su productividad está fuera de toda duda, las dificultades logísticas y los costos asociados a la organización y participación en estos talleres han impuesto limitaciones prácticas a su realización.

El Comité se ha valido de herramientas de planificación estratégica para centrar y gestionar su trabajo.

La más importante de estas herramientas es el Plan de trabajo quinquenal basado en prioridades, el cual se desarrolló luego del taller sobre Desafíos ambientales futuros de la Antártida del CPA, en 2006.

El Comité ha reconocido periódicamente el valor de su Plan de trabajo como una pauta para ayudar a los Miembros y Observadores a encausar sus esfuerzos individuales y colectivos hacia la satisfacción de las prioridades comunes.

- También le entrega a la RCTA una imagen nítida de las prioridades y planes del Comité, y la posibilidad de considerar y proporcionar aportes relacionados con estos, incluida la de armonizarse con las prioridades del Plan de trabajo estratégico plurianual de la RCTA.

- El CPA ha desarrollado además minuciosos programas de trabajo sobre asuntos particulares de alta prioridad, los que pasan a formar parte del Plan de trabajo quinquenal, como por ejemplo el Programa de trabajo de respuesta para el cambio climático, el Manual sobre especies no autóctonas y el Manual sobre limpieza del CPA.

Además de estas herramientas de planificación, el Comité sigue trabajando en la elaboración de un conjunto de procedimientos y directrices para la realización de importantes aspectos de su trabajo.

Algunos ejemplos incluyen los siguientes:

- procedimientos para la revisión de proyectos de evaluación medioambiental global
- directrices para la revisión de planes de gestión de zonas protegidas y administradas
- directrices para considerar la designación de especies especialmente protegidas

La Secretaría mantiene todos estos materiales en el Manual del CPA, y ofrece su apoyo al Comité a través de otras herramientas prácticas, tales como la Base de datos de evaluaciones de impacto ambiental y la Base de datos de zonas antárticas especialmente protegidas.

El Comité reconoce la necesidad de un enfoque integrado hacia la protección y conservación de la región antártica, y ha llevado a cabo una eficaz colaboración con otras organizaciones claves.

Los órganos observadores oficiales, es decir, el SCAR, el SC-CAMLR y el COMNAP, entregan cada uno su valioso aporte a las deliberaciones del CPA, y la práctica de intercambio de observadores e informes favorece los conocimientos acerca de las respectivas prioridades, actividades y necesidades.

Es importante también entregar un reconocimiento a las contribuciones realizadas por organizaciones de expertos en representación de la sociedad civil, la industria del turismo, y otras organizaciones científicas, medioambientales y técnicas, las que representan un diverso abanico de experiencias, conocimientos y puntos de vista que enriquecen las deliberaciones del Comité.

Oportunidades de respaldo para el CPA

En la última parte de esta presentación, me referiré a algunas oportunidades para garantizar que el Comité siga estando bien posicionado para apoyar a las Partes.

Personas

El trabajo del CPA es realizado por personas designadas para desempeñarse como representantes de los Miembros y Observadores, y sus colegas, quienes proporcionan un valioso apoyo.

Durante los 13 años de mi participación, averigüé que estas personas están extraordinariamente preparadas y sienten pasión por su trabajo de protección de la Antártida.

Sin embargo, suelen tener otras responsabilidades importantes, que limitan su capacidad de participación en las actividades del CPA, en particular durante los periodos intersesionales.

Un aumento en la cantidad de participantes activos en las actividades del CPA ayudaría en la distribución de la carga de trabajo y a aumentar las reservas de pericias y experiencia disponibles para informar las recomendaciones y el asesoramiento ofrecido por el Comité.

Un mayor número de Miembros del CPA, a medida en que más estados se adhieren al Protocolo, podría entregar beneficios similares.

Tal vez las Partes deseen considerar la posibilidad de aumentar el nivel de compromiso de sus representantes en las reuniones anuales del CPA y durante las actividades intersesionales.

Es posible que además las Partes deseen considerar la posibilidad de ampliar la membresía del CPA al alentar nuevas adhesiones al Protocolo.

El CPA está bien representado por sus representantes, muchos de los cuales cuentan con años de experiencia en el foro.

Para garantizar que se aprovechen los pasados logros a medida que los representantes con experiencia dejan el Comité, sería conveniente que las Partes consideren una planificación de la sucesión en el contexto de su propia participación nacional.

La coordinación entre las Partes también podría ayudar, inclusive mediante el apoyo de iniciativas tales como programas de tutorías o becas, algunas de las cules son utilizadas en forma adecuada por otras organizaciones que operan en la Antártida.

Tal vez las Partes deseen considerar la posibilidad de preparar a los nuevos representantes del CPA del futuro.

Información

Como mencioné anteriormente, los requisitos de gestión medioambiental de la Antártida no son estáticos, por lo que el Comité necesita información contundente y actualizada, en particular información científica con relevancia para las politicas.

El SCAR realiza un importante aporte al trabajo del CPA, proporcionando en forma periódica su asesoramiento científico independiente sobre los asuntos prioritarios, incluso a través de la importante función que cumple en el Portal de Medioambientes Antárticos, establecido recientemente.

Pero su capacidad para hacerlo depende de los recursos y prioridades de sus miembros.

Tal vez las Partes deseen considerar la posibilidad de promover y apoyar las actividades cientificas que apuntan a aumentar la comprensión y el tratamiento de los desafíos medioambientales que enfrenta la Antártida.

Prioridades

En su calidad de órgano de asesoramiento de la RCTA, las prácticas operativas del CPA deberían diseñarse de manera tal que garanticen la entrega de asesoramiento oportuno, relevante, y de alta calidad sobre los asuntos de mayor importancia para las Partes.

Tal vez las Partes deseen considerar la entrega de orientaciones y retroalimentación acerca de las prioridades del Comité, incluso promoviendo la armonización con las deliberaciones de la RCTA sobre gobernanza y gestión de la región antártica.

Como última observación, y como un punto conexo, diré que el CPA no cuenta con el presupuesto para apoyar su trabajo, el cual se realiza por entero gracias al generoso esfuerzo y aporte de sus Miembros y Observadores.

El reciente taller conjunto realizado por el CPA y el Comité Científico de la CCRVMA, es un perfecto ejemplo de esta situación.

Nuevas contribuciones, tal vez en la forma de apoyo financiero o en especies para la realización de reuniones intersesionales, o para respaldar la realización de importantes estudios, podría ayudar al Comité a abordar asuntos que tienen particular interés para las Partes.

Tal vez las Partes deseen considerar la posibilidad de poner a disposición apoyo financiero u otros recursos en respaldo de las actividades del CPA.

Conclusiones

Para concluir, mencionaré que cuando las Partes aprobaron el Protocolo al Tratado Antártico sobre Protección del Medio Ambiente, previeron una importante función para el Comité para la Protección del Medio Ambiente: apoyarlas en el logro de su objetivo común de proteger de manera integral el medioambiente antártico.

El 25° Aniversario es una oportunidad propicia para considerar la forma en que las Partes, a su vez, podrían apoyar de mejor manera la continuación del importante papel que desempeña el Comité.

Al hablar en calidad de Presidente del CPA, y en representación de los Miembros del Comité, mi mensaje final, y mi aliento para las Partes, es el de "ayúdennos a ayudarlas".

Gracias.

El futuro de la gestión ambiental en la Antártida

Por Rodolfo A. Sánchez

Este documento intenta describir los principales desafíos ambientales que los Programas Antárticos Nacionales (PAN) probablemente tengan que enfrentar en el futuro como consecuencia de las circunstancias cambiantes que surgen desde dentro y fuera del continente antártico.

¿Qué le depara el futuro a la Antártida?

Dichas circunstancias cambiantes son el resultado de varios factores que afectarán (o continuarán afectando) los regímenes actuales de gestión ambiental en el futuro. Esos factores no funcionan por separado: en general, se interrelacionan, y el modo en que un factor evoluciona con el paso del tiempo puede tener una fuerte influencia sobre otros. Entre otros factores, se incluyen los siguientes:

a) Dificultad para obtener fondos

En comparación con los servicios básicos, es posible que los políticos no consideren que la investigación en la Antártida —una actividad que requiere de bastantes recursos— sea una prioridad principal. Por lo tanto, algunos gobiernos priorizan otras áreas, en lugar de la investigación antártica, a la hora de realizar inversiones públicas. Sin embargo, otros quizás hagan lo contrario debido a la importancia mundial o estratégica de la investigación antártica.

b) Diversificación de la provisión de servicios

Tradicionalmente, las operaciones antárticas han sido, en su mayoría, una responsabilidad nacional y han contado con el respaldo de claras estructuras y organizaciones nacionales. Dado que se están involucrando más intereses privados externos, que son cada vez más influyentes, el papel de los PAN quizás se vaya volviendo más difuso en el futuro, y es probable que se generen confusiones con respecto a la responsabilidad de cumplir con todos los puntos del Tratado Antártico y el Protocolo Ambiental.

c) Nuevas regulaciones

Como resultado de una tendencia en curso que se observa actualmente, es probable que se establezcan disposiciones y normas ambientales más estrictas en la Antártida en los próximos años. Sin embargo, es difícil evaluar los efectos que las nuevas regulaciones propuestas podrían tener en la labor futura de los PAN.

d) Nuevas tecnologías

La introducción de nuevas tecnologías sin duda tendrá consecuencias positivas en el medioambiente antártico y dará lugar a menores impactos humanos gracias a que reducirá la huella humana y las emisiones de carbono. No obstante, las nuevas tecnologías también podrían facilitar el acceso a zonas que actualmente son prístinas, lo que conllevaría una mayor presencia humana y más posibles efectos indeseados en el medioambiente antártico.

e) Cambios medioambientales

Los efectos del cambio climático estimado para el próximo siglo quizás tengan consecuencias importantes. Por ejemplo, cuanto más alto es el riesgo de introducción de especies no autóctonas, mayor debe ser el énfasis puesto en la elaboración de medidas preventivas y de reacción. Por lo tanto, quizás sea necesario que algunos PAN hagan más hincapié en establecer medidas preventivas y adaptables para garantizar el nivel necesario de protección ambiental en ese entorno ambiental cambiante.

f) Presión de la ciencia

La comunidad científica está ejerciendo cada vez más presión sobre los PAN, mediante la exigencia de un mayor acceso a la Antártida, debido a la obvia importancia de la zona para mejorar la comprensión de diversos procesos mundiales. En consecuencia, los PAN se enfrentan al desafío de financiar una gama más amplia de actividades dentro de marcos presupuestarios que, en general, no varían y de un marco de trabajo ambiental bastante estricto.

g) Nuevas Partes del Tratado

En los últimos años, nuevos países están pasando a ser Partes del Tratado o muestran interés en serlo. Eso significa que habrá una mayor presencia humana en la Antártida, lo que probablemente conlleve un aumento en los impactos humanos, e implica que serán necesarios mayores esfuerzos y cooperación para mantener la Antártida libre de toda perturbación antropogénica.

h) Precio del petróleo

La producción y el costo del petróleo a nivel mundial también podría ser un factor importante para las actividades de los PAN en el futuro, ya que muchos de estos programas aún dependen, en gran medida, de los combustibles fósiles, lo cual, por consiguiente, influirá en el grado de impactos medioambientales que se generen.

En el futuro, como resultado de la combinación de los factores descriptos, los PAN tendrán que lidiar con circunstancias cambiantes. Se podría esperar, por lo tanto, que haya cambios de distintos grados en la manera en que los PAN gestionarán sus recursos y sus políticas estratégicas en la Antártida. Todos esos cambios, poco a poco, tendrán consecuencias mayormente positivas en el medioambiente antártico. Sin embargo, queda pendiente el interrogante de si esos cambios se implementarán lo suficientemente rápido, o si serán adecuados, para lidiar con las amenazas que el medioambiente antártico quizás tenga que enfrentar en los próximos años. Los PAN de mayor envergadura contarán con más recursos para lograrlo, pero tendrán que superar su rechazo inherente por los cambios. Los programas más pequeños suelen ser flexibles y tener más facilidad para ajustar sus organizaciones internas a fin de adaptarse a las nuevas normas medioambientales, pero tendrán que lidiar con los costos significativos que supone cumplir con dichas normas en el plazo debido.

Entonces, ¿con qué opciones cuentan los PAN?

En primer lugar, los PAN podrían considerar utilizar métodos estratégicos, como la implementación de Sistemas de Gestión Ambiental, como marco para la realización de sus actividades. Dicho enfoque les permitiría establecer y alcanzar objetivos y metas medioambientales, así como demostrar que se han logrado esos objetivos, lo que también es importante, en un proceso de superación continua. No obstante, puede que la implementación de esos sistemas requiera de una mano de obra considerable y que genere más burocracia, y es probable que los objetivos que la organización fije para el proceso no sean lo suficientemente exigentes o ambiciosos.

Entonces es la cooperación internacional, a través de asociaciones bilaterales o multilaterales, la que también brinda la oportunidad de mejorar las normas medioambientales, debido a la necesidad de normalizar los procedimientos y a la transferencia natural de conocimientos a medida que evolucionan las alianzas. A menudo, las asociaciones se forman entre PAN que ya comparten normas similares, lo que limita el grado de mejoría necesario con respecto al desempeño ambiental. No se encuentran con tanta frecuencia ejemplos de cooperación entre PAN que tienen normas distintas (incluidas las diferencias operativas, ambientales e incluso culturales).

Las Partes del Tratado Antártico también deberían trabajar en pos de reducir paulatinamente la disparidad entre los niveles de implementación ambiental de los distintos PAN. El CPA ha elaborado varias directrices ambientales para las actividades antárticas con el propósito de normalizar los procedimientos y las prácticas. Sin embargo, puede que esa no siempre sea la mejor estrategia para lograr mejores normas medioambientales de manera colectiva. A medida que las normas avanzan, los recursos (humanos, técnicos, económicos, etc.) necesarios para implementarlas suelen variar considerablemente entre los distintos PAN. En consecuencia, la disparidad entre los niveles de implementación de cada PAN tiende a agrandarse en lugar de achicarse. Es necesario contar con estrategias innovadoras de cooperación para garantizar una transferencia fluida de conocimiento y tecnología a fin de lograr, de manera colectiva, un desempeño ambiental aceptable.

Por último, los PAN deberían darle el mejor uso posible a las herramientas de monitoreo y control, entre las cuales se incluyen, en su mayoría, programas de vigilancia del ecosistema e inspección ambiental. Los programas de vigilancia del ecosistema no se han implementado de manera homogénea en la Antártida, en parte, debido a que suele ser difícil asignar recursos a actividades de monitoreo. Por esta razón, los PAN deberían implementar programas sencillos, duraderos y rentables en sus estaciones y sitios de terreno, de modo que cumplan con los requisitos del Protocolo de Madrid. Las inspecciones son otra herramienta que ayuda a verificar y controlar el desempeño ambiental de las instalaciones y el equipo de los PAN en la Antártida, lo que contribuye a garantizar la observancia de las regulaciones del Tratado y del Protocolo Ambiental. Las inspecciones pueden funcionar como una auditoría e identificar "oportunidades de cambio" en vez de "errores" y deberían estar dirigidas a lograr un aprendizaje recíproco, tanto para los inspeccionados como para el equipo de observadores. Se recibirán con mucho agrado todos los debates, comenzados durante la RCTA XXXIX, sobre la realización de inspecciones.

Conclusiones

Los PAN deberían comprometerse, de manera colectiva, a promover la implementación de mejores normas medioambientales mediante su diversa gama de operaciones, sobre la base del espíritu de cooperación de la STA. El desafío medioambiental al que se enfrentan los PAN solo podrá ser superado si el progreso ambiental se logra de manera colectiva.

Por último, los PAN deberán mantener a la sociedad informada sobre sus actividades en la Antártida para poder lograr también que las personas se comprometan con esas actividades. Dado que el mensaje medioambiental es mucho más fuerte hoy en día que en el pasado, las sociedades deberían saber que la presencia humana en la Antártida generará avances en materia de ciencia y tecnología, siempre y cuando no se comprometan los valores ambientales sobresalientes del continente.

Presentación de Jillian Dempster

El Protocolo Ambiental reforzó una visión común fuerte y ambiciosa con relación al futuro de la Antártida.

El Protocolo fue planeado para ser dinámico, es decir que nosotros, como miembros, aceptamos implementarlo con atención y deliberación. También teníamos la intención, a medida que surgieran nuevos desafíos ambientales, de actualizar y ampliar nuestro conjunto de medidas bajo ese mismo criterio.

El futuro de la Antártida no debería casi sorprendernos:

- Sabemos que el medioambiente está reaccionando ante el cambio climático y que esta tendencia continuará y probablemente se acelerará durante las próximas décadas.

- Sabemos que las actividades humanas que se realizan en la Antártida están aumentando y probablemente continuarán haciéndolo.

- Es evidente que el interés científico por la Antártida se intensificará.

- Asimismo, podemos anticipar que nuevos países se unirán al Sistema del Tratado, lo que enriquecerá nuestra labor y la hará más compleja.

Esta mañana, el Dr. Yves Frenot hizo una declaración: "Somos los creadores del futuro de la Antártida". Entonces, ¿qué futuro crearemos?

A 25 años de la firma del Protocolo, nos enfrentamos a numerosos desafíos que se tornan cada vez más urgentes. La pregunta es: ¿qué medidas tomaremos hoy y en los años por venir para asegurarnos de que el sistema continúe siendo efectivo durante los próximos 25 años?

Notamos que debemos ocuparnos de tres áreas clave:

1. la gestión inteligente del medioambiente antártico natural y de las actividades humanas;

2. el desarrollo continuo de un Sistema del Tratado Antártico duradero y resistente;

3. la plena realización de las responsabilidades del Sistema del Tratado a nivel mundial.

En primer lugar, la **gestión inteligente** requiere la implementación completa y efectiva del Protocolo. Tras 25 años, hay varios aspectos del Protocolo que aún no se han implementado como es debido. Necesitamos mejorar.

Nuestro objetivo es mantener el valor de la Antártida como laboratorio científico y reserva natural para el mundo entero. Si permitimos que los valores intrínsecos de la región, que son tan provechosos para la investigación, se erosionen gradualmente, la efectividad del Protocolo y del Sistema del Tratado se pondrá en tela de juicio de manera más generalizada. Nuestros debates y nuestras reacciones consiguientes en materia de políticas deben ser dinámicos y permeables si hemos de mantener el ritmo de los cambios que están sufriendo los medioambientes antárticos.

Para lograrlo, no debemos dejar de modificar y actualizar los Anexos del Protocolo a fin de garantizar que nuestras herramientas de gestión estén adaptadas al fin propuesto y que se tengan presentes las mejores prácticas. Por ejemplo, ¿cuándo consideraremos el Anexo sobre contaminación marina en vista de que el Código Polar entrará en vigor el 1 de enero de 2017?

En nuestra opinión, la pregunta de cómo poner en práctica los Anexos, así como la cuestión de si se requiere actualizar o revisar los Anexos del Protocolo y si se necesitan nuevos instrumentos, deberían ser temas permanentes del programa.

Debemos estar preparados para tomar decisiones de gestión audaces a partir de los mejores conocimientos científicos disponibles. Cuando regresemos a nuestros hogares, debemos trabajar para elaborar los programas científicos que necesitamos para informar nuestra labor. Y de más está decir que, de no tener certezas, debemos adoptar un enfoque precautorio.

La segunda de las áreas clave, **el desarrollo continuo de un Sistema del Tratado Antártico duradero y resistente**, implica que debemos tener un compromiso más firme. Si analizamos nuestro sistema de apoyo financiero, podría decirse que se ha regido por un principio de "bajo costo". A medida que nos enfrentemos a nuevos desafíos, es probable que eso ya no sea adecuado. Es necesario invertir en el régimen de gobernanza para asegurarse de que las políticas y la toma de decisiones mantengan el ritmo de las presiones identificadas y emergentes.

Le solicitaremos a la Secretaría que realice tareas aún más complejas a fin de brindarnos apoyo. Por lo tanto, debemos asegurarnos de hacer un seguimiento para verificar si la Secretaría cuenta con los recursos necesarios para cumplir con nuestras expectativas, que son cada vez mayores.

Nuestro programa tiene que ser flexible y adaptable.

Y debemos mejorar el diálogo entre la RCTA y el CPA para que la relación entre ellos sea significativa y represente un valor agregado. Podemos utilizar mejores herramientas, como programas de trabajo quinquenales y mecanismos de diálogo mejorados, a fin de escucharnos el uno al otro de verdad.

También debemos observar el sistema en su totalidad y asegurarnos de que sus componentes operativos estén funcionando de manera coherente y consistente.

La última de las categorías principales, **cumplir con las responsabilidades del Sistema del Tratado** a nivel mundial, implica reconocer que el mundo nos observa y que la sociedad civil deposita sus expectativas en nosotros.

La Antártida es una zona remota del planeta, pero eso no significa que el régimen de gobernanza deba ser remoto y estar desconectado del resto. Se debe trabajar más para establecer vínculos con el público y con otros regímenes similares, así como para dar a conocer nuestros éxitos y desafíos.

Como gobernadores colectivos de la Antártida, debemos ser proactivos y previsores. No debemos distraernos en lo que respecta a esta responsabilidad tan seria.

En cambio, necesitamos iniciativas que nos pongan en una posición ventajosa para asegurarnos de que el valor de la Antártida como continente consagrado a la paz y la investigación científica se mantenga por mucho tiempo.

Gracias.

El Protocolo resistió el paso del tiempo

Jane Rumble

Qué querremos dentro de 25 años...

El Protocolo establece una reserva para la paz y las ciencias. Creo que dentro de 25 años seguiremos queriendo lo mismo.

La Antártida está cambiando... a un ritmo más acelerado de lo que llegamos a comprender. Los cambios que se producen en el resto del mundo afectarán a la Antártida, y los que se produzcan en esta afectarán al resto del mundo.

El Protocolo puede hacer frente a los cambios, pero también es necesario adaptarlo y desarrollarlo. Siempre se lo vislumbró como un documento dinámico: los Anexos fueron pensados precisamente para facilitar la inclusión de actualizaciones y apéndices.

Necesitamos considerar los desafíos para los próximos 25 años, es decir, aquello que está más allá del horizonte (AUS).

Es probable que el recalentamiento mundial continúe avanzando. En términos generales, las predicciones indican que la población continuará aumentando. La diversidad mundial permanecerá en tensión. Es probable que haya más actividad humana en la Antártida: más ciencia, más turismo, más pesca.

En mi opinión, no debemos dejarnos intimidar por ese panorama, pero debemos ser proactivos en la gestión y tener visión de futuro.

Algunas consideraciones sobre los aspectos que debemos tener en cuenta a la hora de abordar estas actividades, centrándonos en los Anexos sin seguir un orden determinado...

- Anexo II: flora y fauna. Esta mañana recibimos buenas noticias desde EE. UU., donde se revisó el Anexo, que entrarán en vigor en poco tiempo; crucial para los cambios ecosistémicos; especies no autóctonas: manejar la respuesta ante las introducciones antinaturales será un serio desafío y requerirá colaboración multinacional.

- Anexo V: protección de zonas. Otro aniversario: en 1966, hace ya 50 años, aquí en Santiago, se aprobó la protección especial de las primeras 15 zonas por recomendación del SCAR. Las zonas de protección son necesarias para lograr una serie de objetivos, como proteger hábitats únicos, especies sometidas a estrés, zonas con resiliencia climática y zonas de refugio. Las zonas que reciben una protección sistemática son necesarias a fin de proporcionar un sistema que sea dinámico y se gestione y controle de manera correcta. También es necesario comenzar una etapa donde el patrimonio antártico sea evaluado y gestionado de manera efectiva, tal como cada uno de nosotros conserva su propio patrimonio doméstico.

- Anexo I: las EIA como piedra del Protocolo. Si bien se siguen viendo las EIA como un modelo internacional, los procedimientos modernos en materia de EIA locales han avanzado. Es necesaria una mayor flexibilidad en los controles y ajustes que se llevan a cabo durante las actividades, así como en nuestra interpretación de "leve o transitorio" en el contexto de un medioambiente antártico que cambia a una velocidad semejante. ¿Qué decir de los controles y las evaluaciones que se realizan después de las actividades?

- Anexo VI: no se encuentran en vigor, pero ¿hemos puesto en práctica plenamente el compromiso de llevar adelante la limpieza y remediación ambiental en relación con las actividades antárticas?

Fue maravilloso haber escuchado, en el día de hoy, que todos nosotros —las Partes, la CCRVMA, el SCAR, el COMNAP, la IAATO, la ASOC, entre otros— tenemos en común un claro criterio en cuanto a objetivos ambientales. Pero necesitamos asegurarnos de continuar trabajando de manera conjunta, con todas las partes constitutivas importantes sentadas a una misma mesa de negociación, para lograr políticas más efectivas. Debemos ser proactivos, no reactivos. Juntos, somos más fuertes.

¿Hemos hecho lo suficiente para poner plenamente en práctica todas las disposiciones del Protocolo? (Comparar con Rusia). ¿Qué tan bien integrado se encuentra el Protocolo dentro del Sistema del Tratado? (Comparar con el taller conjunto del CPA y el SC-CAMLR). El primer Foro sobre el futuro de la Antártida que se realizó este año reunió a todas las partes interesadas, entre ellas, representantes de los sectores turístico y pesquero en una misma mesa de negociación. ¿Deberíamos facilitar más de esta dinámica dentro del Sistema del Tratado?

El Protocolo merece ser celebrado, y cada uno de nosotros debería ir a su respectivo país y proclamar, en voz bien alta, los objetivos en común que compartimos, como consagra la Declaración que adoptamos esta mañana. Todos tenemos la responsabilidad de informar y educar a las partes interesadas y constitutivas a las que representamos de una manera que se condiga con sus intereses.

No podemos ser complacientes. En el futuro, se presentarán serios desafíos. Pero juntos, hemos hecho frente a numerosas adversidades: juntos, somos más fuertes.

Mi visión para los próximos 25 años es que la Antártida continúe siendo una reserva natural para la paz y las ciencias, y que podamos legarla a la próxima generación en el buen estado en que la recibimos.

2. Lista de documentos

2. Lista de Documentos

Documentos de trabajo								
Número	Puntos del programa	Título	Suministrado por	I	F	R	E	Adjuntos
WP001	CPA 8b	Los UAV y sus distancias mínimas de aproximación a la vida silvestre	Alemania					
WP002	CPA 9a	Plan de Gestión revisado para la Zona Antártica Especialmente Protegida n.º 149, Cabo Shirreff e isla San Telmo, isla Livingston, islas Shetland del Sur	Estados Unidos					ASPA 149 Map 1 ASPA 149 Map 2 ASPA 149 Map 3 Plan de Gestión revisado para la ZAEP n.º 149
WP003	CPA 9a	Plan de Gestión revisado para la Zona Antártica Especialmente Protegida n.º 122, Alturas de Arrival, península Hut Point, isla Ross	Estados Unidos					ASPA 122 Map 1 ASPA 122 Map 2 Plan de Gestión revisado para la ZAEP n.º 122
WP004	CPA 9a	Plan de Gestión Revisado para la Zona Antártica Especialmente Protegida n.º 126, Península Byers, isla Livingston, islas Shetland del Sur	Reino Unido Chile España					Plan de Gestión revisado para la ZAEP 126
WP005	RCTA 6 CPA 9e	Revisión de la "Guía para la presentación de Documentos de Trabajo que contengan propuestas relativas a Zonas Antárticas Especialmente Protegidas, a Zonas Antárticas Especialmente Administradas o a Sitios y Monumentos Históricos".	Reino Unido					
WP006	CPA 9e	Plantillas de resumen de la evaluación previa de una propuesta de Zona Antártica Especialmente Protegida (ZAEP) o una Zona Antártica Especialmente Administrada (ZAEA) para su posterior consideración por el CPA	Reino Unido Noruega					
WP007	RCTA 6	Reglas de procedimiento de la RCTA relativas a las consultas intersesionales	Estados Unidos Reino Unido					

271

Documentos de trabajo								
Número	Puntos del programa	Título	Suministrado por	I	F	R	E	Adjuntos
WP008	CPA 9d	El concepto de "valores sobresalientes" en el medio marino de la Antártida	Bélgica					
WP009	CPA 9a	Estado de la Zona Antártica Especialmente Protegida n.º 107 isla Emperor, islas Dion, bahía Margarita, Península Antártica	Reino Unido					
WP010	CPA 4	Portal de medioambientes antárticos	Australia España Estados Unidos Japón Noruega Nueva Zelanda SCAR					
WP011	RCTA 17	Personas sujetas a la jurisdicción de las Partes del Tratado Antártico que participan en expediciones no gubernamentales no autorizadas en la Antártida	Reino Unido					
WP012	CPA 9b	Gestión del patrimonio antártico: Bases británicas históricas en la Península Antártica	Reino Unido					
WP013	CPA 10a	Informe del Grupo de Contacto Intersesional sobre la Revisión del Manual sobre especies no autóctonas del CPA	Reino Unido					Manual sobre especies no autóctonas del CPA revisado
WP014	RCTA 13 CPA 8b	Grupo de Trabajo del COMNAP sobre sistemas aéreos no tripulados (GT-UAS)	COMNAP					COMNAP Antarctic Unmanned Aerial Systems (UAS) Handbook Flowchart (see page 4 of the Handbook)
WP015	CPA 8b	Informe del grupo de contacto intersesional establecido para la revisión de los Lineamientos para la Evaluación de Impacto Ambiental en la Antártida	Australia Reino Unido					Anexo: Lineamientos revisados para la Evaluación de Impacto Ambiental en la Antártida
WP016	CPA 11	Metodología para evaluar la vulnerabilidad de los sitios utilizados por visitantes: priorizar la atención dedicada a la gestión en el futuro	Australia Estados Unidos Noruega Nueva Zelanda					
WP017	RCTA 10 CPA 4	Informe sobre el grupo de contacto intersesional creado para revisar los	Australia					

Documentos de trabajo								
Número	Puntos del programa	Título	Suministrado por	I	F	R	E	Adjuntos
		requisitos de intercambio de información						
WP018	CPA 9a	Revisión del Plan de Gestión para la Zona Antártica Especialmente Protegida (ZAEP) n.° 167, Isla Hawker, Tierra de la Princesa Isabel	Australia					ASPA 167 Map A ASPA 167 Map B Plan de gestión revisado para la ZAEP n.° 167
WP019	RCTA 6	Lograr mayor concientización sobre la labor de las Partes del Tratado Antártico mediante la publicación temprana del informe de la RCTA	Australia					
WP020	RCTA 11	Mejora de la visibilidad de la Antártida por medio de actividades de educación y difusión	España Reino Unido Bélgica Bulgaria Chile Italia Portugal					
WP021	CPA 8a	Informe del grupo de contacto intersesional de composición abierta para considerar el proyecto de CEE para la "Propuesta de construcción y operación de una pista de aterrizaje de grava en la zona de la Estación Mario Zucchelli en la bahía Terra Nova, Tier	Francia					
WP022	RCTA 14 CPA 12	Inspección realizada por la República Popular China de acuerdo con el Artículo VII del Tratado Antártico y el Artículo XIV del Protocolo de Protección del Medio Ambiente	China					
WP023	CPA 9e	Código de conducta del SCAR para la realización de actividades en los medioambientes geotérmicos terrestres en la Antártida	SCAR					Código de Conducta del SCAR para la realización de actividades en los medioambientes geotérmicos terrestres en la Antártida
WP024	RCTA 11	Primer informe del Grupo de contacto intersesional sobre educación y difusión	Bulgaria Bélgica Brasil Chile Portugal Reino Unido					
WP025	RCTA 17	Beneficios de la comunicación entre autoridades	Estados Unidos					

Documentos de trabajo

Número	Puntos del programa	Título	Suministrado por	I	F	R	E	Adjuntos
		competentes para el turismo y las actividades no gubernamentales						
WP026	CPA 9a	Revisión del Plan de Gestión para la Zona Antártica Especialmente Protegida (ZAEP) n.° 116, Valle de New College, playa Caughley, cabo Bird, isla Ross	Nueva Zelanda					Plan de Gestión revisado para la ZAEP n.° 116
WP027	CPA 9a	Revisión del Plan de Gestión para la Zona Antártica Especialmente Protegida (ZAEP) No. 131, Glaciar Canadá, lago Fryxell, valle Taylor, Tierra de Victoria (NZ)	Nueva Zelanda					Plan de gestión revisado para la ZAEP 131
WP028	RCTA 17	Informe del Grupo de contacto intersesional "Desarrollo de un enfoque estratégico en torno al turismo y las actividades no gubernamentales gestionados de manera responsable en lo medioambiental"	Nueva Zelanda India					
WP029	CPA 9a	Informe sobre los Debates Intersesionales Informales sostenidos en 2015-2016 acerca de la propuesta de una nueva Zona Antártica Especialmente Administrada en la estación antártica china Kunlun, Domo A y trabajo de seguimiento	China					
WP030	CPA 9b	Consideración de los enfoques para la protección del patrimonio histórico en la Antártida	Noruega					
WP031	CPA 9a CPA 9e	Grupo Subsidiario sobre Planes de Gestión - Informe del Trabajo entre Sesiones correspondiente al periodo 2015-2016	Noruega					Proyecto de orientaciones para evaluar una zona para su posible designación como ZAEA
WP032	CPA 9c	Directrices de sitios para las islas Yalour, archipiélago Wilhelm	Estados Unidos Reino Unido Ucrania Argentina IAATO					Yalour Islands map
WP033	CPA 9c	Directrices de sitios para punta Wild, isla	Reino Unido Chile					Point Wild, Elephant Island map

Documentos de trabajo								
Número	Puntos del programa	Título	Suministrado por	I	F	R	E	Adjuntos
		Elefante	IAATO					
WP034	RCTA 17	Recopilación de datos y elaboración de informes sobre la actividad de yates en la Antártida en 2015/2016	Reino Unido Argentina Chile IAATO					
WP035	RCTA 17	Mecanismos de comunicación: autoridades nacionales competentes	Noruega Francia Nueva Zelanda Países Bajos Reino Unido					
WP036	CPA 9a	Plan de Gestión revisado para la ZAEP n.° 120, Archipiélago de punta Géologie, Tierra de Adelia	Francia					Plan de Gestión revisado para la ZAEP n.° 120.
WP037	CPA 9a	Plan de Gestión revisado para la ZAEP n.° 166, Puerto Martin, Tierra de Adelia. Propuesta de prórroga del actual Plan	Francia					
WP038	RCTA 6	Reiteración del continuo compromiso con la prohibición de actividades relativas a los recursos minerales antárticos con fines distintos a la investigación científica. Prohibición de actividad minera en la Antártida	Estados Unidos Alemania Argentina Australia Bélgica Chile Corea RDC España Finlandia Francia Italia Japón Noruega Nueva Zelanda Países Bajos Polonia Reino Unido República Checa Sudáfrica Suecia Uruguay					
WP039 rev.1	RCTA 6	"Apertura" de la vía de entrada a la Antártida	Federación de Rusia					
WP040	CPA 9a	Plan de Gestión revisado para Zona Antártica Especialmente Protegida n° 127, isla Haswell (Isla Haswell y criadero contiguo en hielo fijo de pingüinos emperador)	Federación de Rusia					Plan de Gestión revisado para la ZAEP 127
WP041 rev.1	RCTA 17	Consideraciones sobre las actividades no gubernamentales y de	Estados Unidos					

Documentos de trabajo								
Número	Puntos del programa	Título	Suministrado por	I	F	R	E	Adjuntos
		turismo con participación de transporte combinado de aeronaves y cruceros en la Antártida						
WP042	RCTA 7	Procedimiento revisado para la selección y el nombramiento del Secretario Ejecutivo de la Secretaría del Tratado Antártico	Argentina Chile Estados Unidos					Formulario de postulación estándar
WP043	CPA 8a	Proyecto de Evaluación Medioambiental Global para la construcción y operación de una pista de aterrizaje de grava en la zona de la estación Mario Zucchelli, Tierra de Victoria, Antártida	Italia					Draft CEE
WP044	RCTA 14 CPA 12	Recomendaciones generales de las inspecciones conjuntas realizadas por Argentina y Chile, en virtud del Artículo VII del Tratado Antártico y el Artículo 14 del Protocolo de Protección Ambiental	Argentina Chile					
WP045	CPA 9c	Evaluación de las comunidades de musgos en las proximidades de los senderos de la isla Barrientos. Informe de seguimiento	Ecuador España					Anexo 1: Figuras
WP046 rev.1	RCTA 18 CPA 3	Informe del Grupo de contacto intersesional sobre el Desarrollo de una publicación en ocasión del 25.° aniversario del Protocolo de Madrid	Argentina					Anexo 1: Proyecto de publicación Anexo 2: Posibles medios de difusión para una publicación en ocasión del 25.° aniversario del Protocolo de Madrid.
WP047 rev.2	CPA 9b	Incorporación de un poste de madera histórico al SMH 60 (mojón de la corbeta Uruguay), en la Isla Marambio / Seymour, Península Antártica	Argentina Suecia					
WP048 rev.1	CPA 9b	Notificación de la localización de restos históricos pre-1958 en las inmediaciones de la base argentina Marambio	Argentina Noruega Reino Unido Suecia					
WP049	RCTA 18	Compendio de resúmenes - Simposio	Noruega					

Documentos de trabajo								
Número	Puntos del programa	Título	Suministrado por	I	F	R	E	Adjuntos
WP050	RCTA 6	Mejora de la interacción entre el CPA y la RCTA	Noruega Australia					
WP051	CPA 9b	Propuesta para agregar la Galería Histórica de la estación antártica King Sejong (Dormitorio n.° 2) en la estación antártica King Sejong a los Sitios y Monumentos Históricos	Corea RDC					
WP052	CPA 10a	Mosquitos no autóctonos en plantas de tratamiento de aguas residuales en la Isla Rey Jorge (isla 25 de Mayo), islas Shetland del Sur	Corea RDC Reino Unido Chile Uruguay					
WP053	CPA 5	Informe del taller conjunto del CPA y el SC-CAMLR sobre vigilancia y cambio climático, Punta Arenas, Chile, 19 - 20 de mayo de 2016.	Estados Unidos Reino Unido					Appendices 1 to 4.

Documentos de información								
Número	Puntos del programa	Título	Suministrado por	I	F	R	E	Adjuntos
IP001	RCTA 17 CPA 9b	Reinstalling the memorial plaque of "Le Pourquoi Pas?" on Petermann Island (Charcot's cairn 1909, HSM 27)	Francia IAATO					
IP002	RCTA 4	Informe presentado por el Gobierno Depositario de la Convención para la Conservación de las Focas Antárticas (CCFA) en virtud de la Recomendación XIII-2, párrafo 2 (D)	Reino Unido					
IP003	CPA 8b	Application of air dispersion modeling for impact assessment of construction/operation activities in Antarctica	Belarús					
IP004	RCTA 4	Informe de la Organización Hidrográfica Internacional (OHI)	OHI					
IP005	RCTA 4	Informe del observador de la CCRVMA ante la Trigésima Novena Reunión Consultiva del Tratado Antártico	CCRVMA					
IP006	CPA 5	Informe del observador del SC-CAMLR ante la Décima Novena Reunión del Comité para la Protección del Medio Ambiente	CCRVMA					
IP007	RCTA 11 CPA 13	POLAR WEEKS: an Education and Outreach activity to promote Antarctic science and the Antarctic Treaty System	Portugal Brasil Bulgaria Francia Reino Unido					
IP008	RCTA 15 CPA 11	Assessment of trace element contamination within the Antarctic Treaty area	Portugal Alemania Chile Federación de Rusia Reino Unido					
IP009	RCTA 18	25th Anniversary of the Protocol on Environmental Protection to the Antarctic Treaty: South African Accomplishments	Sudáfrica					
IP010	RCTA 4 CPA 5	Informe anual de 2015/2016 del Consejo de	COMNAP					

		Administradores de los Programas Antárticos Nacionales (COMNAP)						
IP011	RCTA 4	Informe anual de la OMM de 2015-2016	OMM					
IP012	RCTA 16 CPA 7a	WMO Climate-related Activities in the Antarctic Region	OMM					
IP013	RCTA 15	The Polar Challenge: towards a new paradigm for long-term under-ice observations	OMM					
IP014	RCTA 15	Polar Regional Climate Centres and Polar Climate Outlook Fora (PRCC – PCOF)	OMM					
IP015	RCTA 15 CPA 5	The Year of Polar Prediction	OMM					
IP016	RCTA 15	Boletín Antártico Venezolano	Venezuela					
IP017	RCTA 11	Libro Digital: Aprendemos en la Antártida	Venezuela					
IP018	RCTA 15	IX Campaña Venezolana a la Antártida	Venezuela					
IP019	RCTA 11	Video 15 años de Venezuela en la Antártida	Venezuela					
IP020	RCTA 4 CPA 5	Informe Anual del Comité Científico de Investigación Antártica (SCAR) para el Sistema del Tratado Antártico correspondiente al periodo 2015-2016	SCAR					
IP021	RCTA 15 RCTA 4	Report from Asian Forum of Polar Sciences to the ATCM XXXIX	Corea RDC					
IP022	RCTA 13	La formación de la infraestructura antártica bielorrusa – el estado actual y las perspectivas	Belarús					
IP023	RCTA 4	Programa Antártico Colombiano – PAC	Colombia					
IP024	RCTA 15	II Expedición Científica de Colombia a la Antártica Verano Austral 2015/2016 "Almirante Lemaitre"	Colombia					Información Pretemprada II Expedición de Colombia a la Antártica "Almirante Lemaitre" Verano Austral 2015-2016 Informe Ejecutivo Avances de la II Expedición Científica de Colombia a la

								Antártica
IP025	RCTA 11	Campaña Educación Marítima "Todos Somos Antártica" Programa Antártico Colombiano – PAC	Colombia					
IP026	RCTA 15	POLAR.POD: Observatory of the Southern Ocean - An unprecedented international maritime exploration and data exchange	Francia					
IP027	CPA 10a	Introduction of biofouling organisms to Antarctica on vessel hulls	Reino Unido					Breaking the ice: the introduction of biofouling organisms toAntarctica on vessel hulls. Hughes K. A. and G.V. Ashton.
IP028	RCTA 13	Operación de UAV/RPAS en la Antártida: Normativa aplicada por España	España					
IP029	RCTA 15	Опыт проведения совместной украино-турецкой антарктической экспедиции на станции Академик Вернадский в 2016 году	Ucrania Turquía					
IP030	RCTA 13 CPA 8b	Modernisation of GONDWANA-Station, Terra Nova Bay, northern Victoria Land	Alemania					
IP031	CPA 9e	Antarctic Geoconservation: a review of current systems and practices	SCAR					Antarctic geoconservation: a review of current systems and practices.
IP032	RCTA 15 CPA 11	Report on the 2015-2016 activities of the Southern Ocean Observing System (SOOS)	SCAR					
IP034	RCTA 15 CPA 5	The Antarctic Observing Network (AntON) to facilitate weather and climate information	OMM SCAR					
IP035	RCTA 16 CPA 7a	Antarctic Climate Change and the Environment 2016 Update	SCAR					
IP036	RCTA 17	Antarctic Tourism Study: Analysis and Enhancement of the Legal Framework	Alemania					
IP037	RCTA 13	Search and Rescue (SAR) Initiatives Affecting Antarctica	Estados Unidos					
IP038	CPA 10c	La Antártida y el océano Glacial Antártico en el contexto del Plan Estratégico sobre la Biodiversidad 2011-	Mónaco SCAR					Attachment A: Aichi Targets

		2020						
IP039	CPA 9e	Inspections of Antarctic Specially Protected Areas in the Ross Sea and Antarctic Peninsula Regions by the United States Antarctic Program	Estados Unidos					
IP040	RCTA 15	United Kingdom's Antarctic Science: Summary of British Antarctic Survey Science Priorities 2016-20	Reino Unido					
IP041	RCTA 16	The Future of Antarctica Forum	Reino Unido Argentina ASOC IAATO					
IP042	RCTA 4	Informe del Gobierno Depositario del Tratado Antártico y su Protocolo de conformidad con la Recomendación XIII-2	Estados Unidos					Cuadro de estado del Protocolo Cuadro de estado del Tratado Antártico Lista de Recomendaciones/Medidas y su aprobación
IP043	RCTA 4	Informe del Gobierno Depositario del Acuerdo sobre la Conservación de Albatros y Petreles (ACAP)	Australia					
IP044	RCTA 4	Informe del Gobierno Depositario de la Convención para la Conservación de los Recursos Vivos Marinos Antárticos (CCRVMA)	Australia					
IP045	CPA 8b	Renovation of the King Sejong Korean Antarctic Station on King George Island, South Shetland Islands	Corea RDC					
IP046	RCTA 15	Programa de Investigación en Mamíferos Marinos Antárticos: Con especial atención hacia Cetáceos Migratorios a aguas colombianas	Colombia					
IP047	RCTA 13 CPA 13	Upgrade of the SANAE IV Base Systems	Sudáfrica					
IP048	RCTA 14 CPA 12	Report of the Antarctic Treaty Inspections undertaken by the People's Republic of China in accordance with Article VII of the Antarctic Treaty and Article 14 of the Environmental Protocol: April 2016	China					

IP049	RCTA 15	III Expedición Científica de Colombia a la Antártica Verano Austral 2016/2017 "Almirante Padilla"	Colombia					
IP050	RCTA 13	Contribución de Colombia a la Seguridad Marítima en la Antártica	Colombia					
IP051	RCTA 15	COMNAP Antarctic Roadmap Challenges (ARC) Project Outcomes	COMNAP					
IP052	RCTA 13	COMNAP Search & Rescue (SAR) Workshop III	COMNAP					
IP053	CPA 8b	A tool to support regional-scale environmental management	Nueva Zelanda					
IP054	RCTA 15	Australian Antarctic Science Programme: highlights of the 2015/16 season	Australia					
IP055	RCTA 15	Belgian Antarctic Research Expedition BELARE 2015-2016	Bélgica					
IP056	RCTA 17 CPA 8b	Developing a blue ice runway at Romnoes in Dronning Maud Land	Bélgica					
IP057	CPA 10a	Monitoring for the presence of Poa pratensis at Cierva Point after the eradication	España Reino Unido Argentina					
IP058	CPA 8a	The Initial Responses to the Comments on the Draft Comprehensive Environmental Evaluation for the construction and operation of a gravel runway in the area of Mario Zucchelli Station, Terra Nova Bay, Antarctica	Italia					
IP059	CPA 8b	UAV remote sensing of environmental changes on King George Island (South Shetland Islands): update on the results of the second field season 2015/2016	Polonia					Supporting figures
IP060	CPA 10a	Next step in eradication of non-native grass Poa annua L. from ASPA No 128 Western Shore of Admiralty Bay, King George Island, South Shetland Islands	Polonia					

IP061	CPA 8a	Initial Environmental Evaluation for the extension to the Boulder Clay site of the access road to Enigma Lake, Mario Zucchelli Station, Terra Nova Bay, Victoria Land, Antarctica	Italia					
IP062	CPA 9c	National Antarctic Programme use of locations with Visitor Site Guidelines in 2015-16	Reino Unido Argentina Australia Estados Unidos					
IP063	RCTA 15	Malaysia's Activities and Achievements in Antarctic Research and Diplomacy	Malasia					
IP064	CPA 7a	Report on the activities of the Integrating Climate and Ecosystem Dynamics in the Southern Ocean (ICED) programme	Reino Unido					
IP065	CPA 9d	La relevancia del proceso de designación de AMPs en el Dominio 1, en el contexto actual del cambio climático	Argentina Chile					
IP066	RCTA 15	Solution of the problem of influence of Freon clathrate hydrates in the drilling fluid on lake water purity in the deep borehole at the Russian Vostok station	Federación de Rusia					
IP067	RCTA 11	Russian initiative on declaring 2020 the Year of Antarctica	Federación de Rusia					
IP068	RCTA 13	Russian hydrographic studies in the Southern Ocean in the season 2015-2016	Federación de Rusia					
IP069	RCTA 18	Preconditions for adopting the Protocol on Environmental Protection to the Antarctic Treaty	Federación de Rusia					
IP070	RCTA 15	Current Russian results of studies of climate variability at present and in the past	Federación de Rusia					
IP071	CPA 9a	Present zoological study at Mirny station area and at ASPA No 127 "Haswell Island" (2011–2015)	Federación de Rusia					
IP072	RCTA 14 CPA 12	Informe del Programa de inspecciones	Argentina Chile					Informe de Inspecciones

		conjuntas realizadas por Argentina y Chile, en virtud del Artículo VII del Tratado Antártico y el Artículo 14 del Protocolo de Protección Ambiental						
IP073	RCTA 10	XXXIV Antarctic Operation	Brasil					
IP074	RCTA 10	Regulations and procedures for vessels proceeding to Antarctica	Brasil					
IP075	RCTA 10	Reconstruction and Launch of the Foundation Stone of the New Brazilian Station in Antarctica	Brasil					
IP076	CPA 6	Environmental Remediation in Antarctica	Brasil					
IP077	CPA 5	Introduction from Co-Conveners of the Joint CEP/SC-CAMLR Workshop (Punta Arenas, Chile, 19-20 May 2016)	Estados Unidos Reino Unido					
IP078	RCTA 16 CPA 7a	Antarctic Climate Change, Ice Sheet Dynamics and Irreversible Thresholds: ATCM Contributions to the IPCC and Policy Understanding	ASOC					ICCI: Thresholds and Closing Windows
IP079	RCTA 6	An Unprecedented Achievement: 25 Years of the Environmental Protocol	ASOC					
IP080	CPA 9e	A Systematic Approach to Designating ASPAs and ASMAs	ASOC					
IP081	CPA 7a	Antarctic Climate Change Report Card	ASOC					
IP082	RCTA 13	Progress on the Polar Code	ASOC					
IP083	CPA 9d	ASOC's update on Marine Protected Areas in the Southern Ocean	ASOC					
IP084	RCTA 15	Cooperación Científica Chile – Corea (Ciencia KOPR-I-NACH)	Chile					
IP085	RCTA 15	Programa Nacional de Ciencia Antártica de Chile: Análisis crítico 2000-2015	Chile					

IP086	RCTA 15	Seminarios Científicos en Base Escudero: creando espacios para la colaboración científica en Antártica	Chile					
IP087	RCTA 11	Programa educativo "Científicos Polares por un Día": abriendo un Laboratorio Antártico a los niños	Chile					
IP088	RCTA 11	Diálogos Antárticos Chile-Bulgaria: Arte y Cultura	Bulgaria Chile					
IP089	RCTA 11	Cuentos antárticos: una semilla de identidad	Chile					
IP090	RCTA 11	Nuevo mapa educativo de la Antártica con uso de Realidad Aumentada	Chile					
IP091	RCTA 15	Ilaia: información para la colaboración internacional más allá del sur	Chile					
IP092	RCTA 17	Taller Nacional de Turismo Antártico, Punta Arenas, 5 de abril 2016.	Chile					Programa Taller de Turismo Antártico, Punta Arenas, Chile.
IP093	RCTA 13	Ayudas a la Navegación en la Península Antártica por parte de Chile	Chile					
IP094	RCTA 13	Casos de Búsqueda y Salvamento en el Área de la Península Antártica Periodo 2015/2016 Chile	Chile					
IP095	RCTA 13	Guía y Recomendaciones elaboradas por Chile para las Actividades de Buceo en la Antártica	Chile					
IP096	RCTA 15 CPA 11	Monitoreo Ambiental en Bahía Fildes. Programa de Observación del Ambiente Litoral de Chile (P.O.A.L.)	Chile					
IP097	RCTA 13	Cooperación del Servicio Hidrográfico y Oceanográfico de la Armada de Chile (SHOA) en la Elaboración de Cartografía Náutica en el Área Antártica (Programa 2010-2020)	Chile					
IP098	RCTA 11	XV Encuentro de Historiadores Antárticos Latinoamericanos: "Rescatando el	Chile					

		pasado para entregarlo a las futuras generaciones"						
IP099	RCTA 11	EAE & JASE Expedición Antártica Escolar / Joint Antarctic School Expedition	Chile Estados Unidos					
IP100	RCTA 13	Recuperación de la infraestructura y mejoramiento medioambiental para la Base O'Higgins. Un esfuerzo nacional para mejorar el apoyo a la investigación científica antártica.	Chile					
IP101	RCTA 17 CPA 9c	Análisis de las medidas de manejo de la Política de Gestión del Turismo para la Base Científica Brown	Argentina					
IP102	RCTA 14 CPA 12	Rethinking Antarctic Treaty inspections; patterns, uses and scopes for improvements	Corea RDC					
IP104 rev.1	RCTA 17 CPA 9c	Patterns of Tourism in the Antarctic Peninsula Region: a 20-year analysis	Estados Unidos IAATO					
IP105	RCTA 17 CPA 9c	Report on IAATO Operator Use of Antarctic Peninsula Landing Sites and ATCM Visitor Site Guidelines, 2015-16 Season	IAATO					
IP106	RCTA 17	Towards Developing a Strategic Approach to Environmentally Managed Tourism and Non-governmental Activities: an industry perspective	IAATO					
IP107	RCTA 17 CPA 10c	How to be a Responsible Antarctic Visitor: IAATO's New Animated Briefings	IAATO					
IP108	RCTA 17	Informe sobre flujos de visitantes y de buques de turismo antártico que operaron en el puerto de Ushuaia durante la temporada 2015/2016	Argentina					
IP109	RCTA 13	XVIII Patrulla Antártica Naval Combinada 2015-2016	Argentina Chile					
IP110	RCTA 13	Incorporación de nuevas unidades a las operaciones marítimas y de protección del medio	Argentina					

		ambiente en el área antártica						
IP111	RCTA 15	Australian Antarctic Strategy and 20 Year Action Plan	Australia					
IP112	RCTA 17	IAATO Overview of Antarctic Tourism: 2015-16 Season and Preliminary Estimates for 2016-17	IAATO					
IP113	CPA 9e	Recent findings from monitoring work in ASPA 142 Svarthamaren	Noruega					
IP114	RCTA 17	Áreas de interés turístico en la región de la Península Antártica e Islas Orcadas del Sur. Temporada 2015/2016	Argentina					
IP115	CPA 4	Committee for Environmental Protection (CEP): summary of activities during the 2015/16 intersessional period	Australia					
IP116	RCTA 16 RCTA 4	Recent Findings of IPCC on Antarctic Climate Change and Relevant Upcoming Activities	IPCC					
IP117	RCTA 15	Japan's Antarctic Research Highlights 2015–16	Japón					
IP118	RCTA 17	IAATO Assessing New Activities Checklist	IAATO					
IP119	CPA 10a	IAATO Procedures Upon the Discovery of a High Mortality Event	IAATO					
IP120	CPA 8b	IAATO Policies on the Use of Unmanned Aerial Vehicles (UAVs) in Antarctica: Update for the 2016/17 Season	IAATO					
IP121	RCTA 17 CPA 10c	IAATO Wildlife Watching Guidelines for Emperor Penguins and Leopard Seals	IAATO					IAATO Emperor Penguin Colony Visitor Guidelines IAATO Leopard Seal Watching Guidelines
IP122	CPA 8b	Licencia Ambiental de la Estación Científica Pedro Vicente Maldonado	Ecuador					
IP123	RCTA 4	Informe de la Coalición Antártica y del Océano Austral	ASOC					
IP124 rev.1	RCTA 15	Proposal for a Cooperation of Romania with Argentina and Australia in Antarctica	Rumania					

IP125 rev.1	RCTA 15	Prospectives of Romania cooperation with Australia in Antarctica	Rumania					

Documentos de la Secretaría

Número	Puntos del programa	Título	Suministrado por	I	F	R	E	Adjuntos
SP001 rev.1	RCTA 3	XXIX RCTA Programa y calendario	STA					
SP002	CPA 2 CPA 3 CPA 7b	Programa preliminar de la XIX Reunión del CPA - Plan de trabajo quinquenal del CPA 2015 - Programa de trabajo de respuesta para el cambio climático (CCRWP, por sus siglas en inglés)	STA					
SP003 rev.1	RCTA 7	Informe de la Secretaría 2015/2016	STA					Anexo 1 a: Dictamen del auditor Anexo 1 b: Informe Financiero Auditado 2014/15 Apéndice 2: Informe financiero provisional 2015/2016 Apéndice 3: Contribuciones recibidas por la Secretaría del Tratado Antártico durante 2015/2016
SP004	RCTA 7	Programa de la Secretaría para 2016/2017	STA					Apéndice 1: Informe provisional para el ejercicio económico 2015/2016, Presupuesto para el ejercicio económico 2016/2017, Presupuesto proyectado para el ejercicio económico 2017/2018 Apéndice 2: Escala de contribuciones 2017/2018 Apéndice 3: Escala de sueldos 2016/17
SP005	RCTA 7	Perfil presupuestario quinquenal prospectivo para 2016-2020	STA					Perfil presupuestario quinquenal prospectivo para 2016-2020
SP006 rev.1	CPA 8b	Lista anual de Evaluaciones Medioambientales Iniciales (IEE) y Evaluaciones Medioambientales Globales (CEE) preparadas entre el 1 de abril 2015 y el 31 de marzo de 2016.	STA					
SP007	RCTA 16 CPA 7a	Medidas tomadas por el CPA y la RCTA acerca de las Recomendaciones de la RETA sobre el cambio climático	STA					
SP008 rev.1	CPA 2	CEP XIX Schedule, Annotated Agenda and Summary of Papers	STA					

289

SP009	RCTA 17	Revisión de los debates de la RCTA relacionados con el turismo antártico entre 2008 y 2015	STA					
SP010	RCTA 10 RCTA 11 RCTA 12 RCTA 6 RCTA 7 RCTA 8 RCTA 9	Working Group 1 - Summary of Papers	STA					
SP011	RCTA 13 RCTA 14 RCTA 15 RCTA 16 RCTA 17	Working Group 2 - Summary of Papers	STA					Proposed Schedule for Working Group 2
SP012 rev.1	RCTA 21 CPA 16	Draft Report Comments System - Instructions for Delegates and Contributors	STA					
SP013	RCTA 18	WG3 for the 25th Anniversary of the Protocol - Oral Presentations	STA					Effectiveness of the Protocol. A scientist's perspective. Dr Aleks Terauds, SCAR. ENGO perspectives on the Antarctic Environmental Protocol. Dr. Ricardo Roura & Claire Christian, ASOC Implementation of the Environmental Protocol. Yves Frenot and Kazuyuki Shiraishi, COMNAP. Presentation by Dr José Retamales. Chile Remarks on the History, Vision behind and Impact of the Protocol on Environmental Protection. Evan T. Bloom, United States. The functioning of the Committee for Environmental Protection. Ewan McIvor, Australia The Future of the Environmental Management in Antarctica. Rodolfo Sánchez, Argentina. The impact of the Protocol on protection of the Antarctic environment: an IAATO perspective. Dr Kim Crosbie The Protocol in comparison to other global and regional environmental framework agreements. Therese Johansen, Norway.

Documentos de antecedentes

Número	Puntos del programa	Título	Suministrado por	I	F	R	E	Adjuntos
BP001	RCTA 15	Scientific and Science-related Cooperation with the Consultative Parties and the Wider Antarctic Community	Corea RDC					
BP002	RCTA 4 CPA 5	The Scientific Committee on Antarctic Research (SCAR) - Selected Science Highlights for 2015/16	SCAR					
BP003 rev.1	RCTA 4 CPA 5	Resumen de la conferencia del SCAR: Consideración del futuro de las investigaciones científicas en la Antártida	SCAR					
BP004	RCTA 11	The book Belarus in Antarctic: on the 10th anniversary of the beginning of scientific and expeditional research	Belarús					
BP005	RCTA 14	Follow-up to the Recommendations of the Inspection Teams on Maitri Station	India					
BP006	RCTA 15	Twenty years of Ukraine in Antarctica: main achievements and prospects	Ucrania					
BP007	RCTA 10	Measures under the Protocol on Environmental Protection to the Antarctic Treaty: Implementing Legislation of the Kingdom of the Netherlands	Países Bajos					
BP008	CPA 13	Installation of a new waste water treatment facility at Australia's Davis station	Australia					
BP009	RCTA 13	Australia's new Antarctic icebreaker	Australia					Icebreaker fact sheet
BP010	RCTA 13	Polish sailing yacht accident at King George Island (Antarctic Peninsula) – update on the successful rescue operation	Polonia					
BP011	RCTA 13 CPA 9a	Aplicación del Plan de Manejo Ambiental en la Estación Maldonado	Ecuador					
BP012	RCTA 13	Seguridad en las operaciones	Ecuador					

		ecuatorianas en la Antártida					📄	
BP013	RCTA 13	XX Campaña Ecuatoriana a la Antártida	Ecuador	📄	📄	📄	📄 📄	
BP014	RCTA 13	Uso de drones para la generación de cartografía en la Isla Greenwich - Antártida	Ecuador	📄	📄	📄	📄 📄	
BP015	RCTA 14	Preparación de la Estación Ecuatoriana "Pedro Vicente Maldonado para la Inspección Ambiental	Ecuador	📄	📄	📄	📄 📄	
BP016	RCTA 13	Generación de cartografía oficial en el sector de la Isla Greenwich-Punta Fort William-Glaciar Quito-Punta Ambato, e Islas Aledañas	Ecuador	📄	📄	📄	📄 📄	
BP017	RCTA 15	Niveles de concentración de metales pesados y efectos del cambio climático en macrohongos y macrolíquenes, estación Maldonado-Antártida	Ecuador	📄	📄	📄	📄 📄	
BP018	RCTA 13	Refugio Antártico Ecuatoriano (RAE): Desarrollo y aplicación de eco-materiales en el proyecto y construcción de un prototipo habitable de emergencia	Ecuador	📄	📄	📄	📄 📄	
BP019	RCTA 15	Desarrollo del Programa Nacional Antártico del Perú	Perú	📄	📄	📄	📄 📄	
BP020	RCTA 15	Actividades del Programa Nacional Antártico de Perú Periodo 2015 – 2016	Perú	📄	📄	📄	📄 📄	

3. Lista de participantes

3. Lista de participantes

Partes Consultivas				
Parte	Nombre	Cargo	Fecha de llegada	Fecha de salida
Alemania	Duebner, Walter	Delegado	23/05/2016	27/05/2016
Alemania	Gaedicke, Christoph	Delegado	22/05/2016	28/05/2016
Alemania	Guretskaya, Anastasia	Delegada	21/05/2016	02/06/2016
Alemania	Hain, Stefan	Delegado	20/05/2016	28/05/2016
Alemania	Herata, Heike	Representante del CPA	20/05/2016	01/06/2016
Alemania	Heyn, Andrea	Delegada	23/05/2016	01/06/2016
Alemania	Lassig, Rainer	Jefe de Delegación	21/05/2016	02/06/2016
Alemania	Läufer, Andreas	Delegado	24/05/2016	28/05/2016
Alemania	Liebschner, Alexander	Delegado	22/05/2016	27/05/2016
Alemania	Mißling, Sven	Delegado	21/05/2016	02/06/2016
Alemania	Nixdorf, Uwe	Delegado	23/05/2016	31/05/2016
Alemania	Schwarzbach, Wiebke	Delegada	20/05/2016	27/05/2016
Alemania	Thiede, Felix	Asesor	23/05/2016	01/06/2016
Alemania	Vöneky, Silja	Asesora	20/05/2016	02/06/2016
Alemania	Winterhoff, Esther	Delegada	23/05/2016	27/05/2016
Alemania	Wolfrum, Rüdiger	Asesor	21/05/2016	02/06/2016
Argentina	Bordón, José Octavio	Delegado	22/05/2016	01/06/2016
Argentina	Capurro, Andrea	Delegada	22/05/2016	02/06/2016
Argentina	Chiffel Figueiredo, Verónica	Delegada	22/05/2016	01/06/2016
Argentina	Gowland, Máximo	Jefe de Delegación	21/05/2016	03/06/2016
Argentina	Humarán, Adolfo Ernesto	Asesor	22/05/2016	01/06/2016
Argentina	Jiménez Corbalán, Lautaro	Asesor	22/05/2016	01/06/2016
Argentina	Ortúzar, Patricia	Representante del CPA	22/05/2016	02/06/2016
Argentina	Sánchez, Rodolfo	Representante del CPA	22/05/2016	02/06/2016
Argentina	Sartor, Jorge	Delegado	22/05/2016	02/06/2016
Argentina	Tarapow, Marcelo Cristian	Asesor	22/05/2016	01/06/2016
Argentina	Vereda, Marisol	Asesora	22/05/2016	01/06/2016
Argentina	Videla, Enrique	Asesor	22/05/2016	01/06/2016
Argentina	Vlasich, Verónica	Asesora	22/05/2016	02/06/2016
Argentina	Yanino, Vanina	Suplente	23/05/2016	01/06/2016
Australia	Ault, Tim	Delegado	22/05/2016	01/06/2016
Australia	Clark, Charlton	Delegado	22/05/2016	01/06/2016
Australia	Cooper, Katrina	Jefa de Delegación	22/05/2016	01/06/2016
Australia	Dainer, Drew	Delegado	22/05/2016	01/06/2016
Australia	Fenton, Gwen	Delegada	20/05/2016	01/06/2016
Australia	Gales, Nicholas	Suplente	22/05/2016	01/06/2016
Australia	Goldsworthy, Lyn	Asesora	21/05/2016	27/05/2016
Australia	Kane, Timothy	Delegado	22/05/2016	01/06/2016
Australia	Lees, Alexandra	Delegada	22/05/2016	01/06/2016
Australia	Mcivor, Ewan	Delegado	16/05/2016	01/06/2016
Australia	Miller, Denzil	Asesor	22/05/2016	31/05/2016
Australia	Tracey, Phillip	Representante del CPA	20/05/2016	01/06/2016
Australia	Young, Amy	Delegada	20/05/2016	28/05/2016
Bélgica	André, François	Representante del CPA	22/05/2016	01/06/2016
Bélgica	De Beyter, Patrick	Delegado	22/05/2016	01/06/2016

Partes Consultivas

Parte	Nombre	Cargo	Fecha de llegada	Fecha de salida
Bélgica	Touzani, Rachid	Delegado	22/05/2016	29/05/2016
Bélgica	Vancauwenberghe, Maaike	Jefa de Delegación	22/05/2016	28/05/2016
Bélgica	Vanden Bilcke, Christian	Jefe de Delegación	22/05/2016	01/06/2016
Bélgica	Wilmotte, Annick	Delegada	21/05/2016	28/05/2016
Brasil	Boechat de Almeida, Barbara	Suplente	22/05/2016	02/06/2016
Brasil	Borges Sertã, Marcos	Delegado	22/05/2016	02/06/2016
Brasil	Cardia Simões, Jefferson	Asesor	22/05/2016	25/05/2016
Brasil	Galdino De Souza, Paulo César	Asesor	22/05/2016	02/06/2016
Brasil	Lamazière, Georges	Jefe de Delegación	22/05/2016	01/06/2016
Brasil	Leite, Marcio Renato	Asesor	22/05/2016	02/06/2016
Brasil	Lessa, Eduardo	Delegado	22/05/2016	01/06/2016
Brasil	Mariz, Hugo	Asesor	22/05/2016	02/06/2016
Bulgaria	Gaytandjiev, Maxim	Jefe de Delegación	21/05/2016	28/05/2016
Bulgaria	Mateev, Dragomir	Delegado	22/05/2016	01/06/2016
Bulgaria	Pimpirev, Christo	Jefe de Delegación	22/05/2016	01/06/2016
Chile	Aimone, Gustavo	Asesor	16/05/2016	02/06/2016
Chile	Arias, Germán	Asesor	16/05/2016	02/06/2016
Chile	Barticevic, Elías	Delegado	16/05/2016	02/06/2016
Chile	Berguño, Francisco	Jefe de Delegación	16/05/2016	02/06/2016
Chile	Blasco, Christian	Delegado	22/05/2016	01/06/2016
Chile	Castillo, Rafael	Asesor	16/05/2016	02/06/2016
Chile	Figueroa, Miguel	Asesor	23/05/2016	01/06/2016
Chile	García, Ángel	Delegado	16/05/2016	02/06/2016
Chile	García, Magdalena	Asesora	26/05/2016	27/05/2016
Chile	González, Marcelo	Delegado	16/05/2016	02/06/2016
Chile	González, Rodolfo	Asesor	16/05/2016	02/06/2016
Chile	Herrera, Ricardo	Asesor	23/05/2016	24/05/2016
Chile	Leppe, Marcelo	Delegado	16/05/2016	02/06/2016
Chile	Madrid, Santiago	Asesor	23/05/2016	01/06/2016
Chile	Mancilla, Alejandra	Delegada	16/05/2016	02/06/2016
Chile	Manley, Michelle	Asesora	22/05/2016	01/06/2016
Chile	Pavez, Cassandra	Asesora	21/05/2016	02/06/2016
Chile	Quezada, Macarena	Delegada	16/05/2016	02/06/2016
Chile	Ranson, John	Asesor	22/05/2016	01/06/2016
Chile	Retamales, José	Delegado	16/05/2016	02/06/2016
Chile	Riquelme, José	Asesor	23/05/2016	01/06/2016
Chile	Santibañez, Miguel	Asesor	16/05/2016	02/06/2016
Chile	Sardiña, Jimena	Delegada	16/05/2016	02/06/2016
Chile	Sepúlveda, Víctor	Asesor	22/05/2016	01/06/2016
Chile	Silva, Manuel	Asesor	22/05/2016	01/06/2016
Chile	Tobar, Ángela	Delegada	16/05/2016	02/06/2016
Chile	Uribe, Paola	Delegada	23/05/2016	01/06/2016
Chile	Vallejos, Verónica	Delegada	16/05/2016	02/06/2016
Chile	Vega, Edgardo	Delegado	16/05/2016	02/06/2016
Chile	Velásquez, Ricardo	Asesor	22/05/2016	01/06/2016
Chile	Villanueva, Tamara	Personal de HCS	16/05/2016	02/06/2016
China	Ao, Shan	Delegada	22/05/2016	02/06/2016
China	Chen, Danhong	Delegada	22/05/2016	02/06/2016
China	Chen, Li	Delegado	23/05/2016	28/05/2016
China	Fang, Lijun	Delegado	22/05/2016	02/06/2016
China	Guo, Xiaomei	Jefa de Delegación	22/05/2016	02/06/2016

Partes Consultivas

Parte	Nombre	Cargo	Fecha de llegada	Fecha de salida
China	Qin, Weijia	Representante del CPA	22/05/2016	02/06/2016
China	Song, Wei	Delegado	22/05/2016	02/06/2016
China	Sun, Wenjie	Delegada	21/05/2016	02/06/2016
China	Yang, Xiaoning	Delegada	22/05/2016	02/06/2016
China	Yang, Lei	Delegada	22/05/2016	28/05/2016
China	Yu, Xinwei	Delegado	22/05/2016	02/06/2016
China	Zheng, Cheng	Delegado	22/05/2016	02/06/2016
Ecuador	Arellano, Jorge	Asesor	22/05/2016	01/06/2016
Ecuador	Egas, Miguel	Asesor	22/05/2016	01/06/2016
Ecuador	Izquierdo, Oscar	Asesor	22/05/2016	01/06/2016
Ecuador	Ortega, Germán	Jefe de Delegación	26/05/2016	02/06/2016
Ecuador	Proano Vega, Juan Carlos	Delegado	22/05/2016	02/06/2016
Ecuador	Ríofrio, Mónica	Delegada	22/05/2016	28/05/2016
Ecuador	Vela, Jaime	Asesor	23/05/2016	01/06/2016
España	Catalán, Manuel	Representante del CPA	21/05/2016	02/06/2016
España	González Ferrera, Eliseo	Delegado	23/05/2016	01/06/2016
España	Muñoz de Laborde Bardin, Juan Luis	Jefe de Delegación	22/05/2016	02/06/2016
España	Ojeda, Miguel Ángel	Delegado	24/05/2016	02/06/2016
España	Ramos, Sonia	Delegada	21/05/2016	02/06/2016
España	Robles Fraga, Carlos	Suplente	23/05/2016	24/05/2016
Estados Unidos	Bergmann, Trisha	Delegada	21/05/2016	31/05/2016
Estados Unidos	Bloom, Evan T.	Jefe de Delegación	22/05/2016	02/06/2016
Estados Unidos	Borg, Scott	Delegado	22/05/2016	27/05/2016
Estados Unidos	Edwards, David	Delegado	22/05/2016	02/06/2016
Estados Unidos	Falkner, Kelly	Delegada	22/05/2016	02/06/2016
Estados Unidos	Ganser, Peter	Suplente	22/05/2016	02/06/2016
Estados Unidos	Jones, Christopher	Delegado	22/05/2016	02/06/2016
Estados Unidos	Karentz, Deneb	Asesora	22/05/2016	27/05/2016
Estados Unidos	Kill, Theodore P.	Delegado	22/05/2016	01/06/2016
Estados Unidos	Leff, Karin	Delegada	22/05/2016	02/06/2016
Estados Unidos	McGinn, Nature	Delegada	22/05/2016	02/06/2016
Estados Unidos	Naveen, Ron	Asesor	22/05/2016	01/06/2016
Estados Unidos	O'Reilly, Jessica	Asesora	22/05/2016	02/06/2016
Estados Unidos	Penhale, Polly A.	Representante del CPA	22/05/2016	01/06/2016
Estados Unidos	Rudolph, Lawrence	Delegado	22/05/2016	02/06/2016
Estados Unidos	Rusin, Jeremy	Delegado	22/05/2016	01/06/2016
Estados Unidos	Wheatley, Victoria	Asesora	24/05/2016	01/06/2016
Federación de Rusia	Chernysheva, Larisa	Delegada	22/05/2016	03/06/2016
Federación de Rusia	Lukin, Valery	Representante del CPA	17/05/2016	07/06/2016
Federación de Rusia	Melnikov, Nikolay	Asesor	22/05/2016	01/06/2016
Federación de Rusia	Tarasenko, Sergey	Delegado	21/05/2016	02/06/2016
Federación de Rusia	Titushkin, Vassily	Jefe de Delegación	22/05/2016	03/06/2016
Francia	Caroline, Dumas	Delegado	22/05/2016	30/05/2016

Partes Consultivas

Parte	Nombre	Cargo	Fecha de llegada	Fecha de salida
Francia	Frenot, Yves	Representante del CPA	22/05/2016	02/06/2016
Francia	Guillemain, Anne	Delegada	22/05/2016	01/06/2016
Francia	Guyonvarch, Olivier	Jefe de Delegación	22/05/2016	01/06/2016
Francia	Koubbi, Philippe	Representante del CPA	22/05/2016	24/05/2016
Francia	Lebouvier, Marc	Representante del CPA	22/05/2016	02/06/2016
Francia	Runyo, Fabienne	Suplente	22/05/2016	01/06/2016
Francia	Semichon, Carole	Representante del CPA	18/05/2016	01/06/2016
India	Chaturvedi, Sanjay	Delegado	22/05/2016	28/05/2016
India	Kumar, Vijay	Jefe de Delegación	18/05/2016	02/06/2016
India	Ravichandran, M	Jefe de Delegación	18/05/2016	02/06/2016
India	Reddy, A Sudhakara	Delegado	22/05/2016	28/05/2016
India	Tiwari, Anoop Kumar	Representante del CPA	18/05/2016	02/06/2016
India	Vajapayajula, Venkataraman	Delegado	22/05/2016	01/06/2016
Italia	De Rossi, Giuseppe	Asesor	22/05/2016	02/06/2016
Italia	Fioretti, Anna	Delegada	22/05/2016	02/06/2016
Italia	Sgrò, Eugenio	Jefe de Delegación	21/05/2016	02/06/2016
Italia	Tomaselli, Maria Stefania	Delegada	22/05/2016	02/06/2016
Italia	Torcini, Sandro	Representante del CPA	22/05/2016	02/06/2016
Japón	Miyamori, Joji	Jefe de Delegación	22/05/2016	01/06/2016
Japón	Nakano, Akiko	Asesora	22/05/2016	01/06/2016
Japón	Omori, Ryo	Asesor	22/05/2016	01/06/2016
Japón	Shiraishi, Kazuyuki	Asesor	22/05/2016	31/05/2016
Japón	Takehara, Mari	Asesora	22/05/2016	01/06/2016
Japón	Tanaka, Kenichiro	Asesor	22/05/2016	01/06/2016
Japón	Watanabe, Kentaro	Asesor	22/05/2016	01/06/2016
Japón	Yamaguchi, Shigeru	Asesor	22/05/2016	01/06/2016
Noruega	Araldsen, Hege	Delegada	22/05/2016	01/06/2016
Noruega	Eikeland, Else Berit	Jefa de Delegación	26/05/2016	02/06/2016
Noruega	Guldahl, John E.	Delegado	24/05/2016	31/05/2016
Noruega	Halvorsen, Svein Tore	Delegado	22/05/2016	28/05/2016
Noruega	Heggelund, Kristin	Delegada	24/05/2016	30/05/2016
Noruega	Høgestøl, Astrid Charlotte	Delegada	22/05/2016	01/06/2016
Noruega	Instefjord, Idar Asmund	Delegado	22/05/2016	01/06/2016
Noruega	Johansen, Therese	Delegada	22/05/2016	02/06/2016
Noruega	Lowther, Andrew	Asesor	22/05/2016	25/05/2016
Noruega	Midthun, Bjørn	Suplente	21/05/2016	27/05/2016
Noruega	Njaastad, Birgit	Representante del CPA	20/05/2016	01/06/2016
Nueva Zelandia	Beggs, Peter	Delegado	20/05/2016	01/06/2016
Nueva Zelandia	Dempster, Jillian	Jefa de Delegación	22/05/2016	01/06/2016
Nueva Zelandia	Gilbert, Neil	Asesor	21/05/2016	28/06/2016
Nueva Zelandia	Morgan, Fraser	Asesor	21/05/2016	26/05/2016
Nueva Zelandia	Newman, Jana	Representante del CPA	20/05/2016	01/06/2016
Nueva Zelandia	Stent, Danica	Asesora	20/05/2016	01/06/2016
Nueva Zelandia	Townend, Andrew	Delegado	20/05/2016	01/06/2016

Partes Consultivas

Parte	Nombre	Cargo	Fecha de llegada	Fecha de salida
Nueva Zelandia	Trotter, Simon	Delegado	20/05/2016	06/06/2016
Nueva Zelandia	Weeber, Barry	Delegado	21/05/2016	01/06/2016
Nueva Zelandia	Wilkinson, Kelsie	Delegada	20/05/2016	02/06/2016
Nueva Zelandia	Wilson, Gary	Delegado	22/05/2016	27/05/2016
Países Bajos	Bastmeijer, Kees	Asesor	23/05/2016	01/06/2016
Países Bajos	De Vries, Janneke	Representante del CPA	22/05/2016	01/06/2016
Países Bajos	Elstgeest, Marlynda	Asesora	24/05/2016	01/06/2016
Países Bajos	Lefeber, René J.M.	Jefe de Delegación	21/05/2016	01/06/2016
Países Bajos	Peijs, Martijn	Delegado	22/05/2016	02/06/2016
Países Bajos	Rossum, van, Edith	Delegada	23/05/2016	01/06/2016
Perú	Chang Boldrini, Luis	Jefe de Delegación	21/05/2016	01/06/2016
Perú	Tejada, David	Delegado	22/05/2016	01/06/2016
Perú	Villanueva Flores, Rogelio Rolando	Delegado	21/05/2016	01/06/2016
Polonia	Bialik, Robert	Suplente	22/05/2016	01/06/2016
Polonia	Kidawa, Anna	Delegada	22/05/2016	01/06/2016
Polonia	Krawczyk-Grzesiowska, Joanna	Delegada	22/05/2016	01/06/2016
Polonia	Misztal, Andrzej	Jefe de Delegación	22/05/2016	01/06/2016
Polonia	Piatkowska, Aleksandra	Asesora	23/05/2016	01/06/2016
Reino Unido	Clouder, Fiona	Delegada	23/05/2016	01/06/2016
Reino Unido	Doubleday, Stuart	Representante del CPA	21/05/2016	01/06/2016
Reino Unido	Downie, Rod	Asesor	23/05/2016	27/05/2016
Reino Unido	Francis, Jane	Delegada	22/05/2016	02/06/2016
Reino Unido	Grant, Susie	Delegada	21/05/2016	26/05/2016
Reino Unido	Griffiths, Lowri	Suplente	21/05/2016	02/06/2016
Reino Unido	Hall MBE, John	Delegado	21/05/2016	28/05/2016
Reino Unido	Hughes, Kevin	Delegado	22/05/2016	28/05/2016
Reino Unido	Muñoz, Francisca	Delegada	22/05/2016	01/06/2016
Reino Unido	Nichol, Camilla	Delegada	24/05/2016	27/05/2016
Reino Unido	Rumble, Jane	Jefa de Delegación	21/05/2016	02/06/2016
Reino Unido	Stockings, Tim	Delegado	29/05/2016	31/05/2016
Reino Unido	Warwick, Paul	Delegado	22/05/2016	01/06/2016
República Checa	Filippiova, Martina	Suplente	22/05/2016	01/06/2016
República Checa	Nyvlt, Daniel	Delegado	22/05/2016	27/05/2016
República Checa	Rychtar, Josef	Delegado	22/05/2016	01/06/2016
República Checa	Smolek, Martin	Jefe de Delegación	22/05/2016	25/05/2016
República Checa	Štepánek, Premysl	Delegado	22/05/2016	02/06/2016
República Checa	Venera, Zdenek	Representante del CPA	22/05/2016	28/05/2016
República de Corea	Cho, Minjun	Delegado	22/05/2016	01/06/2016
República de Corea	Choi, Hyun-Soo	Delegado	22/05/2016	01/06/2016
República de Corea	Chung, Rae-Kwang	Delegado	22/05/2016	01/06/2016
República de Corea	Kim, Jeong-Hoon	Delegado	22/05/2016	01/06/2016
República de Corea	Park, Jeong-Hak	Delegado	22/05/2016	01/06/2016

Partes Consultivas				
Parte	**Nombre**	**Cargo**	**Fecha de llegada**	**Fecha de salida**
República de Corea	Seo, Won-sang	Delegado	22/05/2016	01/06/2016
República de Corea	Shin, Hyoung Chul	Representante del CPA	22/05/2016	01/06/2016
República de Corea	Yu, Ji-eun	Jefa de Delegación	22/05/2016	01/06/2016
Sudáfrica	Stemmet, Andreas	Asesor	21/05/2016	02/06/2016
Sudáfrica	Abader, Moegamat Ishaam	Representante del CPA	21/05/2016	02/06/2016
Sudáfrica	Bhengu, Thanduxolo	Delegado	22/05/2016	02/06/2016
Sudáfrica	Kingsley, Angela	Suplente	21/05/2016	02/06/2016
Sudáfrica	Mphepya, Jonas	Jefe de Delegación	21/05/2016	31/05/2016
Sudáfrica	Mthembu, Sibusiso	Representante del CPA	21/05/2016	02/06/2016
Sudáfrica	Skinner, Richard	Asesor	21/05/2016	31/05/2016
Suecia	Karasalo, Mina	Delegada	13/05/2016	07/06/2016
Suecia	Kiefer, Jakob	Jefe de Delegación	22/05/2016	01/06/2016
Suecia	Selberg, Cecilia	Asesora	21/05/2016	01/06/2016
Suecia	Sjostrand, Rikard	Delegado	22/05/2016	01/06/2016
Ucrania	Fedchuk, Andrii	Suplente	21/05/2016	28/06/2016
Uruguay	Nuñez, Daniel	Jefe de Delegación	22/05/2016	02/06/2016
Uruguay	Fajardo, Alberto	Suplente	22/05/2016	01/06/2016
Uruguay	Lluberas, Albert	Delegado	22/05/2016	02/06/2016
Uruguay	Vignali, Daniel	Asesor	23/05/2016	02/06/2016

PARTES NO CONSULTIVAS

Parte	Nombre	Cargo	Fecha de llegada	Fecha de salida
Belarús	Haidashou, Aliaksei	Jefe de Delegación	22/05/2016	02/06/2016
Canadá	File, Susan	Delegada	23/05/2016	28/05/2016
Canadá	Scott, David	Suplente	23/05/2016	28/05/2016
Canadá	Taillefer, David	Jefe de Delegación	22/05/2016	02/06/2016
Colombia	Correa Godoy, Leonardo Enrique	Delegado	22/05/2016	01/06/2016
Colombia	Díaz Sánchez, Christian	Delegado	22/05/2016	02/06/2016
Colombia	Echeverry Gutiérrez, Álvaro Mauricio	Delegado	22/05/2016	01/06/2016
Colombia	Ferrero Ronquillo, Alex Fernando	Delegado	22/05/2016	31/05/2016
Colombia	Jaimes, Nancy Rocío	Delegada	22/05/2016	01/06/2016
Colombia	Jaimes Parada, Gerson Ricardo	Delegado	22/05/2016	01/06/2016
Colombia	Molano, Mauricio	Delegado	22/05/2016	01/06/2016
Colombia	Monje Pastrana, José Antonio	Delegado	22/05/2016	01/06/2016
Colombia	Montenegro Coral, Ricardo	Jefe de Delegación	22/05/2016	01/06/2016
Colombia	Sánchez, Dania Lorena	Delegada	22/05/2016	02/06/2016
Colombia	Soltau, Juan Manuel	Delegado	22/05/2016	31/05/2016
Finlandia	Mähönen, Outi	Representante del CPA	20/05/2016	02/06/2016
Finlandia	Valjento, Liisa	Jefa de Delegación	20/05/2016	02/06/2016
Malasia	Abd Rahman, Mohd Nasaruddin	Delegado	22/05/2016	28/05/2016
Malasia	Mohd Nor, Salleh	Delegado	22/05/2016	31/05/2016
Malasia	Yahaya, Mohd Azhar	Jefe de Delegación	21/05/2016	26/05/2016
Mónaco	Biancheri, Daniele	Asesora	24/05/2016	01/06/2016
Mónaco	Impagliazzo, Céline	Jefa de Delegación	22/05/2016	27/05/2016
Portugal	Cotrim, António Luís	Delegado	22/05/2016	01/06/2016
Portugal	Podgorny, Rosa	Delegada	22/05/2016	01/06/2016
Portugal	Xavier, José Carlos Caetano	Jefe de Delegación	20/05/2016	03/06/2016
Rumania	Cotta, Mihaela	Asesora	22/05/2016	31/05/2016
Rumania	Radu, Camelia	Jefa de Delegación	25/05/2016	01/06/2016
Suiza	Dörig, Edgar	Jefe de Delegación	22/05/2016	05/06/2016
Suiza	Krebs, Martin	Delegado	26/05/2016	05/06/2016
Suiza	Schürch, Frank Markus	Delegado	22/05/2016	05/06/2016
Suiza	Trautweiler, Barbara	Delegada	22/05/2016	30/05/2016
Turquía	Bayar, Eda	Delegada	21/05/2016	28/05/2016
Turquía	Beşiktepe, Şükrü Turan	Delegado	22/05/2016	02/06/2016
Turquía	Celik, Yakup	Asesor	24/05/2016	02/06/2016
Turquía	Durak, Onur Sabri	Delegado	22/05/2016	01/06/2016
Turquía	Evlice, Onur	Delegado	21/05/2016	02/06/2016
Turquía	Gürkaynak, Muharrem	Delegado	22/05/2016	02/06/2016
Turquía	Güven, Mahmut	Delegado	22/05/2016	02/06/2016
Turquía	Hacioğlu, Ekrem	Delegado	21/05/2016	01/06/2016
Turquía	Halici, Gökhan	Delegado	23/05/2016	31/05/2016
Turquía	Kaya, Naciye Gökçen	Delegada	21/05/2016	02/06/2016
Turquía	Önder, Ali Murat	Delegado	21/05/2016	02/06/2016
Turquía	Özsoy Çiçek, Burcu	Delegada	21/05/2016	27/05/2016
Turquía	Öztürk, Bayram	Delegado	21/05/2016	28/05/2016

PARTES NO CONSULTIVAS				
Parte	Nombre	Cargo	Fecha de llegada	Fecha de salida
Turquía	Şahinkaya, İbrahim Cem	Jefe de Delegación	21/05/2016	02/06/2016
Turquía	Tabak, Haluk	Delegado	21/05/2016	02/06/2016
Turquía	Tolun, Leyla Gamze	Delegada	20/05/2016	05/06/2016
Turquía	Türkel, Mehmet Ali	Delegado	21/05/2016	02/06/2016
Turquía	Ural, Hayri Şafak	Delegado	22/05/2016	25/05/2016
Venezuela	Barreto, Guillermo	Delegado	28/05/2016	02/06/2016
Venezuela	Carlos, Castellanos	Delegado	22/05/2016	01/06/2016
Venezuela	Palacios, Sugerlys	Delegada	22/05/2016	01/06/2016
Venezuela	Prieto, Dulce	Delegada	28/05/2016	02/06/2016
Venezuela	Sira, Eloy	Jefe de Delegación	22/05/2016	02/06/2016

Observadores, Expertos e Invitados

Parte	Nombre	Cargo	Fecha de llegada	Fecha de salida
ASOC	Bodin, Svante	Delegado	23/05/2016	01/06/2016
ASOC	Chen, Jiliang	Delegado	21/05/2016	01/06/2016
ASOC	Christian, Claire	Jefa de Delegación	21/05/2016	02/06/2016
ASOC	Dolan, Ryan	Delegado	22/05/2016	28/05/2016
ASOC	Kavanagh, Andrea	Delegada	23/05/2016	01/06/2016
ASOC	Roura, Ricardo	Representante del CPA	23/05/2016	01/06/2016
ASOC	Tamm, Sune	Delegado	23/05/2016	01/06/2016
ASOC	Werner Kinkelin, Rodolfo	Delegado	23/05/2016	27/05/2016
CCRVMA	Belchier, Mark	Asesor	22/05/2016	28/05/2016
CCRVMA	Reid, Keith	Asesor	22/05/2016	28/05/2016
CCRVMA	Wright, Andrew	Jefe de Delegación	22/05/2016	01/06/2016
COMNAP	Rogan-Finnemore, Michelle	Jefa de Delegación	22/05/2016	01/06/2016
IAATO	Crosbie, Kim	Jefa de Delegación	21/05/2016	31/05/2016
IAATO	Hohn-Bowen, Ute	Asesor	24/05/2016	01/06/2016
IAATO	Kelley, Lisa	Asesora	21/05/2016	02/06/2016
IAATO	Lynnes, Amanda	Representante del CPA	21/05/2016	28/06/2016
IAATO	Prossin, Andrew	Asesor	24/05/2016	31/05/2016
IAATO	Retamales, Mauricio	Asesor	24/05/2016	26/05/2016
IAATO	Rootes, David	Suplente	22/05/2016	01/06/2016
IAATO	Schillat, Monika	Asesora	22/05/2016	02/06/2016
IPCC	Sivakumar, Mannava	Jefe de Delegación	22/05/2016	01/06/2016
OHI	Gorziglia, Hugo	Suplente	23/05/2016	27/05/2016
OHI	Ward, Robert	Jefe de Delegación	23/05/2016	27/05/2016
OMM	Sparrow, Mike	Jefe de Delegación	22/05/2016	31/05/2016
SCAR	Baeseman, Jenny	Delegada	22/05/2016	01/06/2016
SCAR	Chown, Steven L.	Delegado	22/05/2016	28/05/2016
SCAR	López-Martínez, Jerónimo	Jefe de Delegación	22/05/2016	02/06/2016
SCAR	Terauds, Aleks	Representante del CPA	22/05/2016	02/06/2016

Secretaría del País Anfitrión (HCS)				
Parte	Nombre	Cargo	Fecha de llegada	Fecha de salida
Secretaría del País Anfitrión	Aranda, Rosario	Personal de HCS	16/05/2016	02/06/2016
Secretaría del País Anfitrión	Arce, María Josefa	Personal de HCS	16/05/2016	02/06/2016
Secretaría del País Anfitrión	Argomedo, Rocío	Personal de HCS	16/05/2016	02/06/2016
Secretaría del País Anfitrión	Arriagada, Luis	Personal de HCS	16/05/2016	02/06/2016
Secretaría del País Anfitrión	Benev, Boriana	Personal de HCS	16/05/2016	02/06/2016
Secretaría del País Anfitrión	Bravo, Pablo	Personal de HCS	16/05/2016	02/06/2016
Secretaría del País Anfitrión	Bustamante, Christian	Personal de HCS	16/05/2016	02/06/2016
Secretaría del País Anfitrión	Cahue, Karla	Personal de HCS	16/05/2016	02/06/2016
Secretaría del País Anfitrión	Castillo, Ismael	Personal de HCS	16/05/2016	02/06/2016
Secretaría del País Anfitrión	Cifuentes, María José	Personal de HCS	16/05/2016	02/06/2016
Secretaría del País Anfitrión	Cisternas, Giovanni	Personal de HCS	16/05/2016	02/06/2016
Secretaría del País Anfitrión	Cofré, Eduardo	Personal de HCS	16/05/2016	02/06/2016
Secretaría del País Anfitrión	Contardo, Fernando	Personal de HCS	16/05/2016	02/06/2016
Secretaría del País Anfitrión	Echavarría, Paula	Personal de HCS	16/05/2016	02/06/2016
Secretaría del País Anfitrión	Escobar, Natalia	Personal de HCS	16/05/2016	02/06/2016
Secretaría del País Anfitrión	Estay, Sebastián	Personal de HCS	16/05/2016	02/06/2016
Secretaría del País Anfitrión	Estay, Denisse	Personal de HCS	16/05/2016	02/06/2016
Secretaría del País Anfitrión	Fuentes, Montserrat	Personal de HCS	16/05/2016	02/06/2016
Secretaría del País Anfitrión	Galaz, Marcela	Personal de HCS	16/05/2016	02/06/2016
Secretaría del País Anfitrión	Gallardo, María Fernanda	Personal de HCS	16/05/2016	02/06/2016
Secretaría del País Anfitrión	González, Oriana	Personal de HCS	16/05/2016	02/06/2016
Secretaría del País Anfitrión	González, Karen	Personal de HCS	16/05/2016	02/06/2016
Secretaría del País Anfitrión	González, Hugo	Personal de HCS	16/05/2016	02/06/2016
Secretaría del País Anfitrión	Guerrero, Néstor	Personal de HCS	16/05/2016	02/06/2016
Secretaría del País Anfitrión	Guggisberg, Nadin	Personal de HCS	16/05/2016	02/06/2016
Secretaría del País Anfitrión	Gutiérrez, Cristina	Personal de HCS	16/05/2016	02/06/2016

Secretaría del País Anfitrión (HCS)				
Parte	**Nombre**	**Cargo**	**Fecha de llegada**	**Fecha de salida**
Secretaría del País Anfitrión	Henríquez, Lorena	Personal de HCS	16/05/2016	02/06/2016
Secretaría del País Anfitrión	Herrera, Claudia	Personal de HCS	16/05/2016	02/06/2016
Secretaría del País Anfitrión	Klaassen, Consuelo	Personal de HCS	16/05/2016	02/06/2016
Secretaría del País Anfitrión	Koffmann, Mariana	Personal de HCS	16/05/2016	02/06/2016
Secretaría del País Anfitrión	Larenas, Alejandra	Personal de HCS	16/05/2016	02/06/2016
Secretaría del País Anfitrión	Llanos, Carolina	Personal de HCS	16/05/2016	02/06/2016
Secretaría del País Anfitrión	Matamoros, Rodrigo	Personal de HCS	16/05/2016	02/06/2016
Secretaría del País Anfitrión	Molina, Carla	Personal de HCS	16/05/2016	02/06/2016
Secretaría del País Anfitrión	Montero, Alejandro	Personal de HCS	16/05/2016	02/06/2016
Secretaría del País Anfitrión	Murua, Javier	Personal de HCS	16/05/2016	02/06/2016
Secretaría del País Anfitrión	Pino, Ana	Personal de HCS	16/05/2016	02/06/2016
Secretaría del País Anfitrión	Powell, Patricio	Secretario del país anfitrión	16/05/2016	02/06/2016
Secretaría del País Anfitrión	Quiñones, Claudio	Personal de HCS	16/05/2016	02/06/2016
Secretaría del País Anfitrión	Rivera, Francisca	Personal de HCS	16/05/2016	02/06/2016
Secretaría del País Anfitrión	Robinovich, Daniel	Personal de HCS	16/05/2016	02/06/2016
Secretaría del País Anfitrión	Rodríguez, Monserrat	Personal de HCS	16/05/2016	02/06/2016
Secretaría del País Anfitrión	Rodríguez, Jacqueline	Personal de HCS	16/05/2016	02/06/2016
Secretaría del País Anfitrión	Soto, Oriana	Personal de HCS	16/05/2016	02/06/2016
Secretaría del País Anfitrión	Tort, Fabián	Personal de HCS	16/05/2016	02/06/2016
Secretaría del País Anfitrión	Ureta, Paola	Personal de HCS	16/05/2016	02/06/2016
Secretaría del País Anfitrión	Vergara, Isabel	Personal de HCS	16/05/2016	02/06/2016
Secretaría del País Anfitrión	Vergara, Alejandro	Personal de HCS	16/05/2016	02/06/2016
Secretaría del País Anfitrión	Villegas, Roberto	Personal de HCS	16/05/2016	02/06/2016

Secretaría del Tratado Antártico				
Parte	Nombre	Cargo	Fecha de llegada	Fecha de salida
Servicios de traducción e interpretación	Alal, Cecilia	Jefa de Delegación	19/05/2016	02/06/2016
Servicios de traducción e interpretación	Babaev, David	Personal	20/05/2016	02/06/2016
Servicios de traducción e interpretación	Bouladon, Sabine	Personal	25/05/2016	01/06/2016
Servicios de traducción e interpretación	Cook, Elena	Personal	22/05/2016	02/06/2016
Servicios de traducción e interpretación	Coussaert, Joelle	Personal	22/05/2016	02/06/2016
Servicios de traducción e interpretación	Falaleyev, Andrey	Personal	22/05/2016	02/06/2016
Servicios de traducción e interpretación	Fernández, Jimena	Personal	20/05/2016	02/06/2016
Servicios de traducción e interpretación	Garteiser, Claire	Personal	22/05/2016	01/06/2016
Servicios de traducción e interpretación	Kasimova, Katya	Personal	22/05/2016	01/06/2016
Servicios de traducción e interpretación	Malmontet, Benoit	Personal	22/05/2016	01/06/2016
Servicios de traducción e interpretación	Malofeeva, Elena	Personal	22/05/2016	02/06/2016
Servicios de traducción e interpretación	Martínez, Silvia	Personal	25/05/2016	01/06/2016
Servicios de traducción e interpretación	Mullova, Ludmila	Personal	22/05/2016	01/06/2016
Servicios de traducción e interpretación	Orlando, Marc	Personal	21/05/2016	02/06/2016
Servicios de traducción e interpretación	Perino, María del Valle	Personal	22/05/2016	01/06/2016
Servicios de traducción e interpretación	Piccione Thomas, Georgina	Personal	22/05/2016	01/06/2016
Servicios de traducción e interpretación	Speziali, María Laura	Personal	22/05/2016	02/06/2016
Servicios de	Tanguy, Philippe	Personal	21/05/2016	02/06/2016

Parte	Nombre	Cargo	Fecha de llegada	Fecha de salida
Secretaría del Tratado Antártico				
traducción e interpretación				
Servicios de traducción e interpretación	Wallace, Roslyn	Personal	22/05/2016	02/06/2016
STA	Acero, José Maria	Suplente	18/05/2016	02/06/2016
STA	Agraz, José Luis	Personal	15/05/2016	02/06/2016
STA	Balok, Anna	Personal	18/05/2016	02/06/2016
STA	Davies, Paul	Personal	19/05/2016	02/06/2016
STA	Portella Sampaio, Daniela	Personal	19/05/2016	02/06/2016
STA	Reinke, Manfred	Jefe de Delegación	15/05/2016	02/06/2016
STA	Wainschenker, Pablo	Personal	16/05/2016	02/06/2016
STA	Walton, David W H	Personal	16/05/2016	02/06/2016
STA	Wydler, Diego	Personal	15/05/2016	02/06/2016

www.ingramcontent.com/pod-product-compliance
Lightning Source LLC
Chambersburg PA
CBHW051402200326
41520CB00024B/7465